STOCKS for the LONG RUN
6th Edition

株式投資
長期投資で成功するための完全ガイド

ジェレミー・シーゲル
＋ジェレミー・シュワルツ

林 康史＋藤野隆太 監訳

石川由美子＋鍋井理沙＋宮川修子 訳

第6版

日経BP

STOCKS for the LONG RUN
The Definitive Guide to Financial Market Returns and Long-Term Investment Strategies
6th Edition

Copyright© 2023, 2014, 2008, 2002, 1998, 1994 by Jeremy J. Siegel. All rights reserved.
Japanese translation rights arranged with McGraw-Hill Education, Inc.
through Japan UNI Agency, Inc., Tokyo

序

　1997年7月、私はピーター・バーンスタインに電話をかけ、ニューヨークに行くのでぜひ一緒にランチを食べたいと申し出た。私には、ちょっとした心づもりというか期待があった。私は、彼の著書『キャピタル・アイデア』と、彼が創刊し編集する『ジャーナル・オブ・ポートフォリオ・マネジメント』をすこぶる気に入っていて、彼が『株式投資』第2版に推薦文を寄せてくれる可能性がわずかでもあることを願っていた。
　秘書に彼のお気に入りのレストラン、アッパー・イーストサイドのサーカスをとってもらった。彼は私の本の初版を小脇に抱え、妻のバーバラとやってきた。彼は近づきながら、サインをもらえるかと私に訊いた。私は「もちろん」と応えて、第2版に推薦文を書いてくれたら光栄なのだが、と続けた。彼は笑って、「もちろん！」と頼もしく言った。それから1時間、出版について、ファイナンスの学術的・専門的動向、さらにはフィリー〔フィラデルフィア〕やニューヨークで何が一番好きか等々、大変楽しい時を過ごした。
　2009年6月、彼が90歳で亡くなったと知ったとき、私はこのランチのことを思い出した。私たちが初めて会ってから12年、ピーターはそれまでよりも生産的で、最も世評の高い「リスクについて特筆すべき話」の載った3冊の本を書き上げていた。信じられないようなペースを維持しながらも、彼はいつも時間を見つけて、本書の第4版まで推薦の言葉を書いてくれた。第4版の彼の言葉を読み返すと、長期投資家としての蹉跌(さてつ)と報酬に関する彼の洞察は、20年ほど前に彼が初めて書いたときと同様に、今日でも十分に通用するものである。ピーターの見識をここで繰り返すこと以上に、彼に敬意を表す方法はあるまい。

＊　　　＊　　　＊

　データ収集はうんざりするほど退屈だと思う人もいれば、やりがいを見いだす人もいる。ジェレミー・シーゲルはデータを芸術に変えた。膨大な

データをもとに長期投資の有益性を証明する過程で、彼が示した洞察力と明晰さ、熱意にはただ感服するばかりだ。

本書の内容には、タイトルから受ける印象以上のものがある。読者は、資本市場と米国経済の興味深い歴史に触れながら、さまざまな経済理論を学ぶことができる。シーゲル教授は、過去の事実を最大限に活用し、単なるデータに命と意味を吹き込み、非常に説得力のある主張を展開した。自らの主張と矛盾する歴史的な出来事——例えば狂乱の1990年代など——にも正面から対峙し、明瞭に解説している。

シーゲル教授は、株式市場における最高の投資方法について、たいへん興味深く非凡な研究を続け、第4版でも意義深い成果を上げた。今回の改訂では、さらに価値あるデータが加えられ、長期的な株式投資に関する彼の主張の正しさが強力に説明されている。投資の初心者ばかりでなく専門家も本書から多くを学ぶであろう。

本書でのシーゲル教授の主張は、決して臆することなく、これまで以上に力強い。きわだって興味深い結論は、良いニュースでもあり、悪いニュースでもある。今日のグローバル化した世界では、これまで以上に平均株価収益率〔PER〕が上昇するのは当然であるが、高いPERは同時に、将来における平均リターンがこれまでより低くなるということも意味している。

私は、この点について彼の予測に反論するつもりはない。しかし、過去には、悲劇的なものや幸運なものを含めて、異なる環境のもとで同様の主張がなされてきたともいえる。歴史から得られる偉大な教訓の1つは、いかなる経済環境も長期にわたって同じままではありえないということである。今後、例えば20年あるいはそれ以上先の遠い将来に、どのような問題や相克が横たわり、それらの力が適正PERにどのような影響を与えるか、まったくわからない。

それでもよいのである。ここで何よりも重要なのは、実際にPERが高くなり、リターンが低下するかどうかという点よりも、シーゲル教授が指摘する次の点である。「過去に比べればリターンは低下するかもしれないが……安定した長期的利益を求めるすべての人にとって株式が最高の投資であり続けると確信する圧倒的な理由が存在している」。

「圧倒的な理由」という表現でさえ控えめである。長期にわたって株式に

よって獲得されるリスクプレミアムは、システムが生き残るのであれば、存在し続けなければならない。資本主義のシステムのもとで、債券は株式を長期的にはアウトパフォームできないし、できなくて当然である。債券は、裁判所で強制執行が可能な契約である。株式は、保有者に何も約束しない——将来有望な投資先ではあるがリスクが伴う。このように、株式は本質的に債券よりも「良い」というわけではないが、私たちはより高いリスクを埋め合わせるために、株式により高いリターンを要求するのである。債券の長期期待リターンが株式よりも高いのであれば、株式のリスクはリターンに見合わないことになる。これは持続不可能である。株式は、「安定した長期的利益を求めるすべての人にとって最高の投資」であり続けるに違いない。そうでなければ、私たちのシステムは、泣き言をいう間もなく、突如として終焉するであろう。

ピーター・バーンスタイン

はじめに

　約30年前に初版を出版して以来、『株式投資』が絶大な支持をいただいていることを光栄に思う。第6版では、ファクター投資、効率的市場仮説、バリュー投資の将来、環境・社会・ガバナンス（ESG）リスク、コロナ禍、インフレと金利の株価への影響に関する6つの章を追加し、これまでで最も大規模な改訂を行った。その他の章も大幅に拡充し、不動産のリターン分析、株式と債券の最適配分、世界一の価値を持つようになった企業の運命、ビットコインと暗号通貨〔暗号資産〕の将来、ついている（ホットハンド）マネーマネジャーが市場に勝ち続けたかどうかの分析などを初めて掲載した。ほぼすべてのデータを2021年まで更新した。

　本書の初版は1992年までの金融データを使って出版されたので、本版は初版より30年ほど多くのデータを含んでいる。この30年間、アジア危機、ロングターム・キャピタル・マネジメント危機、1987年の株式市場の暴落、ドットコムバブル、金融危機、コロナ禍など、劇的なショックを目の当たりにしてきた。しかし、このようなボラティリティの高騰にもかかわらず、株式の優れたリターンは、この30年間持続しているだけでなく、むしろ増加しているのである。

　しかしそれは、金融面でサプライズがなかったということではない。最も予想外の変化の1つは、金利、特に実質金利の急激かつ持続的な低下である。第8章では、この変化の背後にある要因として、先進国の成長率低下、高齢化、そして特に国債が「ヘッジ資産」の代表格として台頭したことを論じている。それに続く予想外の変化は、バリュー投資へのリターンが急激に低下していることだ。このような市場での価格設定のファンダメンタルな動きから、長期投資家の最適な投資戦略として、ファンダメンタルズを重視することが強く示唆される、と結論付けた。

　最後のサプライズは、欧州を含む海外市場、特に新興国においてリターンが期待はずれだったことである。その理由は、中国やロシアを中心とし

た政府による成長阻害や、米国以外の国に多く存在するバリュー株の相対的なパフォーマンス低下など、多岐にわたる。

しかし、バリュー株低迷の最も大きな理由は、米国のテクノロジー企業の目覚しいパフォーマンスである。アップル、マイクロソフト、グーグル、アマゾン・ドット・コム、テスラは米国の5大銘柄で、世界でも（サウジアラムコと併せて）6大銘柄のうちの5つである。本書の初版が出版されたとき、取引されていたのはアップルとマイクロソフトだけで、それぞれ1株あたり30セント、2ドル50セントで売買されていた。ハイテク大手のエヌビディアやメタ（旧フェイスブック）は、1994年には存在しなかった。

しかし、このハイテク大手トップ5のすぐ下には、バリュー投資の典型であるウォーレン・バフェットのコングロマリット、バークシャー・ハザウェイがいる。永遠に人気が続く投資スタイルはなく、ハイテク株の大強気相場はピークを迎えたかもしれない。確かに、短期トレーダーにとっては、ファンダメンタルズはあまり重要ではなく、モメンタムが支配的かもしれない。しかし、長期投資を志す者にとっては、広範な分散投資とバリュー投資の採用は依然として説得力がある。

1937年、ジョン・メイナード・ケインズは『雇用・利子および貨幣の一般理論』で、「真の長期期待を基礎とする投資は今日では極めて困難で、ほとんど実行不可能となっている」と述べている。1世紀近くを経た今でも、それが容易でないことは確かである。

しかし、株式にこだわり続けてきた人は常に報われてきた。株式を見限るほうに賭けて、長期的に利益を得た人はいない。この最新版が、再び悲観論に支配されたときに、狼狽えてしまう人々を勇気づけることができれば幸いである。長期的な成長を求めるすべての人々にとって、株式がこれまでも、そしてこれからも最良の投資対象であることを、歴史は証明している。

結語

最近、僚友、プリンストン大学のバートン・マルキールからメールがあり、彼の古典的名著である『ウォール街のランダム・ウォーカー』の50周年記念版に、私の220年間の資産別リターンのグラフを使わせてほしいと頼まれた。2022年8月に90歳になった彼の活力には畏敬の念を覚える。彼は「ジェ

レミー、いつまでも元気でいるように」と私に説く。

　もちろん、そうする。だが私は現実主義者でもある。私は2021年7月にペンシルベニア大学ウォートン・スクールのファイナンスの名誉教授になった。この権威ある大学とシカゴ大学に49年間在籍した。その約半世紀の間に1万人以上の学生を指導し、その多くが投資、公共、非営利の分野でリーダーとなったことに大いなる充実感を覚える。

　あと何年、残されているかはわからない。しかし、この版を完成させた後は、これまで仕事の後回しにしてきた家族や友人との時間、趣味、そして長年にわたって蓄積してきた写真や手紙、研究資料など思い出の品々の整理に自由に取り組むことができる。しかし、今この瞬間は、どの大学で講演するよりも、はるかに多くの読者に向けて『株式投資』の最高かつ最も包括的と信じる第6版を上梓できることを、私は誇りに思う。

ジェレミー・シーゲル

〔第4版から第5版への内容の更新に関しては、監訳者あとがきを参照ください〕

謝辞

　本書に貢献していただいたすべての個人や団体を挙げることは不可能である。しかし、ひときわ目を引く人物がいる。ジェレミー・シュワルツだ。ウォートン・スクールで私が教えた学生で、輝く存在だったが、現在はウィズダムツリー・インベストメンツのグローバル・チーフ・インベストメント・オフィサーを務めている。

　私がジェレミーに第4版の主任リサーチャーの仕事を依頼したのは、彼が2年生のときで、私のウォートン優等生クラスを受けた直後の2001年のことだった。私は、さまざまな時間軸を使った複雑なリスク・リターン分析を行っていた。金曜日に、私は彼にデータと私がやりたいことの概略を渡し、問題解決のために必要な方法について議論するので月曜日の朝また来るようにと言った。週末が明けて彼が来ると、私はデータに目を通す機会があったかと尋ねた。彼は「はい、実は、求めている結果がすべて得られました」と答えた。確かに出ていた。私は特別な人を見つけたと思った。

　その頃、私は2冊目の本『株式投資の未来』も考えていた。ジェレミーは3年生の1年間をオーストラリアで過ごすつもりでいたが、その代わりに1年間休学して、この本のリサーチを手伝ってくれた。『株式投資の未来』の謝辞で述べたように、彼の分析と励ましがなければ、この本は書けなかっただろう。私たちが展開したテーマの多くは、本書のその後の版に追加された。ジェレミー・シュワルツの名前を『株式投資』第6版の執筆者に加えたのは、こうした理由からである。

　もちろん、この版に重要な貢献をした人物は他にもいる。現在ウォートンの2年生であるジョセフ・アティアは、私の2人目の主任リサーチャーである。彼のデータ、特に新しい資料を収集・処理する勤勉さは貴重なものであった。また、原稿がさまざまな校正を経ていく過程で、誤りを見つけ体裁を整えていく彼の「鷹の目」は、私がこの若者に抱いた期待をはるかに超えるものだった。

ロンドン・ビジネス・スクールのエルロイ・ディムソンは、著書の『証券市場の真実』で、私が米国市場に対して行ったことを国際市場に対して行っているが、そのデータや分析結果を惜しみなく教えてくれた。DWSアメリカCIOのデビッド・ビアンコはS&Pの利益率に関するデータを提供してくれたので、私たちはこのトピックに関して愉快に議論をすることができた。

エリカ・ディカルロからはESG投資に関する章の重要なバックグラウンド情報を、ロックフェラー・アセット・マネジメントの社長兼CIOのケーシー・クラークからはESGリターンに関するデータを提供してもらった。ウィズダムツリーのモダン・アルファ担当ディレクターのリチアン・レンは、将来を見据えたポートフォリオのための株式／債券最適配分の分析に役立つ広範なモンテカルロ・シミュレーションを完成させ、ウィズダムツリーのリサーチ・アソシエイトのマット・ワグナーは、自社株買いと国際市場の評価について有益な支援を提供してくれた。また、ロバート・イボットソンとヤコフ・アミフッドには、流動性株式リターンのデータ提供に対して感謝を述べたい。

重要なのは、ウォートンの同僚ロバート・スタンボーが、ファクター投資やESGなどに関する章で貴重な情報源となってくれたことだ。多忙なスケジュールにもかかわらず、彼は私の質問に迅速かつ詳細に答えてくれ、資料を惜しみなく共有してくれた。

また、ショーン・スミスの本書への貢献も見逃せない。彼はこの第6版には寄与していないが、初版の主任リサーチャーであった。その後、第6版まで更新してきた図や表のほとんどは、もともと彼の努力のうえにできている。

私が新しい章の作成に時間がかかっているのを辛抱強く見守ってくれたジュディス・ニューリンにも感謝したい。できる限り正確なデータにしたいと思っていた私に、彼女は貴重な示唆を与えて、この版をこれまでで最高の完全なものにしてくれた。最後に、ウィズダムツリーの経営陣、特にCEOのジョナサン・スタインバーグには、過去20年近くにわたり、文字どおり何百回もの講演やプレゼンテーションをサポートしてくれたことに感謝したい。

最後の章を編集者に送ったのは、3月17日木曜日の朝6時半だった。私は英領ヴァージン諸島に家族旅行中で、家族との時間を増やすために早く仕事をしたかったのだ（毎日朝5時に起床した）。物書きは執筆が周囲の負担になることをわかっているものだが、私は身近な人たち、特に妻のエレンが私に情熱を注ぎ込む時間を与えてくれたことに感謝している。次の旅は、今度の4月のベルギー・クルーズ、キューケンホフのチューリップ・フェスティバル、アムステルダムのフロリアード・エキスポ2022だ。本書に関する私の責任の大部分は終わっているとわかっているから、存分に楽しむことができる。

2022年3月

[目次]

序 —— i
はじめに —— iv
謝辞 —— vii

第1部
歴史的評価 —— 1

第1章　株式の正当性
歴史的事実とメディアの虚構 —— 2

「誰もが金持ちになるべき」—— 2
1802年以降の資産別リターン —— 4
投資としての株式に対する歴史的視点 —— 6
　スミスの著作の影響力
　アーヴィング・フィッシャーの「恒久的な高値圏」
　センチメントの急激な変化
　暴落後の株式リターンについての見方
1982～2000年の大強気相場 —— 13
　過大評価への警鐘
　大強気相場の後期（1997～2000年）
　ITバブルの頂点へ
　バブルの崩壊
ITバブル崩壊から金融危機へ —— 18
楽観論、悲観論、心理学 —— 21

第2章　1802年以降の資産別リターン —— 23
1802年から現在までの金融市場データ —— 23
　ごく初期の株式市場データ
資産別のトータルリターン —— 25
債券の長期的なリターン —— 27
金、ドル、インフレ —— 28
実質トータルリターン —— 30

確定利付き資産の実質リターン ── 32
　　確定利付き資産のリターンの継続的な低下 ── 34
　　株式リスクプレミアム ── 35
　　世界の株式と債券のリターン ── 36
　　不動産のリターン ── 38
　　　市場で決定されるリターン
　　　不動産リターンのボラティリティ
　　　不動産リターンの概要
　　結論：長期投資としての株式 ── 43

第3章　リスク、リターン、資産配分
　　　　　　なぜ株式は長期的に債券よりリスクが低いのか ── 44
　　リスクとリターンの測定 ── 44
　　保有期間とリスク ── 45
　　リスクの標準的な測定方法 ── 48
　　　ランダムウォーク理論
　　歴史的データから測定したボラティリティ ── 52
　　株式と債券のリターンの相関関係 ── 53
　　リスクとリターンのトレードオフ ── 55
　　株式と債券の配分 ── 57
　　　基本的な考慮事項
　　　退職後の60/40ポートフォリオ
　　結論 ── 61

第4章　グローバル投資
　　　　　　失望と期待 ── 63
　　日本のバブル ── 64
　　新興国のバブル ── 66
　　株式の世界2021 ── 67
　　国際投資の株式リターン ── 69
　　世界市場における分散投資 ── 70
　　　為替リスクはヘッジすべきか？
　　　世界市場でのセクターアロケーション
　　結論 ── 77

第2部
株式リターンの測定とバリュエーション —— 79

第5章　株価指数
市場の代理人 —— 80

市場平均 —— 80
ダウ平均 —— 81
　ダウ平均の算出方法
　ダウ平均の長期トレンド
　本当に以前と違うのはいつなのか？
時価総額加重平均指数 —— 86
　スタンダード・アンド・プアーズ(S&P)指数
　ナスダック指数
　その他の株価指数：シカゴ大学証券価格研究センター（CRSP）
株価指数のリターンの偏り —— 90
株式市場は勝者なのに、なぜ平均的な株式は敗者なのか？ —— 91
補足：1896年創設当初のダウ平均構成12社のその後 —— 93

第6章　S&P500
半世紀以上にわたる米国企業の歴史 —— 97

S&P500のセクターの変遷 —— 98
　S&P500創設時銘柄のパフォーマンス
トップパフォーマー企業 —— 103
生き残ったトップパフォーマー —— 105
市場の「トップドッグ」はどうなったか？ —— 105
結論 —— 108

第7章　株主価値の源泉
利益と配当 —— 110

ディスカウントキャッシュフロー —— 110
株主価値の源泉 —— 111
利益と配当の歴史的トレンド —— 113
　ゴードン配当成長モデルによる株式バリュエーション
　利益ではなく、将来の配当を割り引く
利益の概念 —— 118
　利益の報告方法
　歴史的な利益トレンド：報告方法による比較
結論 —— 124

第8章　金利と株価 —— 125

実質金利と株式 —— 125
実質金利の決定要因 —— 126
　経済成長
　人口増加
　人口高齢化
　生産性
　1人当たりGDP成長率の低下
　経済成長の鈍化がもたらすその他の影響
　時間選好
　リスク回避
　債券のヘッジ特性
　ネガティブ・ベータ資産
　金融当局の役割
金利と株価 —— 136
結論 —— 137

第9章　インフレと株価 —— 138

マネーと物価 —— 138
　マネーとインフレ
インフレヘッジとしての株式 —— 141
　株式が短期ではインフレヘッジにならない理由
非中立的なインフレ —— 144
　供給サイド効果
税金 —— 144
　キャピタルゲイン税
　法人税の歪み
結論 —— 148

第10章　株式市場を評価するための尺度 —— 149

不吉な前兆の再来 —— 149
　配当利回りと自社株買い
株式評価の尺度 —— 152
　PER
　株式益回り
　CAPEレシオ
　Fedモデルによる評価
　株式時価総額、GDP、利益率
　簿価、時価、トービンのQ
　利益率

市場の正しいバリュエーションとは？ —— 163
  取引コストの低下
  バリュエーションレシオを上昇させるその他の要因
  株式リスクプレミアム
結論 —— 166

第3部
市場の効率性、バリュー vs グロース —— 167

第11章　長期投資のための銘柄とは？ —— 168
どの銘柄か？ —— 168
  スタンダード石油とIBM
どの国に投資するか？ —— 171
GOAT（Greatest of All Time）：史上最高 —— 174
  フィリップモリスのアウトパフォーマンスの源泉
「死に体」が宝に変化した事例 —— 176
  確実にわかっていると思っていても、実際にはそうではないもの
結論 —— 178

第12章　バリュー投資は死んだのか？ —— 179
バリュー投資 —— 179
  収益、配当、簿価
  ダウ10戦略
バリュー株のアンダーパフォーマンス —— 189
  2006年以降のバリュー株下落の説明
  プレミアムは裁定されたのか？
  割引率
  テクノロジー
  大型グロース株
バリュー株とグロース株の将来 —— 195
結論 —— 196

第13章　市場の効率性とノイズのある市場 —— 197
効率的市場仮説 —— 197
ノイズ市場仮説 —— 200
市場の効率性からの乖離 —— 201

不合理性 vs 流動性 ── 202
空売り規制 ── 204
市場ポートフォリオ ── 205
異時点間リスク ── 206
損益に対する反応の歪み ── 207
結論 ── 208

第14章　ファクターの動物園
規模、バリュー、モメンタム、その他 ── 209

主要な市場ファクター ── 209
時価総額、バリュエーション、モメンタムファクターの長期的展望 ── 211
時価総額ファクター ── 212
　小型株プレミアムの異常な特徴
　小型株とバリュー株
　国際的にみた時価総額とバリュー投資
モメンタム ── 217
投資と新株発行 ── 220
収益性 ── 221
その他の利益の質のファクター ── 222
低ボラティリティ投資 ── 223
流動性投資 ── 224
米国以外のファクター投資 ── 225
結論 ── 227

第4部
スタイル、トレンド、カレンダー ── 229

第15章　ESG投資 ── 230

利益 vs 株主価値 ── 230
ESG投資 ── 232
企業収益とESG格付け ── 232
バリュエーション改善とESGの状況 ── 233
ESG銘柄の将来リターン ── 234
ESGとポートフォリオ選択 ── 235
過去は必ずしもプロローグではない ── 236

気候変動リスクヘッジとしてのESG —— 237
   フリードマン・ドクトリンを振り返って —— 239
   結論 —— 239

第16章　テクニカル分析とトレンド投資 —— 241
   テクニカル分析の本質 —— 241
   テクニカル分析の基礎 —— 242
   チャールズ・ダウ —— テクニカルアナリスト —— 242
   株価のランダム性 —— 243
   ランダムな株価のシミュレーション —— 245
   市場のトレンドと価格の反転 —— 247
   移動平均 —— 248
   ダウでの移動平均戦略の検証 —— 249
   ダウ平均と200日移動平均 —— 250
   大暴落の回避 —— 252
   年間リターンの分布 —— 253
   結論 —— 254

第17章　暦のアノマリー —— 256
   季節のアノマリー —— 257
   1月効果 —— 257
      1月効果の原因
      1月効果は消滅した
      1月の予測力
   月別のリターン —— 261
   9月効果 —— 262
      9月効果の理由
   その他の時節性のリターン —— 264
   曜日効果 —— 266
   結論：投資家は何をすべきか？ —— 267

第5部
株式の経済環境 —— 269

第18章　マネー、金(ゴールド)、ビットコイン、連邦準備制度 —— 270
- 金本位制の歴史 —— 272
  - 連邦準備制度の設立
  - 金本位制の崩壊
- 平価切り下げ後の金融政策 —— 274
- 金本位制以後の金融政策 —— 275
- 連邦準備制度とマネーの創出 —— 277
  - FRBが金利に影響を与える方法
- 株価と中央銀行の政策 —— 278
- ビットコイン：新しい貨幣？ —— 280
- 貨幣の特徴 —— 281
  - 貨幣性資産の質を評価する
  - 暗号通貨のマクロ経済学
- 結論 —— 286

第19章　株式と景気循環 —— 288
- 株式リターンと景気循環 —— 289
- 景気循環を判定するのは誰か？ —— 289
  - 景気の転換点の判定
- 景気の転換点における株式のリターン —— 292
- 景気循環のタイミングをとらえて利益を得る —— 295
- 景気循環を予測する困難 —— 296
  - 景気後退を予測する能力の歴史
- 景気循環は克服されたのか？ —— 297
- 結論 —— 299

第20章　世界的な事件が金融市場に影響を与えるとき —— 301
- 市場の最大の動き —— 303
- 株価の大きな動きとニュースイベント —— 304
  - 何が株価を動かすのか？
- 先行き不透明感と株価 —— 307
- 民主党と共和党 —— 308
  - 相関は因果関係を意味しない
  - 政治と株式リターン
- 株式と戦争 —— 313

世界大戦下の市場 ── 313
　　1945年以降の戦争 ── 315
　　　朝鮮戦争とベトナム戦争
　　　第一次湾岸戦争
　　　第二次湾岸戦争とアフガニスタン戦争
　　結論 ── 317

第21章　株式、債券、経済指標 ── 318
　　経済指標と市場 ── 319
　　市場の反応の原則 ── 319
　　経済指標の内容 ── 320
　　経済成長と株価 ── 321
　　雇用統計 ── 322
　　発表の周期 ── 324
　　インフレ指標 ── 326
　　　コアインフレ
　　　雇用コスト
　　金融市場への影響 ── 328
　　中央銀行の金融政策 ── 328
　　結論 ── 329

第6部
市場の危機とボラティリティ ── 331

第22章　市場のボラティリティ ── 332
　　1987年10月の株価暴落 ── 334
　　1987年10月の株価暴落の原因 ── 336
　　　為替政策
　　　先物市場
　　サーキットブレーカー ── 339
　　2010年5月6日のフラッシュ・クラッシュ ── 340
　　市場のボラティリティの特質 ── 344
　　株式ボラティリティの歴史的トレンド ── 345
　　ボラティリティインデックス ── 347
　　1日当たりの大幅変動の分布 ── 349

市場ボラティリティの経済学 ── 351
　　結論 ── 353

第23章　2008～2009年の金融危機 ── 354
　　世界市場を揺るがした1週間 ── 354
　　世界恐慌は再び起こりうるか？ ── 356
　　金融危機の鳴動 ── 357
　　グレートモデレーション ── 359
　　サブプライムモーゲージ ── 360
　　格付けの重大な誤り ── 361
　　規制の失敗 ── 366
　　金融機関によるリスク資産へのオーバーレバレッジ ── 367
　　危機を軽減するためのFRBの役割 ── 368
　　最後の貸し手による迅速な対応 ── 369
　　リーマン・ブラザーズは救済されるべきだったか？ ── 371
　　金融危機の経済的・金融的影響 ── 373
　　　　実質総生産への影響
　　　　金融市場
　　　　企業収益への影響
　　　　短期債券市場とLIBOR
　　結論：危機を振り返って ── 379

第24章　新型コロナウイルスのパンデミック ── 381
　　認識と現実 ── 383
　　中央銀行の金融拡大 ── 385
　　財政刺激策の代替財源 ── 389
　　予測の失敗とインフレの過小評価 ── 389
　　インフレが株式と債券に与える影響 ── 391
　　コロナ禍とその後の株式バリュエーション ── 392
　　商品価格 ── 392
　　不動産価格 ── 393
　　経済の恒久的な変化 ── 394
　　結論 ── 397

第7部
株式で富を築く —— 399

第25章　心理が投資の邪魔をする —— 400

ITバブル：1999〜2001年 —— 401
　1999年10月
　2000年3月
　2000年7月
　2000年11月
　2001年8月

行動ファイナンス —— 404
　流行、社会構造の変化、株式バブル
　過剰な売買、自信過剰、代表性バイアス
　プロスペクト理論、損失回避、損失取引に固執する意思決定
　行動の落とし穴を回避するルール
　短絡的な損失回避、ポートフォリオのモニター、株式のリスクプレミアム
　逆張りと投資家のセンチメント：リターンを向上させる戦略

第26章　上場投資信託、株価指数先物、オプション —— 420

上場投資信託(ETF) —— 421

株価指数先物 —— 423

初期の先物市場による支配 —— 423
　高頻度トレーダー

先物市場の基本 —— 426

指数の裁定取引 —— 428

先物からニューヨークの始値を予測する —— 429

ダブルウィッチングとトリプルウィッチング —— 430

証拠金とレバレッジ —— 431

ETFの税制メリット —— 432

ETF、先物、インデックスファンドの比較 —— 433
　レバレッジ型ETF

株価指数オプション —— 436

指数オプションの買い —— 438

指数オプションの売り —— 439

結論：指数商品の重要性 —— 440

第27章　ファンドのパフォーマンス、インデックス投資、投資家のリターン —— 441

- 株式ミューチュアルファンドのパフォーマンス —— 442
  - 最も運用成績が良かったファンド
  - ファンドのアンダーパフォーマンスの歴史
- 優れたファンドマネジャーを見つける —— 448
- ファンドのパフォーマンスが市場を下回る理由 —— 450
- 生兵法は大けがのもと —— 450
- 情報によって利益を上げること —— 451
- コストはどれほどリターンに影響を与えるのか —— 452
- パッシブ投資の人気 —— 452
- S&P500インデックスの下落 —— 453
- ファンダメンタル加重と時価総額加重の指数化 —— 454
- ファンダメンタル加重平均指数の歴史 —— 457
- 結論 —— 458

第28章　長期成長のためのポートフォリオ構築 —— 460

- 投資の実践的な側面 —— 460
- 投資を成功させる指針 —— 461
- 計画の実行と投資アドバイザーの役割 —— 464
- 結論 —— 466

監訳者あとがき —— 468

【第4版】監訳者あとがき —— 473

索引 —— 478

著者・訳者紹介 —— 488

　　　　　　　　　　　　文中の〔　〕は訳者による補足を示す。

第 1 部

歴史的評価

第1章 株式の正当性
歴史的事実とメディアの虚構

「優良株」（ブルーチップ）への投資はどんなに高く買ったとしても健全である――という「新時代」の教義は、ギャンブル熱にほぼ無条件に負けたのを、「投資」という大義名分でごまかす裏の手段にすぎない。
　　　　　　　　　ベンジャミン・グレアム、デビッド・ドッド、1934年[1]

株式投資は国民の趣味となり、国を挙げての強迫観念になった。それはマルクスに取って代わる大衆の宗教になったのだ。
　　　　　　　　　　　　　　　　　　ロジャー・ローウェンスタイン、1996年[2]

シーゲルの『株式投資』？　ああ、今となっては、ドアストッパーにしかならないよ。
　　　　　　　　　　CNBC出演者のコメント、2009年3月
　　　　　　　　　　過去80年で最悪の弱気相場の底で

「誰もが金持ちになるべき」

　1929年の夏、ジャーナリストのサミュエル・クロウサーは、ゼネラルモーターズの財務担当役員ジョン・J・ラスコフに、「一般人が株式投資で富を築く方法」を尋ねた。その年の8月、このインタビュー記事は、「誰もが金

---

1) Benjamin Graham and David Dodd, *Security Analysis* (邦訳『証券分析』), New York: McGrawHill, 1934, p.11.
2) Roger Lowenstein, "A Common Market: The Public's Zeal to Invest," *Wall Street Journal*, September 9, 1996, p.A11.

持ちになるべき」という大胆な見出しで主婦向けの雑誌『レディース・ホーム・ジャーナル』に掲載された。

　ラスコフは、米国の工業化が飛躍的に進展しつつあると指摘し、毎月15ドルの優良株への投資が20年後には8万ドルになると語った。年率24％もの利回りは前例のないほど高い数値だったが、強気相場に沸いていた1920年代にあっては、労せずして大金を得る方法として魅力的に聞こえた。投資家は熱狂し、何百万もの人々が手っ取り早く利益を得ようと貯蓄を株式投資に注ぎ込んだ。

　1929年9月3日、ラスコフのインタビュー記事が掲載されてから数日後、ダウ工業株平均〔ダウ平均〕※は歴史的高値381.17ドルをつけたが、その7週間後に暴落した。続く34カ月間で、株価は米国の歴史でも類を見ないほど大幅な下落を記録した。

　1932年7月8日、暴落の嵐は去ったものの、ダウ平均は41.22ドルにまで下落していた。米国の優良企業の株式価値は実に89％も低下。株式投資に注ぎ込まれた何百万人もの貯蓄が吹き飛び、借金をして株式を買っていた投資家は破産し、米国は未曾有の大不況に陥った。

　ラスコフは激しい非難を浴びることになり、その後数年にわたり糾弾された。株式投資に内在するリスクを無視し、株価は永遠に上がり続けると盲信した愚か者というのが、彼に下った評価だった。インディアナ州選出のアーサー・ロビンソン上院議員などは、株価がピークにあるときに投資家に買いを勧めることによって株式市場の暴落を招いたとして、ラスコフの責任を追及した[3]。それから63年後の1992年、『フォーブス』は「大衆の妄想と群集の狂気」と題した記事で、株価の過大評価を投資家に警告し、過去の市場の周期を検証するなかでラスコフについて「株式投資が富を保証する道具と断言した最悪の犯罪者」と指摘した[4]。

　ラスコフの大胆な投資アドバイスは一見、定期的にウォール街に現れる強気な株マニアの意見を集約したもののように思える。しかし、彼の相場

※〔訳注〕ダウ平均には現在、工業株平均のほかに運輸株平均と公益株平均があるが、本書では工業株平均を指す場合は「ダウ平均」と記す。また、ダウ平均の単位は「ドル」であり、原著にその表記がない場合も「ドル」を付した。
3) Irving Fisher, *The Stock Market Crash and After*, New York: Macmillan, 1930, p.xi.
4) "The Crazy Things People Say to Rationalize Stock Prices," *Forbes* (April 27, 1992), p.150.

の見方をこのように評価することが、はたして正しいのだろうか。

　答えはノーである。株式への長期投資は、相場の頂点で投資を始めるかどうかにかかわらず、勝利を約束する戦略である。ラスコフの助言に従い、毎月15ドルの投資を辛抱強く続けていれば、実は4年以内に財務省短期証券〔短期国債〕を超える利回りを手にすることができたのだ！　投資元本は1949年には9000ドルにまで膨らみ、年率リターンは7.86％と、債券の2倍以上になっていた。30年後には6万ドルを超え、年率リターンは12.72％に上昇したはずだ。ラスコフが予想したリターンには及ばないが、この30年にわたる株式投資によるトータルリターンは長期国債の8倍以上、短期国債の9倍以上であった。株価暴落の危険性を理由に株式投資を拒んだ投資家たちは、辛抱強く株式を買い増していった投資家に大きな遅れをとったのである[5]。

　激しい非難を浴びたラスコフの投資アドバイスの話は、ウォール街における重要なテーマを浮き彫りにしている。強気相場(ブル)と弱気相場(ベア)は、信じられないような利益と壊滅的な損失というセンセーショナルな物語を生み出す。しかし、一見投資をひるんでしまうような新聞の見出しに惑わされない忍耐強い株式投資家が、債券や他の資産に逃避する人々を常にアウトパフォームしてきたのだ。1929年の大暴落、2008年の金融危機、そしてコロナ禍のような厄災の時でさえ、株式への長期投資の優位性は変わらなかったのである。

1802年以降の資産別リターン

　図1-1は本書で最も重要なグラフである。これは、1ドルを1802年から2世紀以上にわたって①株式、②長期国債、③短期国債、④金、⑤米ドルに投資した場合に、（インフレ調整後の）実質で資産がどのくらい蓄積されたかを年次で示したものである。これらのリターンは実質トータルリターンと呼ばれ、投資から分配される所得（配当や利子〔インカムゲイン〕）とキャ

---

[5] ラスコフは1920年代、手っ取り早く儲ける手法を試みて失敗している。それは、投資家が300ドルを借り入れ、手持ちの200ドルと合わせて500ドルを株式に投資するというものだった。この投資手法は1929年当時、徐々に株式を買い増していく方法には劣ったが、それでも20年後のリターンは短期国債への投資リターンを上回った。

図1-1 実質トータルリターン指数（1802〜2021年）

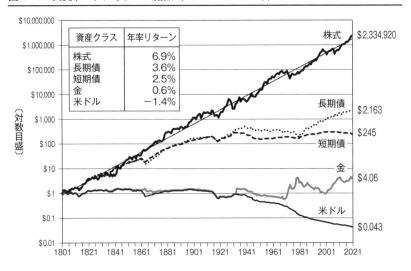

ピタルゲインまたはロスを含み※、すべて一定の購買力基準で実質化してある。各資産の年率の実質リターンも、**図1-1**に載せた。

これらのリターンは対数目盛でグラフにした。対数目盛では変化率が一定のとき直線になるので、経済学者は長期的なデータを図示する際にこの目盛を使用する。株式のリターンがトレンドラインに沿って増加していることは、注目に値する。

220年にわたって各資産のリターンを計測した結果、広く分散された株式ポートフォリオの実質リターンは年率6.9％であった。この年率6.9％という数値は、インデックスファンドのような完全に分散された株式ポートフォリオが、2世紀以上の間、10年ごとに購買力がほぼ2倍になったことを意味している。

注目すべきは、2022年前半の弱気相場まで株式リターンを延長すると、長期的な実質リターンは年率6.7％に低下し、私が30年ほど前に出版した『株式投資』初版で示したリターンとまったく同じになることである。

長期国債の実質リターンは年率3.6％、短期国債のような確定利付き資産

※〔訳注〕第2章によると、配当と利子は自動的に再投資する。第3章によると、長期債のリターンは、毎年長期債を売却して元本を回収し、それを新しい長期債に再投資して計算する。

の実質リターンは年率2.5%と、債券投資の実質リターンは株式を大幅に下回っている。

　金の実質リターンは年率0.6%にすぎない。長期的には、金価格はインフレ率を上回って上昇しているが、少しだけである。米ドルは1802年以降、年平均1.4%ずつ購買力を失ったが、そのほとんどは第二次世界大戦後の下落である。

　短期的には、株式のリターンは変動しやすく、企業業績、金利、リスク、不確実性、楽観・悲観といった心理的要因に左右される。図1-1の株式リターンで一時的に下振れしている部分は、多くの投資家を恐怖に陥れ、市場から遠ざけている主要な弱気相場を表している。しかし、長期的な株価の上昇に比べれば、それら下振れの影響は軽微にすぎない。

　次章では、主要資産のリターンを詳細に検討する。本章の残りの部分では、経済学者、投資専門家、市場評論家が歴史のなかで株式の投資価値をどのように見てきたか、また主要な強気相場と弱気相場がメディアと投資家それぞれにどのような影響を与えたかを見ていくことにする。

投資としての株式に対する歴史的視点

　19世紀を通して、株式を売買するのは投機筋(スペキュレーター)か内部者(インサイダー)くらいのもので、安全志向の投資家(インベスター)が手を出すものではないとされていた。20世紀初頭になってようやく、ある経済状況のもとでは株式が多くの投資家に適した投資対象であると認識されるようになった。

　1920年代、イェール大学教授で投資家として大成功を収めた、米国の偉大な経済学者アーヴィング・フィッシャーは、インフレ時には株式が債券よりも優れているが、デフレ時には株式が債券に劣る可能性が高いという考えを示し、これは20世紀前半の常識となっていた[6]。

　この常識を覆したのが、1920年代に金融アナリストおよび投資家として活躍したエドガー・ローレンス・スミスである。スミスは、歴史的な研究を通じて、物価が上昇したときだけでなく下落したときにも、株式の分散ポートフォリオへの積み立てが債券を上回ることを初めて証明した。1925

---

6) Irving Fisher, *How to Invest When Prices Are Rising*, Scranton, PA: G. Lynn Sumner & Co., 1912.

年には、『長期投資としての普通株』という著書で研究成果を発表した。その序章で、以下のように述べている。

> この研究は失敗――先入観に満ちた理論を支持できなかったという意味での失敗――の記録である。……それは、物価下落時には高格付けの債券がその他の投資商品より優れているという理論である。[7]

スミスは、株式は投資家のポートフォリオに不可欠なものであると主張した。南北戦争の時代までさかのぼって株式のリターンを調べて、投資家が株式を売却して利益を得るまでに長い期間（6年から最長でも15年）待つ必要がほとんどないことを発見した。スミスは以下のように結論付けた。

> われわれは、普通株には保有していると価値が増すという性質があることを発見した。……株価が高騰した際の最高値で買うといった極端な不運に見舞われない限り、保有期間における平均株価が購入時の株価を下回る期間は比較的短い。そうした極端な不運でさえ、時間が解決してくれるだろう。[8]

スミスの結論は、過去だけでなく、その後も正しかった。スミスの検証よりもはるかに株価が暴落した1929年に、暴落前の最高値で投資した資金を回収するのに15年しかかからなかったのである。第二次世界大戦後、株価の回復期間はさらに短くなっている。投資家が株式市場に投資した（再投資した配当金を含む）資金を回収するのにかかった最長期間は、2000年8月から2006年4月までの5年8カ月間であった。

スミスの著作の影響力

スミスが著書を書いたのは1920年代で、歴史上最も大きな強気相場が始まる時であった。その結論は、学界と投資界の双方にセンセーションを巻き起こした。権威ある週刊『エコノミスト』は1925年、「すべての見識のあ

---

7) Edgar L. Smith, *Common Stocks as Long-Term Investments*, New York: Macmillan, 1925, v.
8) Edgar L. Smith, *Common Stocks as Long-Term Investments*, p.81.

る投資家と株式ブローカーは、スミス氏が著したこの興味深い書籍を読み、その驚くべき結論を自分の目で確かめたほうがいい」と述べている[9]。

スミスの考えは瞬く間に大西洋を渡り、英国で大きな議論の的となった。英国の偉大な経済学者であり、後世の経済学のパラダイムとなった景気循環論の創始者であるジョン・メイナード・ケインズは、スミスの著書を興奮気味に評した。ケインズは以下のように述べている。

> 特筆すべき研究成果だ。スミス氏は物価の上昇時だけではなく下落時にも、ほとんどすべてのケースで株式が長期投資に最適な商品であることを示した。……過去50年にわたる米国の経験を検証することによって、債券を「安全」な投資先として重宝する一方で、優良株でさえ株式を「投機的」として敬遠してきた投資家および機関投資家の偏見が、債券の過大評価と株式の過小評価をもたらした証拠を示したのだ。[10]

スミスの論文は、Review of Economic StatisticsやJournal of the American Statistical Associationなど権威ある雑誌に掲載され[11]、学術的な信用を得た。ジークフリート・スターンが第一次世界大戦の開戦時から1928年までの欧州13カ国の株式リターンを広範囲に調査して発表すると、スミスは国際的な支持も得るようになった。スターンの研究は、株式に投資するほうが債券やその他の金融商品に投資するよりも有利で、それは米国以外の金融市場にも当てはまることを示していた[12]。株式の優位性を示す研究は、普通株投資理論として知られるようになった[13]。

スミスの研究は、イェール大学の著名な経済学者アーヴィング・フィッシャーの考えをも変えた。フィッシャーは、インフレの不安を抱える世界では債券が安全な投資商品として過大評価される、という長年の持論を裏

---

9) "Ordinary Shares as Investments," *Economist* (June 6, 1925), 1141.
10) John Maynard Keynes, "An American Study of Shares versus Bonds as Permanent Investments," *The Nation & the Athenaeum* (May 2, 1925), p.157.
11) Edgar Lawrence Smith, "Market Value of Industrial Equities," *Review of Economic Statistics* 9 (January 1927), pp.37–40、および "Tests Applied to an Index of the Price Level for Industrial Stocks," *Journal of the American Statistical Association*, Supplement (March 1931), pp.127–135.
12) Siegfried Stern, *Fourteen Years of European Investments*, 1914–1928, London: Bankers' Publishing Co., 1929.
13) Chelcie C. Bosland, *The Common Stock Theory of Investment*, Its Development and Significance, New York: Ronald Press, 1937.

づけるものとしてスミスの研究をとらえた。1925年、フィッシャーはスミスの研究を要約し、投資家行動に関する先進的な分析と評した。

> 市場は「安全」な証券を過大評価し、割高な価格を支払おうとする半面、リスクの高い証券を過剰に恐れ、割安な価格しか支払おうとしない。また、すぐに手に入るリターンには大金を支払い、手に入るまで時間のかかるリターンにはわずかな金額しか支払おうとしない。つまり、債券がもたらす確実な現金収入を（債券がもたらすことのない）確実な実質所得と取り違えているのである。確実な実質所得、すなわち購買力を重視するなら、普通株への分散投資のほうが債券投資より優れている。[14]

アーヴィング・フィッシャーの「恒久的な高値圏」

米国の最も偉大な経済学者で資本理論の父と呼ばれるフィッシャー教授は、単なる学者ではなかった。金融市場の状況を積極的に分析・予測し、健康から投資まで幅広いテーマでいくつものニューズレターを執筆し、自身の特許発明をもとに回転式カードホルダーの会社を設立して大成功を収めた。中流階級出身にもかかわらず、個人資産は1929年夏時点で1000万ドルを超え、これは2021年のドル換算で1億5000万ドルを上回っている[15]。

フィッシャーをはじめ1920年代の多くの経済学者は、1913年にできた連邦準備制度が景気の激しい変動を抑えるために重要だと信じていた。実際、1920年代は、鉱工業生産や生産者物価など経済指標の変動が大幅に減少し、株式などリスク資産の価格を押し上げる要因となったため、極めて安定した成長を遂げた時代であった。第23章でも述べるが、1920年代の安定と2008年金融危機前の10年間には著しい類似性がある。どちらの時代も、景気循環が緩やかになっただけでなく、連邦準備制度理事会〔FRB〕が景気循環を解消しないまでも緩和することができるという強い信頼感があった。

1920年代の強気相場は多くの米国人を株式投資に引き込み、フィッシャーは自身の経済的成功と相場の予言者という評判によって、投資家や

---

14) Kenneth S. Van Strum, *Investing in Purchasing Power*, New York: Barron's, 1925, vii. のアーヴィング・フィッシャーによる序文から。ヴァン・ストラムは週刊誌『バロンズ』のライターであり、スミスの調査を確認した。
15) Robert Loring Allen, *Irving Fisher: A Biography*, Cambridge: Blackwell, 1993, 206.

アナリストから多くの支持を得るようになった。そして1929年10月初旬、市場が混乱すると、フィッシャーの予測に対して投資家の関心が大いに高まった。1929年10月14日の夜、フィッシャーが購買担当者協会の月例会のためにニューヨークのビルダーズ・エクスチェンジ・クラブに到着したときには、当然ながら報道陣を含む多くの人々が会場に押し寄せた。

9月初めに、もう1人の実業家であり相場の予言者とされるロジャー・バブソンが株価の「壊滅的」な暴落を予測しており、それ以来、投資家の不安が高まっていた[16]。フィッシャーは、バブソンがこのところ弱気であると指摘して、彼の悲観論を否定していた。聴衆は、長い間株式投資で成功を収めてきた偉大な人物に安心感を求めていたのである。

聴衆の期待は裏切られなかった。前置きの後、フィッシャーは、のちに最も引用されるフレーズとなって大いに後悔することになる一言を発した。「株価は恒久的な高値圏にあるようだ」[17]。

フィッシャーの講演翌日から2週間後の10月29日、株価は暴落した。フィッシャーの「高値圏」は、あっという間に底なし沼に沈んだのである。その後3年間、市場は過去に類を見ないほどの崩壊に見舞われた。フィッシャーは多くの功績を残したが、彼の名声と、株式は健全な富の蓄積手段であるという真言は崩れ去った。

センチメントの急激な変化

1930年代の経済と株式市場の崩壊は、投資家の心理に大きな傷跡を残した。スミスの研究として知られた普通株投資理論は、あらゆる角度から攻撃された。株式は基本的に健全な投資対象であるという考えを、多くの人が即座に否定した。作家で著名な投資銀行家のローレンス・チェンバレンは、「株式は長期投資の対象として債券より優れているわけではない。そもそも株式は投資の対象ではなく、投機の対象である」[18]と述べている。

1934年、ファンドマネジャーのベンジャミン・グレアムと、コロンビア大学の金融論教授のデビッド・ドッドが著した『証券分析』(Security

---

16) *Commercial and Financial Chronicle* (September 7, 1929).
17) "Fisher Sees Stocks Permanently High," *New York Times* (October 16, 1929), 2.
18) Lawrence Chamberlain and William W. Hay, *Investment and Speculations*, New York: Henry Holt & Co., 1931, p.55.

Analysis）は、株式や債券の価値を分析する際のバイブルとなった。この本は何度も版を重ね、学生や市場関係者に多大な影響を与えた。

グレアムとドッドは、スミスの著書がもっともらしい偽りの理論の主張によって株式の購入を正当化し、1920年代の強気相場を煽ったとして、あからさまに非難した。彼らは以下のように書いている。

> 自己欺瞞に満ちた投機筋でも、投資する際には自身の投資を正当化する何らかの根拠が必要だ。……新たに訪れた相場の上昇局面で「合理的」な根拠となったのは、分散を効かせた株式投資の長期にわたる好転だった。この新時代の投資理論は、取るに足らない出来損ないの本から広まったようだ。その本のタイトルは『長期投資としての普通株』といい、1924年にエドガー・ローレンス・スミスが著したものである。[19]

暴落後の株式リターンについての見方

大暴落の後、メディアもアナリストも、株式市場や投資対象として株式を推奨する人々について酷評した。そのような状況下でも、コウルズ経済調査委員会の創設者であるアルフレッド・コウルズ3世が、ニューヨーク証券取引所（NYSE）で取引される全銘柄について1871年までさかのぼって時価総額加重平均指数を作成したのをきっかけに、1930年代、株価指数のリターンに関する研究が大きく進展した。彼のトータルリターン指数は、再投資された配当金を含んでおり、今日の株式リターンの計算方法とほぼ同じである。コウルズは、スミスが株価暴落前に得た発見を確認し、ほとんどの場合、株式は過小評価されており、投資家は株式への投資によって優れたリターンを得ることができると結論付けた[20]。

第二次世界大戦後、ミシガン大学の2人の教授、ウィルフォード・J・アイトマンとフランク・P・スミスは、活発に取引されている工業関連銘柄の投資リターンを研究し、それら92銘柄を市場のサイクルに関係なく定期的に定額を購入する（ドルコスト平均法という）戦略により、株式投資家が得

---

19) Benjamin Graham, David Dodd, *Security Analysis 2nd edition*〔邦題『証券分析』〕, New York: McGraw-Hill, 1940, p.357.
20) 彼は過小評価を本源的価値の約25％と推定した。Alfred Cowles III and associates, *Common Stock Indexes 1871-1937*, Bloomington, Ind.: Pricipia Press, 1938, p. 50.

るリターンは年12.2％となり、債券投資をはるかに上回ることを明らかにした。12年後、彼らは前回と同じ銘柄を使い、再び調べた。この間に新たに出現した企業や産業を組み込むことはしなかったが、そのリターンはさらに高くなった。彼らは次のように書いている。

> この調査では、到底、賢明とは思えない方法で銘柄を選んでいるが、それでも複利ベースで年率14.2％のリターンが得られた。このことは、限られた知識しか持たない小口投資家でも、分散の効いた株式ポートフォリオを一定の期間にわたって保有していれば、元本が保証されたうえに十分な利回りが得られることを意味する。[21]

研究対象期間に1929年から1932年の大暴落が含まれていなかったため、多くの人がアイトマンとスミスの研究を否定した。しかし1964年になると、シカゴ大学のローレンス・フィッシャー教授とジェイムズ・H・ロリー教授が、1929年の大暴落に端を発した世界恐慌と第二次世界大戦時を含む期間を対象に、株式リターンを検証した[22]。フィッシャーとロリーは1926年から1960年までの35年間、株式は他のどの投資手段よりも著しく高いリターン（年率9.0％）を提供したと結論付けた。彼らは税金や取引手数料も考慮したリターンを算出し、次のように記している。

> 多くの投資家にとって（株式の）リターンがこれほど高かったというのは驚きだろう。……多くの人が株式投資よりも平均リターンがはるかに低い投資商品を選ぶのは、彼らが本質的に保守的であり、株式投資に内在する損失のリスクを恐れていることを物語っている。[23]

10年後、ロジャー・イボットソンとレックス・シンクフィールドは、「株式、長・短期債とインフレ率──リターンの年次推移（1926～74年）」とい

---

[21] Wilford J. Eiteman, Frank P. Smith, *Common Stock Values and Yields*, Ann Arbor: University of Michigan Press, 1962, p.40.
[22] Lawrence Fisher and James H. Lorie, "Rates of Return on Investment in Common Stocks", *Journal of Business* 37 (January 1964), 1-21.
[23] 同20.

う論文で、さらに長期のリターンを検証している[24]。彼らは、ロリーとフィッシャーの研究に対して謝辞を述べ、長期投資としての株式の優位性を確認した。この統計は毎年年鑑として発行され、証券業界のリターンのベンチマークとして頻繁に引用されている[25]。

1982～2000年の大強気相場

1970年代は、経済にとっても株式市場にとっても良い時代ではなかった。1966年末から1982年夏までの15年間、インフレと原油価格の高騰により、株式の実質リターンはマイナスとなった。しかし、FRBの金融引き締め政策がインフレを抑制し、金利が急速に低下すると、株価はそれまでで最大の強気相場を迎え、最終的に10倍以上値上がりした。ダウ平均は1982年8月の安値790ドルから急騰し、1982年末には1000ドルを超えて、ほぼ10年前につけた1973年の高値を上回って最高値を更新した。

多くのアナリストはこの上昇が続くことに懐疑的であったが、一部のアナリストは非常に強気であった。EFハットンの社長兼会長であるロバート・フォーマンは、1983年10月に「株式の新時代の幕開けだ」と宣言し、1980年代末までにはダウ平均が2000ドル以上になると大胆に予測した。

しかし、フォーマンの強気な見通しでさえ悲観的すぎたようで、ダウ平均は1987年1月に2000ドルを突破し、その後3000ドルを超えた。確かに一時的に下がることはあった。1987年10月19日の大暴落では、米国市場で過去最大の1日の下げ幅を記録した。しかしこの下落は、その後の強気相場によってすぐに帳消しとなった。

1990年代もまた、株式にとってすばらしい10年だった。世界は共産主義の崩壊と国際紛争の脅威の減少を目の当たりにし、唯一残った超大国である米国は、資本主義と企業家精神を象徴する存在となった。

---

24) Roger Ibbotson and Rex Sinquefield, "Stocks, Bonds, Bills, and Inflation: Year-by-Year Historical Returns (1926–74) ," *Journal of Business*, vol. 49 (January 1976) , 11-43.
25) Roger Ibbotson and Rex Sinquefield, *Stocks, Bonds, Bills, and Inflation Yearbooks, 1983-1997*, Chicago: Ibbotson and Associates.

過大評価への警鐘

　しかし、株価が上昇するにつれ、多くの人が、強気相場が続くかどうか疑うようになった。1995年後半に入ると、上昇を続ける株価に対して、多くのアナリストが警鐘を鳴らし始めた。オッペンハイマーのマイケル・メッツ、メリルリンチのチャールズ・クラウ、モルガン・スタンレーのバイロン・ウィーンらは、株価上昇の根拠に強い疑念を表明した。1995年9月には、ソロモン・ブラザーズの株式担当チーフストラテジストであるデビッド・シューマンが、「恐怖と強欲」と題する論文で、当時の市場環境を1929年と1961年の株価ピーク時と比較した。シューマンは、1920年代のエドガー・スミスやアーヴィング・フィッシャーの研究、1960年代のフィッシャーとロリーの研究、そして1994年に出版した本書『株式投資』の初版に言及し、強気市場の維持には識者の支援が重要であると主張した[26]。だが、またしても、このような弱気論者の見通しは誤りで、株価は上昇を続けた。

　1996年にはS&P500の株価収益率〔PER〕は20倍に達し、戦後の平均PERを大幅に上回る水準となった。その他にも、さらなる警告が発せられた。著名な作家で金融ライターでもあるロジャー・ローウェンスタインは『ウォール・ストリート・ジャーナル』で次のように主張した。

> 株式投資は国民の趣味となり、国中の熱狂の的となった。人々は政府を、学校を、そして甘やかされたスポーツ選手を悪く言うかもしれない。しかし、株式相場に対する信頼は確固たるものである。マルクスに取って代わる大衆の宗教になったのだ。[27]

　『ニューヨーク・タイムズ』の主筆であるフロイド・ノリスは、1997年1月に「われわれは市場を信じる」という記事を書き、ローウェンスタインの主張をそっくり繰り返した[28]。1980年代、債券市場に関する発言で債券

---

[26] 3カ月後の1995年12月、シューマンは強気派に屈服し、長年にわたって主張してきた配当利回りに関する持論が間違っていたと認めた。
[27] Roger Lowenstein, "A Common Market: The Public's Zeal to Invest", *Wall Street Journal*, September 9, 1996, p.A1.
[28] Floyd Norris, "In the Market We Trust", *New York Times*, January 12, 1997.

相場を頻繁に揺らしていたソロモン・ブラザーズの重鎮ヘンリー・カウフマンは、「金融市場の過熱は次第に明白になっている」と述べ、楽観主義者が提示する説明は、アーヴィング・フィッシャーの「株価は恒久的な高値圏にあるようだ」という発言と何ら変わらないと主張した[29]。

　強気市場に警告を発したのはメディアやウォール街だけではなかった。経済学者たちも、この前代未聞の株価上昇を研究するようになった。イェール大学のロバート・シラーとハーバード大学のジョン・キャンベルは、市場が著しく過大評価されていることを示す学術論文を書き、1996年12月初旬にFRBで報告した[30]。

　ダウ平均が6400ドルを超えて急騰していた1996年12月5日、ワシントンのアメリカン・エンタープライズ研究所(AEI)の毎年恒例の夕食会でのスピーチで、アラン・グリーンスパンFRB議長は警告を発した。彼は、「根拠なき熱狂が資産価値を過度に上昇させ、それがここ10年の日本のように予期せぬ長期的な収縮をもたらすのだが、過度に上昇したのがいつか、どうやって知るのだろう？　また、その評価をどのように金融政策に反映させればよいのだろう？」と問いかけた。

　グリーンスパンの言葉は衝撃的な効果をもたらし、「根拠なき熱狂」という言葉はFRB議長としての在任中の最も有名なものとなった。彼の言葉がコンピューターのモニターに映し出されるや否や、アジアと欧州の市場は急落し、翌朝、ウォール街も大幅な下落で始まった。しかし、投資家はすぐに楽観主義を取り戻し、その日のニューヨーク証券取引所の終値は小幅な下落にとどまった。

大強気相場の後期(1997 ～ 2000年)

　ダウ平均はそこからさらに上昇を続け、1997年2月に7000ドル、7月に8000ドルを超えた。『ニューズウィーク』までもが、表紙にウォール街での米国と牡牛〔強気相場〕の結婚式を描いた「相場と結婚」というカバーストーリーで警戒感を示したが、投資家の楽観ムードが鎮まることはほとんどな

---

29) Henry Kaufman, "Today's Financial Euphoria Can't Last", *Wall Street Journal*, November 25, 1996, p. A18.
30) Robert Shiller, John Campbell, "Valuation Ratios and the Long-Run Stock Market Outlook", *Journal of Portfolio Management* 24 (Winter 1997).

かった[31]。

　株式市場は、米国の多くの人にとってますます大きな関心事となった。ビジネス書や雑誌が急増し、ビジネス専門のケーブルテレビ、なかでもCNBCが多くの視聴者を集めた。バーや空港、その他の公共の場にあるテレビは、必ずといっていいほどビジネス専門のネットワークに接続されていた。全米の主要ビジネススクールのランチルームやバー、ラウンジでも、株価の電子ティッカーやビジネス専門テレビ番組が流されていた。クルーズ船や俗世間から最も離れたリゾート地ですら、金融関連のニュースを見ることができた。高度1万メートルを飛ぶ飛行機では、前の座席の背面に備え付けられたモニターで、毎分更新されるダウ平均やナスダック指数を見ることができた。

　すでに急騰していた株式市場に拍車をかけたのは、通信技術の爆発的な進歩だった。インターネットの普及により、投資家は世界中のどこからでも市場や自分のポートフォリオにアクセスできるようになった。ネット上のチャットルーム、金融関連ウェブサイト、eメールによるニューズレターなどから、投資家は指先ひとつで大量の情報にアクセスできた。CNBCの人気が高まったので、大手投資会社ではブローカー全員がテレビかデスクトップパソコンでCNBCを視聴し、顧客からのニュース速報の問い合わせに一歩先んじることができるようにしていた。

　当時の強気心理は、金融や経済のショックに対して無関心であるように見えた。1997年10月27日、アジア危機の第1波でダウ平均は554ドルもの下げ幅を記録し、取引は一時停止したが、投資家の株式に対する熱意にはほとんど影響しなかった。1999年3月29日、ダウ平均は終値で初めて1万ドルを超え、その後も上昇を続け2000年1月14日には1万1722.98ドルの終値を記録した。

ITバブルの頂点へ

　これまで何度もあったように、強気相場のピークになると弱気な意見は

---

[31] *Newsweek* (April 27, 1998)　主要なニュース週刊誌の株式市場に関するカバーストーリーはタイミングを外したものが多い。『ビジネスウィーク』1979年8月13日号の「株式の死」という記事("The Death of Equities")は、市場がピークに達した14年後、さらなる強気相場が始まる3年前に掲載された。

信用を失って退き、株価の上昇が続くことで自尊心を高めた強気派はさらに大胆になる。1999年、ジャーナリストのジェームズ・グラスマンと経済学者のケビン・ハセットは『ダウ3万6000』と題する著書を出版した。2人は、ダウ平均は急騰したとはいえ、まだまだ過小評価されており、真のバリュエーションは3倍の3万6000ドルであると主張した。驚いたことに、彼らはその理論的根拠を本書『株式投資』(初版)から得たと断言していた！ 彼らは、私が長い目で見れば債券は株式と同程度のリスクがあることを示したことから、株価は大きく上昇するはずだ、というのである。私は、実質金利が株式の期待リターンを上回って上昇していたことを指摘して、彼らの結論を否定した[32]。

　ダウ平均は上昇を続けたが、株式市場の本当の動きはナスダックに上場するシスコ、サン・マイクロシステムズ、オラクル、JDSユニフェーズなどのテクノロジー株や台頭するインターネット株にあった。1997年11月から2000年3月までにダウ平均は40％上昇したが、テクノロジー株で埋め尽くされたナスダック指数は185％上昇し、ネット企業24社からなるドットコム指数は142から1350へとほぼ10倍に急騰した。

バブルの崩壊

　2000年3月10日は、ナスダックだけでなく、多くのインターネットやテクノロジー銘柄の指数もピークに達した日となった。長年、相場については強気の私でさえ、テクノロジー銘柄がとんでもない価格で売られており、崩壊を予感させると書いている[33]。

　そして、IT投資が予想外に減速すると、バブルは崩壊し、深刻な弱気相場が始まった。株式の時価総額は9兆ドルという過去最大の下落を記録し、S&P500は大恐慌以来最悪の49.15％の下落となった。これは、48.2％の下落を記録した1972年から1974年の弱気相場に迫る下げ幅であった。さらにナスダック指数は78％、ドットコム指数は95％以上下落した。

---

32) 私は即座に『ウォール・ストリート・ジャーナル』(ジョナサン・クレメンツの私へのインタビュー記事「ダウ3万6000に冷水をかける」"Throwing Cold Water on Dow 36,000 View")で反論し、彼らの分析が誤っており、株式の実質リターンは当時4％に達していた物価連動国債の利回りを超えるはずであると主張した。
33) Jeremy Siegel, "Big Cap Tech Stocks Are a Sucker's Bet," *Wall Street Journal*, March 14, 2000, p.A8.

強気相場が楽観主義者を呼んだように、株価の暴落は弱気筋を大量に呼び寄せた。2002年9月、ダウ平均が8500ドル前後で推移し、弱気相場の底を入れる数週間前に、当時世界最大のミューチュアルファンドを運営していたピムコの伝説的なボス、ビル・グロスは「ダウ5000」と題する論考を発表し、株価は大きく下落したが、経済のファンダメンタルズと整合性を持つためには、さらに40％超下落する必要があると述べた。その論考のなかで彼は、「『株式投資』については、(株式が)スリム化し、債券を上回るリターンを上げられると間違いなく認められる水準、つまり「ダウ5000」まで忘れなさい」と述べた[34]。2年の間に、ある著名なエコノミストはダウ平均の適正値を3万6000と主張し、別の評価の高いアナリストはダウが5000まで下落すべきだと言ったのは、驚きであった！
　株価は5000ドル近くまで下落することはなく、グロスの警告から1カ月後には驚異的な強気相場が始まった。しかしながら、この時の「テック・レック〔テクノロジーの挫折〕」と呼ばれた弱気相場で、人々の株式に対する関心も薄れてしまった。あるバーのオーナーは次のように語った。「人々は傷を舐め合っていて、もう株の話はしたがらない。スポーツ、女性、ゲームで誰が勝ったか、という話題に戻った」[35]。

ITバブル崩壊から金融危機へ

　2000年から2002年のITバブル崩壊の焼け跡から、株価は経済成長によって牽引され、2002年10月9日の7286ドルの安値から、ちょうど5年後の2007年10月9日には1万4165ドルの史上最高値に達した。テクノロジーブームのピーク時には、S&P500のPERは30倍に達していたが、2007年のピーク時には16倍程度となり、全体的な割高感はなかった。
　しかし、すべてがうまくいっているわけではない兆候はあった。10年間で3倍近くまで上昇した不動産価格は、2006年夏をピークに下降線をたどっていた。突然、サブプライムローンが大量に延滞するようになった。第23章で詳述するように、金融危機では、ダウ平均は2007年10月の高値から

---

34) William Gross, "Dow 5,000," *PIMCO Investment Outlook*, September 1, 2002.
35) Paul Sloan, "The Craze Collapses", *US News and World Report Online*, November 30, 2000.

2009年3月の安値まで53.5％も急落し、ITバブル崩壊をしのぐ大恐慌以来最大の下げとなった。

米国は、この金融危機からの回復に長い時間と労力を要し、第二次世界大戦以降で最も時間のかかる回復となった。欧州の経済はさらに悪い状況に陥っていた。2011年、欧州連合（EU）は債務危機に見舞われ、国内総生産（GDP）は2年前の金融危機のときよりも落ち込んだ。しかし米国では景気回復が続き、2013年2月にはS&P500が金融危機前の高値を上回った。

相場が上昇を続けるなか、弱気筋（ベア）が再び登場してきた。彼らの多くはその懐疑的な見方の根拠として、イェール大学のシラー教授が開発したCAPEレシオ、すなわち景気循環調整後のPERの高さを挙げた。CAPEレシオは、PERを算出する際に、前期実績や今期予想ではなく、過去10年間の平均利益を利用する。金融危機によって利益が落ち込んでいたため、CAPEレシオが非常に高くなり、米国株式市場の10年リターンが極端に低く予測されていたのである。

1843年創刊の学術誌『エコノミスト』は、とりわけ熱心なCAPEレシオ信奉者で、強気相場の間も執拗に弱気であった。2011年5月には、「シラーPEを擁護する」という記事で、「要するに、もしあなたがシラーの言うことが気に入らないなら、それはあなたが『今回は違う』と考える『強気論者』だからだ」と、強気論者に対して一方的に反論している[36]。

CAPEレシオの弱気に呼応したのは、ウォール街のアナリストが好んで使うもう一つの指標Qレシオだった。Qレシオとは、株価の資産総額〔1株当たり、時価ベース〕に対する水準で、イェール大学のジェームズ・トービン教授が最初に開発した指標である。この指標は、有名で尊敬されている英国のファンドマネジャー、アンドリュー・スミザーズとステファン・ライトの著書『ウォール街を評価する（Valuing Wall Street）』において、熱狂的に支持されている。Qレシオは、CAPEレシオと同様に、株式に対して極めて弱気な見方を示していた。実際、2013年初頭、スミザーズが予測した米国株10銘柄のリターンはマイナス3％であった[37]。

---

36) "In Defense of the Shiller P/E," *Economist* (May 18, 2011). 『エコノミスト』はその後、批判を受け「シラー擁護（再び）」"Defending Shiller (again)," *Economist* (September 13, 2011) という記事を掲載した。これらの記事以降、米国株式市場の10年実質リターンは年率12％を超え、歴史的平均のほぼ2倍となった。
37) "Pay the Premium," *Economist* (February 6, 2013).

CAPEレシオ（とQレシオ）は、米国の著名なファンドマネジャーであるAQRインベストメンツのクリフ・アスネス[38]とリサーチ・アフィリエイツのロバート・アーノット[39]にも支持された。しかし、2008年の金融危機後の株式市場ブーム全体を通じて最も弱気だったのは、2000年のITバブルと2007年の住宅バブルを的確に警告したことで高く評価された資金運用会社GMOのジェレミー・グランサムだろう。

　2010年末、グランサムは米国株の7年間の年率実質リターンがほぼゼロになると予測したが、実際にはリターンは12％と堅調だった[40]。2017年1月25日にダウ平均が2万ドルを上回ると、彼は非常に弱気になり、『インスティテューショナル・インベスター』の2018年初頭のインタビューでは、市場は「本格的なバブルのように感じる。50％の大幅下落がすぐに起こるだろう」と主張した[41]。

　しかし、弱気論者はまたも間違っていた。景気拡大は加速し、ビジネス優先のトランプ政権が法人税と個人所得税の減税を実施したことと相まって、株式相場はますます上昇した。ダウ平均は2020年2月に2万9400ドルに達した。だが、その後、まったく予期せぬ危機が訪れる。コロナ禍である。

　この感染症の流行については、第22章で詳述するように、急激な景気後退と深刻な弱気相場をもたらしたが、大規模な財政・金融政策によって株価は再び上昇し、2020年11月にダウ平均は2月の高値を上回った。こうして米国史上最短の弱気相場——と最短の不況——が終わった。2021年11月には、ダウ平均は3万6000ドルを超えた。だが、2022年にFRBが加速するインフレを抑制するために金融引き締めに転じ、「超」成長株や暗号通貨〔暗号資産〕への過剰投機が激減したことで、強気相場は打ち止めになった。

---

[38] Cliff Asness, "An Old Friend: The Stock Market's Shiller P/E," (November 1, 2012), https://www.aqr.com/Insights/Research/White-Papers/An-Old-Friend-The-Stock-Markets-Shiller-PE.
[39] Robert D. Arnott, Denis B. Chaves, and Tzee-man Chow, "King of the Mountain: The Shiller P/E and Macroeconomic Conditions," *Journal of Portfolio Management* (Fall 2017) 44 (1), 55-68.
[40] Ben Carlson, "Expected Returns & the 7 Year Itch," A Wealth of Common Sense (August 21, 2018), https://awealthofcommonsense.com/2018/08/expected-returns-the-7-year-itch/.
[41] "Jeremy Grantham Predicted Two Previous Bubbles, and Now?" *Wall Street Journal*, November 5, 2017, *Institutional Investor*, "Why Is No One Listening to Jeremy Grantham?" (February 28, 2018).

楽観論、悲観論、心理学

　1990年代前半に本書『株式投資』の初版を企画したとき、ある出版社から悲観論が書かれた本のほうが、楽観論よりも3倍売れると言われた。私はこの主張を検証したわけではないが、何気なく観察していると、確かに「希望が持てない人」が放送と印刷物の両方を支配しているようだ。市場の楽観主義者は、底抜けの楽天家であり、善意はあるが単純な心の持ち主で、過去に見られたリスクや、悪意ある政府、組織、その他破壊的な組織の行動を理解せず、気分の良い予測を押しつけるお気楽者とみなされている。

　ほとんどの人の性質は楽観的なので、悲観的な未来像を提示する人は何か特別な洞察力を持っていると思われ、より信じられるようになることが多い。市場の暴落を正確に予測する予言者は、たとえ他の予測がほとんど完全に間違っていたとしても、特別な賞賛を受ける。

　ジョー・グランビルは、1982年の弱気相場の警鐘で賞賛されたが、その後の驚異的な強気相場の間、断固として相場の下落を主張し続けた。エレイン・ガザレリは、1987年の株式市場の暴落を警告したが、その後の市場の動きはほぼすべて外した。他に1996年12月のアラン・グリーンスパンの有名な「根拠なき熱狂」という警鐘を賞賛する者もいたが、それは市場がピークに達する3年以上前のことであった。

　市場の暴落を正確に予測したと自慢する人の多くが、自分の投資戦略の「その後」をほとんど語っていない。暴落の後、実際に市場に復帰したのだろうか？ したとしたらいつ？ 2020年2月下旬、私はある夕食会に出席した。そこで、ある医師が、新型コロナウイルスが悲惨なパンデミックを引き起こすとして自分の株式ポートフォリオを100％売却したと言った。翌月、蔓延するウイルスが多くの人々を隔離生活に追い込み、株価が暴落するなか、私は彼の先見性に感心した。しかし数カ月後、相場が、彼が警告を発したときの水準を上回ったとき、私は彼が市場に再参入していないことを知った。またしても、株式のバイ＆ホールド戦略の投資家は、市場の低迷を正確に予測する人たちのパフォーマンスを上回ったのである。

　弱気相場が一時的なものであることを認識している投資家でさえ、短期的な変動を利用することは不可能ではないにせよ、非常に困難である。私

の知人のファンドマネジャーは、新型コロナウイルスの大流行時に相場が下落したため、現金から株式ポジションを追加した。彼は、株価の下落が合理的な反応をはるかに上回るものであったことを適切に評価していた。もちろん、この戦略によって、彼のポートフォリオのパフォーマンスは、平均を下回ることになった。その結果、彼のファンドの重要な投資家は、パフォーマンスの低さに業を煮やし、ファンドを解約せざるを得なくなった。彼の戦略は見事に的中したのだが、取り返しのつかないことになった。

　つまり、われわれが本来持っている心理は、バイ＆ホールド戦略の投資に反するように作用する。世界の市場を揺るがすような出来事が起こると、「何もしない」という戦略は、無責任とまではいわないまでも、直感に反するように思えるのである。しかし、市場のタイミングを計ろうとするのは愚かな行為であり、株式のバイ＆ホールドが最良の戦略であることがデータによって示されている。以下の章では、株式が長期的に安定したリターンを生み出す理由と、短期的な変動の背景にある要因を説明し、株式から最高のリターンを実現するためのガイドを提供する。

第2章 1802年以降の資産別リターン

過去を知らずして未来を語る術など、私は知らない。
パトリック・ヘンリー、1775年[1]

1802年から現在までの金融市場データ

　本章では、株式、債券、その他の資産クラスのリターンを分析する。過去200年の歴史を3つの時期に区分して解説する。第Ⅰ期は1802年から1870年。米国の株式市場が創設されたばかりの黎明期から、やがて工業国へと発展した時期である。米国が現在のラテン・アメリカやアジアの新興工業国と同じような状況に置かれていた時代である。第Ⅱ期は1871年から1925年。米国が政治的にも経済的にも力を付け、世界最強国家になった時期だ。第Ⅲ期は1926年から現在にかけて。大恐慌、第二次世界大戦後の景気拡大期、ITバブルとその後の金融危機、そしてコロナ禍を含んでいる。

　これらの期間で分けたのは、その歴史的意義だけでなく、株式リターンの時系列データの質と充実度における区切りとなるためである。分析が最も困難かつ論争の的となるデータは、第Ⅰ期、特に1834年以前のものであり、それらのデータについては次節で説明する。1871年から1925年までの株式リターンは、ニューヨーク証券取引所上場の全銘柄の時価総額加重平均指数を用いて計算されている（再投資された配当を含む）。この指数は、コウルズ財団が作成し、シラー（1989）が公表した著名なものである[2]。

---

1) バージニア会議での講演（1775年3月23日）より。
2) Robert Shiller, *Market Volatility*, Cambridge: MIT Press, 1989.

第Ⅲ期の1925年から現在までのデータは、最も収集分析がなされており、シカゴ大学証券価格調査センター（CRSP）から得られる。これは、ニューヨーク証券取引所の全銘柄の時価総額加重平均指数で、1962年以降はアメリカン証券取引所およびナスダックの全銘柄を含んでいる。1925年以降の株式と債券のリターンは、ロジャー・イボットソンによって研究され、彼は1972年以降の米国の資産別リターンのベンチマークとなる年鑑を発行している[3]。本書で報告されている19世紀初頭までの期間も含むすべての株式と債券のリターンは、時間とともに消滅した企業の低いリターンを無視し、生き残った企業のリターンのみを採用することにより生じる生存バイアスがかかっていない。

ごく初期の株式市場データ

　最も収集が困難な株式リターンのデータは、配当のデータがほとんどない1802年から1871年までのものである。前版の『株式投資』では、ウイリアム・シュヴェルト教授の研究をベースとした株価指数を使用した[4]。しかし、彼の研究では配当金を含んでいなかったので、第Ⅱ期の配当金データとマクロ経済情報を用いて、この期間の配当利回りを推計した。私が推計した第Ⅰ期の配当利回りは、これまでに発表された初期の配当利回りに関する情報と整合的であった[5]。

　2006年、米国の株式リターン研究で著名なイェール大学のビル・ゲッツマンとロジャー・イボットソンが、1871年以前の株式リターンに関する最も網羅的な研究を発表した[6]。完成までに10年以上がかかった研究で、彼らは600以上の個別銘柄の月次価格と配当を、1世紀以上にわたる株式データから推定した。本書で使用した1802年から1871年の年平均株式リター

---

3) Roger G. Ibbotson, *Stocks, Bonds, Bills, and Inflation* (SBBI) Classic Yearbook.〔1976〕。後にモーニングスター社（シカゴ）より毎年発行。
4) G. William Schwert, "Indexes of United States Stock Prices from 1802 to 1897," *Journal of Business* 63 (July 1990), 399-426.
5) 初期の配当利回りについては、次を参照。Walter Werner and Steven Smith, *Wall Street*, New York: Columbia University Press, 1991。次の先行研究も参照。William Goetzmann and Phillipe Jorion, "A Longer Look at Dividend Yields," *Journal of Business* 68, no.4 (1995), 483-508, William Goetzmann, "Patterns in Three Centuries of Stock Market Prices," Journal of Business 66, no.2 (1993), 249-270.
6) William Goetzmann and Roger G. Ibbotson, "A New Historical Database for NYSE 1815-1923: Performance and Predictability," reprinted in *The Equity Risk Premium*, New York: Oxford University Press, 2006, 73-106.

ン6.9％は、このゲッツマンとイボットソンの研究に基づくもので、私が以前に推定した19世紀初頭の株式リターンとの差はわずか0.2％と小さいものである[7]。

近年、サンタクララ大学の名誉教授エドワード・F・マッカーリが、初期の株式リターンに疑問を呈している[8]。マッカーリは、これらの株式リターンが高すぎるのは、第一合衆国銀行と第二合衆国銀行（実質的に初期の連邦準備銀行）の極めて低いリターンが除外されているからだ、と主張している。確かに、これらの超大型銀行を時価総額加重平均指数に含めると、1802年から1834年にかけての株式リターンは、特に第二合衆国銀行が破綻したときに低下する。1802年から1871年の全期間では、実質的な株式リターンは6.9％から5.4％に低下する。

マッカーリは、これらの銀行をデータから除外すれば、私の推計リターンは正しいと結論付けたが、それでは「（スミスやコール、ゲッツマンなど）ほとんどの先行研究が行ってきたこととまったく同じ」だと主張している[9]。

この2つの銀行は時価総額加重平均指数のほぼすべてを占めるほど時価総額が大きかったが、平均的な投資家がポートフォリオの大半をこの2つの銀行に投資していたかどうかは、議論が分かれるところである。そのような投資戦略は、投資家にとって何の分散効果ももたらさない。しかしながら、1834年以降の株式リターン推計値は議論の余地がなく、インフレ調整後では7％近くになる。マッカーリによる調整を含めても、1802年から2021年までの220年間の実質株式リターンが年率6.9％から6.4％に減少するだけで、過去187年間のデータにはまったく影響を与えないのである。

資産別のトータルリターン

図2-1は各資産クラスのリターンの推移である。これは、1802年から

---

[7] ゲッツマンとイボットソンは、配当のデータがなかった銘柄の配当がゼロであると仮定したもの（彼らの「低配当利回り」推計）と、配当のデータがなかった銘柄の平均配当利回りが、配当が得られた銘柄と同じであると仮定したもの（彼らの「高配当利回り」推計）の2つの株式リターンの系列を作った。高配当推計値と低配当推計値の中間値は6.52％であり、私が当初想定していた6.4％よりも若干高い。

[8] Edward McQuarrie, "Stock for the Long Run? Sometimes Yes, Sometimes, No," Edblogger, July 1, 2021. および "The First 50 Years of the U.S. Stock Market: New Evidence on Investor Total Return Including Dividends: 1793-43," *SSRN Electronic Journal* (January 2018) .

[9] Edward McQuarrie, "The First 50 Years," 84–85.

2021年までの株式、長期・短期の国債、金、消費財の名目（インフレ調整なし）トータルリターンである。ここでいうトータルリターンとは、時価総額の増減に加え、利息や配当などすべてのキャッシュフローを自動的に再投資した場合のリターンを意味する。

　図を見れば一目瞭然であるが、株式のトータルリターンが過去2世紀にわたり一番高い。1802年に投資された1ドルは、その後再投資され続けると、2021年末には5400万ドルを超える水準にまで達した。多数の投資家が何代にもわたって株式投資を嫌気する原因となった1929年のあの株価大暴落や、2008年の金融危機ですら、図ではほとんど目立たない窪みに見える。前述したように、投資家を恐怖に陥れる弱気相場は、株式トータルリターンの上昇という文脈では、些細なことなのである。

　ここで重要なことは、**図2-1**に示された株式トータルリターンが、米国株式市場の時価総額の成長を表すものではないことを理解することだ。時価総額の増加率は株価トータルリターンより著しく低く、GDP成長率程度である。これは、総体としての投資家が株式配当の大半を消費してしまうため、配当が株式市場に再投資されず、結果として企業の資本形成に利用されないためである。米国市場の株式リターンが時価総額の増加率よりも

図2-1　名目トータルリターン指数（1802～2021年）

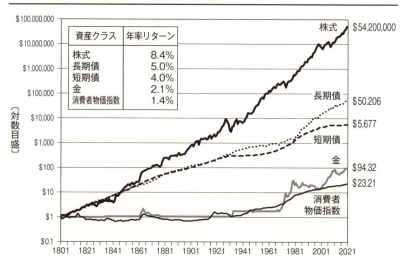

はるかに大きいことを理解するもう1つの方法は、次のような簡単な計算をすることである。1802年に株式市場に投資された100万ドルは、配当金を再投資した場合2021年末には54兆ドルに達しており、2021年末の米株式市場の時価総額を上回る。だが、1802年時点の100万ドルは、今日の購買力では2200万ドル相当でしかなく、少なくとも1億ドルと推定される当時の米株式市場の時価総額をはるかに下回る[10]。

金融理論(および規制当局)は、配当(またはその他のキャッシュフロー)を再投資したトータルリターンを計算するよう求めるが、リターンをまったく使わず、長期にわたって資産を蓄積する人はめったにいない。投資家が長期にわたって元本も利息・配当も取り崩さずに保有する資産は、たいていは定年まで続ける年金か、子供に残すための生命保険の積み立てだ。しかし、たとえ自分の代に手をつけなくても、遺産の相続人か遺贈された財団によって使われることになることを認識すべきだ。株式投資は、世代をまたいで1ドルを何百万ドルにも増やす力を持っているが、辛抱強く投資を続けられる投資家は少ない。

債券の長期的なリターン

債券は投資対象として、株式の最も重要な競合資産だ。債券は長期にわたり確定した支払いを約束する。株式と違い、債券からのキャッシュフローは、契約条件によって定められた最大限の金銭的価値がある。発行企業が倒産した場合を除いて、利払いが企業収益の増減に左右されることはない。

図2-2では米国の長期国債と短期国債の金利を使用したが、国債の金利を入手できない時期は、格付け最高位の地方債の金利を使用した。債務不履行プレミアムを推計し、よりリスクの高い債券の金利から控除して、全期間比較可能な高格付けのサンプルを得た[11]。

図2-2は、過去220年間の米国の長期国債と短期国債の金利の推移を示

---

10) 19世紀初頭の経済学者サミュエル・ブロジェットは、当時の米国の資産を25億ドル近くと見積もっていたので、100万ドルは総資産の0.5%ほどにすぎない。S. Blodget, Jr., *Economica, A Statistical Manual for the United States of America*, 1806 edition, 68.
11) 過去の利回りの算出方法については、次を参照。Jeremy Siegel, "The Real Rate of Interest from 1800-1990", *Journal of Monetary Economics*, vol.29 (1992), 227-252.

図 2-2　米国債の金利（1800～2021年）

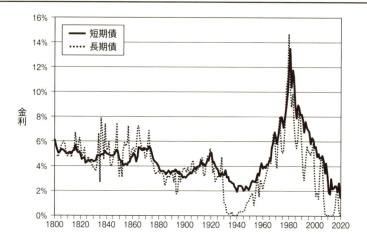

している。19世紀から20世紀初頭にかけて、金利は狭い範囲内での小動きに終始したが、1926年以降は、長期国債と短期国債ともに大幅に変化した。1930年代の大恐慌で短期債の金利はゼロ近くまで下がり、1970年代後半のインフレで金利は急騰した。しかし、インフレが抑制されると、金利は下がり続け、コロナ禍では記録的な低水準になった。金利の基本的な決定要因については、第8章で詳しく説明する。

金、ドル、インフレ

　図2-3は過去220年間の米国と英国の物価動向を示したものである。第二次世界大戦が始まったときの両国の物価は、それぞれ150年前の水準とほぼ同じだった。しかし、インフレの性格は第二次世界大戦を境に急激に変貌した。戦後、物価はほぼ継続的に上昇し、緩やかな上昇を見せることが多かったが、1970年代のように年率で2桁の伸びを示すこともあった。1970年代は、戦争中を除いて、米英の歴史のなかで、最初の急激でかつ長期的な物価上昇が起こった。

　こうした急激な物価変動も、通貨制度の変更で説明することができる。19世紀から20世紀初頭にかけて、米国や英国をはじめとする先進工業国は

図 2-3 米国と英国の消費者物価指数（1800〜2021年）

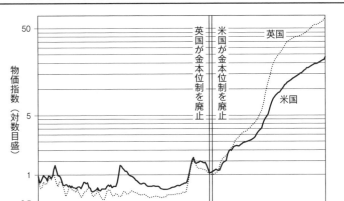

みな金本位制を採用していた。**図2-3**に示されているように、この時期、金価格と物価水準は密接に連動していた。これは、金本位制が通貨供給量を制限し、インフレを抑制するからである。しかし、大恐慌から第二次世界大戦にかけて、多くの国は金本位制から管理通貨制に切り替えた。通貨の発行量に法的な制限はかからなくなり、物価水準は政治や経済の動向に大きく左右されるようになった。物価の安定は、中央銀行がいかに通貨の供給量を制限し、インフレを誘発するような政府の支出や政策と対抗できるか、その手腕にかかってくるようになった。

ただし、第二次世界大戦以降に米国や他の先進国経済でインフレが続いたからといって、金本位制が現在の管理通貨制より優れているとはいえない。金本位制が廃止されたのは、1930年代に銀行破綻が相次いだことからもわかるように、経済危機に対して硬直的だったためだ。管理通貨制は、適切に適用されればインフレをかなり低い水準に抑えることができるし、金本位制下では不可避だった銀行危機や深刻な不況を防ぐことができる。

しかし、金融政策は適切には実行されなかった。1970年代の急激なインフレを経て、金価格は1980年1月には1オンス当たり850ドルまで急騰した。2021年末には金価格は1800ドルを超え、1802年に1ドルで購入した金地金は2021年末には98ドルとなり、他方で物価水準自体は21倍以上上昇した。インフレ率を上回っているものの、この「黄金色の金属」はほとんど追加的

なリターンを提供していない。金がどのようなヘッジ特性を持つにせよ、その長期的なリターンは株式にはるかに及ばず、長期投資家のポートフォリオのリターンにかなりの足かせとなる可能性が高い[12]。

実質トータルリターン

　長期投資家にとって最大の関心事は、投資対象の購買力の伸び率だ。購買力とは、物価の上昇によって目減りした分を差し引いた後の金融資産の価値をいう。**図2-4**は、第1章の**図1-1**の再掲で、ドル建てリターンを物価水準の変化で補正（物価上昇分を除去）したものである。図の左上には、さまざまな資産クラスの年率換算の実質リターンを載せた。

　1802年から2021年の株式の年率換算実質リターンは、インフレ調整後で年率6.9％である。このリターンは、私が1992年までのデータを用いて『株式投資』初版で報告した6.7％のリターンを0.2ポイント上回っている[13]。

　このリターンは、実質GDPの成長率のほぼ2倍であることから、持続可能なものではないとする意見もあるが[14]、これは誤りである。経済がまったく成長していなくても、労働にはプラスの賃金が、土地にはプラスの賃料が支払われるように、資本は希少資源であるため、その量が増えているかどうかにかかわらず、プラスのリターンを受け取ることができる。先に述べたように、株式の実質トータルリターンはすべての配当とキャピタルゲインが市場に再投資されると仮定されており、この合計は株式の時価総額やGDPよりもはるかに速く成長する[15]。

　表2-1は、さまざまな期間における米国株のリターンをまとめたものである。第Ⅰ期から第Ⅲ期まで、すべての期間で株式の実質リターンが極めて安定していることに注意してほしい。第Ⅰ期の1802～1870年は年率6.7％、

---

[12] 管理通貨制はインフレ率の上昇を招きやすいという傾向があるが、皮肉なことにコレクター市場では、保存状態の良い19世紀初頭の紙幣は額面の何倍もの価値があり、長期投資としては金地金をはるかに上回っている。アンティークのコレクターにとっては、19世紀の紙幣が詰まった古いマットレスのほうが、同じ重さの金の延べ棒よりも価値がある！

[13] 米国市場の長期的な実質リターンが6～7％というのは、アンドリュー・スミザーズとステファン・ライトの著書では「シーゲルの定数」と呼ばれている。Andrew Smithers and Stephen Wright, *Valuing Wall Street: Protecting Wealth in Turbulent Markets*, New York：McGraw-Hill, 2000.

[14] Bill Gross, "The Death of the Cult of Equities," PIMCO newsletter（August 2012）.

[15] GDP成長率は、投資家が株式から得られる年間6.8％の長期実質リターンの約2分の1を消費することと整合的である。

図 2-4　株式と債券の実質トータルリターン指数（1802～2021年）

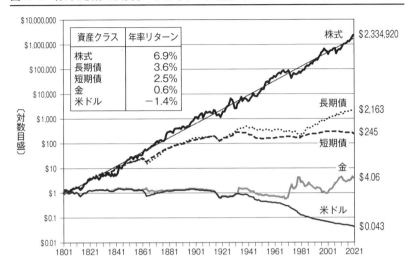

　第Ⅱ期の1871～1925年は年率6.6%、第Ⅲ期の1926～2021年は年率7.1%で、これは2022年前半の弱気相場を含めると6.76%に低下する。

　第Ⅲ期の堅調な株式の実質リターンは特筆すべきである。米国が過去220年の間に経験したインフレは、ほぼすべて第二次世界大戦後に発生している。しかし、インフレによって株式の実質リターンが低下することはなかった。これは、株式が実物資産であり、長期的にはインフレ率と同じ速度で上昇するため、長期的な株式の実質リターンが物価水準の変動に悪影響を受けないためである。

　株式リターンの長期的な安定性は、過去2世紀の間、社会に起こった劇的な変化にもかかわらず、持続している。米国は農業経済から工業経済へ、そして今日のようなポスト工業、サービス、テクノロジー主体の経済へと進化した。世界は金本位制から管理通貨制に移行し、デジタル通貨を採用しようと試みている。かつては何週間もかけて国境を越えていた情報が、今では瞬時に伝達され、世界中に同時中継されるほどの変化を遂げた。しかし、このように株主の富を生み出す基本的な要素が劇的に変化しているにもかかわらず、株式リターンは驚異的な安定性を示しているのだ。

　しかし、株式リターンの長期的な安定性は、短期的な安定性を保証する

表 2-1　株式の期間ごとの年率リターン　　　　　　　　　　　　　　　（単位：％）

		名目トータルリターン		名目キャピタルゲイン		配当利回り	実質トータルリターン		実質キャピタルゲイン		金の実質リターン	物価上昇率
		リターン(年率複利)	リスク(標準偏差)	リターン(年率複利)	リスク(標準偏差)		リターン(年率複利)	リスク(標準偏差)	リターン(年率複利)	リスク(標準偏差)		
	1802-2021	8.4	17.5	3.3	17.1	4.9	6.9	17.8	1.9	17.8	0.6	1.4
	1871-2021	9.2	18.7	4.7	18.2	4.2	7.0	18.8	2.6	18.8	0.8	2.1
第Ⅰ期	1802-1870	6.9	14.5	0.4	14.0	6.4	6.7	15.4	0.3	15.4	0.2	0.1
第Ⅱ期	1871-1925	7.3	16.5	1.9	15.9	5.3	6.6	17.4	1.3	17.4	-0.8	0.6
第Ⅲ期	1926-2021	10.2	19.7	6.4	19.2	3.6	7.1	19.6	3.4	19.6	1.8	2.9
戦後	1946-2021	11.3	17.0	7.7	16.5	3.3	7.3	17.3	3.9	17.3	1.6	3.7
戦後	1946-1965	13.1	16.5	8.2	15.7	4.6	10.0	18.0	5.2	18.0	-2.7	2.8
戦後	1966-1981	6.9	19.8	2.9	19.0	3.9	-0.1	19.0	-3.8	19.0	8.8	7.0
戦後	1982-1999	17.5	12.7	14.1	12.6	3.0	13.8	12.8	10.5	12.8	-4.9	3.3
戦後	2000-2021	7.8	18.2	5.9	17.8	1.8	5.2	17.6	3.5	17.6	6.3	2.3

ものでは決してない。1982年から1999年までの米国史上最大の強気相場で、株式は、長期的リターンの約2倍の年率13.6％という驚異的な実質リターンを投資家に提供した。このすばらしいリターンが提供されたのは、株式リターンがインフレ率を0.4％下回る水準にあった悲惨な1966年から1981年までの15年間の後だった。それでも、この非常に強気な相場は株価を大きく押し上げ、2000年のITバブルの頂点では、市場のバリュエーションは記録的な高値水準に達した。その後3回の弱気相場があったものの、当時の高値からの株式の実質リターンは年平均5.2％で、債券の実質リターンを上回った。

確定利付き資産の実質リターン

　長期の株式投資が継続的に高いリターンを記録してきたのに比べ、長期の債券投資は振るわない結果となっている。表2-2が示すように、短期国債

の実質リターンは19世紀前半の5.1％から、1926年以降の0.4％へと急落した。これは、インフレ率をわずかに上回る水準にすぎない。

長期国債への投資でも実質リターンは似たようなパターンを示しているが、下落幅はより緩やかである。長期国債のリターンは、第Ⅰ期の4.8％から第Ⅱ期には3.7％に低下し、第Ⅲ期には2.6％まで下落した。国債の実質リターンの長期的な下落については、第8章で解説する。

株式リターンが10年ごとに短期的に変動するというのは、予想外のことではない。投資家を驚かせるのは、国債のリターンの変動もかなり大きいことである。1946〜1981年までの35年間、長期国債の実質リターンはマイナスだった。つまり、金利上昇とインフレによる国債価格の下落を、クーポンの利率が補えなかったのである。次章で述べるように、株式の実質リターンがマイナスとなる期間が20年続いたことはなく、まして35年続いたことは一度もなかったのだ。

1926年以降の債券の実質リターンは、ここ40年間の突出したリターンが

表2-2 債券の期間ごとの年率リターン （単位：％）

		クーポン利率	長期国債 名目リターン リターン（年率複利）	長期国債 名目リターン リスク（標準偏差）	長期国債 実質リターン リターン（年率複利）	長期国債 実質リターン リスク（標準偏差）	短期国債 名目利回り	短期国債 実質リターン リターン（年率複利）	短期国債 実質リターン リスク（標準偏差）	物価上昇率
	1802-2021	4.6	5.0	6.8	3.6	9.1	4.0	2.5	5.9	1.4
	1871-2021	4.5	5.1	8.0	3.0	9.4	3.4	1.4	4.4	2.1
第Ⅰ期	1802-1870	4.9	4.9	2.8	4.8	8.3	5.2	5.1	7.7	0.1
第Ⅱ期	1871-1925	4.0	4.3	3.0	3.7	6.4	3.8	3.1	4.8	0.6
第Ⅲ期	1926-2021	4.9	5.6	9.8	2.6	10.8	3.3	0.4	3.8	2.9
	1946-2021	5.4	5.8	10.7	2.0	11.4	3.9	0.2	3.1	3.7
戦後	1946-1965	3.1	1.6	4.9	−1.2	7.1	2.0	−0.8	4.3	2.8
戦後	1966-1981	7.2	2.5	7.1	−4.2	8.1	6.8	−0.2	2.1	7.0
戦後	1982-1999	8.5	12.1	13.8	8.5	13.6	6.3	2.9	1.8	3.3
戦後	2000-2021	3.6	7.0	11.4	4.6	11.5	1.5	−0.8	1.9	2.3

なければ、もっと大きく低下していただろう。1981年以降、インフレと金利の低下が債券価格を押し上げ、債券保有者のリターンを大きく改善させた。1981年から1999年の株式の超強気相場では、債券のリターンは株式に遠く及ばなかったが、その後の10年間は債券のリターンが株式をあっさりと上回った。実際、1980年代前半の債券利回りのピーク時から40年間、債券のリターンは株式のリターンとほぼ同レベルであった。

確定利付き資産のリターンの継続的な低下

しかし、そのような力強い債券リターンが続くわけがない。1997年1月、財務省が物価連動国債（TIPS）を導入したことで、長期国債の実質リターンの見通しを判断することがより容易になった。米国政府への信頼と信用に裏打ちされたこの債券のクーポンと元本は消費者物価指数に連動しており、利回りは**図2-5**に示されているようにインフレ調整後の実質利回りとなる。

TIPSの利回りが着実に低下していることが読み取れるが、その理由は次章で詳しく説明する。TIPSの発行当初の利回りは3.5％弱であった。これは、私が1802年から調べた国債の歴史的な実質利回りとほぼ同水準である。発行後、TIPSの利回りは上昇し、2000年1月には4.40％まで上昇した。これはITバブルでIT関連の株価がピークを迎えた月でもあった。

図2-5 10年物の物価連動国債（TIPS）の利回り（1997～2021年）

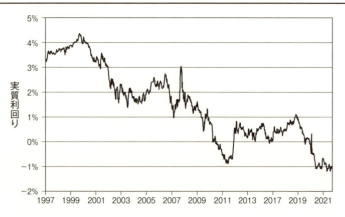

この日から、TIPSの利回りは断続的に低下を始めた。2002年から2007年にかけて、利回りは2％まで低下した。金融危機が深まるにつれ、利回りは低下し続け、2011年8月にはゼロを割り込み、2012年12月にはほぼマイナス1％に達し、コロナ禍にはさらにこの水準を下回った。マイナスの実質利回りは、物価連動ではない標準的な長期国債の実質利回りの予想値とほぼ同じであった。近年、10年債の利回りは、足元および予想インフレ率を大きく下回り、実質利回りはマイナスに転じている。実質利回りの低下については、第8章で詳しく説明する。

株式リスクプレミアム

株式リターンの債券リターンとの差を株式リスクプレミアム（ERP）という。1802年から2021年まで、ERP（年率複利）は長期債に対しては3.3％、短期債に対しては4.3％であった。2021年末以降、株式プレミアムはさらに上昇している。将来の株式リターンが従来の6.8％から4.8％に2％ポイント低下するならば、実質の債券リターンはそれ以上低下するということである。前述したように、債券保有者にインフレ補償を約束する10年物TIPSの利回りは、2021年末にマイナス1％となり期待ERPが6％近くと1802年からの平均の約2倍になったことを示した。短期国債に対する期待ERPはさらに高くなっている。

もちろん、株式のリターンが債券をどれだけ上回るかは、時間のみぞ知ることだろう。しかしながら、経済学者たちは、長期的な実質成長率と株価を考慮すると、なぜERPがこれほどまでに高いのかに頭を悩ませてきた[16]。この債券よりも高い株式のリターンは、「株式プレミアムパズル」と呼ばれ、これまで何百もの学術論文がこの問題に対する答えを論じてきた。確かに、歴史に残るほどの景気後退もあったが、株式市場に見られるような変動を引き起こすほどの規模ではなかった。この現象は、1982年のロバート・シラー教授の画期的な研究に端を発し、「過剰ボラティリティパズル」と呼ば

---

16) 株式プレミアムについては、次を参照。Jeremy Siegel and Richard Thaler, "The Equity Premium Puzzle," *Journal of Economic Perspectives*, 11, no.1 (Winter1997), 191-200. 厳密で完全な分析は、John Y. Campbell, *Financial Decision and Markets*, Chapter 6, "Consumption Based Asset Pricing" に記載されている。

れる現象にもつながっている[17]。これについては第10章で詳述する。

世界の株式と債券のリターン

1994年に『株式投資』を出版したとき、米国のデータから導かれた私の結論は世界規模で測定された株式リターンを過大評価しているのではないか、という疑問を一部のエコノミストたちが呈した。彼らは、米国の株式リターンには「生存バイアス」があると主張した。このバイアスは、米国のような成功裏にある株式市場からのみリターンのデータが集められて、ロシアや中国のような株式が完全に失敗、もしくは消え去ってしまった国では無視されるという事実によって発生する[18]。このバイアスは、過去200年間に、英国の小さな植民地から世界最大の経済大国へと変貌を遂げた米国の株式に固有のものであり、他国のリターンは米国よりも低いことを示唆している。

この問いに触発された英国の3人の経済学者が、1900年以降の19カ国の株式と債券のリターンを調べた。ロンドンビジネススクールのエルロイ・ディムソン教授とポール・マーシュ教授、そしてロンドン株価データベースのディレクター、マイク・スタウントンは、2002年に彼らの研究を『証券市場の真実：101年間の目撃録（Triumph of the Optimists：101 Years of Global Investment Returns）』という著書で発表した[19]。この本は、19カ国における金融市場のリターンについて、厳密かつ読み応えのある説明を提供している。

この研究が使用したデータの最新版を**図2-6**に示す。これらの国の多くは、戦争やハイパーインフレーション、景気後退といった大きな打撃を受けたにもかかわらず、どの国でもインフレ調整後の株式リターンは大幅にプラスであった。イタリア、ベルギー、フランス、ドイツなど株式リターンが低かった国では、債券のリターンはさらに低く、どの国でも株式プレ

---

17) Robert Shiller, "Do Stock Prices Move Too Much to Be Justified by Subsequent Changes in Dividends?" *American Economic Review* 71 (1981), 421–435.
18) Stephen J. Brown, William N. Goetzmann, and Stephen A. Ross, "Survival," *Journal of Finance 50* (1995), 853-873.
19) Elroy Dimson, Paul Marsh, and Michael Staunton, *Triumph of the Optimists : 101 Years of Global Investment Returns*, Princeton, NJ: Princeton University Press, 2002.

図 2-6　各国の株式と債券の実質リターン（1900〜2020年）

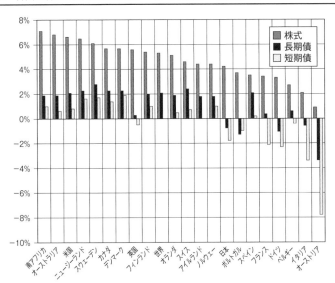

ミアムが高かった。

図2-6は、対象21カ国の1900〜2020年までの株式、長期債、短期債の平均実質リターンを示したものである。株式の実質リターンは、最低がオーストリアの0.9％で、最高が南アフリカの7.1％である。米国の株式リターンはかなり良いとはいえ、順位では第3位だ。世界の実質年率リターンは5.3％で、米国を1.3ポイント下回った。すべての国で株式リターンが債券リターンより高く、株式リターンが低い国は債券リターンも低かった。121年の全期間について、株式リスクプレミアム、すなわち株式と長期債のリターンの差は、米国では4.4ポイント、全市場で平均すると3.7ポイント、そして世界市場では3.2ポイントであった。

すべての情報を分析した結果、彼らは初版でこう結論付けた。

株式が長期債や短期債を上回るという米国の経験は、調査した16カ国すべてで見られた。……いずれの国でも株式が債券を上回るパフォーマンスを達成している。101年間通してみても、株式のパフォーマンスが最悪

だった年に、株式よりも良いリターンをもたらした長期債市場は2カ国だけ、短期債市場は1カ国だけであった。

さらに続く。

米国と英国は確かに好調であった……しかしこの両国が他国と比較して大きく外れているという証拠はない。成功バイアスと生存バイアスへの懸念は正当なものではあるが、やや誇張されており、投資家は、米国に焦点を当てることによって重大な思い違いをするといったことはなかっただろう。[20,21]

この引用の最後のコメントは重要だ。米国市場については、世界のどの国の市場よりも多くの研究がなされている。ディムソン、マーシュ、スタウントンの3人は、米国に関する分析結果はすべての国のすべての投資家に関連性があるといっているのである。彼らの著書のタイトル『Triumph of the Optimists』〔楽観主義者の勝利〕は、彼らの結論を示唆している。株式市場でポジションを取るのは悲観主義者ではなく楽観主義者であり、過去100年にわたって株式を買い続けてきた彼らは、より慎重な投資家よりも明らかに多くのリターンを手にしてきた。国際的な研究は、株式投資の意義を揺るがせたのではなく、逆に株式投資のほうが有利であることを証明したのである。

不動産のリターン

これまでの『株式投資』では、資産クラスとして不動産について分析をすることはしなかった。それは、不動産が重要でないと考えたからではない。実際、米国では不動産の時価総額は株式の時価総額にわずかに及ばない程

---

20) Elroy Dimson, Paul Marsh, and Michael Staunton, *Triumph of the Optimists : 101 Years of Global Investment Returns, op. cit.* 著者たちは出版後にさらに3カ国をリストに追加した。
21) 実際に、*Triumph of the Optimists* は、長期の世界株式リターンを過小評価している可能性がある。彼らの研究が始まる1900年以前の30年間、米国の株式市場もデータのある他の国の市場も非常に好調であった。1871年から測定した米国の株式リターンは1900年から測定したリターンを大きく上回っている。英国株のデータもよく似たパターンを示している。

度であり、多くの国、特に新興国では不動産が最大の資産クラスを構成している[22]。

不動産を除外した理由は、他の資産クラスとは対照的に不動産の長期リターンを計算することが極めて困難なためである。不動産価格の長期的なデータはある。しかし、不動産の実質リターンはほぼすべて純賃貸収入によるものであり、純賃貸収入に関するデータはまばらで、判断が困難である。

ロバート・シラーは、1890年から現在までの個人所有の住宅価格の長期データを作成した。これによれば、住宅価格の実質年間上昇率は1.9％で、トータルリターンを大きく下回っている[23]。オスカー・ヨルダ、カタリーナ・ノール、ディミトリ・クヴシュノフ、モリッツ・シュラリック、アラン・テイラーの「あらゆるもののリターン 1880～2015 (The Rate of Return on Everything, 1880-2015)」は、帰属家賃を用いて先進16カ国の不動産リターンを推定した。彼らは、不動産の平均年率リターンは、ほとんどの国で株式のリターンと同等かそれ以上であり、ボラティリティははるかに小さいと主張している[24]。不動産のリターンが株式と類似していることは、フランシスとイボットソンが持ち家と農地に帰属家賃を使った最近の研究でも裏付けられている[25]。彼らは、1991年から2018年の間、住宅用不動産の年率リターンは9.0％となって株式市場にほぼ匹敵し、農地のリターンは住宅用不動産をも上回ると主張している。

しかし、デビッド・チャンバーズ、クリストフ・スパエニャーズ、エヴァ・シュタイナーのように、不動産の長期保有ポートフォリオのリターンを分析した研究者は、上記のような高いリターンに厳しく反論している[26]。チャンバーズは、1901年から1983年の間、英国オックスフォードとケンブリッジの大学基金が保有する、大規模かつ分散された不動産のリターンを注意深く分析した。その結果、農業用不動産の純実質リターンは年率4.5％、住宅用不動産は2.3％にすぎないことがわかった。彼らは、他の研究者たちは

---

22) Òscar Jordà, Katharina Knoll, Dmitry Kuvshinov, Moritz Schularick, and Alan Taylor, "The Rate of Return on Everything, 1870–2015," *Quarterly Journal of Economics* 134, 2019, 1225–1298.
23) http://www.econ.yale.edu/~shiller/data.htm
24) Jordà, "The Rate of Return on Everything."
25) Jack Francis and Roger Ibbotson, "Real Estate Returns," *Journal of Alternative Investments* (Fall 2020).
26) David Chambers, Christophe Spaenjers, and Eva Steiner, "The Rate of Return on Real Estate, Long-Run Micro-Level Evidence," working paper (January 2021).

維持やその他の取引コストを過小評価し、空室の影響を無視していると主張している。さらに、家賃指数は、新築の賃貸住宅の品質が継続的に向上していることを無視しているため、古い建築物の投資家の家賃収入を過大評価しているという。チャンバーズの試算では、不動産の純実質リターンは、米国をはじめ世界のほとんどの国において株式リターンよりもはるかに低い。

市場で決定されるリターン

賃貸料の帰属やコスト推計の問題は、不動産投資信託（REIT）のリターンを調べれば回避できる。REITとは、不動産を投資対象とし、証券取引所で取引されている証券である[27]。全米不動産投資信託協会（NAREIT）は、1971年1月以来、REITのリターン指数を公表している。このデータのおかげで、**図2-7**のような、半世紀にわたる不動産の実質リターンに関する市場データを得ることができた。

1971年から2020年11月までのオールREIT指数（All REIT index）のリターンは年率9.8％で、S&P500のリターン11.2％に追随している。しかし、オールREIT指数からのREITのリターンは、不動産に融資する金融機関のモーゲージREITのリターンがこの期間、年率5.3％にとどまったことで、大きく引き下げられた。不動産を保有・管理する事業体を含むエクイティREITのパフォーマンスは好調で、約11.7％のリターンを実現した。エクイティREITのリターンは、S&P500の11.2％のリターンを約0.5ポイントも上回っていた[28]。

しかし、歴史的に構築された指数のリターンを投資家が実現することができるのだろうか。1996年、バンガードはエクイティREIT指数のリターンをなぞるように設計されたエクイティREITファンド（VGSIX）を提供した。ファンドの運用開始からの年率リターンは9.9％で、エクイティREIT

---

27) REITは1960年にドワイト・アイゼンハワー大統領が公法86-779に署名し初めて許可された。
28) REIT指数のリターンに関する初期の研究は、Joseph Gyourko and Jeremy Siegel, "Long-Term Characteristics of Income Producing Real Estate," *Real Estate Finance*（Spring 1994）, 14-22に掲載された。REIT株式指数は、商業用、小売用、工業用不動産を中心に構成されており、倉庫（セルフストレージ）、インフラ、データセンターなど他の不動産カテゴリーが追加されたのはごく最近のことである。一戸建ては2015年に追加された。REITのリターンは、次を参照。https://www.reit.com/data-research/reit-indexes/annual-index-values-returns。

図 2-7 オール REIT、エクイティ REIT、S&P500 のリターン（1971 ～ 2021 年）

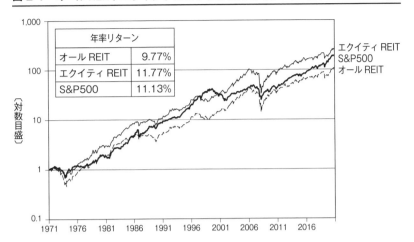

指数の年率リターンよりも 0.5 ポイント低い。この差を NAREIT 指数の 50 年間のリターンに当てはめた場合、過去半世紀にわたる REIT の実現リターンは、大型株とほぼ同じになる。

不動産リターンのボラティリティ

年間の価格変動の標準偏差として計測されるリスクについて、不動産は株式よりも低いという見方が一般的だ。本当にそうならば、不動産のリターンは株式とほぼ同じなので、非常に魅力的な資産クラスといえる。ボラティリティが低いと、投資家は保有する不動産にレバレッジをかけることができる。さらに借入コストが期待リターンより低いため、リターンを増幅させながらトータルリスクを株式以下に抑えることができる。しかし、ケース‐シラー指数や、米連邦住宅金融庁（FHFA）などが公表している販売実績に基づいた住宅価格の月次データから算出される不動産リターンの変動率は、真の変動率を大きく下回るものである。

この事実は、約 100 年前にオックスフォードとケンブリッジの両大学基金を監督していたジョン・メイナード・ケインズによって報告されている。この財団には相当程度の不動産が含まれており、キングス・カレッジの不動産委員会に宛てたメモのなかで、ケインズは次のように書いている。

会計担当者のなかには、相場価格のない、市場性のない不動産を平然と購入する者もいるが、監査ごとに現金化を求められれば、非常に困難に直面する。言うまでもないことであるが、現金化する際の価格がどれだけ変動するかわからなければ、投資を安全なものにすることはできない。[29]

ケインズの主張は、証券取引所で取引されたREITの実際のリターンを調べることで確認できる。2007年から2009年にかけての金融危機の際、REIT指数は74.5％も下落したのに対して、S&P500の下げ幅は57.7％であった。コロナ禍によって引き起こされた弱気相場では、S&P500が35.4％下げたのに対し、REIT指数は43％下落した。1973～1974年と1990～1991年の弱気相場でも、REITのパフォーマンスは株式を下回った。

REITと株式のリターンが大きく異なった時期がある。1990年代後半に株価が上昇したとき、REITの価格は大きく出遅れた。一方、2000年のITバブルの崩壊で株価が暴落したとき、REIT価格は上昇した。この時期に不動産は株式の損失に対する効果的なヘッジとして機能したが、他の弱気相場のときはこのような現象は起きなかった。

不動産リターンの概要

不動産の超長期的なデータは不正確なコストや純賃料収入の推計に問題はあるが、過去半世紀の分析では不動産のリターンは株式のリターンに近い。確かにREITは有効な投資手段であり、そのユニークな特性は個別の資産クラスとして認識することを正当化するだろう[30]。

S&P500のなかでREITが占める価値の割合は2021年時点で2％強であり、経済における不動産資産の価値よりもはるかに過小評価されている。FRBの四半期財務会計によると、住宅の総資産価値は株式時価総額に迫っているとされている。

---

29) Charles D. Ellis, ed., "Memo for the Estates Committee, King's College, Cambridge, May 8, 1938," *Classics*, Homewood, IL: Dow Jones-Irwin, 1989, 79.
30) 実際、2018年にはS&P500の金融セクターからREITが外され、独自のセクターが与えられた。これにより、S&P500に含まれる産業は11に増えた。1958年に指数が創設されて以来、最初で唯一のセクター追加となった。

しかし、全体的な資産配分を考える際には、自己保有の住宅の価値を考慮しなければならないので、株式ポートフォリオに占める不動産の割合をそこまで高めるべきではない。もっとも、REITは非居住用不動産へのアクセスを可能にするため、保有する資産を効果的に分散させることができる。

結論：長期投資としての株式

　過去220年間、米国の普通株式の多様なポートフォリオの実質年率リターンはほぼ7％で、長期にわたって顕著な安定性を示している。株式リターンは、資本の量と質、生産性、リスクテイクに対するリターンに依存していることは明らかだ。しかし、価値を創造する能力は、巧みな経営、財産権を尊重する安定した政治システム、そして競争のある環境で価値を顧客に提供する能力にも起因する。政治的、経済的な危機によって投資家の心理が揺らぐと、株式は長期的な軌道から外れることがあるが、経済成長をもたらすファンダメンタルズによって、株式は常に長期的なトレンドを取り戻すことができた。過去2世紀にわたり、政治、経済、および社会の激変にもかかわらず、株式リターンが安定していた理由がここにある。

　一方、このようなリターンが生み出されてきた政治的、制度的、法的枠組みの重要性について認識する必要がある。過去2世紀にわたる株式の優れたパフォーマンスは、自由市場経済を掲げる国々の存在感が増してきたためであるかもしれない。大恐慌や第二次世界大戦という暗黒の時代に、市場経済の勝利を予想した人はほとんどいなかった。歴史が導くところでは、管理通貨制下の国債は、政治的、経済的激変の際には、株式よりもはるかに悪い結果をもたらすだろう。次章で述べるように、安定した政治環境であっても、長期投資家にとって国債のリスクは株式のリスクを上回ることが多い。

第3章 | リスク、リターン、資産配分
なぜ株式は長期的に債券よりリスクが低いのか

実際のところ、実質的に固定または確実な収入を提供する投資などあるだろうか？……この本の読者なら誰でもはっきりとわかっているように、債券投資は、一般的な価格水準、つまりお金の購買力への投機なのである。

アーヴィング・フィッシャー、1912年[1]

リスクとリターンの測定

　金融と資産運用の基本はリスクとリターンである。投資対象のリスクとリターンを特定できれば、現代の金融理論は投資家に最良のポートフォリオを示すことができる。しかし、債券や株式投資のリスクとリターンは、光の速度や重力加速度といった、変わることのない物理学の定数とは異なる。過去の膨大なデータが蓄積されているものの、資産価格を決定する要因が変わらないという前提に立つことはできない。物理の実験のように完全な条件を整え、特定の変数だけを自在に変更し、正確な結果を得るというわけにはいかないのだ。

　つまり、圧倒的な量の過去のデータがあっても、資産価格を生み出す根本的な要因が変わっていない、とは言い切れないのである。ノーベル経済学賞を受賞したポール・サミュエルソンが好んで述べたように、過去のデータは「われわれの歴史にはたった1つのサンプルがあるにすぎない」。

　そうはいっても、未来を理解するためには、まず過去から学ばなければ

---

[1] Irving Fisher, Edwin Kemmerer, and Harry Brown, How to Invest When Prices Are Rising, Scranton, PA: G. Lynn Sumner & Co., 1912, 6.

第3章 リスク、リターン、資産配分　45

ならない。前章では、債券のリターンが株式のリターンを大きく下回るだけでなく、インフレの不確実性を考慮すると、長期投資家にとって債券はかなりリスクが高いことを示した。本章では、長期ではリスクの特性が変化するために、投資家の想定投資期間によって資産配分が大きく変わることを示していこう。

保有期間とリスク
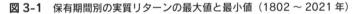

　投資家にリスクを理解してもらうためには、最悪のシナリオを示すのが一番手っ取り早い。**図3-1**は1802年以降の保有期間（1～30年間）ごとに、株式、長期債、短期債の実質リターン（インフレ調整後の最高値と最低値）を示したものである。ここで株式のリターンは、米国の小型株と大型株を広範にカバーする時価総額加重平均指数を対象とし、配当とキャピタルゲイン（ロス）を合計したインフレ調整後の値を使用した。

　保有期間が長くなるにつれて、株式の実質リターンの最高と最低の差が、

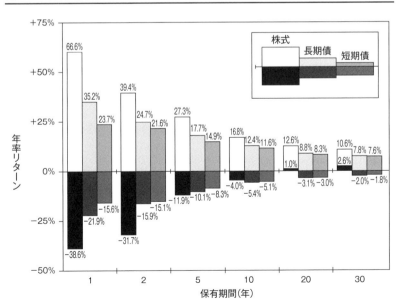

図3-1　保有期間別の実質リターンの最大値と最小値（1802～2021年）

長期・短期の債券と比べて劇的に小さくなることに注目してほしい。

1年や2年といった短期間でみれば、確かに株式投資のリスクは長・短期債よりも高い。しかし、1802年以降では保有期間が5年の場合、株式の実質リターンは最悪でもマイナス11.9％であり、同じ保有期間の長・短期債の実質リターンを若干下回るだけである。保有期間が10年の場合は、株式投資の最低リターンは長・短期債よりも高くなる。

保有期間が20年の場合は、株式の実質リターンはインフレ率を下回ることはないが、長・短期債の最低リターンは、1961年から1981年の間はインフレ率を3％も下回っている。このインフレ期に、長期債はクーポンを再投資しても実質価値が50％近く下落した。保有期間30年の場合、株式リターンは最低でもインフレ率を2.6％（1902〜1932年）上回っていた。このリターンは、確定利付き資産を30年間保有したときに得られる平均リターンを大きく下回るものではない。

2世紀以上のリターンの変動において、長期債や短期債とは対照的に、株式は保有期間が17年を超えた場合、実質リターンはマイナスにはならない。これは非常に重要なことである。債券よりも株式で長期的に資産を蓄積するほうがリスクが高いようにみえるかもしれないが、購買力の維持という観点からは、まさにその逆で、最も安全な長期投資は株式の分散ポートフォリオであることは明らかである。

投資家のなかには、20年、30年、あるいはそれ以上の保有期間が自分の投資計画に意味があるのか疑問を持つ人もいるが、投資家が犯す最大の間違いの1つは、保有期間を過小評価することだ。これは、多くの投資家が、特定の株式、債券、ミューチュアルファンドの保有期間だけを考えているためだ。保有期間というと株式や債券などの個別金融商品の保有期間を思い浮かべるかもしれないが、ポートフォリオの構成を考えるうえで重要なのは、ポートフォリオのなかに株式や債券が含まれているかどうかであり、途中で銘柄の入れ替えがあっても構わない。

表3-1は、株式投資のリターンが長・短期債のリターンを上回った割合を保有期間ごとに示したものだ。保有期間が長くなるほど、株式のリターンが長・短期債を上回る確率が劇的に高くなるのがわかる。しかし、1年あるいは2年の保有期間でも、5年のうち3年ほどは株式が長期債や短期債を上回っている。つまり、5年のうち2年ほどは株式のリターンが短期債や銀

表 3-1　株式のリターンが長期債・短期債を上回った期間の割合（保有期間別）

保有期間	期間	株式のリターンが長期債を上回った期間の割合(%)	株式のリターンが短期債を上回った期間の割合(%)
1年	1802-2021	59.5	63.2
	1871-2021	62.3	68.2
2年	1802-2021	61.2	64.4
	1871-2021	64.9	72.2
3年	1802-2021	67.2	70.2
	1871-2021	68.7	73.3
5年	1802-2021	69.0	69.4
	1871-2021	70.9	75.5
10年	1802-2021	73.5	74.9
	1871-2021	79.5	85.4
20年	1802-2021	84.1	88.1
	1871-2021	95.4	99.3
30年	1802-2021	91.6	91.6
	1871-2021	99.3	100.0

行預金のリターンに劣ることになる。短期的には債券や預貯金のリターンが株式を頻繁に上回ってきたことが、多くの投資家にとって株式投資を続けることが難しい主な理由になっている[2]。

ただ10年保有では約75％、20年保有では約85％、30年保有では91.6％、1871年以降の30年保有では99.3％の確率で、株式のリターンが長期債や短期債を上回っている。

第4版までの『株式投資』で、長期債のリターンが株式を上回った最後の30年間は、米国の南北戦争が始まった1861年までの30年間だと指摘した。しかし、それはもはや真実ではない。過去数十年にわたる国債利回りの急激な低下により、1982年1月1日から2011年末までの30年間で、長期債のリターン11.03％が株式の10.98％を上回ったのである。この衝撃的な出

---

[2] 第25章で、どんなにわずかであっても、投資家が損失を被ることを嫌うことが、ポートフォリオのパフォーマンスに影響を与える理由を示す。

来事により、一部の研究者は、株式のリターンが債券のリターンを上回ることはもはや期待できない、と結論付けた[3]。

しかし、なぜこの時期に長期債のリターンが株式を上回ったのかを詳しくみてみると、今後数十年の間に長期債が同じことを繰り返すのは、ほとんど不可能であることがわかる。1981年、10年物米国債の金利は16％を超えた。その後金利が低下したため、債券保有者は高いクーポンと債券のキャピタルゲインの両方から利益を得た。長期債のリターンは、毎年長期債を売却して元本を回収し、それを新しい長期債に再投資して計算することを思い出してほしい。この戦略により、1981年から2011年までの債券の実質リターンは年率7.8％となり、株式とほぼ同じ実質リターンとなった。7.8％の実質リターンは、株式の220年間の平均を1％ポイントほど上回るだけだが、長期債の歴史的な平均実質リターンの2倍、1926年以降の長期債の実質リターンの3倍近い。

金利が歴史的に低い水準まで低下したことで、2021年、債券保有者はまったく異なる状況に直面する。その年の年末、長期債の名目利回りは約1.5％、インフレ連動債の利回りはマイナス1％近辺であった。株式に近いリターンを得るには、長期債の名目金利はゼロを（欧州や日本の利回り低下よりもはるかに）大きく下回らなければならず、インフレ連動債の利回りもさらにマイナスになる必要がある。

リスクの標準的な測定方法

ランダムウォーク理論

1960年代、株価の予測不可能性に関する証拠が積み上がることにより、株式リターンのランダムウォーク理論への信奉が強化されるようになった。ランダムウォークとは、次の期間の価格変動が、今の期間の変動と完全に独立していることを意味する。実際、米国初のノーベル経済学賞受賞者であるポール・サミュエルソン教授が、1965年に「適切に予測された価格がランダムに変動することの証明（Proof That Properly Anticipated Prices Fluctuate Randomly）」という論文を発表し、ランダムウォーク理論を支持した[4]。その後、少なくとも短期的な株価の統計的な性質は、ランダムウォー

---

[3] Robert Arnott, "Bonds, Why Bother?" *Journal of Indexes* (May/June 2009).

クと区別がつかないことを確認する研究が盛んになされた[5]。

株価がランダムウォークであるならば、長期投資家のために構築されるポートフォリオは、短期投資家のためのポートフォリオよりも株式への投資を多くすべきである、ということにはならない。サミュエルソンは、ランダムウォークを示す市場には「時間的な分散」が存在しないことを示した[6]。つまり、ランダムウォークは、長期的には株価の上昇が株価の下落を相殺することはなく、より安定的なリターンを投資家に提供することはない。確かに、保有期間が長くなればなるほど株式が債券に勝つ割合は高くなるが、損失が発生した場合、あなたのポートフォリオや心身の健康（ウェルビーイング）が壊滅的な打撃を受ける可能性がある。ランダムウォークの世界では、ポートフォリオに占める株式の割合は、保有期間に依存しない。

株式リターンの平均回帰

次のデータは、ランダムウォーク仮説が長期の株式リターンに関しては成り立たないことを示している。**図3-2**は、過去220年間のデータに基づいて、株式、長期債、短期債の投資リスク（インフレ調整後の実質年率リターンの標準偏差）を算出したものである。

株式リターンの標準偏差は短期的には債券のリターンより高いが、保有期間が15～20年の場合、株式の投資リスクは長・短期債よりも小さくなる。保有期間が30年を超えると、株式投資のリスクは長・短期債のリスクの4分の3以下に下がる。保有期間が長くなるにつれ、株式の平均リターンの標準偏差は債券に比べて約2倍の速さで低下する。

資産のリターンがランダムウォークに従うとすれば、各資産クラスの標準偏差は保有期間の平方根の分だけ低下することになる。**図3-2**の破線部分は、ランダムウォークで予測されるリスクの低下を示している。明らかに、ランダムウォークの予測は成り立たない。

平均的な株式リターンの標準偏差が、ランダムウォーク仮説の予測より

---

4) Paul A. Samuelson, "Proof That Properly Anticipated Prices Fluctuate Randomly," *Industrial Management Review* 6 (1965a), 41-49.
5) James C. VanHorne and George G. C. Parker, "The Random-Walk Theory: An Empirical Test," *Financial Analysts Journal* 23, no.6 (1967), 87–92, http://www.jstor.org/stable/4470248.
　Benoit Mandelbrot, "Some Aspects of the Random Walk Model of Stock Market Prices: Comment," *International Economic Review* 9, no.2 (1968), 258–59, https://doi.org/10.2307/2525479.
6) Paul A. Samuelson, "Risk and Uncertainty: A Fallacy of Large Numbers," *Scientia* 57, no.98 (1963), 108.

図 3-2 保有期間別の平均実質リターンの標準偏差（1802～2021 年）
——歴史的なリスクとランダムウォーク仮説に基づくリスクとの比較

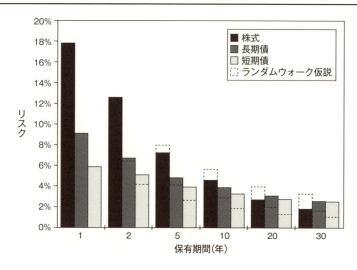

も速く減少することを、株式リターンの平均回帰(ミーンリバージョン)と呼ぶ。なお、平均回帰は期間を延長すればするほど、株式のポートフォリオの総リスクが低下することを主張するものではない。確かに株式のトータルリターンの標準偏差は時間とともに上昇し、ただし、その上昇率は逓減していく[7]。期間が長くなるにつれて低下するのは「1年当たり」のリスクである。

長期的な株式リターンが平均回帰に従った過程をたどることを示唆したのは、私が最初ではなかった。ジェイムス・ポテルバとローレンス・サマーズ (1988) やユージン・ファーマとケネス・フレンチ (1988) は、長期的な株式リターンがランダムウォーク仮説に合致していないようにみえることを示している[8]。しかし、1994年に私が『株式投資』初版を出版したときでさえ、ランダムウォーク理論は依然として有力であり、株式データに平均回帰が実際に存在するかどうかについては懐疑的な見方が多かった。

---

[7] ボストン大学のツヴィ・ボディ教授は、この間違った信念の根拠として、私の著書『株式投資』をよく挙げていた。私がツヴィに、「私の本ではそんなことは言っていない」と言うと、彼は同意して、「ジェレミー、あなたがそうでないことは知っているが、皆がそうだと思っている！」と答えた。Zvi Bodie, "On the Risks of Stocks in the Long Run," *Financial Analysts Journal* 51, no.3 (1995), 18–21.

[8] James Poterba and Lawrence Summers, "Mean Reversion in Stock Returns: Evidence and Implications," *Journal of Financial Economics* 22 (1988), 27–59. Eugene F. Fama and Kenneth R. French, "Permanent and Temporary Components of Stock Prices," *Journal of Political Economy* 96e, no.2 (1988), 264–273.

ポール・サミュエルソンは懐疑的だった。1992年、私が長期データを発表した際、彼はこう警告した。

長期にわたって統計的サンプルを複製するには長い時間がかかるので、「平均回帰」の強さに対する信頼は慎重にならざるを得ない。また、特に1920～1945年の世界恐慌と第二次世界大戦という一時的である可能性のある振れ幅を割り引くと、その効果は量的には大きくないかもしれない。これらの理由から、新しい結果には一定の注意を持つことが賢明だろう。[9]

サミュエルソンは、次のように強調している。「資本主義の歴史は1つしかない。ゆえに、その1つをサンプルにした推論は、決して確実な解釈とはいえない。1913年、帝政ロシアのお偉いさんはセーヌ左岸でどのような老後を過ごしていただろうか」[10]。

1990年代前半、専門家の間では株式リターンの平均回帰の有無について意見が分かれていた[11]。しかし、コンセンサスは変化しつつあり、1999年にジョン・H・コクランは、次のように書いている。

この15年間で、金融経済学者の投資の世界に対する理解には、革命が起こったといえるだろう。かつてわれわれは、株式や債券のリターンは本質的に予測不可能だと考えていた。しかし現在では、株式や債券のリターンは、長期的な視野に立てばかなり予測可能な要素を含んでいると認識されている。[12]

最近では、金融経済学者の90％以上が、株式リターンが長期的な平均回帰を示すことに同意するだろう、とコクランは述べている[13]。

---

9) Paul Samuelson, "At Last, a Rational Case for Long-Horizon Risk Tolerance and for Asset-Allocation Timing," in *Active Asset Allocation, State of the Art Polio Policies, Strategies and Tactics*, eds. R. Arnold and F. Fabozzi, Chicago：Probus, 1992, 415-416.
10) Paul Samuelson, "The Long-Term Case for Equities," *Journal of Portfolio Management* (Fall 1994), 17.
11) 1996年初め、サミュエルソンと同じように平均回帰に懐疑的なボストン大学のツヴィ・ボディが、株式と債券の長期的なリスクとリターンについての討論会に私を招待してくれた。私の発表が終わると、サミュエルソンは聴衆に挙手を求めた。「株式リターンの平均回帰を信じる人は何人いますか？」と。聴衆は半々くらいに分かれた。
12) John Cochrane, "New Fact in Finance, Economic Perspectives," Federal Reserve Bank of Chicago 23, no.3 (1999).
13) 2018年4月12日に届いたメールより。

債券の平均回避

　株式リターンは平均回帰を示すが、債券はまったく逆の状況である。**図3-2**に示されているように、債券の平均リターンの標準偏差は、ランダムウォーク理論が予測するほどには低下しない。これが債券リターンが示す平均回避である。平均回避とは、ある資産のリターンが長期的な平均値からいったん乖離すると、より正常な水準に戻るのではなく、さらに乖離する可能性が高くなることである。
（ミーンアバージョン）

　債券リターンの平均回避は、物価が加速度的に上昇し、債券が無価値となるハイパーインフレにおいて特に顕著である。しかし平均回避は、米国や他の先進国経済に影響を与えた緩やかなインフレにおいても存在する。インフレが加速し始めると、インフレのプロセスは累積し、債券保有者は購買力の損失を埋め合わせる可能性が事実上ゼロになる。一方、実物資産に対する債権を保有する株主が、インフレによって永久的な損失を被ることはほとんどない。

歴史的データから測定したボラティリティ

　一部の研究者は、データが示唆するような長期的な安定性を株式リターンが本当に示しているのかどうか疑問視している。ロバート・スタンボー教授とルーボス・パストール教授は、「株式は本当に長期的にはボラティリティが低いのか」という論文を書いている[14]。彼らは、経済学者が長期的なリスクを推定するために使う標準的な手法、例えば過去のデータから標準偏差を計算する手法は、パラメータの不確実性やリターンを生み出すモデルの不確実性など多くの要因によって、長期のボラティリティを過小評価すると主張している。彼らは、このような不確実性が、過去の株式リターンのデータで示された平均回帰を相殺し、株式は経済学者が計算したよりも長期的にリスクが高い可能性があると主張している。そうであるならば、より長期的な視野を持つ投資家が株式ポートフォリオをより多く持つべきという提言は正当化されないかもしれないと述べる。

　彼らの分析では、投資家が将来の任意の時点において購買力を保証する

---

14) L'uboš Pástor and Robert F. Stambaugh, "Are Stocks Really Less Volatile in the Long Run," Journal of Finance 67, no.2 (April, 2012), 431-477.

ために購入できる、インフレ調整後（すなわち実質）で無リスクの金融商品があると仮定している。しかし、物価連動国債（TIPS）は、購買力を保証する最も安全な債券であるにもかかわらず、多くの欠陥がある。消費者物価指数（CPI）の作成方法が原因で、この指数はしばしばインフレに遅れをとっており、将来政府が政治的な目的でインフレを過小評価するために指数の構成を操作するリスクが常にある。

さらに深刻なのは、TIPSに適用されるインフレ調整は、現在のインフレではなく、過去のインフレに基づいて計算がなされていることだ。仮にインフレが加速した場合、ましてハイパーインフレとなった場合には、TIPSはほとんど保護されない投資対象となる。

加えて、株式に適用される歴史的なリスクの解釈に関しての警鐘は、あらゆる資産に適用される。すべての資産は、「テールリスク」や「ブラックスワン・イベント」と呼ばれる極端な結果に直面する可能性がある。確かに、サミュエルソンが指摘したように、20世紀半ばのロシアや中国のような株式市場の価値がゼロになった事例もある。しかし、国債が無価値になることは、それよりも頻繁に起こっている。さらに、土地などの他の資産は、私有財産を敵視する政府によって没収される可能性があり、歴史上価値を持ち続けた数少ない資産の1つである金でさえ、デジタル通貨を選好する将来世代には忌避されるかもしれない。常にインフレの脅威にさらされる不換紙幣の世界では、生産資本に対する法的請求権である株式のほうが実質的価値を維持できる可能性が高い。

株式と債券のリターンの相関関係

債券の平均リターンは株式に劣るが、債券をポートフォリオに組み入れることによって、とりわけ短期では全体のリスクを低くすることができる。これは債券と株式の価格が反対方向に動く場合に起こるが、債券と株式のリターンが負の相関関係にあれば、特にそうである[15]。

資産の分散度は相関係数で数値化できる。相関係数とは、ある特定の金融資産とそれ以外のポートフォリオのリターンがどれだけ相関しているかを示すもので、マイナス1からプラス1の値となる。相関係数が低いほどポー

---

15) これは、債券の利回りと株価が同じ方向に動くことを意味する。

トフォリオ全体のリスク分散に貢献し、相関係数がゼロかマイナスの資産であれば、特に分散効果が高い。逆に、相関係数が高い金融資産を組み入れても、分散効果は低い。

図3-3は、1926年から2021年の期間を3つに区分し、期間ごとの株式と債券の年率リターンの相関係数を示している。1926〜1965年の相関係数はわずかにプラスで、債券は株式投資のリスクを分散させるのに適切な金融資産だったことがわかる。この時期に債券が良い分散投資先であったのは、経済活動と消費者物価の下落を特徴とする世界恐慌が起こったからであり、株式にとっては悪かったが、米国債にとっては良い状況であったためだ。

しかし、1960年代から1990年代半ばまでの景気の悪い時期は、デフレではなく、インフレになることが多かった。これは、主にOPECの石油供給制限による石油価格高騰がもたらした景気の落ち込みを、政府が金融緩和政策でカバーしようとしたためで、インフレ経済に拍車をかけることになった。このような状況では、株価と債券価格は連動して動く傾向があるため、米国債の持つ分散性が低下したのである。

この正の相関は、ここ数十年は転換した。1998年以降、株価は債券価格

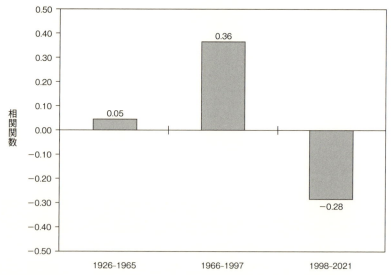

図3-3 株式リターンと債券リターンの相関係数（月次）

と負の相関を持つようになった。変化の理由は2つある。この期間の初期は、アジアの経済・通貨危機、日本のデフレ経済、2001年9月11日の同時多発テロによって、世界市場が動揺した。2008年の金融危機は、デフレが支配し国債しか資産価格が上昇しなかった1930年代を想起させ、恐怖を煽るものであった。このため、米国債市場は経済の混乱と株価の下落を恐れる投資家にとって、再び安全な避難所となったのである。コロナ禍のときも同様の状況が広がった。第8章で、この負の相関関係が過去数十年にわたる長期金利の低下に大きく寄与した理由を明らかにする。

なお、これらの相関は1年単位で測定されたものである。金融危機やコロナ禍を受けて、投資家は安全資産に殺到し、特に国債への投資が目立った。しかし長期的にみれば、国債保有者にとってのリスクはインフレである。短期的な株価変動が債券保有者に与える安心感は、長期的にはインフレが重大なリスクとなり、失われる。

リスクとリターンのトレードオフ

現代ポートフォリオ理論は、投資対象資産の構成比率を変えることで、どれほど投資リスクを分散させることができるかを論じている。**図3-4** は、1802年から2021年の時系列データをもとに、1年から30年までの保有期間ごとに、ポートフォリオ中の株式と債券の比率を変化させた場合のリスクとリターンを示している。

各曲線の下端（□マーク）はすべて債券に投資した場合のリスクとリターン、上端（■マーク）はすべて株式に投資した場合のリスクとリターンを表す。曲線の途中にある●マークは、リスクが最小になる株式と債券の構成比率を示している。こうして、株式に100％投資した場合から債券に100％投資した場合までを結んだ曲線を描くことにより、それぞれの構成比率におけるリスクとリターンを把握することができる。このような曲線は「効率的フロンティア」と呼ばれる。この効率的フロンティアは、現代ポートフォリオ理論の中核をなす分散投資理論の基礎となる概念である。

なお、最小リスクを実現する資産配分は、投資家の保有期間の関数である。1年単位で投資する投資家がリスクを最小化しようとする場合には、ポートフォリオのほぼすべてを債券で保有すべきであり、それは2年単位の投資家

図 3-4　保有期間別のリスクとリターン（1802〜2021年）

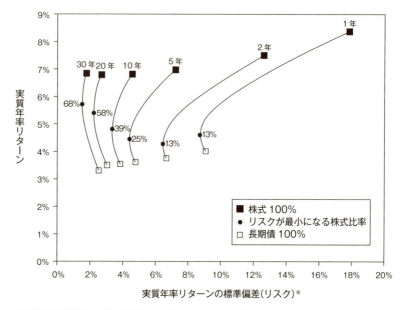

※〔訳注〕標準偏差は、平均値に対する比率としてパーセント表示することがある。

も同様である。5年単位の投資では、最小リスクポートフォリオの株式比率は25％に上昇し、さらに10年単位では3分の1以上に上昇する。20年単位の投資では50％以上、30年単位では68％になる。ここで、投資家は最小リスク配分よりも多くの株式を保有すべきであることを指摘しておく。それは、株式を追加することで得られるリターンは、追加的なリスクをはるかに上回るからである[16]。

このような顕著な結果を踏まえると、現代ポートフォリオ理論が発展した1950年代から1960年代に、保有期間が考慮されなかったことが不可解に思えるかもしれない。これは、前述のとおり、当時の学界の大半は証券価格のランダムウォーク理論を信じていたからである。価格がランダムウォークでならば、どの保有期間のリスクも一期間のリスクの関数であり、異なる資産の相対リスクは保有期間に影響されない。この場合、効率的フ

---

16) TIPSの存在により、投資家はインフレリスクの多くを（すべてではないが）回避することができる。しかし、2021年にはその実質リターンがマイナスになった。

ロンティアは保有期間に対して不変であり、資産配分は投資家の想定している投資期間に左右されない。証券市場がランダムウォークに従わなかった場合には、資産配分において投資期間を考慮する必要がある。

株式と債券の配分

基本的な考慮事項

ポートフォリオの株式と債券の比率を決める際には、さまざまな要素を考慮する必要がある。当然ながら、リスク選好は重要である。短期的なリスクに対するプロテクションを重視するのであれば、債券は投資家のポートフォリオのなかで重要な位置を占める。インフレの不確実性が支配的な長期投資家にとっては、債券への配分比率はもっと低くあるべきで、インフレから投資家を守る債券（TIPS）のほうがはるかに重要である。

資産配分を決定するもう1つの要因は、年齢である。株式リターンの平均回帰から、若者の株式への投資比率は高齢者よりも高くするべきである[17]。その理由は、若い投資家の資本は、金融ではなく、人的部分の割合が高いからである。これは、経済学者が「労働と余暇の選択を変える」と呼ぶもので、自分にできる努力の量を変えられることを意味する。例えば、株式市場で損失を出しても、より多く働けば金融資産を回復することができる。これは、若い人ほど資産に占める株式の比率を高くするべきだということでもある。

退職後の60/40ポートフォリオ

退職を控えた多くの人にとって、主な目標は2つある。第1に、退職後に一定水準の消費を支える資金を作ること。第2に、生涯資金が枯渇せず残りを遺産とすることだ。この2つの目標を両立するのは難しいとみなされている。株式は債券よりもリターンが高いため、株式への配分を高めれば、確かに期待される遺産としての退職後のポートフォリオの価値は高まる。

---

17) ポール・サミュエルソンは、投資家のリスク回避係数が1より大きい場合、平均回帰は保有期間の長い投資家の株式比率を増加させることを示したが、多くの研究者はこれを事実とみなしている。J. J. Siegel, "Climbing Mount Everest: Paul Samuelson on Financial Theory and Practice," eds. Robert Cord, Richard, Anderson and Willian Barnett. Paul Samuelson, *Remaking Economics: Eminent Post-War Economists*, London: Palgrave Macmillan, https://doi.org/10.1057/978-1-137-56812-0_13.

しかし、株式は短期的な価格変動リスクが高いため、株式の比率を高めすぎると安定的に生活資金を引き出す計画が立てられない可能性が高くなる。では、株式と債券の最適なバランスはどのくらいだろうか？

昔から、特に退職資金のポートフォリオで人気のある株式と債券の配分は、「60/40ポートフォリオ」と呼ばれ、資産の60％を株式、40％を債券とするものである。この比率は、1994年にウィリアム・ベンゲンが発表した論文「時系列データを用いた引き出し率の決定(Determining Withdrawal Rates Using Historical Data)」が嚆矢である[18]。ベンゲンは、1926年からの実際の株式と債券のリターンをシミュレーションし、顧客の居心地の良さを考慮したうえで、最適な資産配分として株式50〜75％を推奨している。多くのアドバイザーは株式60％で落ち着き、60/40の株式と債券の配分が一般的なベンチマークとなった。

この「60/40ポートフォリオ」は、1950年代から1960年代に主流だった、債券への配分比率は投資家の年齢と同じにすべきであると規定した（理論的にも実証的にもあまり根拠がない）「債券の年齢ルール」よりも、かなり積極的な投資を促すものだった。

おそらく、ここ数十年の株式の優れたパフォーマンスと平均寿命の伸びを認識し、債券の年齢ルールは「年齢マイナス20」の割合に変化した。つまり、60歳の人に対しては、株式と債券への投資配分比率を60/40にすることを推奨している。スティーブン・ドルヴィンらは、昨今の〔適時の現金化を目指す〕ターゲット・デート・ポートフォリオの多くが、ほぼこのような資産配分になっていると指摘している[19]。

図3-5は、1926年から2021年までの株式と債券の実質リターンをもとに、年4％と5％の2種類の資金引き出し率（いずれもインフレ調整済み）で、退職者が資金不足に陥る確率を示している。同期間における株式の平均実質リターンは7.12％、債券の平均実質リターンは2.58％である。資金が枯渇する確率は、モンテカルロ法を用いて、過去の年間リターンをランダムに設定し、何千回ものシミュレーションを行うことで決定した。このシミュレーションには、過去100年間に発生した株式と債券の弱気相場がすべて

---

18) William Bengen, "Determining Withdrawal Rates Using Historical Data," *Journal of Financial Planning* (October 1994), 171–180.
19) Steven Dolvin, William Templeton, and William Rieber, "Asset Allocation for Retirement：Simple Heuristics and Target-Date Funds," *Journal of Financial Planning* (March 2010), 60–71.

図 3-5 30年後に資金が枯渇する確率（1926～2021年）
株式実質リターン（7.12%）、債券実質リターン（2.58%）

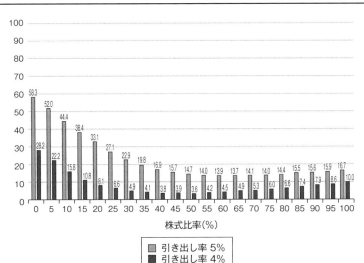

含まれている。

　図3-5をみると、過去のデータから、資金引き出し率4％で資金不足になる確率が非常に低く、株式と債券が半々のポートフォリオで最小の3.6％になることがわかる。株式だけのポートフォリオの場合、資金不足に陥る確率は10％に上昇するが、遺産の期待価値は2倍以上に増加する。株式と債券の最適な配分は、投資家が資金不足に陥る確率と残せる遺産の大きさをどのように天秤にかけるかによって、株式50％から株式100％の間となるだろう。

　年間引き出し率が5％の場合は、資金不足が生じる確率が最小になるのは株式への配分が高い場合で、具体的には株式65％、債券35％である。この配分では資金が足りなくなる確率は13.7％で、すべて株式に投資したとしても3％ポイント上昇するだけである。しかし、すべて株式に投資するポートフォリオでは、遺産が40％近くも増加する。

　株式100％のポートフォリオが、遺産を大幅に増やしながら資金不足のリスクがそれほど高くならないことを、意外に思うかもしれない。実際、退職者に株式100％のポートフォリオを推奨することは、他の研究者からも

示唆されている。ハビエル・エストラダは、19カ国について1900年から2009年までの110年間を調査し、退職後のポートフォリオで「すべてを株式に投資することは、退職者が真剣に検討すべき戦略である」と結論付けている[20]。

株式の平均回帰に懐疑的だったポール・サミュエルソンでさえ、50年以上前に退職後のポートフォリオとして株式100％というアイデアを試したことがある。1967年に『ニューズウィーク』に寄稿したコラムで、彼は「100％（株式投資）は賢明か？」と問いかけている。意外にもサミュエルソンは「おそらく、イエス」と答えているが、その後、「余剰貯蓄（流動資産から生命保険を引いたものと定義）の60％から80％を普通株式に投資するほうが、寝つきはよくなるだろう」と述べている。さらに、「年配の信託担当者は、50/50ポートフォリオからの逸脱の眉をひそめることは承知している。しかし、現在、われわれは成長とインフレの時代に生きていることも忘れてはならない」[21]と続けている。彼がこの警鐘を発してから50年以上経った今も、インフレの脅威は当時と同様に投資に影響を及ぼしている。

図3-5では過去のデータを使った。2021年以降、資産の将来リターンは低下する可能性があり、特に債券はその可能性が高い。第8章では、過去数十年にわたる債券の実質リターンの劇的な低下について述べる。株式の実質リターンも、第10章で検討する要因で低下する可能性がある。

図3-6は、**図3-5**と同じ方法で、今後30年間の株式の実質リターンが年率4.5％と、過去の平均を2.5ポイント以上下回り、かつ債券の予想実質リターンが2021年末の30年TIPSの実質リターンであるマイナス0.5％まで低下する状況を想定している[22]。

株式や債券のリターンが低下すると、最適とされる資産配分に与える影響は顕著である。どのような資産配分であっても、所与の引き出し率に対して資金が枯渇する確率が上昇する。しかし、これは保守的になれということではない。むしろ逆で、投資家は期待リターンが低下したときに株式への配分を増やすことで、資金不足に陥る確率を減らすことができる。引

---

20) Javier Estrada, "The Retirement Glidepath : An International Perspective," IESE Business School, Department of Finance, Barcelona, Spain, 13.
21) Paul Samuelson, "Prudent Investment, II" in Samuelson Sampler (September 1967), 132-134.
22) 新しいモンテカルロシミュレーションでは、各年の過去の株式リターンを2.66％ポイント、各年の債券リターンを3.08％ポイント引き下げ、数千回のシミュレーションを実施した。

図 3-6 30年後に資金が枯渇する確率（シミュレーション）
前提：株式実質リターン（4.5%）、債券実質リターン（−0.5%）

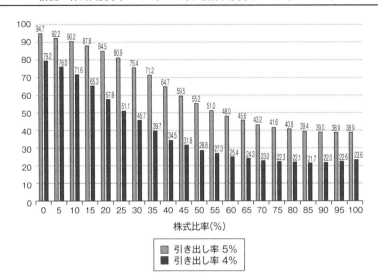

き出し率が4%の場合は、資金が枯渇する確率が最小になるのは株式と債券の比率が80/20、引き出し率が5%の場合は、株式への投資比率が95%から100%で最小となる。シミュレーションでは、債券の期待リターンを株式の期待リターンより少し下げたが、将来の実質株式リターンを債券リターンと同程度まで下げたとしても、最適な資産配分は株式への投資が大きくなる。

結論

　短期的には株式が債券よりもリスクが高いことを誰も否定しないだろう。しかし長期的には、保有資産の購買力を維持することを目的とする長期投資家にとって、株式は債券よりも安全であることは歴史が証明している。管理通貨制に内在するインフレの不確実性は、100年以上前にアーヴィング・フィッシャーが推論したように、確定利付きであっても購買力は一定ではないことを意味している。

　1ドルが将来どのくらいの価値になるのかについては、過去10年間のイ

ンフレ率が劇的に低下したにもかかわらず、特に巨額の財政赤字と各国の中央銀行が緩和的な金融政策を採用していることも考えると、多くの不確実性が存在する。過去のデータによれば、30年後の普通株式の分散ポートフォリオの購買力は、30年物米国債の元本の購買力よりも確かなものであった。株式も債券も将来リターンが低下している現状では、退職後のポートフォリオのためには株式への配分をさらに高める必要があるだろう。

第4章 グローバル投資
失望と期待

今日は、成長産業について話をしよう。世界規模で投資すること自体、1つの成長産業だからである。とてつもない成長産業とは、国際分散投資のことである。

ジョン・テンプルトン、1984年[1]

グローバルに分散投資する投資家が、外国株へのアロケーションを誇らしげに語ることができるようになって久しい。

エリック・D・ネルソン、2021年[2]

1984年、ジョン・テンプルトンが証券アナリスト連盟で講演したとき、国際投資はまさに「卓越した成長産業」だった。1950年代から60年代は、基本的に米国が世界を取り仕切っていた。1960年代半ばには、世界のGDPに占める米国の割合が、戦前の2倍近くまで上昇した。米国株は世界の株式時価総額の75％近くを占めていた。欧州と日本の生産能力は、第二次世界大戦で破壊されていた。欧州各国も日本も経済的混乱に見舞われ、政府が経済の立て直しを図るなかで、多くの国がハイパーインフレを経験した。

---
1) 1984年5月2日に開催された米国証券アナリスト連盟の年次大会での講演より。
2) Eric D. Nelson, "Should You Still Own International Stocks," Servo Wealth Management (March 26, 2021).

1970年代、OPECによる原油価格引き上げと過剰な金融緩和によって、世界はスタグフレーションに見舞われた。しかし1980年代に入ると、株式投資家に希望が見えてきた。米国ではロナルド・レーガンが積極的に資本主義を推進し、英国ではマーガレット・サッチャーが資本主義精神を復活させた。

しかし、国際投資の最初のスターになったのは日本だった。この国は1970年代後半に他の国々を悩ませていたインフレを回避しただけでなく、驚異的な工業国となり、高品質の自動車、テレビ、革新的な電子機器（ソニーのウォークマンなど）を生産し、世界を席巻した。

日本のバブル

その結果、日本の株式市場は高騰した。1970年代から80年代、日本の株式リターンは年平均で米国のリターンを10パーセントポイント以上も上回り、かつ他のすべての国のリターンを凌駕した。日経平均株価は、1949年5月16日にダウ平均と同じ水準に設定されたが、1970年の2000円から1989年末には3万9000円近くまで急騰し、米国の老舗ダウ平均の4倍近い水準に達した。それだけではなく、この間に日本円は約3倍に上昇し、米ドルの投資家は、米国株の12倍にあたる6000％近いリターンを得ることができたのである。

このような日本市場の優れたリターンは、何十億ドルもの海外投資を呼び込んだ。1980年代末には、多くの日本株のバリュエーションが異常な高みに達した。日本電信電話（NTT）は、かつて米国の独占電話会社だったAT&Tの日本版だが、PERは300倍を超えていた。この会社の時価総額は、数カ国を除くほとんどの国の株式時価総額を凌駕するものであった。これは、2000年の米国IT株バブルを超えるバリュエーションである。

日本の強気相場はあまりにも劇的で、1989年末には、1900年代初頭以降初めて、米国は株式時価総額で世界一の座を譲った。第二次世界大戦で経済基盤が破壊され、人口は米国の半分、国土は米国の4％しかない日本が、世界最大の株式市場を持ち、世界の株式シェアでは米国の29％に対し40％に至ったというのは、驚異的なことであった。

1987年、シカゴ・マーカンタイル取引所の会長レオ・メラメドは、日本を訪れた際に、どうしてこんなに高いバリュエーションが可能なのかと尋ねた。すると、「おわかりにならないですか。日本ではまったく新しい株の評価方法に移行したのです」という返事がきた。このときメラメドは、日本株は破滅する運命にあると思った[3]。投資家は歴史からの教訓を学ばないとき、その報いを受けるのである。

日本のバブル経済が崩壊し、翌年から日経平均株価が急落すると、日本市場の神秘性は崩れ去った。日経平均株価は2008年に7000円まで下落し、20年前のピーク時の20％以下にまで下落した。2020年には、世界の株式に占める日本のシェアはわずか7％に低下し、一方、米国のシェアは再び世界の2分の1を超えるまでに回復した。

日本の株式市場をもって、長期的には株式が常に有利であるという説を否定する向きがある。しかし、日本の株式市場にはバブル崩壊を予感させるものがあった。バブル経済のピーク時、日本株はPER100倍以上で取引され、これは2000年の米国ITバブル時の3倍以上の水準であった。

図4-1　ダウ平均と日経平均（米ドル建て）

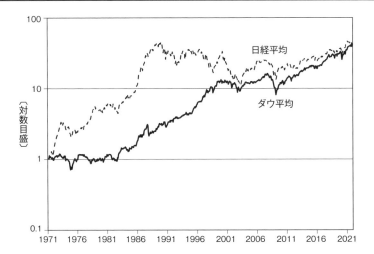

---

3) Martin Mayer, *Markets*, New York: Norton, 1988, 60.

上がったものは下がるのが世の常である。日本の株式相場の他国に対する優越性は、その後の数十年で消滅した。日経平均株価を米ドル建てで示した**図4-1**からわかるように、2021年には米国のダウ平均が日経平均株価に追いついた。平均回帰が優勢である。

新興国のバブル

日本の株式崩壊直後から、海外投資家は新興国市場に目を向け始めた。中国やインドなど、これまで米国や欧州、日本に遅れをとっていたものの、将来的に大きな可能性を秘めた国々が対象だ。

2001年、ゴールドマン・サックスのエコノミスト、ジェームズ・オニールのレポート「より良い世界経済を築く BRICs」は、新たな市場を求める投資家に火をつけた[4]。BRICとは、ブラジル、ロシア、インド、中国の頭文字で、オニールが新世紀をリードすると考えた4カ国を指す。

2年後、ゴールドマンの他の2人のエコノミストは、「BRICsとともに夢を見る：2050年への道」[5]という、さらに熱のこもったレポートを発表した。そこで彼らは次のように述べている。

> （私たちの研究）結果は驚くべきものだ。想定どおりにいけば、40年以内にBRICsの経済規模は、米ドル建てでG6（米国、日本、英国、ドイツ、フランス、イタリア）よりも大きくなる可能性がある。BRICsがここに示した予測に近づけば、成長と経済活動のパターンに大きな影響を与え、投資ポートフォリオにおけるBRICsの比重は急激に高まる可能性がある。[6]

確かに、オニールのレポート直後の数年間は、ゴールドマンのアドバイスに従った人たちに優しかった。BRICsの50銘柄で構成されるダウの指数は、2003年初頭から2007年末までの間に600％という驚異的な上昇をみせ、

---

[4] James O'Neill, *Global Economics*, paper, no.66 (November 30, 2001).
[5] Dominic Wilson and Roopa Purushothaman, 1st October 2003, *Global Economics*, paper no.99.
[6] Dominic Wilson and Roopa Purushothaman, Executive Summary, 2. 投資会社は、その意気込みの度合いにかかわらず、出版物に記載する予測に「可能性がある」「かもしれない」といった免責条項を入れることを常に要求されている。

図 4-2 モルガン・スタンレー・キャピタル・インターナショナル（MSCI）国別指数のリターン

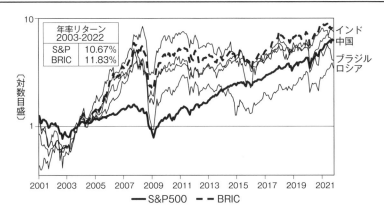

S&P500の60％の上昇をはるかに凌駕している。だがそれ以降、BRICsは失速した。**図4-2**が示すように、2021年末のBRICs指数は、14年前につけた最高値を下回り、2003年から2007年までの急上昇にもかかわらず、全期間を通じて米ドル建てリターンは同期間のS&P500のリターンに劣るか、ほとんど同じである。平均回帰が再び優勢になったのだ。

日本株バブル、新興国バブル、そして金融危機以降に米国株が他国の株式相場を凌駕したことは、多くの投資家が国際投資に嫌気がさす原因となった。しかし海外投資には、優れた投資リターンだけでなく、米国市場からの分散という魅力がある。

株式の世界2021

図4-3は世界の株式価値の分布を示している。2021年12月、全世界の株式時価総額は70兆ドルであった。米国のシェアはその61.2％に達している。オーストリア、ベルギー、デンマーク、フィンランド、フランス、ドイツ、アイルランド、イタリア、オランダ、ノルウェー、ポルトガル、スペイン、スウェーデン、スイス、英国を含む欧州先進国は16.1％、日本は5.5％、オーストラリアとニュージーランドは合わせて1.8％、香港とシンガポールは合

図4-3　世界の株式時価総額の分布（2021年）

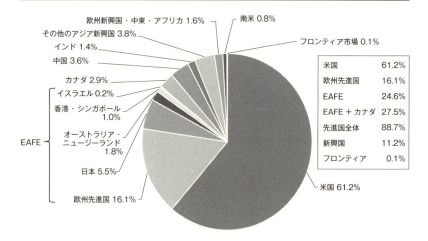

わせて1.0%、イスラエルは0.2%である。米国を除く上記の国々は、EAFE（欧州、オーストララシア〔オーストラリア、ニュージーランド、ニューギニア島及びその近海諸島〕、極東の頭文字）と呼ばれるグループを構成し、米国以外の先進国市場の指数として最も一般的なものである。EAFEは世界の株式全体の24.6%を占めている。カナダはEAFEには含まれず（FTSEなど他の先進国市場の指数には含まれるものもある）、世界市場の2.9%を占める。EAFEと米国にカナダを加えると、先進国全体で世界の株式価値の88.7%を占めていることになる。

先進国以外では新興国市場がある。MSCI新興国指数には25カ国が含まれており[7]、そのうち中国（32%）、台湾（16%）、韓国[8]とインド（各12%）、ブラジル（4%）の5大国が合計78%を占めている[9]。2021年12月

---

7) 新興国には、ブラジル、チリ、中国、コロンビア、チェコ、エジプト、ギリシャ、ハンガリー、インド、インドネシア、韓国、クウェート、マレーシア、メキシコ、ペルー、フィリピン、ポーランド、カタール、ロシア、サウジアラビア、南アフリカ、台湾、タイ、トルコ、アラブ首長国連邦が含まれる。
8) FTSEは韓国を先進国指数に入れている。
9) ロシアは新興国指数の3%を占めている。
10) フロンティア市場には、バーレーン、バングラデシュ、ブルキナファソ、ベナン、クロアチア、エストニア、ギニアビサウ、アイスランド、コートジボワール、ヨルダン、ケニア、リトアニア、カザフスタン、モーリシャス、マリ、モロッコ、ニジェール、ナイジェリア、オマーン、パキスタン、ルーマニア、セルビア、セネガル、スロベニア、スリランカ、トーゴ、チュニジア、ベトナムが含まれる。

の新興国市場の時価総額は7兆8000億ドルで、世界株式の11.2％である。

最後に、最近出現したグループとして、株式時価総額の小さい途上国からなるフロンティア市場がある。MSCIのフロンティア市場指数には28カ国が含まれており[10]、そのうちベトナムが30％、モロッコが10％を占めている。これらの株式時価総額は1030億ドルで、世界全体の約0.1％に相当する。

国際投資の株式リターン

表4-1は、1970年から（新興国については1989年から）2021年までの、国際市場における米ドル建てのリスクとリターンを示したものである。全期間を通じて、地域間の米ドル建てリターンに大きな差はない。

1970年から2021年までの51年間で、米国株は10.83％の複利リターンを実現し、EAFE（米国以外の先進国）は9.36％とやや低いリターンとなった。米国とEAFEとのリターンの相関係数は0.65で、欧州との相関はやや高く、日本との相関は有意に低い。1988年以降の新興国市場のリターンは、米国のリターンとほぼ同水準であり、相関係数は世界の他の地域よりもわずかに低い。後述するように、このような不完全な相関関係こそが国際志向のポートフォリオを維持する重要な理由である。

表4-1 米ドル建ての株式リターンとリスク（1970年1月～2021年12月）

国/地域	米ドル建てリターン 1970-2021	米ドル建てリターン 1988-2021	国内リスク	為替リスク	トータルリスク	相関係数*
世界	10.00%	8.72%	13.82%	4.10%	14.77%	0.8943
EAFE	9.36%	6.03%	14.23%	8.10%	16.75%	0.6480
米国	10.83%	11.61%	15.25%	---	15.25%	---
欧州	9.86%	9.00%	14.99%	9.09%	17.34%	0.6999
日本	9.07%	2.13%	18.24%	10.77%	20.30%	0.3860
新興国**	---	10.50%	20.93%	8.14%	22.20%	0.6022

* 米国株式市場と外国市場の米ドル建てリターンの相関関係。
** 新興国のデータは1988年から2021年までのもの。

世界市場における分散投資

　2010年代の10年間、国際投資のパフォーマンスが期待外れだったことから、多くの人が国際投資をやめて、よりダイナミックな米国経済への投資を維持することを考えた。だがこの考え方が批判される理由が3つある。

　第1に、「外国」企業の定義が極めて恣意的で、その企業の製造拠点や販売拠点ではなく、本社がどこにあるかにのみに基づいていることである。例えば、ロンドンに本社を置く企業が、製品の99％を米国で製造・販売している場合、その企業は「英国」企業に指定される。筆者は以前から、国際分散に基づく投資のより良い方法は、本社が物理的にどこにあるかではなく、その企業が製造・販売する場所を特定することだと提唱してきた。

　残念ながら、このような手法は流行らなかった。グローバル化が進んだにもかかわらず、国際分散投資は逆の方向に進み、ほとんどの国別指数が外国企業をすべて排除した。1990年代初頭、スタンダード・アンド・プアーズは、ベンチマークであるS&P500に米国以外の企業を新たに加えないことを発表し、2002年にはロイヤル・ダッチやユニリーバなどの大企業を含めて、残っていた外国企業7社を指数から外した[11]。この手法の支持者は、企業の売上、利益、生産のほとんどが外国からもたらされたとしても、特定の国の政府の規制や法的構造は極めて重要であると主張している。

　グローバル化が進めば、こうした本社の影響力は弱まる可能性がある。実際、すでにそうなっているという証拠もある。2011年、ホセ・メンチェロとアンドレイ・モロゾフは、「産業vs国家」の相対的重要性を測定する研究を発表した。1990年代前半は、国が産業を大きく支配していた[12]。2000年のITバブルによって産業は前面に押し出され、ITバブル崩壊後には、産業の影響は国の影響と同等かそれ以上になった。ユーロ導入後、欧州でも産業の影響がより大きくなっている。新興国については、国による違いが依然として大きいが、その重要性は低下している。

　この傾向は今後も続くと思われる。筆者は、企業が国家間で合意された

---

11) 他の5社は、カナダのノーテルネットワークス、アルキャン、バリック・ゴールド、プレーサー・ドーム、インコである。
12) Jose Menchero and Andrei Morozov, "Decomposing Global Equity Cross-Sectional Volatility," *Financial Analysts Journal* 67, no.5 (2011), 58-68.

国際的なルールに従うことを選択し、企業の本社がどこにあるのかはほとんど重要ではなくなるような国際的な企業の可能性を想像している。国際会計基準審議会（IASB）が制定する世界共通の会計基準が普及するのと同じように、国際的な法人設立の基準も普及することだろう。

　国際化が進めば、「本社が置かれている国」の意味はなくなり、グローバル・セクター、あるいは製造・販売拠点で投資配分を行うことになる。こうした未来では、米国にだけ投資することは投資の幅を非常に狭めてしまう。たとえ国際的な法人の話が流れたとしても、現在の分類システムの恣意性から、米国だけのポートフォリオは十分な包摂性を持たない可能性があることを警告しておこう。

　グローバルに投資する第2の理由は、米国で購入される財やサービスの多くが、海外に本社を置く企業によって生産されていることである。2021年末の米国への輸入総額は約3兆5000億ドルであった。外国産の自動車や輸入食品、嗜好品に対する米国人の購買意欲は旺盛なままである。これらの商品やサービスが米国で求められているのであれば、これらを生産している企業をポートフォリオに組み入れるべき理由は明白だろう。

　国際的な投資効果を得るには、米国を拠点とする株式への投資だけで十分だと主張する人もいる。確かに、S&P500の売上高に占める米国外の売上高の割合はここ数十年で急上昇し、2021年には41％に達した。とはいえ、米国は依然として輸出よりも輸入のほうがはるかに多い。21世紀の成長を牽引する企業を輩出するのは米国だと思うにしても、米国経済に財を供給する企業を排除する論拠にはならない。

　外国株を保有する理由の3つめで最も重要なものは、株式の保有リスクをより多くの企業に広げることができる分散効果である。**図4-4**は、米国、EAFE、新興国市場のリターンの10年移動平均の推移を示したものである。これらの市場は同調しておらず、しばしば逆方向の動きをすることに注目してほしい。これこそが分散投資をする意義である。

　海外投資は、国内経済の異なるセクターへの投資と同じように分散投資を実現する。1つの銘柄、1つのセクターに期待するのは、投資戦略として優れているとはいえない。同じように、自国の株式だけを購入することは、最近の業績がいかに良くても良い戦略とは言えない。

図 4-4　株式リターンの 10 年移動平均

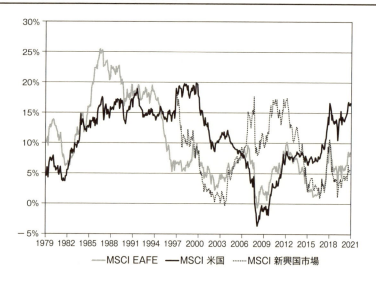

　国際分散投資によってリスクが低減するのは、異なる国の株価が連動して上昇したり下落したりしないためで、この非同調的なリターンの動きが、グローバルに分散されたポートフォリオのボラティリティを低減させる。2つの資産が完全に相関していない限り、これらの資産を組み合わせることによって、与えられたリターンに対してポートフォリオのリスクを下げることができ、逆に与えられたリスクに対してリターンを上げることができるのだ。

為替リスクはヘッジすべきか？

　外国株式に投資する米ドル投資家のリスクは、米ドル建ての年率リターンの標準偏差で測定される。このリスクには2つの構成要素がある。1つは、投資対象の現地通貨で計算された株価の変動であり、もう1つは米ドルと投資対象の現地通貨との為替レートの変動である。**表4-1**では、これらを国内リスクと為替リスクと表現している。

　一般に、為替リスクは国内リスクへの追加的なリスクとなるため、外国市場の投資家は為替変動に対するヘッジが望ましい場合がある。為替ヘッジとは、米ドルに対する外国通貨の予期せぬ変動を相殺する通貨契約の締

結や証券の購入を意味する。近年では為替リスクの一部または全部をヘッジすることで、投資家が追加の為替取引を行う必要がないポートフォリオを提供する企業も増えてきている。

しかし、外国通貨の減価をヘッジすることが常に正しい戦略であるとは限らない。ヘッジのコストは、外国通貨の金利と米ドルの金利の差に依存し、当該国通貨が下落すると予想される場合（典型的には、インフレ水準の高騰のため）には、ヘッジコストがかなり高くつく可能性がある。

例えば、過去100年間で英国ポンドが4.80ドルから1.60ドル程度まで下落したが、この下落をヘッジするためのコストは英ポンドの下落を上回った。したがって、英国株の米ドル建てリターンについては、英ポンドの下落をヘッジしなかった投資家のほうがヘッジした投資家よりも高くなったのである。

長期的な視野を持つ投資家にとって、海外の株式市場で為替リスクをヘッジすることは重要ではないかもしれない。長期的には、為替レートの変動は主に購買力平価と呼ばれる国家間のインフレ率の差によって決定される。株式は実物資産に対する債権であるため、その長期的なリターンはインフレ率の変動を補償し、海外でのインフレ率の上昇による為替レートの下落から投資家を守ってきた。

しかし、短期間であれば、投資家は為替リスクをヘッジすることで、ドルリスクを軽減することができる。ある国の経済状況が悪いと、株式市場も通貨価値も下落することがよく起こるが、投資家はヘッジすることで後者を回避することができる。さらに、輸出や景気を刺激するために中央銀行が通貨価値を下げる政策をとった場合、ヘッジした投資家は為替の損失を被ることなく景気刺激策を享受できる。例えば、日本の安倍晋三首相が景気刺激策として円安を唱えた2012年後半、為替をヘッジして日本株のポジションを取った投資家は、円安をヘッジしなかった投資家を大きく上回る利益を手に入れた。

実際、為替ヘッジは、途上国市場の米ドル建て投資家にとって、リターンの増大とボラティリティの低減に役立ってきた。1988年12月から2021年12月までの33年間でMSCI EAFEのリターンは年率5.0%だった。しかし、米ドルに対してヘッジした場合のリターンは5.4%に上昇し、年間リター

表 4-2　世界における各セクターの占有割合（2021 年）

セクター	S&P 500 2013	S&P 500 2021	欧州 2013	欧州 2021	日本 2013	日本 2021	EAFE 2013	EAFE 2021	新興国 2013	新興国 2021	世界 2013	世界 2021
一般消費財・サービス	11.8%	12.5%	9.6%	11.4%	21.4%	19.4%	11.4%	12.5%	8.2%	13.5%	11.4%	12.4%
生活必需品	10.6%	5.9%	14.6%	w	6.6%	6.6%	11.9%	10.3%	9.3%	5.9%	10.6%	6.8%
エネルギー	10.6%	2.7%	9.7%	4.6%	1.2%	0.7%	7.1%	3.4%	11.6%	5.6%	10.1%	3.4%
金融	16.7%	10.7%	21.4%	15.8%	20.7%	9.1%	25.2%	16.9%	27.9%	19.4%	21.2%	13.9%
ヘルスケア	12.6%	13.3%	12.8%	14.7%	6.3%	9.6%	10.4%	12.8%	1.3%	4.2%	10.2%	11.7%
資本財・サービス	10.1%	7.8%	11.4%	15.4%	18.9%	22.4%	12.5%	16.2%	6.4%	5.1%	10.5%	9.6%
素材	3.3%	2.6%	8.4%	7.9%	6.0%	4.8%	8.3%	7.6%	9.7%	8.6%	6.1%	4.7%
不動産		2.8%		1.2%		3.3%		2.8%		2.0%		2.7%
IT	18.0%	29.2%	2.8%	8.5%	10.9%	15.8%	4.4%	9.7%	14.6%	22.7%	12.2%	23.6%
通信サービス	2.8%	10.2%	5.3%	3.5%	4.9%	7.6%	5.1%	4.5%	7.6%	10.7%	4.3%	8.6%
公益事業	3.2%	2.5%	4.0%	4.2%	3.0%	0.8%	3.7%	3.4%	3.5%	2.4%	3.3%	2.7%

2021 年 12 月 31 日時点

ンの標準偏差は 16.7％から 14.7％に低下した[13]。

世界市場でのセクターアロケーション

　産業セクターの重要性を地域別、国別に詳しく見ていこう。5つの地域（米国、EAFE、欧州、日本、新興国）の世界産業分類の10セクターを、2013年と2021年の各産業セクターのそれぞれのウエイトで**表4-2**に示した。この表は、過去8年間に生じた産業の大幅な変化を示している。

　表4-2に見られるのは、米国におけるIT企業の台頭と優位性である。これは、アルファベット（旧グーグル）とメタ（旧フェイスブック）が2018年にITセクターから通信サービスセクターへ移行したにもかかわらず具現化している。テスラやアマゾン・ドット・コムなど、一般消費財セクターの米国企業のなかには、売上のほとんどがIT関連である企業も少なくない。これらを総合すると、2021年末の米国株の価値の50％以上がIT関連株であり、ヘルスケアに属するバイオテクノロジーを含めると、その割合はさらに高くなる。

　ITセクターの株式評価において、米国の優位性に追随する地域はない。

13）ウィズダムツリー・インベストメンツ社から提供された証拠による。

表 4-3　米国企業と非米国企業の時価総額ランキング（2013 年 12 月末）

順位	米国企業	セクター	時価総額(10億ドル)	順位	外国企業	国	セクター	時価総額(10億ドル)
1	アップル	IT	415	1	ペトロチャイナ	中国	エネルギー	243
2	エクソンモービル	エネルギー	407	2	中国工商銀行	中国	金融	237
3	マイクロソフト	IT	298	3	ネスレ	スイス	生活必需品	218
4	グーグル	IT	291	4	ロシュ	スイス	ヘルスケア	213
5	バークシャー・ハザウェイ	金融	284	5	ロイヤル・ダッチ・シェル	オランダ	エネルギー	211
6	ゼネラル・エレクトリック	資本財	247	6	HSBC ホールディングス	英国	金融	205
7	ジョンソン・エンド・ジョンソン	ヘルスケア	239	7	チャイナモバイル	香港	通信	204
8	シェブロン	エネルギー	236	8	中国建設銀行	中国	金融	196
9	IBM	IT	229	9	ノバルティス	スイス	ヘルスケア	194
10	プロクター・アンド・ギャンブル	生活必需品	213	10	トヨタ自動車	日本	一般消費財	194
11	JPモルガン・チェース	金融	205	11	サムスン	韓国	IT	188
12	ファイザー	ヘルスケア	200	12	BHPビリトン	オーストラリア	素材	160
13	ウェルズ・ファーゴ	金融	218	13	アンハイザー・ブッシュ	ベルギー	生活必需品	152
14	AT&T	通信	191	14	ボーダフォン	英国	通信	145
15	コカ・コーラ	生活必需品	184	15	中国農業銀行	中国	金融	143
16	シティグループ	金融	157	16	サノフィ	フランス	ヘルスケア	142
17	フィリップモリス	生活必需品	151	17	BP	英国	エネルギー	136
18	メルク	ヘルスケア	146	18	中国銀行	中国	金融	129
19	ベライゾン・コミュニケーションズ	通信	144	19	グラクソ・スミスクライン	英国	ヘルスケア	127
20	バンク・オブ・アメリカ	金融	144	20	トタルエナジーズ	フランス	エネルギー	119

　これが、米国の株式価値が世界の他の地域の株式価値を上回っている主な理由である。これら世界規模のIT巨大企業は、売上高、利益ともに他のセクターの多くの企業よりも急速に成長している。通信サービスセクターも大きく伸びているが、これは主にアルファベット、メタ、ディズニー、コムキャストなどの巨大企業がこのセクターにシフトした結果である。
　一方で、エネルギーと金融のセクターの過去10年間の落ち込みに注目してほしい。世界的にみるとエネルギーセクターは8年前の3分の1しかない。金融セクターは、2013年には次に大きいセクター（生活必需品）の2倍の規模があったが、大幅に縮小している。もっとも、非グローバル企業のなか

表4-4 米国企業と非米国企業の時価総額ランキング（2021年12月末）

順位	米国企業	セクター	時価総額(10億ドル)
1	アップル	IT	2,935
2	マイクロソフト	IT	2,527
3	アルファベット	通信	1,931
4	アマゾン・ドット・コム	一般消費財	1,689
5	テスラ	一般消費財	1,046
6	メタ	通信	948
7	エヌビディア	IT	735
8	バークシャー・ハザウェイ	金融	677
9	ユナイテッドヘルスグループ	ヘルスケア	473
10	JPモルガン・チェース	金融	473
11	VISA	IT	461
12	ジョンソン・エンド・ジョンソン	ヘルスケア	450
13	ホーム・デポ	一般消費財	438
14	ウォルマート	生活必需品	405
15	プロクター・アンド・ギャンブル	生活必需品	397
16	バンク・オブ・アメリカ	金融	374
17	マスターカード	IT	355
18	ファイザー	ヘルスケア	331
19	ディズニー	通信	281
20	ブロードコム	IT	273

順位	外国企業	国	セクター	時価総額(10億ドル)
1	サウジアラムコ	サウジアラビア	エネルギー	1,907
2	TSMC	台湾	IT	576
3	テンセント・ホールディングス	中国	通信	562
4	サムスン電子	韓国	IT	442
5	LVMHモエヘネシー	フランス	一般消費財	417
6	貴州茅台酒	中国	生活必需品	404
7	ネスレ	スイス	生活必需品	393
8	ロシュホールディング	スイス	ヘルスケア	364
9	ASMLホールディング	オランダ	IT	332
10	アリババグループホールディング	中国	一般消費財	330
11	トヨタ自動車	日本	一般消費財	298
12	ロレアル	フランス	生活必需品	264
13	ノボノルディスク	デンマーク	ヘルスケア	259
14	中国工商銀行	中国	金融	244
15	CATL	中国	資本財	214
16	ノバルティス	スイス	ヘルスケア	214
17	リライアンス・インダストリーズ	インド	エネルギー	201
18	中国招商銀行	中国	金融	193
19	タタ・コンサルタンシー・サービス	インド	IT	186
20	エルメス・インターナショナル	フランス	一般消費財	184

では依然として大きな存在感を示している。

　表4-3と**表4-4**は、2013年と2021年の米国内外の時価総額上位20社の本社所在地を示したものである。2021年の米国では、上位7社（アップル、マイクロソフト、アルファベット、アマゾン・ドット・コム、テスラ、メタ、エヌビディア）はIT関連売上が大きく寄与している。2013年には上位7社のうち4社はIT関連ではなかった。エクソンモービルが2位、ゼネラル・エレクトリックが4位、ジョンソン・エンド・ジョンソンが5位、シェブロ

ンが6位だった。

2021年末に時価総額1兆ドルを突破した米国企業が5社あったのに対し、米国以外は1社だけだった。サウジアラビアの国営石油会社であるサウジアラムコが2019年に上場したとき、その時価総額は圧倒的に世界最大であった。だが2021年末には、アップルとマイクロソフトの両社に追い抜かれている。2021年、米国では上位20社のうち11社がITや通信サービスの企業であるが、その他の地域では5社だけである。

しかし、そうしたダイナミックな成長の対価は決して安くはない。米国企業の2022年の予想収益7兆円に基づく予想PERはほぼ50倍で、アップル、マイクロソフト、グーグルは平均30倍とやや控えめだが、アマゾン・ドット・コムは69倍、テスラは90倍である。一方、サウジアラムコは18倍で取引されており、配当利回りは4％近い。これらトップクラスのIT企業の多くは、現在の特権的な高みから転落する可能性が高い。

結論

2021年に地政学的緊張が高まっているにもかかわらず、筆者は国際化の波がなくなったとは思っていない。世界の経済と市場が統合されていく流れは、この新しいミレニアムの時代にも確実に続いていくだろう。どの国もすべての市場を支配することはできず、世界のどこからでも産業界のリーダーは誕生するはずだ。経済のグローバル化は、経営力、製品ライン、マーケティングが、本社所在地よりもはるかに重要な成功要因になることを意味する。

米国株だけにこだわるのは、投資家にとってリスクの高い戦略である。例えば、AからLで始まる銘柄だけに投資することを勧めるアドバイザーなどどこにもいない。しかし、米国株は世界の株式市場の半分にすぎないため、米国株だけに固執することは、まさにこの投資のような賭けになってしまう。世界各地に分散したポートフォリオを持つ投資家だけが、最も低いリスクで最高のリターンを得ることができるだろう。

第2部

株式リターンの測定とバリュエーション

第5章 株価指数
市場の代理人

> 数字が世界を支配する、という。
>
> ヨハン・ヴォルフガング・ゲーテ、1830年

市場平均

「今日の相場はどうだい？」

ある株式投資家が尋ねる。

「いい感じだね。500ドル※以上、上がっているから」

ここで「何が500ドル上がったって？」と聞き返す者など、市場にはいなかった。世界で最も有名な株価指数である米国の「ダウ工業株平均」のことを指していると、誰もがわかっていたからだ。「ダウ」の通称で呼ばれるこの株価指数は、いまや「株式市場」の代名詞として使われるほど有名になった。たとえこの指数が市場全体の動きを表すには不完全で、運用成績のベンチマークとして使うファンドマネジャーが実際にはいないとしても、多くの投資家が株式市場とダウを同一視してきた。

しかし、今日ではより包括的な指数（インデックス）が数多く存在する。スタンダード・アンド・プアーズ社が1957年3月から公表を始めたS&P500は、いまでは米国の大型株指数としては他を寄せつけないベンチマークとなった[1]。ナスダックは自動化された電子取引市場で、テクノロジー株の取引所として

※〔訳注〕原文は「points」だが、ダウ平均の単位は「ドル」。
1) この指数は、S&Pグローバル社が過半数を所有するジョイントベンチャー、S&Pダウ・ジョーンズ・インデックス社によって管理されている。

1971年に開設された。ナスダック指数は、「FAANG」銘柄、すなわちフェイスブック（現メタ）、アマゾン・ドット・コム、アップル、ネットフリックス、グーグル（現アルファベット）のような大型テクノロジー企業のパフォーマンスを測定している。ナスダックのパフォーマンスは、ダウやS&P500とともに米国株価の三大指標としてよく引き合いに出される。

「工業株」という言葉は旧態依然とした製造業を思い起こさせるが、ダウ銘柄はその時代を主導する企業の代表となっている。1999年、ダウ工業株30種は初めてナスダック市場の2銘柄（マイクロソフトとインテル）を組み込み、テクノロジー時代に突入した。その後、アップルもリストに加わり、2020年には、ほとんどの米国人が名前を知らなかった企業、セールスフォース・ドットコムが初めて指数に加わった。本章では、ダウ平均、S&P500、ナスダックという3つのまったく異なる株価指数に注目し、それぞれの指数が株式市場の動向をどのように反映しているかをみていこう。

ダウ平均

ダウ平均は、『ウォールストリート・ジャーナル』を発行するダウ・ジョーンズ社の創立者チャールズ・ダウによって、19世紀後半に考案された。1885年2月16日、彼は市場での売買高が多く、時価総額が大きな12銘柄（鉄道株10銘柄と工業株2銘柄）の日々の平均株価を発表し始めた。4年後、構成銘柄は鉄道株18銘柄と工業株2銘柄の合計20銘柄に増えた。

1896年5月26日、製造業が鉄道を凌駕して重要な産業になってきたのを受け、**表5-1**にある12銘柄をもってダウ工業株平均が構成された。1889年から続いてきた株価指数のほうは、1896年10月26日に再構成され、名称が鉄道株平均に変わった。その後、ダウ工業株平均の構成銘柄は1916年に20銘柄へ、1928年には現在と同じ30銘柄へと増えた。一方、鉄道平均は1970年に名称が運輸株平均に変わったが、その構成銘柄数は1世紀以上変わらず20のままである。

初期のダウ工業株平均は、構成銘柄が綿花、砂糖、タバコ、鉛、皮革、ゴムなどの商品関連銘柄に集中していた。12社のうち6社は、構成銘柄に組み込まれた当時とほぼ同様の業容を保っているが、このエリートインデッ

表 5-1　ダウ平均の構成銘柄

1896	1916	1928	1965	2021
アメリカン・コットン・オイル	アメリカン・ビート・シュガー	アライド・ケミカル	アライド・ケミカル	3M
アメリカン・シュガー	アメリカン・カン	アメリカン・カン	アルミニウム・カンパニー・オブ・アメリカ	アメリカン・エキスプレス
アメリカン・タバコ	アメリカン・カー・アンド・ファウンドリー	アメリカン・スメルティング	アメリカン・カン	アムジェン
シカゴ・ガス	アメリカン・ロコモティブ	アメリカン・シュガー	AT&T	アップル
ディスティリング・アンド・キャトル・フィーティング	アメリカン・スメルティング	アメリカン・タバコ	アメリカン・タバコ	ボーイング
ゼネラル・エレクトリック	アメリカン・シュガー	アトランティック・リファイニング	アナコンダ・コッパー	キャタピラー
ラクリード・ガス	アメリカン・テル・アンド・テル	ベツレヘム・スチール	ベツレヘム・スチール	シェブロン
ナショナル・リード	アナコンダ・コッパー	クライスラー	クライスラー	シスコシステムズ
ノース・アメリカン	ボールドウィン・ロコモティブ	ゼネラル・エレクトリック	デュポン	コカ・コーラ
テネシー・コール・アンド・アイアン	セントラル・レザー	ゼネラルモーターズ	イーストマン・コダック	ダウ
US レザー	ゼネラル・エレクトリック	ゼネラル・レイルウェイ・シグナル	ゼネラル・エレクトリック	ゴールドマン・サックス
US ラバー	グッドリッチ	グッドリッチ	ゼネラル・フーヅ	ホーム・デポ
	リパブリック・アイアン・アンド・スチール	インターナショナル・ハーベスター	ゼネラルモーターズ	ハネウェル・インターナショナル
	スチュードベーカー	インターナショナル・ニッケル	グッドイヤー	IBM
	テキサス	マック・トラックス	インターナショナル・ハーベスター	インテル
	US ラバー	ナッシュ・モーターズ	インターナショナル・ニッケル	ジョンソン・エンド・ジョンソン
	US スチール	ノース・アメリカン	インターナショナル・ペーパー	JPモルガン
	ユタ・コッパー	パラマウント・パブリックス	ジョンズ・マンヴィル	マクドナルド
	ウェスチングハウス	ポスタム	オーエンス・イリノイ・グラス	メルク
	ウェスタン・ユニオン	ラジオ・コーポレーション	プロクター・アンド・ギャンブル	マイクロソフト
		シアーズ・ローバック	シアーズ・ローバック	ナイキ
		スタンダード石油ニュージャージー	スタンダード石油カリフォルニア	プロクター・アンド・ギャンブル
		テキサス・コーポレーション	スタンダード石油ニュージャージー	セールスフォース・ドットコム
		テキサス・ガルフ・サルファー	スウィフト	トラベラーズ
		ユニオン・カーバイド	テキサコ	ユナイテッドヘルス・グループ
		US スチール	ユニオン・カーバイド	ベライゾン・コミュニケーションズ
		ビクター・トーキングマシーン	ユナイテッド・エアクラフト	VISA
		ウェスチングハウス・エレクトリック	USスチール	ウォルグリーン・ブーツ・アライアンス
		ウールワース	ウェスチングハウス・エレクトリック	ウォルマート
		ライト・エアロノーティカル	ウールワース	ウォルト・ディズニー

クスの一員であり続けた企業は存在しない[2]。

当初の12銘柄の大半は構成銘柄から除外されたにもかかわらず、その後、大企業へと成長を遂げ、成功を収めた（本章補足参照）。唯一の例外は、1950年代に清算されたUSレザーで、同社の株主は1株当たり1ドル50セントの現金と、その関連会社ケタ・オイル・アンド・ガスの1株を受け取った。しかし、1955年にケタ社社長のロウェル・ビレルが会社の資金を横領してブラジルに逃亡するという事件が起こった。全米第7位の企業規模を誇ったUSレザー株も最終的に1909年には紙くずとなった。

ダウ平均の算出方法

創設当初のダウ平均は、構成銘柄の株価合計を単純に銘柄数で割ったものだった。しかし、構成銘柄の入れ替えや株式分割があった場合に株価が急変するのを避けるため、必要に応じて除数が調整されてきた。

ダウ平均は構成銘柄の株価合計を銘柄数で割った株価加重平均指数で、この点が特徴である。コンピューターが普及する前は、これが株式市場のパフォーマンスを計算する最も速い方法だった。このため、時価総額の大小にかかわらず、株価が低い銘柄よりも株価が高い銘柄のインパクトが大きい。例えば、2022年2月時点では、ユナイテッドヘルス・グループの株価は1株460ドルで指数の9％を占め、最安値銘柄のインテルのウエイトは1％未満だった[3]。この加重平均の構造は近年、より深刻な欠陥となりつつあるが、それはテスラやアマゾン・ドット・コムのような高価格銘柄の価格が他より顕著に高いため、除外しなければならないからである※。2022年2月、グーグルが20対1の株式分割を発表したとき、市場ではグーグルの狙いは自社の株式がダウに組み入れられることではないかとの憶測が流れた。ダウ平均の価格問題の解決策の1つは、株価に依存しない均等加重指数に切り替えることだろう。

---

[2] 2018年に122年ぶりに外されたゼネラル・エレクトリックが最後の退場者だった。シカゴ・ガスはピープルズ・エナジーに社名変更し、1997年5月までダウ公益株平均の構成銘柄だった。

[3] 株価加重平均は、構成銘柄が分割されると、分割された銘柄の平均への影響が小さくなり、他の銘柄の影響が少し大きくなるという性質を持っている。1914年以前は、株式が分割されても除数を変えずに、分割比率を株価に乗じて指数を算出していた。そのため、上昇銘柄の平均値への影響が大きくなり、現在の時価総額加重平均指数の形になった。

※〔訳注〕アマゾン・ドット・コムは2024年2月にダウ平均構成銘柄となった。

しかし、ダウ平均の奇妙な構成方法にもかかわらず、過去50年間（1971〜2021年）のリターンは年率11.26％で、S&P500の年率11.14％、ハイテク株の多いナスダックの10.85％を上回っている！ダウ平均の堅苦しいイメージや、構成銘柄の時価総額が米国の全銘柄の4分の1にも満たないという事実にもかかわらず、ダウ委員会は長年にわたって構成銘柄を賢く選んできており、この指数を超える利益を上げたファンドマネジャーはほとんどいない。

ダウ平均の長期トレンド

図5-1は、ダウ平均が創設された1885年から現在までの、月間の高値と安値を示している（物価調整後）。左上の小さなグラフは、物価調整前の指数の動きである。

グラフには、統計上の回帰線として、値動きの傾向を示すトレンドラインと、上下のチャンネルを示す2本の線を引いた。チャンネルを示す2本の線は、トレンドラインに対して上下1標準偏差、つまり上下それぞれ約50％のレンジにある。トレンドラインの傾きは年率1.94％で、1885年以降のダウ平均の平均上昇率（複利ベース、インフレ調整後）を表す。ダウ平均

図5-1　実質および名目のダウ平均（1885年2月〜2021年10月）

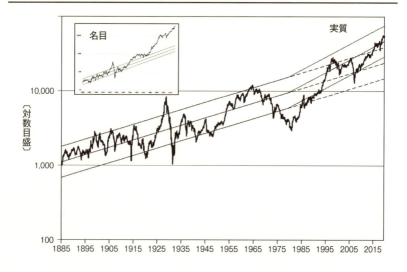

はその他の株価指数と同様に配当を考慮していないため、上昇率は構成銘柄のトータルリターンを大きく下回っている。**図5-1**に示した期間の平均配当利回りは約4.3％で、ダウ構成銘柄の配当利回りは全銘柄平均を上回り、配当を加味したダウ構成銘柄の実質リターンは少なくとも年率6.2％となる。

インフレ調整後のダウ平均は、図中の期間の約4分の3をチャンネルラインのレンジ内で推移した。1929年、1960年代の半ばと2000年にレンジの上限を超えたが、その後の短期リターンは低下している。同様に、いったんレンジの下限を割り込んでも、その後短期リターンは上昇している。

本当に以前と違うのはいつなのか？

過去の値動きを使って未来を予測することは、どんなに魅力的でも誤解を招く可能性がある。「今回は違う！」と言う人がいると、笑ってしまうことも多い。だが、それが正しいこともある。

長年のトレンドが崩れる時には、合理的な経済的理由があるものだ。**図5-1**の左上の図に示されているように、物価調整をしていないダウ平均は1950年半ばからレンジの上限を超えて推移している。これは、管理通貨制への移行により発生したインフレによって、名目の株価がインフレ発生前のトレンドよりも上方に引き上げられたからだ。名目の株価にとらわれて実質の株価分析を怠った投資家は、1955年に株式を売却した後、市場に戻るタイミングを逸してしまったかもしれない[4]。

ダウ平均が実質ベースでもレンジの上限を再度超えた経済的理由がもう1つある。前述のとおり、株価指数はキャピタルゲインだけを反映し、配当を含むトータルリターンより低くなる。しかし、企業は、次第に利益から配当として支払う割合を減らし、その分を自社株の買い戻しや設備投資に充てるようになっている。したがって、近年では、株式投資のリターンの大部分は、配当収入ではなくキャピタルゲインによってもたらされている。株式の平均配当利回りは1980年以降1.5パーセントポイント低下しているので、**図5-1**では傾きが1.5パーセントポイント高い新しいレンジを描いて、キャピタルゲインの期待成長率の上昇を表している。2021年末、

[4) インフレのために長年のベンチマークが破られた関連状況については、第10章「不吉な前兆の再来」を参照。

ダウ平均は新しいレンジの中間点をわずかに上回っている。

時価総額加重平均指数

スタンダード・アンド・プアーズ(S&P)指数

　1885年に創設されたダウ平均は、構成銘柄が30しかないこともあり、包括的な株価の動向を示す指数とは言いがたい。そのため、1906年創業のスタンダード・スタティスティクス社は、各銘柄の市場価値を反映させるために、ダウ・ジョーンズ社のような株価の平均ではなく、初の時価総額加重平均指数の算出を1918年に開始した。時価総額加重平均は、市場全体の株価動向を最も的確に示すベンチマークとして、現在も世界中の株式市場で使われている[5]。1939年にはコウルズ経済研究所の創設者であるアルフレッド・コウルズが、この時価総額加重平均法でニューヨーク証券取引所の全上場銘柄の値動きを1871年までさかのぼって、指数を計算した。

　S&P株価指数としての算出が始まったのは1923年で、1926年にはS&P総合株価指数となり、構成銘柄が90社となった。その後、1957年3月4日に500銘柄に拡大し、S&P500と呼ばれるようになった。当時の500銘柄の時価総額は、ニューヨーク証券取引所の全上場銘柄の90％に相当した。構成銘柄は工業株425銘柄、鉄道株25銘柄、公益株50銘柄で、この産業ごとの内訳は1988年まで変わらなかった。1988年以前は、産業ごとの企業数はこのように制限されていたが、それ以降は選択される企業に産業ごとの制限はない。

　S&P500の算出では、1941～1943年の同指数の平均値である10を基準値とした。これは、1957年から指数の発表を始めるにあたり、同年の平均株価45～50ドルに指数の水準を合わせるためである。S&P500が1ポイント上昇すると平均株価も同じくらい上昇したため、当時の投資家には理解しやすかったのである。

　S&P500は、時価総額の大きさだけで（米国に本社を置く）500社を選ん

---

5) 2004年、スタンダード・アンド・プアーズ社は、インサイダーや他の企業、政府が保有する株式を除外する「浮動株調整型」の株式加重を導入した。これにより、ウォートン家が多くの株式を保有するウォルマートのような大企業はS&P500のウエイトが減少した。

でいるわけではない。この指数に組み入れられるためには、厳しい基準がある[6]。また、S&P500の構成銘柄は継続的に更新されるわけではないので、かなり小規模で企業価値が下がってしまっているのに、まだ外されていない企業も含まれている。2021年末現在、S&P500の構成銘柄の時価総額合計は約42兆ドルで、これはすべての米国株の時価総額合計の約90％を占める。この割合は、半世紀以上前に指数が初めて算出されたときと大差はない。S&P500の歴史と、この世界的に有名な指数の銘柄分析から得られる洞察については次章で述べる。

ナスダック指数

1971年2月8日、株式取引に革新的な技術が登場した。全米証券業協会（NASD）がナスダック（NASDAQ）と呼ばれる自動気配表示システムを導入し、店頭取引銘柄のうち代表的な2400銘柄の最新の買値と売値が、システムを通じて提供されるようになったのだ。それ以前は、非上場企業の株取引で価格を提示できたのは、自己勘定のトレーダーか株式の在庫を持つ証券会社だけだった。ナスダックによって、全国に散らばる500ものマーケットメーカーの取引をコンピューターシステムで一括管理することが初めて可能になった。

ニューヨーク証券取引所やアメリカン証券取引所では、証券取引は特定の専門家〔値付け業者〕に任されていた。ナスダックは価格の提示方法を変え、投資家とトレーダーの双方にとって株式取引の魅力を高めたのである。

ナスダックが創設された当初は、ニューヨーク証券取引所のような証券取引所に上場されている銘柄のほうが、格式が高いと考えられていた。ナスダックで取引される銘柄はたいてい小規模な企業か、株式を公開して間もない新興企業で、主要な取引所の上場基準を満たしていなかったからである。とはいえ、多くの新興ハイテク企業は、コンピューターで一元管理されたナスダックのほうが自分たちにとって好ましい市場であると判断した。ナスダックは上場コストが低く、会員資格要件もそれほど厳しくなかっ

---

[6] 2021年の組み入れ基準は以下。①時価総額131億ドル以上で、②流動性要件を満たし、③直近および過去4四半期連続で報告ベース（GAAP）利益がプラス、④拠点は米国。2017年以降、複数議決権種類株式を発行している企業は除外されている。

たのである[7]。そのため、インテルやマイクロソフトのように、ニューヨーク証券取引所の上場基準を満たすようになっても、ナスダックから離れようとしない企業が増えてきた。

ナスダック指数は、ナスダックの全取引銘柄を対象とした時価総額加重平均指数で、1971年の取引開始日を100として始まった。指数は10年で200に上昇し、20年後の1991年には500に達し、1995年7月には重要な節目となる1000の大台に突入した。ハイテク関連株への関心が高まるにつれて上昇に拍車がかかり、1000台に乗せてからわずか3年で2000に上昇した。1999年秋、ハイテク株ブームは指数を上昇軌道に乗せ、1999年10月の2700から2000年3月10日には5048.62のピークまで押し上げた。

ナスダック銘柄の人気が高まるにつれ、売買高も急速に増加していった。1971年にはナスダックの売買高はニューヨーク証券取引所の足元にも及ばなかったが、1994年には売買株数でニューヨーク証券取引所を抜き、その5年後には売買代金でも追い抜いた[8]。

ナスダックはもはや中小企業がニューヨーク証券取引所への上場基準を満たすまでの仮寓ではなくなった。1998年には時価総額で東京証券取引所を抜き、相場がピークをつけた2000年3月には6兆ドル近くに膨れ上がった。その規模はニューヨーク証券取引所の半分を超え、米国以外のどの証券取引所よりも大きくなっていた。このピーク時には、マイクロソフトとシスコシステムズは時価総額で世界1位と2位を占め、インテルとオラクルも10位以内に入っていた。

ITバブルがはじけると、ナスダックの売買高は急速に減少し、株価も急落した。2000年3月に5000を超えていたナスダック指数は、2002年10月には1150まで下落し、3000まで戻したのは2012年末だった。日々の売買高も、株価が最高値をつけた頃は平均25億株程度あったが、2007年時点では20億株程度まで減少した。しかし、近年のハイテク株の好調により、ナスダックは2021年末には1万6000を超える最高値を記録した。

---

7) しかし、2021年、ナスダックは新規上場企業の取締役会に対して、議論を呼ぶ多様性要件を追加した。
8) ナスダックの取引システムでは、ディーラーがオークションのように仲介するのではなく、株式を購入するため、売買高が二重計上されることもある。Anne M. Anderson and Edward A. Dyl, "Trading Volume : Anne M. Anderson and Edward A. Dyl, "Trading Volume: NASDAQ and the NYSE," *Financial Analysts Journal* 63, no.3（May/June 2007）, 79.

とはいえ、ニューヨーク証券取引所に上場する株式のほとんどが現在ではネットで電子的に取引されているので、個々の取引所の存在意義は急速に低下し、フロアトレーディング（立会取引）の重要性は急激に低下している。2008年、ニューヨーク証券取引所はアメリカン証券取引所を買収し、2012年末にはインターコンチネンタル取引所（ICE）がニューヨーク証券取引所を買収した。世界最大かつ最重要の上場企業の株式を取引するために1903年に建設されたニューヨーク証券取引所のフロアから実況することは、報道記者にとって胸が高鳴ることだったかもしれないが、この列柱で囲まれた建物も間もなく明かりが消えるかもしれない。

その他の株価指数：シカゴ大学証券価格研究センター（CRSP）

1959年、シカゴ大学経営大学院のジェームズ・ロリエ教授は、証券会社のメリルリンチ・ピアス・フェンネル・アンド・スミス社から、ある要請を受けた。同社は、普通株投資の成否を調べたかったが、信頼できる過去のデータを見つけられなかったという。ロリエ教授は同僚のローレンス・フィッシャーとチームを組み、この要請に応えるべく証券データベースの構築に取りかかった。

コンピューターの技術は、まだ発展途上の段階だった。そうしたなかでロリエとフィッシャーは、証券価格研究センター（CRSP）を設立し、1926年からの株価情報を検索できる機械読取式のデータベースを整備し、やがて学者や実務家からも高い信頼を得ることになった。このデータベースは現在、ニューヨーク証券取引所、アメリカン証券取引所、ナスダックで取引されている全銘柄のデータを対象としている。2021年末時点で、同データベースが対象とする4317銘柄の時価総額は50兆ドルを超えている。

図5-2 は同指数〔CRSPトータルリターン指数〕構成銘柄の時価総額の分布を示している。上位500銘柄は、S&P500とほとんど同じで、この500銘柄の時価総額は全体の84.8％を占めている。上位1000銘柄はラッセル・インベストメント・グループが算出するラッセル1000と実質的に同じで、時価総額は全体の94％。1001〜3000位の2000銘柄はラッセル2000と同等で、時価総額は全体の6.3％。このラッセル1000とラッセル2000の構成銘柄を合わせたのがラッセル3000で、時価総額では米国株式全体の99.9％を占め

図 5-2 CRSP トータルリターン指数（2021 年 12 月 31 日時点）

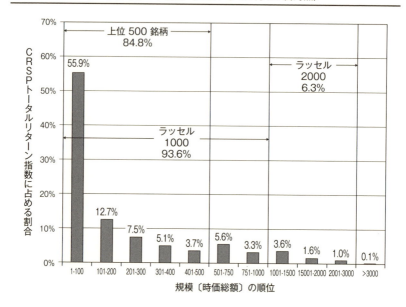

る。この3000社以外にも1317社残っているが、これらの企業の時価総額を合計しても、取引されている株式全体の0.1％にすぎない[9]。

株価指数のリターンの偏り

　S&P500のような株価指数では、新しい銘柄の組み入れと古い銘柄の除外が頻繁に起こるため、指数から算出されるリターンは市場全体の平均リターンよりも高くなると信じている投資家もいる。

　実際にはそのようなことはない。S&P500は、業績が好調に推移している企業を構成銘柄から外すことはないが、急成長を遂げる小型株・中型株をなかなか取り込むことができない。例えば、マイクロソフトは株式公開から8年後の1994年7月までS&P500には取り込まれなかった。テスラに至っては、指数に採用されたのは2020年10月の5000億ドル超の時価総額になってからであり、そのときすでに構成銘柄中第5位の規模になっていた。一方、

---

[9] CRSP指数と密接な関係にあるのが、1974年に創設されたダウ・ジョーンズ社のウィルシャー5000である。

小型株指数は、やがて急成長を遂げる銘柄の「揺り籠」の役割を果たすと同時に、大型株指数から降格し下落の一途をたどる「堕天使」銘柄も含むことになる。

投資家が指数を複製するか、パフォーマンスを合わせることができるなら、株価指数は偏ったものではない。投資家が新規銘柄を購入し除外銘柄を売却して、指数を複製するためには、事前に入れ替えの情報が公表されなければならない。とりわけ上場企業が破産寸前になった場合には、事前発表が重要となる――破産後の株価（おそらくゼロ）は指数に織り込まれなくてはならないからである。その意味では、S&P500、ダウ平均、ナスダック指数など主要な指数はすべて投資家によって複製可能である。したがって、時価総額をベースに構成された指数に偏りがあるとは統計的には証明できない。

株式市場は勝者なのに、なぜ平均的な株式は敗者なのか？

前述したように、米国の株式データベースには3000以上の銘柄があり、研究者が市場に勝つ要因を見つけるために分析している。平均的な投資家は、そのなかからランダムに1つか2つの銘柄を選べば、インフレ調整後で年率7％近い平均リターンを実現できると考えている。

これは実証的にも理論的にも間違っている。単純な例で十分理解できるだろう。各期間において、ある銘柄が10％上昇する確率と10％下落する確率が等しく、何千もの銘柄から選ぶことができるとする。単純化のために、2期先の投資計画を立てているとしよう。実は、この実験で、もっと長い期間への投資も正当化される。

4分の1の確率で、あなたは100から110、そして121へと2連勝するような銘柄を選ぶことになる。2分の1の確率で、勝ち負けが99で終わる（100→110→99または100→90→99の経路）銘柄を選ぶことになる。そして4分の1の確率で、2連敗する銘柄を選び、81で終わるだろう。つまり、相場が当初と同じになったとしても、4分の3の確率で負ける銘柄を選ぶことになるのである。各銘柄がプラスの期待リターンであっても、結果は変わらない。この単純な例では、あなたは4分の3の確率で市場を下回ること

になる。すべての銘柄を買うことによってのみ、市場の収益率を実現することができるのである。

　実際、研究者たちは、この理論が株式市場に当てはまることを発見している。アリゾナ州立大学のヘンドリック・ベッセンビンダーは、「株式は短期国債を上回るか？」[10]と題する論文を発表した。彼は、CRSPのデータベースに掲載された普通株式のうち、1926年以降株式を持ち続けた場合のリターンがプラスになったのは市場の半分強ほどであり、短期国債を上回ったのは4銘柄中1銘柄にすぎないことを発見した。彼は下記のように結論付けている。

　単一銘柄戦略で、90年リターンでプラスを出せた銘柄は半数をやや上回る（50.8％）が、90年リターンの中央値は9.5％であった。これに対し、短期国債を持ち続けた場合のリターンは1928％であった。90年間の累積リターンが1カ月物短期国債を上回ったのは、単一銘柄戦略の27.5％のみであった。つまり、長期（ここではCRSPと短期国債のリターンが入手可能な90年間と定義）では、個別銘柄の約4分の1しか国債のリターンを上回っていないことを示している。さらに、単一銘柄戦略のうち、時価総額加重平均の市場を上回る累積リターンを達成したのは、わずか4.0％であった。[11]

　ベッセンビンダーはこれを株式リターンの「歪度」のせいだとしているが、株価が幾何学的ブラウン運動と呼ばれる完全に対称的な変化率に従うならば、そしてそのほうが株価の動きの説明としては一般的ではあるが、負け組が圧倒的に多いことは予想される。確かに個々の株式リターンには歪度や「ファットテール」があるかもしれないが、それは平均的な株式が市場を下回る必要条件ではない。

　この研究はJPモルガンの調査でも再度実施されている。1980年から2020年までのラッセル3000の全銘柄を調べたところ、中央値銘柄のリター

---

10) Hendrik Bessembinder, "Do Stock Outperform Treasury Bills?," *Journal of Financial Economics* (May 28, 2018), SSRN: https://ssrn.com/abstract=2900447 または http://dx.doi.org/10.2139/ssrn.2900447
11) Hendrik Bessembinder, "Do Stocks Outperform T-bills?" August 2017, 21.

ンはほとんどの期間ゼロからマイナス10％の間であり、これには再投資された配当金も含まれていた[12]。

これらの研究から得られる示唆は簡潔である。広範な分散投資こそが、株式が歴史的に投資家に提供してきた優れたリターンに近似する唯一の保証された方法である。限定的な銘柄でのポートフォリオは大きな勝者になれるかもしれないが、通常は敗者となる。

補足：1896年創設当初のダウ平均構成12社のその後

現在のダウ平均には、最初の構成銘柄12社も、その後継企業も含まれていない。122年間組み込まれていたゼネラル・エレクトリックが2018年に構成銘柄から外れ、最後の脱退者となった。1銘柄（ゼネラル・エレクトリック）だけ当時の企業名を維持し、5銘柄（アメリカン・コットン、アメリカン・タバコ、シカゴ・ガス、ナショナル・リード、ノース・アメリカン）は指数に組み込まれた当時と同じ産業分野で規模を拡大した。1社（テネシー・コール・アンド・アイアン）は鉄鋼大手のUSスチールに吸収合併され、2社（アメリカン・シュガーとUSラバー）は1980年代に上場廃止となった。驚くべきことに、業種を変えたのは1社（ディスティリング・アンド・キャトル・フィーディング——酒造業から石油化学業へと転じたが、エタノールの製造は続けている）だけで、清算したのも1社（USレザー）だけだ。創設当初の構成銘柄12社の状況は以下のとおりである（時価総額は2021年12月時点）。

アメリカン・コットン・オイル

1923年にベスト・フーズ、1958年にコーン・プロダクツ・リファイニング、1969年にCPCインターナショナルに社名を変え、58カ国に拠点を持つ大手食品会社に成長した。1997年にはコーン精油部門をコーン・プロダクツ・インターナショナルとして分離し、CPCは社名をベスト・フーズに変えた。ベスト・フーズは2000年10月、オランダを拠点とするユニリーバに203億ドルで買収された。2021年時点での時価総額は約1000億ドルで、

---

12) J.P. Morgan, "The Agony and the Ecstasy," *Eye on the Markets, Special Edition*, March 2021.

創設当初のダウ構成12銘柄のなかで最も高い評価を受けている。

アメリカン・シュガー

1970年にアムスターに社名を変え、1984年に上場を廃止した。1991年9月に、砂糖製品の世界的ブランド「ドミノ」を反映させるために社名をドミノ・フーズに変更した。

アメリカン・タバコ

1969年にアメリカン・ブランズ(AMB)に社名を変え、1997年にはフォーチュン・ブランズ(FO)となった。酒類、事務用品、ゴルフ用品、日曜大工用品などの消費財を手がける持ち株会社である。アメリカン・ブランズは1994年に、ポールモールやラッキーストライクなどのブランドを擁する子会社アメリカン・タバコを、かつての子会社であり現在も上場企業であるBATインダストリーズに売却した。フォーチュン・ブランズは2011年に社名をビーム・インク(BEAM)に変更し、蒸留酒の販売会社として営業している。2014年、ビーム社は、日本の蒸留酒および消費財メーカーのサントリーに買収された。

シカゴ・ガス

1897年にピープルズ・ガス・ライト・アンド・コークに社名を変更し、1980年には公益事業を手がける持ち株会社ピープルズ・エナジー(PGL)となった。PGLはWPSリソーシズによって買収され、2006年に社名をインテグリーズ・エナジー・グループ(TEG)に変更した。2015年、同社はWECエナジー・グループに買収された。PGLは1997年5月までダウ公益株平均の構成銘柄だった。

ディスティリング・アンド・キャトル・フィーディング

長く複雑な歴史を持つ会社である。まず、社名がアメリカン・スピリッツ・マニュファクチャリングに変わり、その後、ディスティラーズ・セキュリティーズへと変わった。禁酒法施行の2ヵ月後に業種変更に伴い社名をUSフード・プロダクツへと変え、さらに、ナショナル・ディスティラーズ・

アンド・ケミカルとなった。石油化学とプロパンガス製造の大手企業に成長し、1989年には社名をクォンタム・ケミカルに変更した。しかし、直後に経営が破綻し、アングロ・サクソン系の複合企業ハンソンPLCに34億ドルで買収された。1996年10月には子会社化され、社名をミレニアム・ケミカルズ（MCH）に変えた。2004年11月、ミレニアム・ケミカルズはライオンデル・ケミカル（LYO）に買収された。2007年、ライオンデルはオランダ企業に買収され、社名をライオンデル・バッセル・インダストリーズ（LYB）に変更した。

ゼネラル・エレクトリック（GE）

設立は1892年。ゼネラル・エレクトリック（GE）は、2018年6月に除外されるまで122年間、ダウ平均の構成銘柄であった。GEは製造、放送、金融の巨大コングロマリットで、1990年代から2000年代初頭にかけて、何カ月にもわたって米国株のなかで最大の時価総額を誇っていた。その価値は、2001年に伝説的なジャック・ウェルチの後を継いだジェフリー・イメルトの下で約70％下落し、イメルトは2017年に解任された。

ラクリード・ガス（LG）

ラクリード・ガスは社名をラクリード・グループに変更し、セントルイスを中心に天然ガスの販売を手がける。2017年、社名をスパイア・インクに変更した。

ナショナル・リード（NL）

1971年にNLインダストリーズへと社名を変更した。同社は、セキュリティー関連製品、精密ボールベアリング、二酸化チタン、特殊化学製品を製造している。1916年にダウ平均から外れたが、現在も操業中。

ノース・アメリカン

1956年にユニオン・エレクトリック（UEP）に社名を変え、ミズーリ州とイリノイ州で配電事業を手がける。1998年1月にセントラル・イリノイ・パブリック・サービス（Cipsco）と合併し、アメレン（AEE）となる。

テネシー・コール・アンド・アイアン

　1907年にUSスチールに買収され、1991年5月にUSX-USスチール・グループ（X）となる。2002年1月、社名をUSスチールに戻した。USスチールは1991年に指数から外された。

US レザー

　20世紀前半には世界最大規模の靴メーカーだったが、1952年1月に会社を清算し、株主に1株当たり1ドル50セントと、のちに紙くずになった石油ガス関連会社の株式1株を支払った。

US ラバー

　1961年にユニロイヤルとなり、1985年に上場を廃止。1990年にはミシュラングループに買収された。

第6章 S&P500
半世紀以上にわたる米国企業の歴史

> 過去20年の間、米国株のアクティブ・ファンドマネジャーのほぼ94％が、それぞれのS&Pベンチマークを下回った。
>
> S&Pグローバル、2021年半ば時点の分析

> 〔株式〕市場とは、忍耐なき者から忍耐強き者へ、お金を移転する装置である。
>
> ウォーレン・バフェット

　ダウ、ナスダック、S&P500という3つの指数のうち、米国大型株のパフォーマンスを測定する基準となるのは1つだけだ。そのS&P500は、後の章で述べるように、アクティブ運用をしているファンドマネジャーのごく一部しかアウトパフォームできない基準となった。

　S&P500は1957年2月28日に誕生した。母体となったのは、1926年から公表され始めたS&P総合指数で、これは大型株90銘柄で構成される時価総額加重平均指数だった。もっとも、大型株90銘柄に、当時の時価総額世界一のAT&Tは含まれていなかった。巨大な一企業の株価が指数を支配することを、スタンダード・アンド・プアーズ社が望まなかったからである。この点を修正し、さらに戦後に新たに登場した成長企業を取り込むために、同社は、ニューヨーク証券取引所で取引されていた工業株、鉄道株、公益株のうち上位500社の銘柄で構成する指数を創設したのである。

　1957年当時、S&P500の構成銘柄の時価総額は、ニューヨーク証券取引所の全上場銘柄のほぼ90％を占めていた。この指数は急速に米国大型株に

投資する機関投資家やファンドマネジャーの運用成績を比較するための標準的なベンチマークになった。当初のS&P500は工業株425銘柄、鉄道株25銘柄、公益株50銘柄から構成されていたが、スタンダード・アンド・プアーズ社が掲げる「主要な産業における主要500社」という基準を維持するために、この方針は1988年に変更された。

創設当初からスタンダード・アンド・プアーズ社は、時価総額、利益、流動性といった基準を維持するために、新しい銘柄を組み入れるとともに同数の銘柄を取り除くことによって、継続的に構成銘柄を更新してきた[1]。1957年からこれまでの間にS&P500に追加された銘柄数は約1360で、1年に20銘柄程度が更新されてきたことになる。こうした新規銘柄が指数全体の時価総額に占める割合は平均5%程度である。

最も多くの企業が追加されたのは1976年で、この年に銀行15行と保険会社10社を含む60銘柄が指数に加わった。この年まで、金融関連銘柄は消費者金融会社だけだった。銀行と保険会社の株式は店頭取引（OTC）で売買されており、ナスダック市場が1971年に開設されるまでタイムリーな価格が入手できなかったためである。ITバブルがピークを迎えた2000年には新たに49社が組み込まれたが、これは、ナスダック銘柄が追加されるようになった1976年以降、最も多い追加銘柄数となった。ITバブル崩壊直後の2003年には、追加銘柄数は過去最低と同数の8社だった。

S&P500のセクターの変遷

半世紀にわたる米国経済の発展を振り返ると、時代ごとに牽引役となる業種の顔ぶれが驚くほど変化してきたことがわかる。20世紀半ばには鉄鋼、化学、自動車、石油といったセクターが米国経済を主導していた。今日では、ヘルスケア、IT、金融、そのほかの消費サービス会社が産業界で幅をきかせている。

アクティブな投資家は、ポートフォリオを構築するに際してセクター分析を重視する傾向が強まっている。現在最も一般的な産業分類方法は、1999年にスタンダード・アンド・プアーズ社とモルガン・スタンレーが共

---

[1] 指数の採用基準やその他の情報は、スタンダード・アンド・プアーズ社のウェブサイトで確認できる。

同で作成した「世界産業分類基準(GICS)」である。GICSは、米国政府が策定した「標準産業分類(SIC)」が近年のサービス業を中心とした経済に適さなくなったために、生み出されたものである[2]。

GICSは、経済全体を次の10のセクターに分類している。素材(化学、製紙、金属・鉱業)、資本財・サービス(資本財、防衛、運輸、商業・環境サービス)、エネルギー(探査、生産、マーケティング、石油・ガス精製、石炭)、公益事業(電力、ガス、水道、原子力発電、送電会社)、コミュニケーションサービス(固定、携帯電話、無線、ブロードバンド)、一般消費財・サービス(耐久消費財、自動車、アパレル、ホテル、レストラン、メディア、小売)、生活必需品(食品、タバコ、パーソナル用品、小売、ハイパーマーケット)、ヘルスケア(機器メーカー、ヘルスケア・プロバイダー、製薬、バイオテクノロジー)、金融(商業銀行、投資銀行、モーゲージ、証券、保険)、IT(ソフトウェアサービス、インターネット、ホームエンターテイメント、データ処理、コンピューター、半導体)。2016年には、不動産セクターが金融セクターから分離され、11番目のセクターとなった。

図6-1は、1957～2021年の間に、S&P500の時価総額に占める各セクターの割合がどのように推移してきたかを示している。変化はかなり激しいものだった。素材セクターは、1957年には26.6%の市場シェアを持ち、他のセクターを大きく引き離していたが、2021年末には(公益事業と並んで)最小のセクターになった。素材とエネルギーの両セクターは、1957年には時価総額全体の半分程度を占めていたが、2021年ではこの2セクターを合わせても5.3%にしかならない。一方、金融、ヘルスケア、ITの各セクターは、1957年当時には3つ合わせても全体の6%を占めるだけの存在だったが、2021年までにS&P500銘柄の時価総額の半分以上を占めるようになる。

S&P500に占める各セクターのシェアとリターンとの間には正の相関があるが、その相関関係は強くない。**表6-1**は、各セクターの期初のシェアと期末のシェア、およびS&P500に対する各セクターのリターンの差、すなわち「超過」リターンを示している。

確かに、飛躍的に成長したITとヘルスケアは好調で、最も縮小した素材

---

[2] 1997年、SICコードはカナダ、メキシコの企業を含むように拡大され、改訂されたリストの名称は北米産業分類制度(NAICS)に変更された。

図 6-1 S&P500 のセクター構成比率（1957 〜 2021 年）

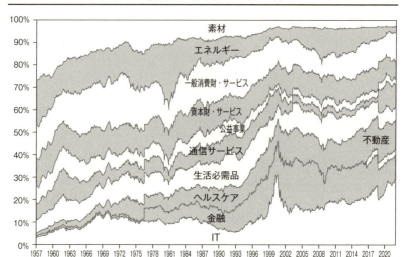

表 6-1 S&P500 のセクター別の構成比率とリターン

セクター	1957 構成比率	2021 構成比率	構成比率の 変化	超過 リターン
IT	3.1%	29.2%	26.1	1.5%
ヘルスケア	1.2%	13.3%	12.1	2.6%
金融*	5.9%	10.7%	4.8	− 1.5%
通信	7.6%	10.2%	2.6	− 1.2%
生活必需品	5.9%	5.9%	0.0	1.8%
一般消費財・サービス	14.9%	12.5%	− 2.3	0.7%
資本財・サービス	12.2%	7.8%	− 4.4	− 0.7%
公益事業	7.7%	2.5%	− 5.2	− 0.9%
エネルギー	20.0%	2.7%	− 17.3	− 0.8%
素材	26.6%	2.6%	− 24.1	− 2.2%

* 金融セクターは 1976 年 7 月に S&P500 に追加された。構成比率は 1% 未満から 6% へ。
超過リターンは 1976 年 12 月 31 日から。

は最も不振だった。しかし、金融、通信サービス、そして特にエネルギーを見てほしい。エネルギーは 85% 以上も縮小したにもかかわらず、リターンでは S&P500 に 1 ポイント未満しか引き離されていない。急成長した金融と通信サービスは、「消えつつある」エネルギーのリターンに遅れをとった

のだ！

あるセクターの市場シェアの上昇や下落が、投資家へのリターンの良し悪しと必ずしも相関しないのは、そのセクターの市場における構成比率の変化が、個別企業の価値の変化ではなく、企業の数の変化を反映することが多いからである。さらに、リターンは株式の購入価格に左右される。本書では、長期投資家にとっては一般的に成長よりもバリュエーション（つまり、利益水準に対して割安に株式を購入すること）が重要であることを繰り返し説明する。これが、石油への投資が驚くほど好調な理由である。

石油セクターの強さは、**表6-2**に示した驚くべき事実によって浮き彫りになっている。**表6-2**は、スタンダード・アンド・プアーズ社が1957年に発表した最初のリストに掲載された、時価総額上位20社（ベストパフォーマーではない）のリターンをランキングしたものである。際立っているのは、リストに掲載された9つの石油会社すべてがトップ10に入り、1社を除くすべての石油会社のリターンが、その後64年間にわたってS&P500を上回っていることである[3]。

リターンは、指数ができたときに株式を購入し、すべての配当金を再投資する仮定で計算されている。また、スピンオフ（事業の独立）がなされた場合も、配当金を再投資して保有したと仮定している。倒産した4社のうち3社のトータルリターンがプラスだったのはこの処置のためである。ゼネラルモーターズはレイセオンを、イーストマン・コダックはイーストマン・ケミカルを、シアーズはオールステートとモルガン・スタンレーをスピンオフした。こうした事業の独立は成功を収め、シアーズの株価がゼロになったにもかかわらず、シアーズのトータルリターンはS&P500にそれほど遅れをとらなかったのだ。惜しむらくは、スピンオフのなかったベツレヘム・スチールのリターンがゼロだったことだ。

---

3) 1957年以降、石油業界では多くの統合が行われた。ガルフ石油、スタンダード石油カリフォルニア、テキサコは現在すべてシェブロンの傘下に入っている。ソコニー・モービルとスタンダード石油ニュージャージーはエクソンモービルの一部となっている。ロイヤル・ダッチとシェルは合併し、2008年にS&P500が外国企業をすべて排除したため、現在ではS&P500の構成銘柄から外れている。フィリップスは現在コノコフィリップスの一部であり、スタンダード石油インディアナはブリティッシュ石油に合併されたため、指数には含まれていない。

表 6-2　S&P500 創設当時〔1957 年〕の時価総額上位 20 社のリターン

リターン順位	1957 年当時の社名	リターン （1957 ～ 2022 年）	時価総額順位 （1957 年時点）
1	ガルフ石油	11.90%	6
2	ソコニー・モービル石油	11.66%	13
3	スタンダード石油カリフォルニア	11.52%	10
4	ロイヤル・ダッチ石油	11.46%	12
5	スタンダード石油ニュージャージー	11.24%	2
6	シェル石油	11.10%	14
7	テキサコ	11.01%	8
8	フィリップス石油	10.95%	20
9	スタンダード石油インディアナ	10.32%	16
10	ユニオンカーバイド	10.30%	7
11	ＩＢＭ	10.18%	11
12	シアーズ	9.96%	15
13	ＡＴ＆Ｔ	9.50%	1
14	ゼネラル・エレクトリック	8.19%	5
15	デュポン	7.75%	4
16	イーストマン・コダック	7.49%	19
17	アルコア	6.14%	17
18	ゼネラルモーターズ	5.05%	3
19	ＵＳスチール	4.99%	9
20	ベツレヘム・スチール	− 100.00%	18
	上位 10 社平均	11.22%	
	上位 20 社平均	10.33%	
	S&P500	10.85%	

S&P500 創設時銘柄のパフォーマンス

　専門家だけでなく、多くの投資家は、S&P500の長期にわたる優れたパフォーマンスは、指数に新規企業が継続的に流入しているからだと考えているようだ。しかし、それは必ずしも真実ではない。ジェレミー・シュワルツと私は2006年に、「S&P500創設時銘柄の長期リターン」という論文を発表した。そのなかで、仮に1957年3月のS&P500創設時に指数を構成していた500社を購入し、2006年末まで保有していたとしたら、その投資家は実際のS&P500を年率1パーセントポイント近くアウトパフォームしてい

たことを実証した[4]。

　なぜこのようなことが起こったのか？　米国の経済成長に拍車をかけ、米国を世界一の経済大国にした新規企業が、なぜ古参企業をアンダーパフォームするのだろうか？　答えは2つある。まず、当初に指数に組み入れられた企業の多くが、長期的な勝者となった有力企業に買収されたことである。次に、多くの新規企業の利益と売上高は古参企業よりも急速に成長したが、投資家がこれらの銘柄を購入した価格は、優れたリターンを生み出すには高すぎることが多かったのだ。実際、1957年から2006年までの期間において、当初組み入れられた企業をアウトパフォームした追加企業は、一般消費財・サービスだけであった。

　創設時に指数に組み入れられた企業は、2010年代半ばまでS&P500をアウトパフォームし続けたが、グーグル、アップル、アマゾン・ドット・コム、マイクロソフトなど新たに加わったテクノロジー企業が空前の快進撃を始めたときに終焉を迎えた。これらのハイテク大手の優れたパフォーマンスは今後も続くのだろうか？　その問いに答える前に、S&P500の創設以来、どの銘柄が最もパフォーマンスが良かったのかを分析することが重要である。

トップパフォーマー企業

　S&P500創設時の構成銘柄のうち、現在もそのままで存続している企業のなかで、過去50年間のリターンが高かった上位20社を**表6-3**に示している。これらの企業の年間リターンはすべて、S&P500の年間リターン10.78％を上回っている。

　他を大きく引き離して1位となったのはフィリップモリスで、同社は2003年に社名をアルトリア・グループに変更し、2008年に国際部門（フィリップモリス・インターナショナル）をスピンオフしている[5]。フィリップモリスはS&P500が創設される2年前に、のちに世界的に有名なキャラクターとなる「マールボロ・マン」を発表した。「マールボロ」ブランドのタバコは

---

[4] Jeremy J. Siegel and Jeremy D. Schwartz, "Long-Term Returns on the Original S&P 500 Companies," *Financial Analysts Journal* 62, no.1 (2006), 11-12, http://www.jstor.org/stable/4480755.
[5] トレーダーが親しみを込めてフィリップモリスを呼ぶ際のティッカーシンボル「MO」（ビッグ・モー）は、そのまま使用された。

表 6-3　最初の S&P500 構成銘柄のリターン上位企業

ティッカー	当初の社名	現在の企業名	リターン(1957年3月〜2021年12月)
MO	フィリップモリス	アルトリア・グループ	18.02%
ABT	アボット	アボット・ラボラトリーズ	15.76%
SPGI	マグロウヒル	S&P グローバル	14.72%
PEP	ペプシコーラ	ペプシコ	14.03%
BMY	ブリストール・マイヤーズ	ブリストル・マイヤーズ・スクイブ	13.77%
KO	コカ・コーラ	コカ・コーラ	13.75%
DE	ディア・アンド・カンパニー	ディア・アンド・カンパニー	13.74%
CL	コルゲート・パルモリブ	コルゲート・パルモリブ	13.61%
HSY	ハーシー	ハーシー	13.60%
PFE	ファイザー	ファイザー	13.52%
CR	クレーン	クレーン	13.47%
KR	クローガー	クローガー	13.40%
MRK	メルク	メルク	13.36%
CVS	メルビル・シュー	CVS ヘルス	13.27%
PG	プロクター・アンド・ギャンブル	プロクター・アンド・ギャンブル	13.00%
ETN	イートン・マニュファクチャリング	イートン・コーポレーション	12.99%
ITT	インターナショナル・テレフォン&テレグラフ	ITT	12.76%
GIS	ゼネラル・ミルズ	ゼネラル・ミルズ	12.59%
MSI	モトローラ	モトローラ・ソリューションズ	12.57%
CCK	クラウン・コーク&シール	クラウン・ホールディングス	12.44%
ADM	アーチャー・ダニエルズ・ミッドランド	アーチャー・ダニエルズ・ミッドランド	12.11%
BA	ボーイング・エアプレーン	ボーイング	12.05%
KMB	キンバリークラーク	キンバリークラーク	11.63%
PPG	ピッツバーグ・プレートグラス	PPG インダストリーズ	11.37%
TT	インガソール・ランド	トレイン・テクノロジーズ	11.31%

　世界的なベストセラーとなり、フィリップモリスの株価を押し上げた。

　過去約65年間のフィリップモリスの平均年間リターンは18.02％で、S&P500の10.78％のほぼ2倍である。これは、1957年3月1日にフィリップモリス株に投資した1000ドルが、2021年末には4500万ドル以上に増加し、S&P500の75万ドルの約600倍となることを意味する。

フィリップモリスの恩恵は、同社の株に投資した人だけにもたらされたわけではない。というのも、同社はのちに、最初のS&P500構成銘柄のうちゼネラルフーヅ、デルモンテ、スタンダード・ブランズ、ナショナル・デイリー、ナビスコといった他社10社を傘下に収めたからである。これら10社の株式は、フィリップモリスの株式と交換されることになったため、元株主たちの多くは多大な利益を手にすることができた。期せずして勝ち馬に乗ることができたわけである。フィリップモリスの優れたリターンの源泉については、第11章で詳述する。

生き残ったトップパフォーマー

表6-3からわかるように、最も成功したS&P500創設時銘柄の多くは、社名、ブランド、業種を維持していた。例外は2つある。マグロウヒル・パブリッシングはS&Pグローバルに転換し、書籍事業をスピンオフした。そして、最も意外な高業績企業は、1892年創業のメルビル・シュー・コーポレーションである。

シューズメーカーは、過去100年にわたって最悪の投資先の1つであった。ウォーレン・バフェットでさえ、1991年にデクスター・シューを購入したことを嘆いている。メルビル・シューは幸運にも、1969年にコンシューマー・バリュー・ストアーズというパーソナル・ヘルスケア専門の小規模小売店を数店舗買収した。このチェーンは瞬く間に同社で最も収益性の高い部門となり、1996年にメルビルは社名をCVSに変更した。その結果、経営不振に陥っていたシューズメーカーが、小さな小売薬局チェーンの買収という思いがけない幸運（かつ経営陣の先見の明）によって、米国最大かつ最も成功した小売薬局チェーンに変貌したのである。

市場の「トップドッグ」はどうなったか？

1926年にCRSP（シカゴ大学証券価格調査センター）が個別株の記録をとりだして以降、11社が時価総額トップ、つまり「トップドッグ」の地位を占めている。**表6-4**には、この11社が何カ月間トップドッグになったか、最

表 6-4 時価総額トップ銘柄の月次頻度（1926～2021年）

順位	企業名	頻度	時価総額のトップを続けた最長期間(月)	最初のトップ	最後のトップ
1	ＡＴ＆Ｔ	456	251	1926.12	1994.10
2	IBM（インターナショナル・ビジネス・マシーンズ）	236	89	1967.7	1991.2
3	ゼネラル・エレクトリック	117	46	1993.9	2005.12
4	スタンダード石油ニュージャージー〔エクソンモービル〕	116	68	1957.1	2013.7
5	アップル	103	63	2011.9	2021.12
6	ゼネラルモーターズ	69	24	1927.7	1958.11
7	マイクロソフト	40	17	1998.9	2021.10
8	デュポン・ド・ヌムール	1	1	1955.6	1955.6
9	フィリップモリス	1	1	1992.3	1992.3
10	ウォルマート・ストアーズ	1	1	1992.11	1992.11
11	アマゾン・ドット・コム	1	1	2019.1	2019.1

初と最後にトップドッグになったのはいつであったか、最長何カ月連続でトップドッグであり続けたかが示されている。11社はすべて、S&P500でも「トップドッグ」であった。

AT&Tは、規制産業であった民間通信事業者で、1984年に解体されるまで米国隋一の電話会社だった。同社は、1929年から1950年までの21年間に、456カ月も時価総額首位に君臨し、そのうち251カ月は連続で首位となった。次に出現頻度が多いのはIBMで、ゼネラル・エレクトリック、エクソンモービルがその後に続いている。これらの企業がAT&Tを抜いて首位に立ったのは、S&P500が創設されるわずか2カ月前である。

5番目にトップドッグ出現頻度が多いのはアップルで、2011年9月に首位に立って以来2021年末時点でも上位を維持している。2011年以降、エクソンモービルとマイクロソフトが首位を獲得したため、アップルは何度も首位から転落している。40カ月間首位だったマイクロソフトは第7位だった。1カ月だけ首位に立ったことがあるのはデュポン、フィリップモリス、ウォルマート、そして2019年1月に1カ月だけアップルを鼻の先だけ追い抜いたアマゾン・ドット・コムの4社である。

表6-5 時価総額トップ銘柄のその後のリターン

時価総額トップ最初の到達月	企業名	1年後 株式	1年後 市場	10年後 株式	10年後 市場	20年後 株式	20年後 市場	30年後 株式	30年後 市場	2021年末まで 株式	2021年末まで 市場	月次期間
1926.12	AT&T	25.6%	32.6%	10.6%	6.0%	8.0%	5.7%	7.7%	9.2%	7.7%	10.1%	947
1967.7	IBM(インターナショナル・ビジネス・マシーンズ)	34.5%	8.5%	4.8%	3.6%	9.2%	10.7%	8.2%	11.9%	7.3%	10.6%	653
1993.9	ゼネラル・エレクトリック	3.4%	2.4%	16.4%	9.6%	8.6%	8.9%			4.2%	10.8%	339
1957.1	スタンダード石油ニュージャージー(エクソンモービル)	-8.2%	-2.3%	5.4%	10.8%	8.4%	7.8%	12.4%	10.7%	10.5%	10.8%	779
2011.9	アップル	75.6%	29.9%	28.3%	16.9%					30.4%	17.4%	123
1927.7	ゼネラルモーターズ	81.0%	23.6%	8.9%	4.2%	7.9%	4.9%	13.5%	8.8%	---	9.2%	983
1998.9	マイクロソフト	64.6%	27.7%	1.4%	3.9%	9.7%	8.0%			13.6%	9.3%	279
1955.6	デュポン・ド・ヌムール	-5.0%	16.0%	8.1%	11.0%	2.7%	7.7%	4.8%	9.7%	7.8%	10.3%	747
1992.3	フィリップモリス	-12.7%	15.6%	12.9%	12.6%	14.5%	8.7%			13.1%	10.9%	357
1992.11	ウォルマート・ストアーズ	-10.6%	11.0%	13.5%	9.6%	9.0%	8.3%			9.5%	10.8%	349
2019.1	アマゾン・ドット・コム	16.9%	20.1%							25.5%	23.3%	35
平均		24.1%	16.8%	11.0%	8.8%	8.7%	7.9%	9.3%	10.1%	13.0%	12.1%	508.3
平均(除くデュポン、フィリップモリス、アマゾン、ウォルマート)		39.5%	17.5%	10.8%	7.9%	8.6%	7.7%	10.4%	10.1%	12.3%	11.2%	586.1

　表6-5は、これらトップドッグが米国で最も価値ある企業の地位を獲得した後の1年、10年、20年、30年、および2021年末までのリターンを示している。

　平均を見るとわかるが、(1カ月しか時価総額首位に到達したことがない4社を含めても、除いても)トップドッグになることは、『スポーツ・イラストレイテッド』の表紙を飾ることと同じ呪いがかかるわけではないようだ！[6] 実際、時価総額首位に達した後の1年、10年、20年の平均リターンは、S&P500を上回っている。30年以上の期間では、これらのトップドッグの平均リターンはS&P500を忠実になぞっている。

　しかし、これらの平均値は個々のパフォーマンスに非常にばらつきがあることを隠している。フィリップモリスとエクソンモービルを除けば、事実上すべての老舗企業が長期的には大きく業績を落としている。AT&Tと

---

[6] スポーツファンではない人のために記すと、この雑誌の表紙を飾ると、その選手やチームはしばしば呪われて不振に陥ることになるといわれる。

ゼネラルモーターズは、1920年代から1950年代半ば、1957年1月にエクソンモービルがトップに立つまで、交互にナンバーワンの地位を占めていた。両社は、首位になったあと20年間、市場をアウトパフォームし続け、ゼネラルモーターズはその後30年間、市場をアウトパフォームした。やがて両社は衰退し、ゼネラルモーターズは最終的に倒産することになる。

エクソンモービルは、他の多くのトップドッグとはまったく異なるパフォーマンスを示し、トップになった後もほぼずっと市場をアウトパフォームし続けた。この石油会社は、頂点に達した後、数年間はS&P500をアンダーパフォームしたが、その後1980年代に急騰し、長期リターンはS&P500とほぼ同じになった。ゼネラル・エレクトリックの悲しい物語はよく知られている。1993年に頂点に達した後の10年間、同社のパフォーマンスは市場をはるかに上回っていた。現在の巨大IT企業、すなわち1998年に初めて首位に立ったマイクロソフト、2011年9月に初めて首位に立ったアップル、そして2019年1月の1カ月間だけアップルとマイクロソフトを上回って首位に立ったアマゾン・ドット・コムは、他の多くのトップドッグと同様に、その後は市場をはるかにアウトパフォームしている。

これらの巨大IT企業はまだ長いというほどの歴史を有してはいない。1967年にこのエリートグループに入ったIBMは、要注意の対象である。IBMは1年間市場を大きくアウトパフォームしたが、その後は失速しS&P500を大幅にアンダーパフォームしている。1992年3月に1カ月だけ時価総額で首位に立ったフィリップモリスのみが長期的な真の勝者である。

結論

S&P500の歴史に、20世紀半ば以降の米国産業界の変化を見ることができる。また、投資家に優れたリターンを提供できる企業についての洞察も得られる。S&P500の創設時構成銘柄のパフォーマンスが、何十年もの間、継続的に更新される指数を上回ってきたという事実は、多くの投資家を驚かせる。あるセクターの市場価値が長期にわたって上昇したからといって、投資家がそのセクターで優れたリターンを得ると保証されているわけではない。石油セクターの大幅な縮小にもかかわらず、1957年以来石油産業への

投資が指数に匹敵するパフォーマンスだったという事実は、その証左である。

また本章では、市場価値の頂点に達した企業の株価は、その地位に達したことが凶兆というわけではなく、その後、数十年とはいわないまでも、何年にもわたってアウトパフォームを続けることが多いことも示した。しかし、これらの勝者を長く持ち続けることはお勧めしない。多くの勝者はやがてその魅力を失い、市場のパフォーマンスを下回り始めるからだ。

これは、現在S&P500の上位を占める大型ハイテク株に対する警告だろうか？ おそらくそうだろう。長い目で見れば、ウォール街にある古諺のように、「天まで伸びる木はなく、永遠に上がり続ける相場もない」のである。

第7章 株主価値の源泉
利益と配当

> 投資家に富をもたらす配当が重要であることは明白だ。配当は、インフレ、成長、バリュエーションレベルの変化をそれぞれ上回るだけでなく、この3つの要素の複合的な重要性をも凌駕するのである。
>
> ロバート・アーノット、2003年[1]

東部時間の午後4時過ぎ、米国の主要な証券取引所が閉まった直後だ。ある大手金融ネットワークのキャスターが興奮気味にレポートしている。「テスラの決算が発表されました！ 市場予想を80セントも上回り、株価は時間外取引で5％も跳ね上がりました」。

決算内容は株価を左右し、その発表はウォール街で待ち望まれている。しかし、利益はどのようにして正確に計算され、企業はどのようにして利益を株式価値に変えるのだろうか？ 本章では、これらの疑問を取り上げる。

ディスカウントキャッシュフロー

資産価値の基本的な源泉は、その資産を所有することで得られる期待キャッシュフローに由来する。株式の場合、こうしたキャッシュフローは、当該企業の利益や資産売却から生じる配当、その他の現金の分配からもたらされる。株価は、これらの将来キャッシュフローの割引率(ディスカウントレート)にも左右される。将来キャッシュフローが割り引かれるのは、将来受け取る現金は現

---

[1] Robert Arnott, "Dividends and Three Dwarfs," *Financial Analysts Journal*, Vol.59, no.2 (March/April 2003), 4.

在受け取る現金ほど高く評価されないからである。割引率は2つの要素で構成される。①無リスク利子率、すなわち国債やAAA格の証券など安全な代替資産の利回りと、②期待キャッシュフローの実現に伴うリスクであり、株式投資家は無リスク利子率に対するプレミアムを要求する。株式の場合、この合計の割引率は株主要求リターンまたは資本コストとも呼ばれる。

株主価値の源泉

　利益は、株主へ還元するキャッシュフローの源泉である。利益は、企業が得た収入と費用との差額である。費用には、すべての人件費、原材料費、負債にかかる利子、税金、有形・無形資産の減価償却費が含まれる。

　企業はさまざまな方法で、その利益を株主のためのキャッシュフローに変えることができる。歴史的に最も重要な最初の方法は、以下である。

・現金による配当の支払い

　配当支払いに回されなかった利益は内部留保と呼ばれる。内部留保は、次の方法を通して将来のキャッシュフローを増加させ、価値を生み出すことができる。

・有利子負債の返済。これにより支払利息が減少
・証券やその他資産への投資。これにより将来キャッシュフローが増加
・将来利益を増やすための設備投資
・重要なのが自社株式の購入。これは「自社株買い」として知られ、将来の1株当たり利益を増加させる

　最後の価値の源泉である自社株買いについては、少し詳しく説明する必要がある。自社株買いを行っている企業に株式を売却した株主は、その株式と引き換えに現金を受け取る。これは現金配当という選択肢とほぼ同じだ。しかし、売却しない株主は、利益がより少ない株式数で分配されるため、将来にわたり、より大きな1株当たり利益と1株当たり配当を受け取ること

になる。このような株主にとって、自社株買いはキャッシュフローを自動的に企業に再投資するようなものである。一方、将来のキャッシュフローの現在価値は変化しないので、自社株買いは理論的には現在の株価を変化させないことに留意すべきである[2]。しかし、時間の経過とともに自社株買いが1株当たり利益の成長率を高め、その結果、将来の株価が上昇し、株主が受け取るはずだった配当金に代わるキャピタルゲインを生み出すこともある。

近年、自社株買いに関する論争や反対論が盛んである[3]。こうした反対論の多くが根本的な誤解に基づいている。なかには、自社株買いは設備投資の代替であり、自社株買いが制限されれば企業の設備投資は増加すると考える者もいる。

この考えは間違っている。自社株買いは配当金支払いの直接的な代替策であり、これを選択する動機は主に現金配当に対する税務上の取り扱いによる。前述のとおり、現金配当の代わりに実施される自社株買いは、時間の経過とともに株価を上昇させる。しかし、こうした株価上昇による利益は、配当金とは対照的に、株主が株式を売却するまで課税されず、売却時にはより有利なキャピタルゲイン課税が適用される。（自動配当再投資プランのように）株式に即時に再投資される配当金に対する課税を、株式が売却されるまで繰り延べできるように税制を変更すれば、自社株買いに対する動機が大幅に低下し、現金配当が増加すると思われる。

近年、自社株買いが増加している第2の理由は、経営陣と従業員のストックオプションの増加である。オプションは通常、（配当は含まない）株価のみを基準としていることが多いため、低配当政策をとることが将来の株価を押し上げることになり、経営陣の利益となる。株価だけでなく配当も含めたトータルリターンをオプションの基準とするよう企業に促す（あるいは義務づける）規制の変更は、配当に対するこのようなバイアスを是正するのに役立つだろう。

自社株買いが設備投資を抑制することもない。皮肉なことに、第Ⅲ部で

---

[2] これは、配当金が支払われる場合に、分配された現金分だけ株価を引き下げる状況とは対照的である。
[3] William Lazonick, Mustafa Erdem Sakinc, and Matt Hopkins, "Why Stock Buybacks Are Dangerous for the Economy," *Harvard Business Review* (January 7, 2020).

説明するように、株式市場は企業が設備投資をしすぎていると考えている証拠がある。投資家は日常的に設備投資水準の高い企業にペナルティを科す。予想されるリターンが資本コストを上回る場合にのみ、企業は設備投資を実施すべきであると考えるからだ。したがって、自社株買いを制限しても、企業の設備投資を増加させる効果はほとんどなく、むしろ現金配当の増加や、より可能性が高いのは、魅力的なリターンを生み出す他の証券への投資を増加させるだけだろう。税制を変更することが、自社株買いの水準を引き下げる最も効率的な方法であろう。

利益と配当の歴史的トレンド

図7-1は1871年から2021年までの米国の実質株価指数、1株当たり実質報告（GAAP※）利益、1株当たり実質配当を記したものである。全期間を通じて、利益は株価の上昇を支えてきたが、株価は利益以上に上昇している。

図7-1　実質1株当たり報告利益、配当、価格

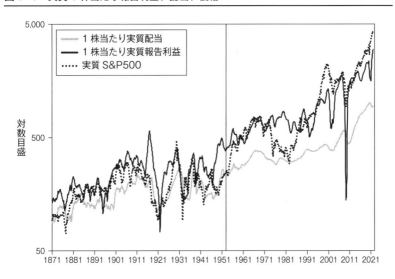

※〔訳注〕GAAPはGenerally Accepted Accounting Principlesの略で、一般会計原則を意味する。本章「利益の概念」参照。報告利益はGAAPに沿って計算される利益のこと。

これは市場の評価、すなわちPERの上昇を反映している。この評価上昇の理由については第10章で述べる。1株当たり実質配当は利益に遅れをとっているが、これは企業が自社株買いを増やし、1980年代と1990年代の配当の伸びを押し下げたためだ。しかし前述のとおり、その結果、その後の配当の伸び率は高まった。

ゴードン配当成長モデルによる株式バリュエーション

配当政策が株価にどのような影響を与えるかを示すには、1962年にロジャー・ゴードンが発案したゴードン配当成長モデルを理解することが有用である[4]。重要であるにもかかわらず、しばしば誤用される数式を理解するには、ちょっとした数学が必要である。

株価Pは、すべての将来キャッシュフロー(ここでは配当を想定)の割引現在価値である。この場合、将来の1株当たり配当〔d〕が一定の割合gで増加し、これらの将来配当の割引率をrとすると、1株当たりの株価Pは次のように示される。

$$P = d/(1+r) + d(1+g)/(1+r)^2 + d(1+g)^2/(1+r)^3 + \cdots$$

すなわち、$P = d/(r-g)$

株価は、1株当たり配当〔d〕を、割引率〔r〕から配当の期待成長率〔g〕を差し引いたもので割ったものになる。例えば、配当が1株当たり5ドル、割引率が10%、配当の期待成長率が年率5%の場合、株価は1株当たり100ドルとなる。

ゴードン・モデルの計算式は、1株当たり配当と1株当たり配当の期待成長率の関数であるため、配当政策が株式価値を決定するうえで極めて重要であるように見えるが、必ずしもそうではない。企業が内部留保の運用によって他の資産と同じリターンを得ることが期待される場合には、配当政策つまり利益の何%を配当するかは、株価や企業価値に影響を与えない[5]。

---

[4] Myron J. Gordon, *The Investment, Financing, and Valuation of the Corporation*, Homewood, IL: Irwin, 1962.
[5] キャピタルゲインと配当に差別的な税がないことも前提とする。この問題については第9章を参照。

今日支払われなかった配当金は、将来より高い配当を生み出す内部留保となり、後述するように、配当金の現在価値はいつ支払われようとも変わらないからである。

　経営陣はもちろん、配当の時期について影響を与えることができる。利益に対する配当の比率である配当性向が低ければ低いほど、現在の配当は少なくなる。しかし、現在の配当が低いほど内部留保が増えるため、将来の配当は上昇し、最終的には配当性向が引き下げられなかった場合の配当水準を上回ることになる。企業が株主資本と同じリターンを内部留保から得ていると仮定すると、これら将来の配当の現在価値は、どのような配当性向が選ばれても同じになるのである。

　この等価性は、ゴードン配当成長モデルを用いて示すことができる。株主が要求するリターン（割引率）rが10％、利益はすべて配当として支払われ、配当成長はなく（g = 0）、1株当たり配当dは10ドルであると仮定しよう。この場合、ゴードン・モデルによる株価は100ドルとなる。

　ここで、企業が配当性向を100％から90％に引き下げて1株当たり配当dを9ドルに減らし、内部留保を1ドル増やしたと仮定する。企業が内部留保に対して（他の資本と同じ）10％の利益を得た場合、来年の1株当たり利益は10.10ドルとなり、配当性向90％の場合の配当は9.09ドルとなる。この配当性向が維持されれば、1株当たり配当の成長率は1％となる。g = 0.01、d = 9ドルでゴードン成長モデルに当てはめると、株価は以前と同じ100ドルとなる。rが10％のままである限り、株価は1株当たり利益と1株当たり配当の成長と同じ年率1％で上昇し、株主へのトータルリターンは10％のままで、9％が配当利回りから、1％が株価上昇からもたらされる。企業は、配当性向をゼロから100％まで変化させることによって、配当とキャピタルゲインから得られるリターンの割合を自由に選択することができるが、株主へのリターンは10％のままである。

　内部留保を自社株買いに使った場合も、まったく同じ結果となる。先のケースでは、配当支払いに使われなかった1ドルは、年間1％の株式購入に使われることになる。株式数が1％減少すれば、1株当たりの配当金（および1株当たりの利益）は年間1％増加する。繰り返しになるが、自社株買い政策は配当政策と同様、企業価値を変えることはない。

表 7-1 株式市場の長期実質変数

	報告収益の EPS 成長率	実質配当 成長率	配当利回り	実質キャピ タルゲイン	実質株式 リターン	配当性向
1871-2021	2.05%	1.56%	4.29%	2.59%	7.1%	57.2%
1871-1945	0.67%	0.74%	5.31%	1.32%	6.8%	66.8%
1946-2021	3.43%	2.38%	3.28%	3.85%	7.4%	49.0%

　この理論は、配当と利益の過去の成長率、および配当性向との関係をまとめた**表7-1**の長期データによって裏付けられている。全期間を通じて、配当は株主リターンの最も重要な源泉である。1871年以降、株式の実質リターンは平均7.1％で、平均配当利回り約4.3％と実質キャピタルゲイン2.5％から構成されている[6]。キャピタルゲインは、主に過去150年間に年率2.05％で増加した1株当たり利益の成長から生み出されている。

　第二次世界大戦後、配当と利益の伸びには大きな変化があった。1株当たり利益の伸び率は上昇したが、配当性向と配当利回りは低下したのである。第二次世界大戦前は、企業は利益の3分の2を配当として支払っていた（19世紀にはさらに高い割合を占めていた）。内部留保は事業拡大の資金としては少なすぎたため、企業は必要な資金を得るために株式を発行し、結果として1株当たり利益の伸びが抑制された。しかし戦後、企業は配当を減らし、十分な利益を生み出したため、成長資金を調達するために新株を発行する必要性は低下した。このため、戦後は1株当たり利益と配当の伸びが著しくなったのである。

　歴史的統計もこの結果を裏づけている。第二次世界大戦前の平均配当性向は66.8％だったが、戦後は49％に低下した。これにより、配当利回りは5.31％から3.28％へと2ポイント以上低下した。配当利回りの低下は、1株当たり利益の伸びを0.67％から3.43％へと押し上げ、それに伴いキャピタルゲインの伸び率も2％ポイント以上、上昇させた。配当と利益の成長率の上昇の組み合わせによる配当利回りの低下は、古典的な金融理論と完全に一致している。第二次世界大戦後の株式のトータルリターンが戦前よりわ

6）配当利回りとキャピタルゲインの合計が株式の実質リターンの値より少ないのは、平均値を使っているためである。

ずかに高いという事実も、この金融理論と一致している。

注目すべきは、配当性向が引き下げられると、1株当たり配当の期待成長率は上昇するものの、引き下げ期間も含めた実現配当成長率は、何年もの間それまでの配当成長率を下回るということである。これは**表7-1**の過去のデータが示しているとおりであり、企業が配当支払いの代わりに自社株買いとその他の利益創出の手段をとることによって、1株当たり配当の成長率は1株当たり利益や株価の上昇に遅れをとってきたためだ。しかし、配当性向がこの水準で安定していれば、理論的には、配当の期待成長率は過去のトレンドに比べて高くなるだろう。

利益ではなく、将来の配当を割り引く

利益によって企業が支払う配当の水準は決まるが、株価は常に将来の配当全額の現在価値に等しいのであって、将来の利益の現在価値ではない。投資家に支払われなかった内部留保は、後日、配当やその他の現金支出として支払われる場合にのみ価値を持つ。将来の利益の現在価値として株式を評価することは明らかに誤りであり、企業価値を過大評価することになる。

20世紀初頭の最も偉大な投資アナリストの1人であり、古典的な『投資価値理論』の著者であるジョン・バー・ウィリアムズは、1938年にこの点について説得力のある主張をした。

> 株式評価に関する前述の公式に対して、ほとんどの人はすぐ、将来の配当ではなく、将来の利益の現在価値を使うべきだと反対するだろう。しかし、暗黙の批判的な前提の下では、利益と配当はどちらも同じ答えを示すのではないだろうか。批評家たちが示唆するように、配当で支払われなかった利益がすべて株主の利益のために複利で再投資されるのであれば、これらの利益は後に配当を生むはずであり、そうでなければ内部留保は消滅する。利益は目的のための手段にすぎず、手段を目的と取り違えてはならない。[7]

ウォーレン・バフェットが経営するバークシャー・ハザウェイのような

---

7) John Burr Williams, *The Theory of Investment Value*, Cambridge, MA: Harvard University Press, 1938, 30.

無配当企業を投資家はどのように評価すべきか、と問う人がいるかもしれない。バークシャー・ハザウェイは多額のキャッシュフローを生み出す。これらの資金は新規事業に投資されない場合、自社株買いに使われる。これらのキャッシュフローは、将来の配当金支払いに充てられる可能性もある。バークシャーの企業価値がこれらキャッシュフローが示唆する価値を下回った場合、投資家グループはいつでも株式を公開買い付けして経営権を取得し、配当金を支払うか、バークシャーを構成する個々の事業を売却することができる。現在、配当が支払われていなくても、株式価値を真の市場価値に保てているのは、会社の現在または将来の所有者が資産を売却する（または配当を支払う）可能性があるからだ[8]。

利益の概念

企業が利益を上げられないならば、配当を継続的に支払えないことは明らかだ。したがって、配当支払いのために企業が生み出すことのできる持続可能なキャッシュを投資家が測定することができる最良の尺度として、利益を定義することが重要だ。

利益とは、売上高と費用の差額である。しかし、入ってくる現金から出ていく現金を差し引くだけでは、利益を正しく計算できない。というのも、設備投資、減価償却、将来の受け渡し契約のように、何年にもわたって発生する費用や収入があるからだ。そのうえ、キャピタルゲインやキャピタルロス、大規模なリストラ費用のように、一度しか発生しないものや特別なものもある。そうした費用や収入は、継続的・持続的な企業価値を評価するうえでは重要とは言えない。こうした問題があるために、唯一の正しい利益というものは存在しない。

利益の報告方法

企業が利益を報告する主な方法は2つある。純利益（または報告利益）は、会計基準を確立するために1973年に設立された財務会計基準審議会（FASB）

---

[8] ウォーレン・バフェットは、バークシャー・ハザウェイが配当金を支払わない理由の1つに投資家の税金があると主張する。

が認定する利益の概念である。この基準は、「一般に公正妥当と認められた会計原則」（GAAP）と呼ばれ、企業の年次報告書や政府機関への提出書類で利益を計算する際に使われる[9]。

　もう一方の、より一般的な利益の概念として営業利益がある。営業利益は、リストラ費用（工場閉鎖や部門売却に伴う費用）、投資損益、在庫評価損、合併やスピンオフに伴う費用、「のれん」の減価償却費や減損損失など一時的な事象を除外したものであることが多い。しかし、営業利益はFASBによって定義された概念ではないため、何を含めて何を除外するか解釈する自由度が企業に与えられている。同じような費用が、ある会社では営業利益に含まれ、別の会社では省かれる場合もある。

　営業利益にはいくつかのバージョンがある。スタンダード・アンド・プアーズ社は非常に保守的な営業利益を算出している。これは、GAAPに基づく利益から、資産の減損（在庫評価損を含む）とそれに伴う割増退職金のみを除外する。しかし、企業が利益を報告する際には、訴訟費用、市場金利やリターン前提の変化に伴う年金費用、ストックオプション費用など、さらに多くの項目を除外することが多い。ここでは、企業が報告する利益を企業の営業利益と呼ぶが、non-GAAP、プロフォーマ、継続事業からの利益という用語も使用される。

　表7-2は、非金融会社について、一般的に利益に含まれる項目と含まれない項目をまとめたものである。金融企業の場合、S&P営業利益、non-GAAP営業利益、GAAP利益のいずれにも、これらの項目はほとんどすべて含まれている。

表7-2　利益の定義における包含項目と除外項目

	GAAP	S&P 営業利益	non-GAAP
資産減損	含む	除く	除く
退職費用	含む	含む	除く
工場閉鎖費用	含む	含む	除く
訴訟費用	含む	含む	除く
年金公正価値費用	含む	含む	除く
ストックオプション費用	含む	含む	通常含む

---

9) 内国歳入庁（IRS）に提出する利益はこれらと異なる場合がある。

歴史的な利益トレンド：報告方法による比較

図7-2はS&P500企業の1株当たり利益〔EPS〕をGAAP利益、S&P営業利益、non-GAAP利益のベースで1974年から2021年まで図にしたものである。なお、S&Pの営業利益は1988年から入手可能である。

図7-2を見ると、non-GAAPが最も高く、S&P営業利益がそのすぐ後に続き、GAAPが最も低いことがわかる。1980年代から導入されたFASBの時価評価ルールにより、GAAPベースの利益は、特に不況期には他の指標を大きく下回るようになった。

「報告利益」または「GAAP利益」は、営業利益よりも真の企業収益を表現していると思われがちである。しかし、それは必ずしも真実ではない。実際、FASB基準の保守性、特に資産価値の評価減が報告必須事項になったことは、利益に深刻な下方バイアスをもたらしている。これらの評価減は、2001年に発行されたSFAS（財務会計基準）第142号および第144号によって義務づけられたもので、同基準では固定資産、工場、設備、その他の無形資産（帳簿価額を上回って株式を購入することにより生じたのれん）は、

図7-2　1株当たり実質利益（1974〜2021年）

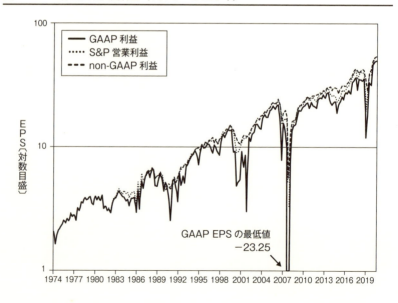

すべて時価評価して価値の減損をすることが義務づけられている。それ以前には、1993年に発行された規則第115号により、売買目的で保有する金融機関の有価証券または「売却可能な有価証券」は、公正価値で計上することが求められていた[10]。新基準は、資産の売却の有無にかかわらず、資産価値を「評価減」することを要求している。こうしたルールは、市場価格が低迷する不況期には特に厳しいものとなる[11]。一方で、企業は、有形固定資産を売却して「キャピタルゲイン」収入として計上しない限り、たとえ以前の評価損から回復したとしても、評価益を計上することは認められていない[12]。

最近、FASBは時価会計をさらに推し進めている。2016年に公表されたASU第1920-01号において、FASBは時価会計の適用を利益に大幅に拡大した。この決定は、市場性のある有価証券への投資を行っている多くの企業のCEOから激しい反発を招いた。彼らは、市場心理のボラティリティに起因する市場価値の変動は、企業の継続的な収益性を表すものではないと主張した。

ウォーレン・バフェットは特に批判的で、新ルールはバークシャー・ハザウェイの損益計算書に「乱高下と気まぐれな変動」をもたらし、「(新ルールによる)分析の目的だと、バークシャー・ハザウェイの利益は価値のないものになる」と述べた[13]。これは、緩い会計基準を適用するCEOを何年にもわたって批判してきた投資家による、FASBに対する批判として注目に値する。第10章では、このようなFASBの変更が、利益のボラティリティの増大を引き起こし、PERの、特に多くの洗練された投資家によって使用されてきたCAPEレシオの予測力をどのように歪めたかを見ていく。

GAAP、営業利益、NIPA利益

図7-3を見れば、GAAP利益のボラティリティが経年的に高まっていることも明らかである。1930年代の大恐慌では、商務省経済分析局の国民所得

---

10) これらの基準は、もはやSFASとは呼ばれていない。すべての規則は、現在、1つの会計基準コーディフィケーション(ASC)にまとめられており、FASBが会計基準更新(ASU)を発行している。
11) Dan Givoly and Carla Hayn, "Rising Conservatism: Implications for Financial Analysis," *Financial Analysts Journal*, vol. 58, no.1 (Jan.-Feb. 2002) , 56-74.
12) 国際財務報告基準(IFRS)では、状況によっては資産価値の評価減を認めている。
13) Berkshire Hathaway, 2017 *Annual Report*.

生産勘定（NIPA）で計算された利益は、GAAP利益よりもはるかに急激な落ち込みを示した。1937〜1938年を除く1990年以前のすべての不況において、S&P営業利益の減少幅はNIPA利益の減少幅よりも小さかった。実際、1990年以前の不況期におけるS&P営業利益の減少幅の平均は、NIPA利益の2分の1強であった。それ以降の変化は劇的で、GAAP利益はNIPA利益の2倍以上減少している。

特に顕著なのは、国内総生産（GDP）の下落が最大5％強であった2008〜2009年の景気後退期のGAAP利益の減少率が、GDP下落率の5倍だった大恐慌期の減少率63％よりもはるかに大きかったことである。このような乖離は、最近のFASBの意向が、特に景気後退期において利益を大幅に減少させる結果となっていることを裏づけるものであり、投資家は株価を評価する際にこの事実を考慮する必要がある[14]。

四半期決算報告

最後に、企業収益について、長期的な見方から、本章の冒頭で説明した短期的な見方にシフトしてみよう。各四半期末の翌月に発生する「決算発

図7-3 1株当たりの実質GAAP利益、営業利益、NIPA利益

表シーズン」に株価を動かすのは、企業が発表する業績とトレーダーが予測していた業績との差であり、通常は「営業利益」が投資家の注目する重要変数である。XYZコーポレーションが「ストリートを打ち負かした」と報道された場合、それはその会社が市場予想のコンセンサスを上回る収益を上げたことを意味する[15]。

しかし、公表されたコンセンサス予想が、業績発表時の株価に織り込まれる予想と必ずしも一致するとは限らない。なぜなら、企業を注意深くモニターしているアナリストやトレーダーは、コンセンサスとは異なる予想を出すことも多いからである。このような予想は、広く流布されることがないためウィスパー予想と呼ばれることも多いが、発表前の株価に影響を与えるものである。多くの場合、ウィスパー予想は「コンセンサス」として流布しているものよりも高くなるが、特にテクノロジー株の場合、株価を上昇させるためには大きくストリートを打ち負かす必要がある。

ウィスパー予想がコンセンサス予想より高い理由の1つは、発表前の企業の業績予想の多くが悲観的なことにある。これは市場に「サプライズ」を起こして、コンセンサスを上回ろうとするためであろう。過去10年間、四半期決算発表の約65％（最近では70〜75％）がコンセンサス予想を上回ったことを、他にどう説明すればよいのだろうか。しかも、多くの企業がコンセンサス予想を1ペンスだけ上回っており、これは統計的に予想される数値よりもはるかに高い。

利益は非常に重要ではあるが、トレーダーが四半期決算報告で重視する唯一のデータというわけではない。売上高は、一般的に利益の次に重要な指標と考えられており、トレーダーによっては利益よりも重要視する人もいる。売上高に関するデータを利益データと組み合わせると、売上高利益率を計算することができ、これも非常に重要なデータの1つとなる。

最後に、投資家は企業の四半期もしくは通期の利益や売上高の予想に影

---

14) この一連の動きの違いから、BEAは「Comparing NIPA Profits with the S&P500 Profits」と題した概要を「2011 Comparing NIPA Profits with S&P500 Profits」（アンドリュー・W・ホッジ著）、*Survey of Current Business* 91 (March 2011) に発表している。BEAは、「財務ベースと税務ベースのソースデータを調整・補足・統合」したうえで、米国企業の現在の生産から得られる所得を「企業利益」と定義し、ホッジは、表1.12、45行目がS&P500の利益と最も比較可能なデータであると示している。

15) ウォール街のアナリストは、企業が従来どのような項目を含めているか、あるいは除外しているかを把握して営業利益を予測する。企業がいつリストラのための特別費用を計上するか、キャピタルゲインなどの一時的な項目を報告するかを予測することは困難なため、GAAP利益はほとんど予測されない。

響される。従前を下回る予想は、株価にマイナスの影響を与えることは間違いない。昔は予期せぬ好材料や悪材料が業績に影響を及ぼす場合には、経営陣がアナリストにそれとなく示唆することがよくあった。しかし、2000年に証券取引委員会（SEC）によって新しい公正開示法（FD法）が採択され、そのような選別開示は認められなくなった。四半期ごとの決算報告は、経営陣が株主に重要な情報をすべて開示する理想的なタイミングである。

結論

株式価値の根源的な決定要因は、期待される投資家への将来キャッシュフローと、そのキャッシュフローの割引率である。このキャッシュフローは配当と呼ばれ、利益から得られる。企業が利益を内部留保して、その他の資本と同じ収益率を得ている場合、企業の配当政策は、1株当たり利益と配当の将来の成長率には影響を与えるものの、現在の株価には影響を与えない[16]。時系列データもこの結果を裏付けている。

利益には多くの概念がある。営業利益はアナリストが計算し予測するもので、四半期報告書のなかで最も重要なデータである。営業利益はほとんどの場合、GAAP利益よりも高い。しかし、FASBの最近の意向は、利益のボラティリティの増大と下方へのバイアスの両方をもたらし、投資家にとっての重要性を著しく低下させている。株式市場のバリュエーションに対する利益の影響については、第10章で述べる。次の2章では、金利とインフレが株価に与える影響について論じる。

---

16) 配当とキャピタルゲインに税制上の差がある場合、現在の価格は配当政策に影響される。

第8章 金利と株価

> すべては金利の問題である。投資家がやっていることは、将来のキャッシュフローのために一括払いをしているにすぎない。
>
> レイ・ダリオ、ヘッジファンドマネージャー、
> ブリッジウォーター・アソシエイツ創設者

　過去数十年間で最も驚くべき展開の1つは、実質金利の持続的かつ急激な低下であった。確かに、この間（コロナ禍まで）インフレ率が低下したために、名目金利、つまり期待インフレ率に対するプレミアムを含む市場金利は低下した。しかし、インフレ調整後の実質金利も大きく低下している。そして、この実質金利の低下は、米国だけでなく世界中で起きている。**図8-1**は、米国をはじめとする先進国のインフレ調整後の実質金利の推移を示したものである。いずれも20世紀末の2〜4.5％から2021年にはマイナス水準まで低下している。

実質金利と株式

　前章で述べたように、金融の基本定理では、あらゆる資産の価格はその期待される将来キャッシュフローの現在割引価値である。これらのキャッシュフローに使われる割引率は、国債など無リスク資産の名目金利に、将来キャッシュフローのリスク度合いに応じたリスクプレミアムを加えたものである。実物資産、すなわち将来キャッシュフローが一般的なインフレ率上昇とともに増加する資産の場合、その価格は、（インフレ調整後の）実質

図 8-1　10年物国債の実質利回り

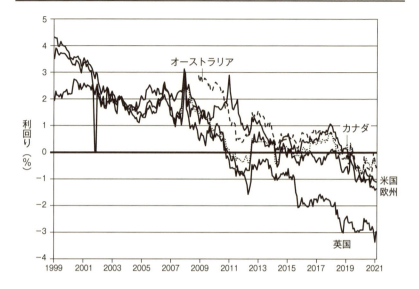

割引率で割り引いた期待実質キャッシュフローの現在価値で表すことができる。株式のような実物資産については、他のすべての変数が一定に保たれているならば、実質金利の低下は資産価格にプラスの影響を与えることになる。

　しかし、他の変数が一定であることはほとんどない。これは、実質金利の変化が将来キャッシュフローやリスクプレミアムの変化と関連していることが多いからである。このため、金利が株価に与える影響を十分に理解するには、実質金利の低下要因を理解する必要がある。

実質金利の決定要因

　実質金利の持続的な低下に関する一般的な説明は、特に2008年から2009年の金融危機の間とコロナ禍までの期間、世界の中央銀行による「金融緩和」政策に起因するというものであるが、この説明は大部分が間違っている。中央銀行は短期市場金利の設定では重要な役割を果たすが、実質金利、特に長期債金利の最大の決定要因は、金融政策ではなく、実体経済の要因である。

金利の基本理論は、1世紀以上前にオーストリアの経済学者オイゲン・フォン・ベーム＝バヴェルク、スウェーデンの経済学者クヌート・ヴィクセル、米国の経済学者アーヴィング・フィッシャーによって確立された[1]。いずれも、実質金利が主に①経済成長、②時間選好、③リスクに影響されることを示した。

経済成長

経済成長は、人口増加率、労働力人口比率、労働生産性の3つの要素で構成されている。労働生産性は労働時間当たりの生産の拡大で計測され、生活水準を決定する最大の要素である。これら3つの指標は、近年いずれも低下傾向にあり、なかには劇的に低下したものもある。労働力人口や労働生産性の減速は、企業による資本需要を減少させ、個人による将来所得を担保にした借入インセンティブを低下させる。これらの要因はいずれも連動して金利を低下させる。

経済成長が金利に与える影響は、金融市場の反応によって確認できる。つまり、予想を上回る経済指標が発表されると、債券価格は下落し、金利は上昇する。予想を下回る指標が発表されると、逆のことが起こる。

人口増加

人口増加は、出生率すなわち1人の女性が生涯に産む子供の数と強く関係している。**図8-2**は世界の主要地域の出生率の推移である。

第二次世界大戦後に世界の出生率が急激に低下したことは、ほとんどの人口統計学者を驚かせた。アフリカを除いて、世界の出生率は、人口減少を防ぐために必要な2.1（人口置換水準）を下回る水準に低下している。

欧州、日本、東アジアの大部分では、出生率は何年も前から人口置換水準を下回っており、現在も下がり続けている。コロナ禍以前は人口置換水準を上回る出生率を誇っていた米国でさえ、2020年7月から2021年7月ま

---

1) Irving Fisher, *The Rate of Interest*, New York: Macmillan, 1920, in *The Works of Irving Fisher,* 3rd ed., William J. Barber, London: Pickering and Chatto, 1997. Eugen von Böhm-Bawerk, *Capital and Interest: A Critical His- tory of Economical Theory*, London: MacMillan, 1890. Knut Wicksell, *The Rate of Interest*, 1898, *in Interest and Prices*, translated by R. F. Kahn, London: Macmillan, 1936; reprinted New York: Augustus M. Kelley, 1965.

図8-2 1960年から2021年の世界の出生率

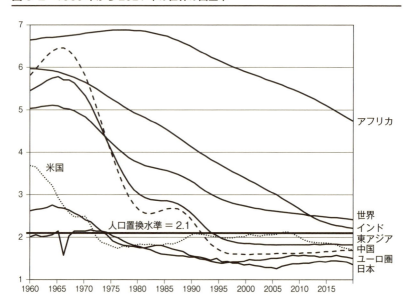

での年間の人口増加はわずか39万3000人で、これは史上最低の年間人口増加率であり、過去100年超の間で最少の増加数である。

世界の二大大国である中国とインドでも出生率が急激に低下している。中国の出生率は、1979年に1人っ子政策が実施された後、急激に低下した。近年、規制が緩和され複数の子供を承認する新しい政策が実施されたが、中国の出生率は人口置換水準を下回ったままである[2]。

インドの出生率は、1960年には約6であり、2000年でも3を超えていた。しかし、過去20年間で、インドの平均的な女性から生まれる子供の数は急速に減少している。国際通貨基金（IMF）の公式発表では、2021年のインドの出生率はまだ人口置換水準を上回っているが、インドの全国家庭保健調査（NFHS）によれば、出生率は全国で2.0まで下がり、都市部では1.6ほどとなっている[3]。

---

[2] 1月17日、中国国家統計局は、2021年の出生率が急激に低下し、死亡率をかろうじて上回ったことを明らかにした。
[3] "India's Population: The Patter of Few Tiny Feet," *Economist* (December 4, 2021), 39-40.

表8-1　高齢化率

国	1950	2020	2050
米国	8%	15%	22%
ドイツ	10%	22%	30%
イタリア	8%	22%	37%
日本	5%	29%	37%
中国	4%	10%	26%
韓国	3%	15%	38%

人口高齢化

　世界の人口高齢化は、平均寿命の伸長と出生率の低下という2つの要因から生じている。世界の人口高齢化は、労働市場で活動する人口の割合が減少し、退職者の割合が増加することを意味する。高齢化は出生率の低下を促進し、労働力人口の増加率を低下させる。さらに高齢化は債券の需要にも重要な影響を与える。

　高齢化の度合いは、65歳以上の人口が総人口に占める割合である高齢化率で測定されることが多い。この比率はすべての国で急上昇しており、今後30年間は上昇を続けると見込まれている。**表8-1**は、国連の『世界人口推計』(UN World Population Prospects) から引用したもので、1950年、2020年、2050年予測における主要国の高齢化率を示したものである。

　高齢化率の最も急激な上昇はアジアで起きている。1950年に4％だった中国の高齢化率は、現在10％にまで上昇しているが、これは国際的に見てまだ低い水準である。1人っ子政策により中国の高齢化率は、2050年には26％まで上昇し、米国を大きく上回ると予想されている。1950年に高齢化率が最も低かった韓国は、2050年には38％まで上昇し、**表8-1**に示した国のなかで最も高くなると予想されている。米国は、欧州やアジアと比べれば、21世紀半ばまでの高齢化率の上昇は最も小さいが、それでも現在の水準から大幅に上昇し、1950年の3倍近くになると予想されている。

生産性

　人口増加率の低下と高齢化率の上昇を相殺できる要因の1つに生産性の

表8-2 生産性の上昇

国・地域	2000-2010	2010-2020
米国	2.2%	0.9%
日本	1.1%	1.0%
G7加盟国	1.5%	1.0%
ユーロ圏	1.2%	1.0%
OECD加盟国	1.3%	1.2%

上昇がある。生産性は第二次世界大戦後の半世紀は先進国で力強く上昇したが、残念ながら、ここ20年は上昇率は低下している。

表8-2は、経済協力開発機構（OECD）38カ国[4]、G7諸国[5]、米国、ユーロ圏[6]、日本の生産性の年平均上昇率をまとめたものである。この10年間、世界の主要先進国、特に米国において、生産性の伸びは低下している。この間に生み出されたテクノロジーが飛躍的に発展したにもかかわらず、労働時間当たり生産性の伸びは加速していない。

1人当たりGDP成長率の低下

生産年齢人口の減少と生産性の伸び悩みが相まって、1人当たり国内総生産（GDP）の成長率が鈍化している。**表8-3**は、1970年以降50年間の世界、米国、ユーロ圏、日本、中国とインドにおける1人当たり所得の伸びを示したものである。中国とインドは1970年から2010年まで力強い成長を遂げたが、ここ10年は両国とも成長が鈍化している。1人当たりGDPの鈍化は、この20年間、欧州、日本、米国で顕著だった。

---

[4] オーストリア、オーストラリア、ベルギー、カナダ、チリ、コロンビア、コスタリカ、チェコ、デンマーク、エストニア、フィンランド、フランス、ドイツ、ギリシャ、ハンガリー、アイスランド、アイルランド、イスラエル、イタリア、日本、韓国、ラトビア、リトアニア、ルクセンブルク、メキシコ、オランダ、ニュージーランド、ノルウェー、ポーランド、ポルトガル、スロバキア、スロベニア、スペイン、スウェーデン、スイス、トルコ、イギリス、米国。
[5] 米国、カナダ、イギリス、フランス、ドイツ、イタリア、日本。
[6] オーストリア、ベルギー、キプロス、エストニア、フィンランド、フランス、ドイツ、ギリシャ、アイルランド、イタリア、ラトビア、リトアニア、ルクセンブルグ、マルタ、オランダ、ポルトガル、スロバキア、スロベニア、スペイン。

表 8-3 1人当たり GDP 成長率

国・地域	1970-2000	2000-2020	2000-2010	2010-2020
世界	1.59%	1.47%	1.74%	1.21%
米国	2.21%	0.92%	0.81%	1.04%
ユーロ圏	2.32%	0.53%	0.73%	0.33%
日本	2.70%	0.45%	0.47%	0.42%
中国	7.06%	8.11%	9.92%	6.33%
インド	2.48%	4.41%	5.09%	3.75%

経済成長の鈍化がもたらすその他の影響

　経済成長の鈍化は、実質金利を低下させるだけでなく、メリットもある。それは、世界の天然資源への負荷を低減することである。さらに、退職後の期間の長期化や労働時間の短縮は余暇時間を増やすことになる。（余暇時間中の活動はGDPに加算されるが）余暇そのものはGDPに計上されないので、GDP成長率は鈍化していても、経済厚生(エコノミックウェルフェア)はより速い速度で増加している可能性がある。しかしながら、経済成長の鈍化は資本需要を減らし、生産性の伸びの鈍化は将来のための借り入れ需要を減らすので、どちらも実質利子率を低下させる。

時間選好

　時間選好も実質金利に影響を与える要因の1つである。時間選好とは、選択肢がある場合、ほとんどの人が、同じ量を消費するのであれば、将来に消費するよりも今日消費することを好むという心理的特性を指す。つまり、今日の消費を延期するよう説得するには、明日はより多くの消費を提供する必要があるということである。今日の消費に対する時間選好が高ければ高いほど、消費者に投資させる、あるいは将来のより多くの消費を約束して今日の消費を延期するよう促すために必要な金利は高くなる。この変数は測定が困難であり、どちらか一方向に動く傾向を示す証拠はない。

リスク回避

　ここまで、成長率の鈍化が実質金利にマイナスの影響を与えることを明

らかにしてきた。しかしリスク、具体的には、①投資家のリスク行動の変化、②債券のリスク特性の変化、も金利に影響を与える。この2つの要因は、高齢化と株式市場の短期的なリスクをヘッジする債券の能力が高まっていることに起因している。

第3章で示したように、個人の年齢が上がるにつれて、ポートフォリオはより保守的になり、保有資産に占める債券の比率は上昇する。これが起こるのは、株式リターンの平均回帰によって、時間軸が短くなるにつれて債券に比べて株式のリスク度合いが高くなるためである。さらに、高齢の投資家は、労働所得を増やして自分のポートフォリオの損失を相殺する機会が減少することから、保守性が強まる。このため、高齢者には株式より債券を多く保有するインセンティブが働き、それが実質金利を低下させる要因になる。

債券のヘッジ特性

実質金利を押し下げる要因として、ほとんど無視されているが、最も強力な要因の1つと私が考えるのは、債券とリスク資産との間で負の相関が高まっていることである。この現象については第3章で触れた。

金融理論では、どんな資産であっても、その将来リターンを決定する最も重要な要因の1つは、市場における他のリスクをヘッジするその資産の能力（または能力不足）であることがわかっており、データもそれを裏付けている。ヘッジ資産とは、他のリスク資産の価格と反対方向に価格が動く資産で、（株式など）リスク資産が下落するとヘッジ資産の価格は上昇し、逆にリスク資産が上昇するとヘッジ資産の価格は下落する。このような逆相関の資産は、投資家のポートフォリオの他の資産のボラティリティを相殺またはヘッジするため、価値がある。その結果、ヘッジ資産は高値で取引され、期待リターンを低下させる。ヘッジ資産が特に効果的であれば、その期待リターンはゼロか、マイナスになることさえある。

ヘッジ資産は保険のようなもので、保険で利益を得ることは期待されないが、富に対するマイナスのショックを相殺する能力があるため購入される。過去数十年の最も重要な展開として、長期債、特に米国債が優れたヘッジ資産に変化したことがあげられる。

図 8-3 株式と債券の5年間の相関

図8-3は、1931年以降の月次の債券リターンと株式リターンの5年間の相関を示している。これを見ると、1960年代の大部分の期間と1970年代前半、米国債はほとんどヘッジ特性を持たなかった、つまり株式とは基本的に無相関であった。しかし、1980年代から1990年代には、債券価格とリスク資産との相関が急激に高まり、米国債はヘッジ資産としては質の低いものとなった。つまり、株価と債券価格は同じ方向に動いていた。この時期、債券は株価の動きをヘッジできなかったので、債券保有者はポートフォリオに債券保有を続けるためにより高い期待リターンを要求した。

1970年代から1980年代前半にかけて株式と債券の相関が高まった理由の1つは、米国経済が、OPECによる石油禁輸やその他の供給障害といったオイルショックに端を発した供給サイドの問題に振り回されたことにある。こうしたエネルギー危機は、インフレ率の上昇を招き、それが米国債の実質価値を下げるとともに、実体経済にも打撃を与え、株価を下落させた。それで債券と株式のリターンは同じ方向に動いたのである。この債券の好ましくない特性により、投資家は分散効果を発揮できない債券を保有することに対して大幅なプレミアムを要求したために金利が上昇した。

この傾向は、1990年代以降、特に21世紀初頭に変わった。オイルショッ

クが落ち着くと、1997年の「新興国市場」危機、そして最も重大な2008年の金融危機といった別のリスクが顕在化し、銀行と金融制度の崩壊の恐怖を増幅させた。これらの危機は、崩壊しつつある実体経済に対して名目の国債が優れたヘッジを提供していた1930年代初頭の世界恐慌の恐怖を呼び起こした。1929年から1932年にかけて、最もパフォーマンスの高かった資産の1つが米国債であったことは、歴史が明らかにしている。

ネガティブ・ベータ資産

金融論では、このようなヘッジ資産をネガティブ・ベータ資産と呼び、「ベータ」は、当該資産の価格とポートフォリオ全体の価格の相関によって計測される。その他のネガティブ・ベータ資産は、第22章で解説するボラティリティインデックスや、株式のプットオプション、つまり指定した価格で株式を売却するオプションなどがある。ボラティリティインデックスに基づく商品も、株式のプットオプションも、価格の下落に対する保険であるため、期待リターンはマイナスである。**図8-4**は、債券vs株式と債券vs株式75％債券25％で構成される老後のためのポートフォリオの5年移動平均ベータを示したものである。

1970年代と1980年代に質の悪いヘッジ資産であった米国債が、1990年以降に有効なヘッジ資産に変貌したことの重要性を強調しすぎることはない。ジョン・キャンベルは主要な研究のなかで、「相関のピークからボトムにかけての変化は、（ゼロ・クーポン）10年債の期間プレミアムが株式のリスクプレミアムの60％分低下することを意味する」と結論付けている[7]。株式のリスクプレミアムが5％であれば、相関の変化は長期金利の3パーセントポイントの低下となる。

2018年から2022年までFRBの副議長を務めたリチャード・クラリダ氏は、2019年11月にチューリッヒで開催された国際金融カンファレンスで、長期債のヘッジ特性がその利回り低下の大きな要因になっていると主張し、

---

[7] John Y. Campbell, Adi Sunderam, and Luis M. Viceira, "Inflation Bets or Deflation Hedges? The Changing Risks of Nominal Bonds," *Critical Finance Review* 6 (September, 2017), 265, 263–30.

[8] Richard Clarida, "Monetary Policy, Price Stability, and Equilibrium Bond Yields: Success and Consequences, delivered in Zurich Switzerland at the High-level Conference on Global Risk, Uncertainty, and Volatility" (November 12, 2019), p.9

図 8-4　5年移動平均ベータ：
　　　　債券 vs 株式、債券 vs 株式 75％債券 25％のポートフォリオ

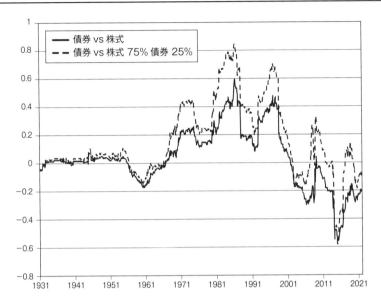

金融危機時に30年物国債が38％上昇した一方で、S&P500は37％急落したことに言及した[8]。

金融当局の役割

　実質金利を低下させる要因に関する議論において、連邦準備制度、中央銀行、あるいは金融政策のいかなる面もまったく言及されていないことは、特筆すべきだろう。

　無視されているからといって、中央銀行が金利の決定で何の役割も果たしていないわけではない。どのようなインフレ率であっても、中央銀行が銀行システムの準備金の供給をコントロールするか、その準備金に支払われる金利を設定することによって、短期の実質金利を設定できることに疑問の余地はない。中央銀行のこの能力は支出や経済に影響を与える。

　しかし、より長い期間では、FRBの実質金利に対する影響力ははるかに弱いものである。確かに、2022年初頭のFRBの引き締めによって10年物

TIPS利回りは大きく上昇したが、その急上昇は長続きしないと私は考えている。自然利子率という言葉をつくったのはクヌート・ヴィクセルで、中央銀行がコントロールできない生産性、時間、リスク選好によって決まる利子率のことである。中央銀行が実質金利をこの自然利子率以下に長期間維持しようとすれば、インフレを引き起こし、中央銀行は金融政策の引き締めを余儀なくされる。逆に、金融当局が金利を自然利子率以上に保とうとすれば、デフレと経済収縮が起こり、中央銀行に金融緩和を強いることになる。

確かに、中央銀行は長期的にも、インフレ率をコントロールすることで名目金利をコントロールすることは可能である。長期的に過剰な通貨発行は慢性的なインフレを招き、通貨の購買力低下を補うために、借り手は自然利子率にインフレプレミアムを上乗せしなければならなくなる。1970年代の米国と世界の高金利は、債券のヘッジの質の低さに加え、このインフレプレミアムが主な原因であった。とはいえ、インフレ調整後の実質長期金利は、主に実体経済要因によって決定される。

金利と株価

これまでの議論は、金利と株価の関係が見た目よりもはるかに複雑であることを示唆している。本章の冒頭で述べたように、株価は将来キャッシュフローの現在価値によって決定される。金利が低下し他の変数が変化しなければ、株価が上昇するのは事実である。

しかし、他のすべての変数が変わらずにいるわけではない。もし金利の低下が成長率の低下によるものであれば、将来キャッシュフローは減少し、株価への影響は曖昧になる。金利の低下がリスク回避の高まりによるものであれば、株価が上昇するためにはリスク回避の高まりを無リスク資産の金利低下で相殺する必要がある。金利の低下が債券のヘッジ特性の向上によるものであれば、債券の需要が高まり金利は低下するが、株式の需要の増加は伴わないかもしれない。

短期的には、中央銀行によってもたらされた金利の低下は、そのような動きが経済の過度の予期せぬ弱さを示唆しない限り、一般的に株式にとっ

てプラスに働くといえる。金融緩和は景気刺激となり、企業の借り入れコストを低下させる。緩和が過剰になってインフレを引き起こし、経済が不安定になって中央銀行が将来引き締めざるをえなくなるようなことがなければ、短期金利（米国のFF金利など）の引き下げは通常、株価に強いプラスの影響を与える。

結論

過去数十年にわたる長期的な金利の低下は、中央銀行の政策というよりも、経済のファンダメンタル要因に起因するものである。これは、経済の安定化における中央銀行の重要性や、債券市場と株式市場の双方に影響を与える中央銀行の力を否定するものではない。しかし、実質金利に影響を与える要因は、金利と株価の間に単純な関係がないことを明らかにし、株式市場への影響を判断するためには、金利の動きの基礎となる経済要因を理解する必要がある。

第9章 インフレと株価

> インフレのプロセスによって、政府は、国民の富を密かに、気づかれることなく没収することができる。
>
> ジョン・メイナード・ケインズ

> インフレは立法なき課税である。
>
> ミルトン・フリードマン

マネーと物価

　1950年、トルーマン大統領は一般教書演説で「2000年までに米国の平均的な家庭の年収は1万2000ドルに達する」という予測を明らかにし、国民を驚かせた。当時の一般家庭の平均年収が3300ドル程度だったことを考えると、1万2000ドルというのは大風呂敷と思われる金額で、その達成には続く50年間でかつてないほどの経済成長を遂げる必要があると思われた。現実には、トルーマンの予測は控えめすぎた。2000年の米国の一般家庭の平均収入は4万1349ドルに達した。ただし、この金額を過去50年間続いたインフレを調整して「1950年価格」に直すと、2000年のその額は6000ドルにも満たなくなり、これは大統領が予測した額の約半分である。一般家庭の所得は3300ドルから4万1349ドルへと12倍以上に膨れ上がったが、実質所得は2倍にしかならなかったのである。
　インフレとデフレは、経済学者がデータを集め始めたときから経済史の特徴であり続けてきた。だが、1955年以降、米国の消費者物価指数が下落

した年は1年もない[1]。では、過去70年の間にインフレが例外ではなく当たり前のこととなった原因は何だろうか。答えは簡単である。マネーサプライの支配権が金から政府へと移行したからだ。このため、政府は常に十分な流動性を供給することができ、物価が下落することはない。

第2章では、過去2世紀にわたる米国と英国の物価水準全般を分析した。1802年から第二次世界大戦までは物価水準はほとんど上昇せず、戦後は長期のインフレが続いた。大恐慌以前、インフレを引き起こすのは戦争や凶作などの危機的状況だけだった。しかし、戦後の物価動向はそれまでとはまったく異なるものとなった。インフレはもはや常態化しており、問題は、ほとんどの先進国が目標とする2％前後の水準で安定的に推移するのか、あるいはそれ以上に上昇するかどうかという点だけである。

マネーとインフレ

経済学者は、市場で流通するマネーの量が、物価水準を決定する最も重要な変数であることを以前から把握していた。マネーの量とインフレの間の強固な関係を示すデータもある。**図9-1**は1830年以降の米国のマネーの量と物価指数の関係を示したものである。物価水準のトレンドが、生産量で調整したマネーサプライのトレンドとおおむね一致しているのがわかる。

マネーサプライと消費者物価の強固な関係は世界各国で見られる現象である。マネーの供給がなければインフレが続くことはなく、過去に起こったすべてのハイパーインフレはマネーサプライの急増と関連している。マネーサプライの増加が著しかった国ではインフレ率が高く、逆にマネーサプライが抑えられていた国ではインフレ率が低かったことを裏付けるデータもある。

では、なぜマネーの量が物価水準に密接に関連しているのだろうか。それは、マネーの価値も、他の財と同様に需要と供給によって決まるためである。マネーの供給量は中央銀行によって入念に管理されている。ドルの需要を決めるのは、複雑な経済の仕組みのなかで何百万ドルもの財やサービスを取引している家計と企業である。ドルの供給量が財の生産量よりも

---

[1] 月次ベースでは、原油価格の下落にともない2008年7月に前年同月比マイナス2.1％まで低下したが、暦年ベースでは金融危機後の景気後退期にデフレが発生したことはない。

図 9-1 米国のマネーサプライと物価の推移（1830～2021年）

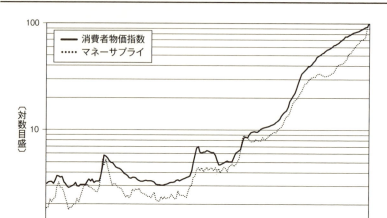

多い場合、インフレを引き起こす。インフレ発生についての古典的な説明——財の量に対してドルの供給量が多ければインフレ圧力が生じる——は、現在でも通用する。

　金融危機の後、FRB（および他の中央銀行）のバランスシートが大幅に膨張したのに、なぜインフレにならなかったのか、と思う人もいるかもしれない。ミルトン・フリードマンは『米国金融史』のなかで、マネタリーベースと呼ばれる銀行の準備金と通貨で構成される中央銀行のバランスシートではなく、彼がM2と定義する預金に通貨を加えた量がインフレに最も密接に関係していると結論付けた。米国のマネタリーベースは2007年から2013年にかけて3倍になったが、増加分のほとんどは銀行制度内の超過準備金に回されて、貸し出しに使われなかったため、預金量は増えなかった。もちろん、FRBは、過剰な信用創造がインフレに転化するのを防ぐため、準備金の量を緻密に監視しなければならない。世界の中央銀行の緩和政策にもかかわらず、2007年から2021年まで低インフレが続いたが、それはマネーと物価の歴史的な関連性に矛盾するものではなかった。

　2020年3月にコロナ禍が発生してから、状況は大きく変わっている。第24章で詳述するように、コロナ対策のために政府が発行した債券をFRBが

購入したため、個人、企業、州、地方自治体の銀行預金が急増し、マネーサプライがかつてないほど跳ね上がった。実際、2020年のM2マネーサプライは20%以上増加し、データのある150年間で単年度の増加率としては最大となった。2021年もM2は急増し続け、インフレ率は過去40年間で最高の7%に上昇した。マネーと物価の関係が改めて確認されたのである。

インフレヘッジとしての株式

　中央銀行は、短期金利を低下させ、金融セクターに流動性を提供することで景気循環を緩和する（が、除去はできない）力を持つ一方、長期では、その金融政策はインフレに大きな影響を与える。1970年代のインフレの原因は、中央銀行がOPECの石油減産による影響を相殺できると誤って考えて実施したマネーサプライの過度の増加にある。この金融緩和政策は多くの先進工業国で2桁のインフレを引き起こし、特に米国では13%、英国では24%を超える水準までインフレ率が上昇した。

　債券のリターンとは対照的に、株式のリターンは長期間ではインフレ率と同じペースで上昇することが、過去のデータで示されている。株式は実物資産、なかでも物的資本、土地、そして知的財産の利益に対する権利である。これらの資産の価値は、生産された財やサービスの価格と本質的に関連しているため、長期的にはインフレの影響を受けることはないはずである。例えば、第二次世界大戦後は歴史上インフレ率が最も高かった期間だったが、株式の実質リターンは大戦前の150年間のリターンを上回っている。株式は高いインフレ率が続いている期間でも購買力を維持することができるため、優れたインフレヘッジの効果を持つのである。

株式が短期ではインフレヘッジにならない理由

　長期的にはインフレに対する株式のリターンは強固であるにもかかわらず、短期ではそれほど有効だと示す証拠はない。**図9-2**には、1871年から2021年までのインフレに対する株式、長期国債、短期国債の年率リターンを保有期間1年と同30年の期間別に示した。

　予想どおり、株式は長期的に優れたインフレヘッジとなっている。しか

図9-2 保有期間別リターンとインフレ率の関係（1871〜2021年）

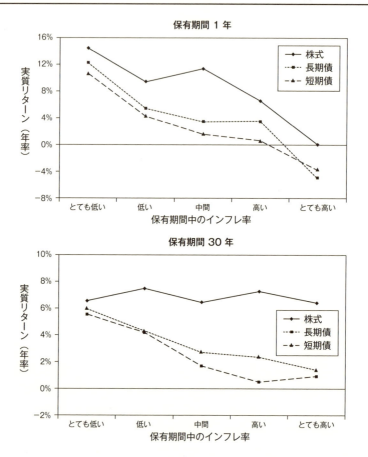

し、保有期間1年の値を見ると、株式も長期国債も短期国債も、短期的なインフレヘッジにはならないことがわかる。これらの金融商品の短期の実質リターンが最も高いのは、インフレ率が低いときであり、インフレ率が上昇するにつれてリターンは低下する。

　株式が実物資産であるならば、なぜ短期ではインフレヘッジにならないのか。よく言われるのは、インフレ率の上昇は債券の金利を押し上げ、債券金利の上昇は株価を押し下げるというものである。言い換えると、インフレにより株価が十分に下落し、将来の株式リターンが債券の高い金利に

見合う水準にまで上昇する必要があるということである。

しかし、この説明はほとんど正しいとは言えない。当然ながら、物価上昇期待は金利の上昇につながる。20世紀初頭の著名な経済学者アーヴィング・フィッシャーは、資金の貸し手はインフレ率の上昇に備えて、実質の貸出金利に期待インフレ率を加えることで自己防衛すると説いている。この命題は発見者にちなんでフィッシャー方程式と呼ばれている[2]。

インフレ率の上昇は株主が手に入れる将来の期待キャッシュフローも増加させる。株式は実物資産から生じる利益に対する株主の権利であり、実物資産が機械、労働、土地、知的財産のいずれであってもそれは変わらない。インフレは産出物の価格の上昇と定義され、投入価格がその産出価格以上に上昇しない限り、利益は少なくともインフレと同程度に上昇することになる。

インフレが投入および産出価格に同等の影響を与える場合、たとえ金利が上昇する局面でも、株式から得られる将来キャッシュフローの現在価値はインフレによる影響を受けない。これは、第7章で導き出したゴードン・モデルを思い出すことで理解できる。このモデルでは、株価は、配当を割引率と予想配当成長率の差で割って表される。インフレは金利を上昇させるので、株式の割引率も上昇させるが、将来の配当の成長率も同じだけ上昇する。この2つの効果は相殺されるので、株価は変化しない。やがて、株価、そして利益も配当も、すべてインフレ率で上昇することになる。したがって、理論的には株式からのリターンは理想的なインフレヘッジとなる。

しかし、インフレになると、中央銀行が短期実質金利を引き上げて反インフレ政策をとるのではないかという投資家の期待が高まり、株価が下がることもある。前章で学んだように、株式のような実物資産の適切な割引率は、名目金利ではなく実質金利である。中央銀行は、準備金の金利をコントロールすることで、短期の実質金利を設定することができる。インフレ率が中央銀行の目標を上回れば、中央銀行は短期実質金利を引き上げ、株価を下落させる可能性がある。さらに、このような金融引き締め政策の後、経済が減速し、将来キャッシュフローが低下して、結果として株価が下落する可能性がある。

---

2) Irving Fisher, *The Rate of Interest*, New York: Macmillan, 1907

非中立的なインフレ

供給サイド効果

　インフレ率に対して株価の不変性が維持されるのは、インフレが純粋にマネーの量の問題で、コストと利益に等しく影響を与える場合であり、実際には利益の上昇率がインフレ率に追いつかないことはよくある。1970年代の株価下落は、OPEC諸国による原油の減産がエネルギー価格の高騰を招いたことが原因だった。企業は原油価格の上昇分ほど製品価格を引き上げられず、利益が落ち込んだ。

　米国の製造業は長らく安い燃料のもとで繁栄しており、エネルギーコストの上昇にまったく備えていなかったのである。第一次オイルショック後に起こった景気減速は株式市場を打ちのめした。生産性は急低下し、1974年末までにダウ平均で見た実質株価は、1966年1月の高値から65％も下落した。これは1929年の大暴落以来、最大の下げ幅である。悲観的な見通しが深く浸透し、1974年8月には米国民のほぼ半分が、景気は1930年代のような深刻な不況に向かっていると信じていた[3]。

　一部の国々、特に発展途上国における慢性的な物価の上昇は、多額の財政赤字や過大な政府支出と密接に関連している。そのため、インフレは経済における政府の役割が大きすぎることを示している可能性があり、これは経済の低成長と企業利益の減少、ひいては株価の下落につながることが多い。要するに、株価がインフレに追随しないのは、多くの経済的要因があるからでる。

税金

　株式が短期ではインフレヘッジにならない理由は、経済的要因だけではない。米国の税制もインフレ時には投資家にペナルティを与える。株主に不利益をもたらす課税項目は、キャピタルゲインと企業の利益の2つである。

---

3) 1974年8月2日～5日にかけて実施されたギャラップ世論調査より。

キャピタルゲイン税

　米国では、キャピタルゲイン税は取得時の資産価格（名目価格）と売却時の資産価値（価格）の差額に課税され、インフレ調整はなされない。つまり、資産の上昇率がインフレ率より低く、購買力が低下したとしても、売却時に課税されるのである。

　一般に株価の上昇は、特に長期的にはインフレ率の上昇分を投資家に補償するが、名目価格に基づく税制はインフレ環境下では投資家にペナルティを与える。このような税制のため、インフレ率と保有期間に対する「インフレ税」は、**図9-3**のように示される[4]。

　実質リターンが一定であれば、インフレが比較的緩やかな3%のときですら、資産を5年間保有した後で売却する投資家は、インフレがまったくない場合と比較すると、税引後の実質利回りで年率0.6パーセントポイントの損失を被る。インフレが6%になると、損失は1.12ポイントに拡大する。

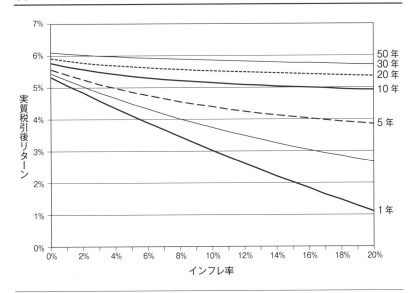

図9-3　株式の税引き後リターンとインフレ率

---

4) 図9-3は、実質トータルリターン7%（5%の実質的な上昇、配当利回り2%）、キャピタルゲインと配当所得に対する税率は23.8%を想定している。インフレ率が3%であれば、株式の税引き前リターンの合計は名目で10%になる。

図9-3に示されるように、インフレ税は資産の保有期間が短期であるほど深刻になる。投資家が頻繁に資産の売買を繰り返せば、政府が名目利益へのキャピタルゲイン税を徴収する機会も増え、インフレ調整後の実質利益はまったくなくなるかもしれない。

税制の他の多くの部分で行われているように、キャピタルゲイン税にインフレ調整を行うことは、政府内でも金融界でも大きな支持を得ている[5]。この提案では、投資家は、利益のうち資産の保有期間中の物価水準の上昇を上回る部分（もしあれば）に対してのみ税金を支払うことになる。インフレ率が低い状態が続いているため、近年はキャピタルゲイン税をインフレ率で調整しようという動きはあまり見られないが、コロナ禍に伴うインフレが発生すれば、この動きも変わるかもしれない。

法人税の歪み

標準会計では企業利益に与えるインフレの影響を正しく処理しないので、利益に歪みが生じる。この歪みは主に減価償却、在庫評価、金利負担といった項目で発生する。

工場や設備などの固定資産は取得原価に基づいて減価償却される。減価償却する際には、資産の利用期間中に生じる可能性のある資本コストの変動は調整されない。インフレは資本コストを上昇させるが、財務諸表で報告される減価償却ではインフレ調整は行われない。この結果、財務諸表上の減価償却費は過小に報告され、課税される利益は過大評価され、企業はより高い税金を負担することになる。

在庫の評価も利益を歪める原因となる。売上原価を計算する際には、在庫を「先入れ先出し法」もしくは「後入れ先出し法」に則った取得価格で計算する必要がある。高インフレ期には取得価格と販売価格との差が拡大し、企業にインフレ差益をもたらす。こうした「差益」は実際の収益力の増大を示すものではなく、企業の投下資本の一部――すなわち在庫――が回転し、実質的な利益ではなく、金銭的利益として実現されたものにすぎない。し

---

[5] 1986年、財務省はキャピタルゲインの指数化を提案したが、この条項は法律として制定されなかった。1997年、下院はキャピタルゲイン指数を税法に盛り込んだが、大統領の拒否権発動を恐れて、上下両院協議会により削除された。

かし、これらの在庫評価益は税務当局に報告されるため、企業はより高い税金を支払わざるをえない。会計上のこうした在庫の処理は、課税所得算出のために継続的に再評価する必要のない物理的資産や知的財産などとは扱いが異なる。

経済統計を管轄する商務省はこうした会計上の歪みを十分認識しており、国民所得統計では、減価償却と在庫評価の調整値を算出している。残念ながら、内国歳入庁はこうした調整を税務上まったく考慮しておらず、企業は、インフレの影響で利益が実際より過大評価されたとしても、決算報告書の利益に基づいた税金の支払いを求められ、資本に対する実効税率が高くなっている。

インフレの間、企業にとって、より有利な他の会計処理も存在する。前述のとおり、フィッシャー方程式によって期待インフレ率が上昇すれば、将来キャッシュフローの名目割引率は上昇し、それは名目将来キャッシュフローの上昇期待によって相殺される。

しかし、インフレ期待によって金利が上昇した場合、決算報告では利益は減少する。それは、企業が利益を決定するために、収入から実質ではなく名目の利払い費用を差し引く必要があるからである。企業は、インフレが発生した場合、負債の実質価値の低下から生じる帰属所得を報告しない。概念的に、インフレは支払い利息を増加させるが、それは負債の実質価値の低下によって正確に相殺される。この2つの効果は相殺され、実質的な利益は変化しない。

法人税は名目支払い利息の増加に基づいて算出されるが、それに対応する実質負債の減少が報告されないため、この会計上の歪みが違いを生んでいる。決算報告上の利益が少ないということは税金が少ないということであり、真の税引き後の利益は報告されたものよりも高いことを意味する。これは、実質的に法人税率を下げることになり、株価にとってプラスとなる。

要約すると、米国の税制は名目値に基づいているため、インフレ率の上昇は、たとえキャッシュフローを同じだけ上昇させたとしても、株価に影響を及ぼす。大きなマイナスの影響は、キャピタルゲインにインフレ連動がないことに起因している。企業側では、減価償却費の過少計上、在庫利益の過大計上、支払利息の過大計上という3つのインフレの影響がある。

最初の2つの効果は企業にとってマイナスであり、最後の効果はプラスである。企業にとって、これら3つの要因のバランスは、企業のレバレッジに依存する[6]。

結論

　投入価格と産出価格がまったく同じ割合で上昇する純粋なインフレの場合、インフレは株価の実質価値に影響を与えず、株式の実質リターンにも影響を与えない。この主張は、これまでの分析結果によって十分に裏付けられている。第二次世界大戦後、物価水準は20倍以上に上昇したが、株式の実質リターンは、19世紀から20世紀前半の非インフレ期に比べ、横ばいというよりむしろ上昇していた。

　しかし、短期的にはもっと複雑である。投入価格と産出価格は、供給ショックと需要ショックのどちらが経済に影響を与えるかによって、異なる割合で上昇する可能性がある。さらにインフレは、物価上昇率を目標レベルまで下げるためにFRBに実質金利の引き上げを促すかもしれない。最後に、インフレに十分に対応していない税制は、実質キャピタルゲインに対する実効税率の上昇を招き、企業の税負担が重くなる可能性がある。そのため、短期的には、株式の実質リターンはインフレによって下押しされることが多い。

---

6) マイケル・ダービーは、すべての貸し手と借り手が同じ税率で課税された場合、金利は税金を補うためにインフレ率よりも高くなり、利子の歪みをなくすと指摘している。Darby, M. R. "The Financial and Tax Effects of Monetary Policy on Interest Rates *Economic Inquiry*, 13 (June 1975), 266–76.

第10章 | **株式市場を評価するための尺度**

> もともとの動機が単なる投機欲から（普通株を）買っているときでさえ、人は本能的に、この醜い衝動を明快な論理や良識の背後に隠したいと思う。
>
> ベンジャミン・グレアム、デビッド・ドッド、1940年[1]

不吉な前兆の再来

　1958年の夏、投資家が長らく信用してきた株式市場の指標に重大な変化が起こった。長期国債の利回りが、史上初めて株式の配当利回りを上回ったのだ。

　同年8月、『ビジネスウィーク』は「不吉な前兆の再来」と題した記事を掲載し、株式の配当利回りと債券利回りの差が縮小したのは株式相場が下落に転じる兆候であると警告した[2]。1929年の大暴落は、株式の配当利回りが債券利回り並みの水準に落ち込んだときに発生していた。1907年と1891年の暴落も、債券利回りと株式の配当利回りとの差が1％以下に縮小したときに起こった。

　図10-1が示すように、1958年以前には株式の配当利回りは常に債券利回りを上回っており、金融アナリストはそれが当然だと思っていた。株式は債券よりリスクが高いのだから、より高い配当利回りを得られるのが理に

---

1) Benjamin Graham and David Dodd, "The Theory of Common-Stock Investment," *Security Analysis*, 2nd ed., New York: McGraw-Hill, 1940, 343.
2) Business Week, August 9, 1958, 81

図10-1 株式の配当利回りと債券の名目利回り（1870～2021年）

適っていると考えたからだ。この基準のもとでは、株価が上昇し、配当利回りが下がって債券利回りに近づくと、株の売り時だとみなされていた。

しかし、このケースでは、そのとおりにはならなかった。配当利回りが債券利回りを下回った後、その後12カ月で株式の投資リターンが30％を超え、株価は1960年代に入っても上昇を続けた。

ずっと信頼されてきた評価基準が通用しなくなった理由として、当時の経済情勢をあげることができる。インフレ率が上昇し、それを埋め合わせる形で債券利回りが上昇すると、投資家は通貨価値の目減りを防ぐために株を買い始めたのだ。『ビジネスウィーク』は1958年9月には次のような記事を掲載している。「株式と債券の利回りの格差は明らかに警戒水準にあるが、投資家は依然として、インフレが避けられず、株式投資が唯一のヘッジ方法だと信じている」[3]。

配当利回りと債券利回りの関係という警戒すべき経済的理由があったにもかかわらず、ウォール街では、この「利回りの大逆転」に混乱する者が多かった。ホワイト・ウェルドの副社長で『ファイナンシャル・アナリスト・ジャーナル』の編集者でもあるニコラス・モロドフスキーは次のように述べている。

---

3) "In the Markets," *BusinessWeek*, September 13, 1958, 91.

金融アナリストのなかには、(債券と株式の利回りが逆転したことを)多くの複雑な要因がもたらした金融革命と呼ぶ者もいる。一方で、説明できないことはあえて説明しようとしない者もいる。つまり、金融界の摂理の1つとして受け入れるということである。[4]

例えば、このよく知られてきた〔利回り差という〕基準に従って株式を保有してきた投資家が、1958年8月にすべての株式を売却し、その資金で債券を買い、再び株式の配当利回りが債券の利回りを上回るまで決して株には手を出さないと決断したとしよう。そんな投資家は、株式の配当利回りが米国債の利回りを上回ったのは2007～2009年の金融危機になってからなので、株式に投資するまでに50年待たねばならなかっただろう。それにもかかわらず、過去半世紀以上にわたって、株式の実質リターンは平均で年率6%を超え、債券のリターンを上回ってきた。

このエピソードは、株式価値を測る基準は、ひとたび経済や金融の環境が変われば通用しなくなってしまうことを示している。第二次大戦後の管理通貨制への移行に伴うインフレは、株式と債券の利回りの判断基準を永久に変えてしまった。株式は、インフレとともに価値が上昇する実質資産に対する権利とみられるが、債券はそうではない。古い判断基準に固執して株式の価値を測ろうとした投資家は、のちに訪れることになる史上最大規模の上昇相場に参加できなかったのである。

配当利回りと自社株買い

1970年代から1980年代にかけての一時期を除き、「利回りの大逆転」以降、配当利回りは低下し続けている。この配当利回り低下の大きな理由は、第7章で述べたように、株主への還元方法として税効果の高い自社株買いの増加である。実際、近年、自社株買いは配当と同じくらい重要視されている。**図10-2**は、1960年から現在までの配当利回りと自社株買い利回り(自社株買いされた株式の価値を当該株式の時価総額で割った値)、そして両者を合計した株主還元利回りを示している。

---

[4] Nicholas Molodovsky, "The Many Aspects of Yields," *Financial Analysts Journal* 18, no.2 (March–April 1962), 49–62.

図 10-2　配当、自社株買い、株主還元の利回り

　自社株買いは、その実施に関する規制が大幅に緩和された1980年代前半に重要視されるようになった。**図10-2**を見ると、株主還元利回り、すなわち配当利回りと自社株買い利回りの合計は、1960年以降極めて安定しており、むしろやや上昇傾向にあることがわかる。また、2008〜2009年の金融危機の際とその直後には、自社株買い利回りがゼロになったこともわかる。これは、強い企業が弱い企業を買収するために株式を発行し（バンク・オブ・アメリカがメリルリンチを、JPモルガンがベアー・スターンズを買収）、いくつかの金融機関がバランスシート強化のために普通株と優先株を債権者に対して発行するといった金融セクターの急激な変化によるものである。要するに、配当利回りだけでは、市場全体の評価を示す指標としては不十分だということだ。

株式評価の尺度

　多くの株式バリュエーションの尺度は、発行済株式の市場価値を、利益、配当、純資産などのファンダメンタルズや、国内総生産（GDP）、金利、利益率といった経済指標と比較して測定する。

PER

　株価を評価するうえで、最も基本的な尺度は株価収益率（PER）である。現在のPERは、年間の利益に対する株価の比率を、総額または（同等に）1株当たりで測定したものである。PERは、企業の現在の利益1ドルに対して、投資家が何ドルまで支払う意思があるのかを測ることができる。

　図10-3は、1871年から2021年12月までのPERを、過去12カ月のGAAPによる報告利益とS&P500の営業利益に基づいて示したものである。GAAPによるPERは、過去4回の景気後退期、特に金融危機後の2008～2009年に急上昇していることがわかる。それ以前の景気後退期では、利益の減少により当然ながらPERは上昇したが、近年では、第7章で詳述したFASBの時価会計ルールの変更により、その上昇幅が大きくなっている。

　PERの急上昇は、別の理由で市場全体のPERを過大評価することになる。株価指数のPERを計算する伝統的な方法は、指数に含まれる各企業の利益を加算し、その合計を指数に含まれる企業の時価総額で割ることである。しかし、景気後退期のように1社または複数の企業が大きな損失を計上した場合、このような方法では指数のPERを大きく過大評価する可能性がある。

　簡単な例として、AとBという2つの企業を取り上げる。A社は100億ド

図10-3 GAAP PER と営業 PER （1871～2021年）

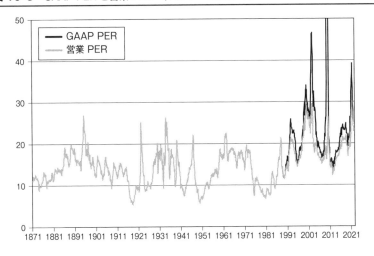

ルの利益を上げ、PER 20倍で売られている企業で、時価総額は2000億ドルと仮定する。B社は90億ドルの損失を計上し、時価総額は100億ドルとする。S&P500のような一般的な指数の基本である時価総額加重平均ポートフォリオでは、A社が95％以上、B社が5％未満という比率で構成されることになる。

しかし、時価総額の合計が2100億ドルであるのに対し、構成企業の利益合計は10億ドルしかないため、PER 20倍の企業が95％以上を占めているにもかかわらず、PERは210倍と計算される。このため指数全体のPERの計算方法は、集計バイアスと呼ぶべき上方への歪みをもたらし、市場のPERを実際よりもはるかに高く見せる[5]。利益と損失を合計し、その合計を時価総額で割っても正しいPERにならないのは、ある企業の損失が他の企業の利益では相殺されないためである。個々の銘柄は、規模の大小にかかわらず利益を集計することが適切である企業の事業部門とは異なる。株式保有者は、他の企業の損失によって損なわれることのない、当該企業の利益に対する固有の権利を有している。集計バイアスは、時価評価ルールの変更で企業が大きな損失を計上することで拡大している。そのため景気後退期には、指数全体のPERは市場の評価を大きく過大評価する。

株式益回り

PERの逆数は株式益回りと呼ばれ、時価総額1ドル当たりの利益を測定する。株式益回りは、株式の長期的な実質リターンを予測するうえで重要な指標である。もし、すべての利益が配当として支払われるのであれば、株式益回りは配当利回りと同じになる。

1870年から2021年までの150年間のPERの中央値は、GAAPによる利益で14.9倍、営業利益では14.8倍である。つまり、益回りの中央値は6.7％であり、株式の長期的な実質リターンよりコンマ数％低いだけである。

益回りと市場の長期的な実質リターンの間に、密接な相関関係があることは重要である。PERと益回りは、景気の循環的な影響を補正すれば、将来の株式の実質リターンを予測する指標として利用できる。これは、ロバート・シラーがCAPEレシオ（景気循環調整後のPER）を作成した際に推測し

---

[5] Jeremy J. Siegel, "The S&P Gets Its Earnings Wrong," *Wall Street Journal*, February 25, 2009, A13.

ていたことである。

CAPEレシオ

1998年、ロバート・シラーと共著者のジョン・キャンベルは、「バリュエーションレシオと長期的な株式市場の見通し」[6]という画期的な論文を発表した。この論文は、株式市場の予測可能性に関する彼らの初期の研究の一部を引き継ぎ、長期的な株式市場のリターンがランダムウォークではなく、景気循環調整後のPER、すなわちCAPEレシオと呼ばれるバリュエーション尺度によって予測できることを立証した。CAPEレシオは、S&P500などの広範をカバーする株価指数を、すべて実質ベースで測定した過去10年間の利益の総合計の平均値で割ることで算出される。1年平均ではなく10年平均の利益を用いるのは、景気循環に伴う利益の変動性を和らげるためである。

CAPEレシオは、将来の10年間の実質リターンの変動の約3分の1を予測したが、これは、成功率が低いことで有名な株式市場予測モデルとしては高い数値である。CAPEレシオが長期平均を上回った場合、今後10年間の実質リターンは平均を下回り、CAPEレシオが平均を下回った場合、実質リターンは平均を上回ると予測するモデルである。**図10-4**はGAAP利益および営業利益に基づくCAPEレシオを示したものである。

CAPEレシオが投資家の注目を集めたのは、1996年12月3日、キャンベルとシラーがFRBで研究の暫定版を発表し、1990年代後半は利益に比べて株価が大幅に上ブレしていると警告したためである。その1週間後に行われたグリーンスパンの「根拠なき熱狂」講演は、彼らの研究結果に一部基づいていると言われている[7]。2000年の強気市場の頂点で、CAPEレシオは史上最高の43を記録し、過去の平均値の2倍以上になり、その後10年間の株

---

6) John Y. Campbell and R. J. Shiller, "Valuation Ratios and the Long-Run Stock Market Outlook," *Journal of Portfolio Management* (Winter 1998), 11–26. 彼らのその前の論文は、"Stock Prices, Earnings and Expected Dividends," *Journal of Finance* 43, no.3 (July 1988), 661-676である。ロバート・シラーは、1996年7月21日に自身のウェブサイトに「Price Earnings Ratios as Forecasters of Returns: The Stock Market Out- look in 1996」という論文を掲載し、これがFRBでのプレゼンテーションのベースとなった。

7) その7月の論文でシラーは、今後10年間で実質のS&P500は38.07％下落すると予測した。この間、S&P500はインフレ調整後で41％上昇し、実質的な株式リターンも5.6％だったが、CAPEレシオの警告は時間が経つにつれてより正確になった。実際、1999年3月以降、実質のS&P500は50％以上下落し、シラーの弱気論が立証された。

図10-4　GAAP PERと営業PERに基づいたCAPEレシオ（1881〜2021年）

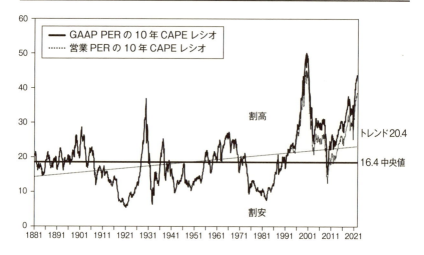

式リターンが平均以下になることを正しく予測した。

　歴史的に見ると、CAPEレシオは、1929年のピークと2000年のITバブル後のリターンの悪さを予測し、大恐慌と1970年代後半の弱気相場では平均以上のリターンを予測するなど、いくつかの顕著な成功を収めてきた。しかし、近年、CAPEレシオは過度に弱気な予測をしている。図10-4を見ると、過去30年間、CAPEレシオはほとんど常に長期平均を上回り、株式のリターンが平均を下回ることを予測していた。一方、この間の株式リターンは、ほぼ常に平均を上回ってきた。過去40年間（1981〜2021年）の4カ月を除くすべての期間において、実際の株式市場の10年間の実質リターンは、CAPEモデルによる予測を上回っている。金融危機以降、CAPEモデルは劇的に弱気になっており、2009年5月に市場が割高な領域に入ったことを示しているが、これは、歴史上最も大きな強気相場の1つの始まりとなった底値からわずか数カ月後のことである。

　近年のCAPEモデルの確証のない弱気には、いくつかの原因があると考えられる。第1に、配当利回りの低下が利益の伸びを加速させ、それが過去10年間の平均利益を変化させたことである[8]。第2に、本章の最後に述べる理由により、株式の流動性の増加と取引コストの削減が、図10-4に示

したPERの上昇傾向を正当化している。

CAPEレシオの弱気の最も重要な原因は、FASBの損失報告に関するルールの変更で、景気後退時の利益の減少を過大評価したことである。この過大な損失は10年の間、CAPE利益に残り、GAAPルールを使用した場合よりもPERを高くする。これらの問題点については、CAPEレシオが近年弱気になりすぎている理由を考察した私の論文「CAPEレシオの新展開」で詳述している[9]。

2020年、シラーは実質金利の低下を考慮してCAPEレシオを修正し、新しいモデルを超過CAPE利回り（ECY）と名づけた[10]。このモデルでシラーは、従来のCAPEモデル益回りを見るのではなく、CAPE益回りから実質金利を差し引き、これを過去の平均と比較している。

近年、実質金利が大幅に低下しているため、ECYは標準的なCAPEモデルよりも株式に対する弱気度ははるかに低い。2021年のモデルでは、確かに将来の株式リターンは過去の平均よりも低くなると予測しているが、債券の実質利回りが過去の平均よりも非常に低いので、将来の株式リターンのCAPE予測は過去の平均からそれほど離れていない。

2022年2月、ジェイソン・ツヴァイクは、過去10年間のCAPEレシオのパフォーマンスの低さについて、シラーにインタビューした[11]。シラーは、150年のデータがあるにもかかわらず重複のない観測データはわずか15件であり、統計的有意性を引き下げていると強調した。正しいCAPEレシオとは何かという質問に対して、彼は「わからない。私たちは常に新しい時代に突入しているのだ」と答えている。本章の冒頭で述べたように、歴史的な警告を無視する正当な理由がある場合もある。「今回は違う」と揶揄される言葉も、時には真実かもしれない。

---

8) 2019年、シラーは自身のウェブサイトで、配当性向で補正するトータルリターンCAPEレシオの創設を発表した。
9) Jeremy Siegel, "The CAPE Ratio: A New Look" *Financial Analysts Journal* vol.72, no.3（May/June 2016）, 1-10
10) Robert Shiller, Laurence Black, and Farouk Jivraj, "Making Sense of Sky- High Stock Prices" Project Syndicate, November 30, 2020
11) Jason Zweig, "The Market Doesn't Care About History," *Wall Street Journal*, February 12, 2022, B6

Fedモデルによる評価

　1997年初頭、FRBのグリーンスパン議長が株式相場の上昇が経済に与える影響に懸念を示したことを受け、FRBの3人の研究者が「利益と株式リターンの予測——S&Pの取引実績より」[12]と題した論文を発表した。この論文は株式益回りと30年物国債利回りとの驚くべき相関関係を明らかにした。

　グリーンスパンはこの論文の結論を支持し、Fedは、株式益回りが債券の利回りを下回っているときは株価が過大評価されているとみなし、逆の場合には過小評価されているとみなす、ともとれる発言をした。論文によると、株価が最も過大評価されていたのは1987年8月で、同年10月に大暴落が訪れる直前だった。逆に最も過小評価されていたのは1980年代初頭で、長期にわたる上昇相場が始まる頃であった。この研究は「Fedモデル」と呼ばれている。

　Fedモデルの基本的な考え方は、本章の冒頭で説明した配当利回りvs債券利回りモデルのようなものだが、配当利回りでなく株式益回りを国債の金利と比較するため、より正確に行うことができる。債券利回りが株式益回りを超えると、投資家はポートフォリオを株式から債券にシフトさせるため、株価は下落する。逆に、債券利回りが株式益回りを下回る水準まで下落すると、投資家はポートフォリオを債券から株式にシフトさせる。**図10-5**は、1871年から2021年までの株式益回り、債券の名目と実質の金利の推移を示したものである。

　実際、1960年から2000年にかけては、株式益回りと債券の名目金利は密接な関係を示していた。だが、その期間以外の相関は非常に弱い。さらに、Fedモデルには概念的に大きな欠点がある。指摘してきたように、株式は実物資産であり、その価格はインフレに伴って上昇する。株式の益回りと債券の名目金利ではなく、実質金利つまりインフレ調整後の利回りで比較するのが適切である。実際、それがシラーのECYモデルの基本である。しかし、その40年以外の期間では、これらの相関は極めて弱い。前述したように、実質金利を変化させる多くの要因は、株式評価に相応の影響を及

---

[12] Joel Lander, Athanasios Orphanides, and Martha Douvogiannis, "Earn- ings Forecasts and the Predictability of Stock Returns: Evidence from Trading the S&P," Federal Reserve, January 1997. Reprinted in the *Journal of Portfolio Management* 23 (Summer 1997), 24–35. It refers to an earlier version that was presented in October 1996

図10-5　株式益回りと債券利回り（1871～2021年）

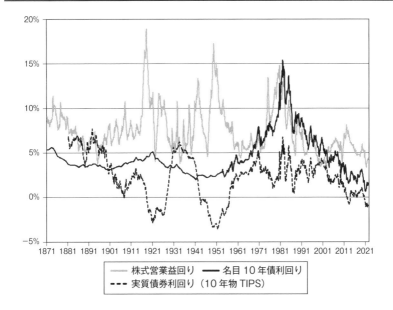

ぼさない。

とはいえ、益回りと債券の実質利回りが極端な状態になったとき、それが転換点のシグナルになることはよくある。2000年のドットコムバブルのピーク時、株式の益回りは3％強、一方で10年物TIPSの利回りは4％強であった。このため、ネガティブ・リスクプレミアム（益回りからTIPS利回りを引いたもの）が異常に高くなり、その後の株価下落のシグナルとなったのである。

株式時価総額、GDP、利益率

株式市場の評価に関するもう1つの指標は、株式市場の時価総額の対GDP比率である。この指標は、ウォーレン・バフェットが彼の好む市場のバリュエーション指標として2001年に紹介したものである[13]。この比率を

---

13) Warren Buffett and Carol Loomis, "Warren Buffett on the Stock Market," *Fortune Magazine*, December 10, 2001

図 10-6 バフェットの指標：時価総額対 GDP 比率

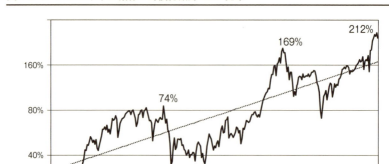

示したのが**図10-6**である。バフェットは、この指標が70〜80％に低下した2001年、株式市場は「買い」であるが、1999年のように2倍近くに高騰したときは、市場は非常に「危険」であると指摘している。2021年、この比率は史上最高値まで上昇し、非常に割高な市場であることを示唆した。

しかし、株式時価総額の対GDP比率は、株式市場の指標として優れているとは言えない。1つは、この指標は、非公開企業と比較して公開企業の数や規模の変化を考慮していないことである。この間、金融部門を中心に多くのパートナーシップが法人化され、時価総額を押し上げてきた。

しかし、より重要なことは、第4章で述べたように、海外での売上の割合が第二次世界大戦後に飛躍的に増加し、現在では売上と利益のほぼ2分の1を占めていることである。世界経済に対して米国経済の規模が縮小すれば、米国の多国籍企業の利益と市場バリュエーションはGDPに対して上昇するはずである。バフェットの比率の上昇傾向は、この要因で容易に説明できる。

簿価、時価、トービンのQ

企業の簿価も評価基準として利用されることが多い。ここでいう簿価と

は、取得原価に基づいて算出した企業の純資産（資産から負債を差し引いたもの）である。この尺度の欠点は、簿価が過去の価格を用いているため、価格の変化が資産価値に及ぼす影響を無視していることである。企業が一区画の土地を過去に100万ドルで購入し、現在の価値が1000万ドルになっていたとしても、簿価で見る限り、この変化はつかめない。

元イェール大学教授でノーベル賞受賞者でもあるジェームズ・トービンは、この会計上の歪みを修正するため、簿価をインフレ調整し、米国企業の会計上の資産と負債の「再調達価格」を算出した[14]。トービンは、市場における企業の「均衡価格」あるいは「適正価格」は、資産から負債を差し引いた金額をインフレ調整した値に等しいと主張した。これによれば、企業の時価総額がこのインフレ調整後の簿価を上回るときは、経営陣にとっては、さらなる投資資金を調達するために株式を売却し、市場価格と実際の価値との差から利益を増やす好機となる。逆に時価総額が再調達価格を下回るようなら、生産設備の廃棄や減損、投資の中止によって生産を縮小する必要がある。

トービンは、インフレ調整後の簿価に対する株式市場での時価総額の比率を「Q」と呼び、株価が正しく評価されているなら、その数値は1になると説明した。2000年、英国のアンドリュー・スミザーズとステファン・ライトは『ウォール街を評価する』を出版し、トービンのQが株式市場の価値を測る最も優れた方法であるという考えを示した。この評価基準に基づけば、米国および英国と多くの欧州の株価水準が大幅に割高であると主張した[15]。ここではQ値のグラフは示さないが、その過去の水準はオリジナルのシラーCAPEレシオとほぼ同じであり、Qレシオを使った予測は過去10年間、同様の失敗を繰り返している。

株式バリュエーションの尺度のほとんどが簿価ベースであったため、トービンのQに対する健全な反論もあった。資本設備や構造物は流通市場がないため、有形固定資産を評価する現実的な手段は存在しないというものである。しかし最も重要な欠点は、簿価が知的財産を評価できないことであ

---

14) James Tobin, "A General Equilibrium Approach to Monetary Theory", *Journal of Money, Credit, and Banking*, vol.1 (February 1969), 15-29
15) Andrew Smithers and Stephen Wright, *Valuing Wall Street: Protecting Wealth in Turbulent Markets*, New York: McGraw-Hill, 2000

る。研究開発費は資産化されないため、時価総額に表れない。

　これは、特に、市場の支配力を強めているテクノロジー企業にとっては深刻である。例えば、2022年2月、マイクロソフトの簿価は1株当たり22ドルで、株価は300ドルだった。アップルの簿価はわずか4.40ドルで、株価は160ドル程度であった。個別銘柄の評価基準としての簿価については、第12章で詳しく説明することにする。要するに、簿価は過去の土台であり、株価は収益予想から導かれた将来見通しである。

利益率

　近年関心を集めているのが、企業の売上に対する利益の割合である利益率の水準である。**図10-7**は、1967年以降のS&P500構成企業の平均利益率として、決算報告書に記載されている利益率をプロットしたものである。この図から、利益率が最近、少なくとも50年ぶりの高水準に上昇していることがわかる。弱気筋は、こうした高水準の利益率は持続不可能であり、利益率が下がれば、利益と市場価格の大幅な下落につながると主張している。

図10-7 S&P500構成企業の利益率

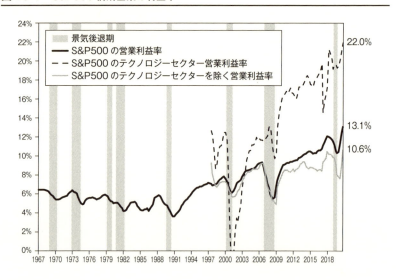

しかし、企業の利益率は高いままで、大きく下がることはないと考えられる理由はいくつかある。低い名目および実質金利、法人税率の低下、そして最も重要なのは、テクノロジー企業の割合が急増していることと、歴史的に国内販売よりも利益率の高い海外販売による利益の割合が増加していることである。

図10-7に見られるように、テクノロジー株は知的財産と世界的な優位性により、利益率がかなり高い。2021年の企業の利益率は、テクノロジー株を除くと13.1％から10.6％に低下する。これはまだ過去の平均より高いが、より高い利益率は、過去30年間の海外売上高の増加と税率の低下によってほとんど説明することができる。

市場の正しいバリュエーションとは？

過去150年間、市場のPERの中央値は約15倍であったが、近年はバリュエーションが高くなる傾向があることを指摘した。現在や将来の経済状況を考えると、市場のPERはどの程度が適正なのだろうか。

この疑問は、何十年もの間、経済学者たちを悩ませてきた。半世紀以上前、ノーベル賞経済学者のポール・サミュエルソンは『ニューズウィーク』でこう書いている。

> 株式の均衡PERを悪魔が知っているかどうか疑問である。長い間信じられてきたように、18対1なのか。かつてダグラス・ディロン［財務］長官が軽率に言い放ったように、15対1なのか。25対1か。あるいは今、テープが告げているように、14対1なのか……誰にもわからない。[16]

だが、PERのトレンドが長期的に上昇する説得力のある経済的な理由も存在する。最も重要な理由の1つは、株式投資や十分に分散されたポートフォリオを実現するためのコストが劇的に低下したことであるが、これについてはあまり言及されていない。

---

[16] "Science and Stocks," *The Samuelson Sampler*, Thomas Horton and Company, September 1966, 110–112.

取引コストの低下

　過去のデータから、（株価指数で計測した）株式の実質リターンは、過去2世紀にわたってインフレ調整後6〜7％であったことが確認されている。しかし、19世紀と20世紀初頭の投資家にとって、株価指数から算出されたこのリターンを得ることは、不可能ではないにしても、極めて困難だった。

　コロンビア大学のチャールズ・ジョーンズは、20世紀における株式の取引コストの低下についてまとめた著書を出版した[17]。ここでいう取引コストとは、買値と売値の差、言い換えれば株式の購入価格と売却価格の差額と、仲介業者に支払う手数料の合計である。ジョーンズの分析によると、株式の購入もしくは売却の片道にかかる平均コストは、1975年まで（手数料自由化以前）は取引額の1％を超えていたが、2002年には0.18％を下回り、現在ではさらに低下している。

　つまり、19世紀から20世紀初頭の間、株価指数に連動するように分散したポートフォリオを所有するには、年率で取引額の1〜2％の取引コストが必要だったのである。このようなコストがかかるために、初期の投資家は、あまり分散されていないポートフォリオで、株価指数よりも高いリスクを負っていたのである。別の言い方をすると、投資家が広範なベースの指数を完全に複製するために構成銘柄をすべて購入したとしても、取引コストを差し引いた後では、実質リターンは年率5％ほどにしかならない。もし投資家の要求する株主資本利益率が5％程度であるならば、投資家に5％の益回りをもたらすPERは20倍だから、これが今日の市場の均衡PERとなっているのだろう。

バリュエーションレシオを上昇させるその他の要因

　PERの上昇を正当化するもう1つの要因として、実質金利の急低下がよく挙げられる。確かに、ロバート・シラーは新しい超過CAPE利回り（ECY）に軸足を移すことで、金利低下による株価予想の弱気度を激しく縮小させた。だが、このアプローチには注意が必要だ。実質利回り低下の理由の多く、なかでも成長の鈍化とリスク回避の高まりは、必ずしも株価を上昇させるものではない。しかしながら、債券は株式の代替資産として最も重要

---

17) Charles M. Jones, "A Century of Stock Market Liquidity and Trading Costs", May 23, 2002.

であり、その利回りが急低下するならば、株式のバリュエーションが割高になったとしても、多くの投資家は確実に株式にとどまるのである。

株式リスクプレミアム

取引コストの低下や割引率の低下は、それぞれPERの上昇を正当化するために利用できるかもしれない。さらに、株式リスクプレミアム自体が縮小する可能性があることも理由になる。1980年代半ばに、経済学者のラジュニシュ・メーラとエドワード・プレスコットは「株式プレミアム：パズル」[18]と題する論文を発表した。2人はこの論文で、過去数年の間に経済学者が開発したリスクとリターンのモデルでは、これまでのデータが示すような株式と確定利付き資産とのリターンの大きな差を説明できないと主張した。そうしたモデルでは、株式のリターンが低すぎるか、確定利付き資産のリターンが高すぎるか、あるいはその両方になる。これに対して2人の研究は、株式プレミアムが少なくとも1％弱は修正されなければならないことを示した[19]。

株式が債券よりも3〜4％高いプレミアムを提供することを正当化しようとする文献は多くある[20]。そのうちのいくつかは、個人が消費支出を減らすことに非常に高い嫌悪感を抱いていることに基づいている。また、長期的には大きな利益があっても、短期的に損失を被ることを嫌う人々の近視眼的な行動に基づいているものもある。別の説明では、株式プレミアムは、株式のアウトパフォーマンスの大きさについて投資家が知らないことにある、としている。さらに、ほとんどの投資家は、インフレの不確実性を考慮すると、長期的には債券投資が株式より安全でないことを認識していない。これらの要因が十分に認識されれば、株式に対する需要は高まり、PERは過去の水準から大幅に上昇するはずである。

約1世紀前に、ブラウン大学のチェルシー・ボスランド教授は、まさにこのような見解を示した。彼は1936年、エドガー・ローレンス・スミスが

---

18) Rajnish Mehra, Edward C. Prescott, "The Equity Premium: A Puzzle", *Journal of Monetary Economics*, vol. 15（March 1985）, 145-162.
19) メーラとプレスコットは、コウルズ経済研究所の1872年以降のデータを使った。彼らの論文では株式の特性である平均回帰を考慮していないので、算出された株式プレミアムが過小評価されている可能性がある。
20) Jeremy Siegel, "Perspectives on the Equity Risk Premium," *Financial Analysts Journal* 61, no.1（November/December 2005）, 61–73. 以下に再掲。Rodney N. Sullivan, ed., *Bold Thinking on Investment Management, The FAJ 60th Anniversary Anthology*, Charlottesville, VA: CFA Institute, 2005, 202–217.

1925年に発表した『長期投資としての普通株』によって、株式のリターンがその他の投資商品を上回るという認識が広がったことによる帰結の1つは、バリュエーションレシオの上昇であると述べた。彼は次のように記している。

> 矛盾しているようだが、過去の研究によって株式投資の収益性の高さが広く知られるにつれ、将来、株式投資から得られる利益が減少する傾向にあるという説はかなり信憑性が高い。株式投資の魅力を認識した投資家が株価を競り上げ、結果的に投資家は高い価格で株式を購入するため、高いリターンを得られる可能性が低くなってしまうからだ。こうして株式購入で得られる利益が減少すると、投資家が得られるリターンは、その他の投資商品と変わらない水準になるだろう。[21]

結論

80年以上にわたって株式のアウトパフォーマンスが続いているにもかかわらず、株式のバリュエーションの水準は歴史的平均値からほとんど上昇していない。皮肉なことに、株式リスクプレミアムが多くのマクロ経済モデルで適切とされる水準まで低下して、株価が上昇すると、株式の将来的なリターンが低下することになる。つまり、将来の株式リスクプレミアムが低下した場合、まず株価が上昇し、退職後のポートフォリオから消費したい高齢者世代の株主にはメリットがあるが、若い世代の投資家にとっては株式の長期リターンが低下することになる。

---

21) Chelcie C. Bosland, *The Common Stock Theory of Investment*, New York: Ronald Press, 1937, 132.

第3部

市場の効率性、バリュー vs グロース

第11章 長期投資のための銘柄とは？

知らないことでトラブルに巻き込まれるのではない。知らないくせに自分ではちゃんとわかっていると思っていることなんだ。

マーク・トウェイン[1]

すばらしい会社といえども、あまりにも高すぎる値段で買うと、すばらしい投資ではない。

ベンジャミン・グレアム[2]

どの銘柄か？

投資家が短期的に市場に勝つには、①収益性や成長性に関する指標が市場の予測を上回る企業に投資する、②何らかの理由（それが正当化されようが、そうでなかろうが）によって他の投資家も買いに入り、それで株価の上昇が期待される銘柄を買う、という2つの戦略がある。つまり、群衆の行動を予測することだ。

長期的に勝者になりたいのであれば、まったく異なる戦略を追求しなければならない。意外なことに、利益の伸びは長期的なリターンを向上させる主要な検討項目ではなく、実際に、利益の高成長はしばしば過大評価につながり、長期的なアンダーパフォームをもたらす。歴史が示すところによれば、長期投資家にとって最も重要な基準は、ファンダメンタルズと比

---

[1] マーク・トウェインの言葉といわれる〔が、出所は不明で、マーク・トウェインではないようである〕。
[2] Benjamin Graham, *The Intelligent Investor: A Book of Practical Counsel*, Prabhat Prakashan, 1965, 23.

較して合理的な価格を維持する株式をバイ&ホールドすることであり、最も速く成長する企業を追い求めることではない。

スタンダード石油とIBM

1950年初頭にタイムスリップして、その頃亡くなった叔父が生まれたばかりのあなたの娘に1万ドルを遺贈したと想像してほしい。遺贈には特別な条件がつけられており、このお金でスタンダード石油ニュージャージー（現在のエクソンモービル）か、もっと小さいが有望なニューエコノミー企業であるIBMのどちらかを買わなければならない。さらに、選んだ企業の配当金はすべて再投資し、株式は施錠して厳重に保管し、2010年に娘が60歳になったときに開封するよう指示されている。

どちらの企業を買うべきか？

あなたの決断を助けるために精霊が現れて、この2つの企業の60年間の年間売上、利益、配当の成長率、テクノロジーセクターとエネルギーセクターの時価総額の変化を教えてくれたと仮定しよう。さらに精霊は、IBMは2年後に最初の商用コンピューターを開発し、その後20年間、他の企業が後にも先にも例がないほどテクノロジー分野を支配することになると告げる。その後のIBMのすばらしい成長は、1950年当時はまったく予想されていなかった。この60年間の利益、配当、売上の成長に関するデータを**表11-1**に示す。

ウォール街のプロが銘柄選びに使うあらゆる成長指標において、IBMがスタンダード石油に大差をつけて勝っていることがわかる。ウォール街が好む銘柄選びの基準である1株当たり利益の伸びは、60年間、IBMが石油業界の巨人の伸びを年率3ポイント以上上回った。さらに、この間、石油業界の時価総額占有率は劇的に縮小した。1950年当時、石油株は米国株全体の時価総額の約20％を占めていたが、2010年にはその半分近くまで減少し、一方でITセクターのシェアは6倍以上に増加した。

これらの情報をもとに、あなたは自信を持ってIBMの株を選ぶ。その決断は、まるでスラムダンクのようだ。

しかし、IBMは間違った選択となった。2010年に鍵を開けた娘さんは

表11-1 IBMとスタンダード石油ニュージャージー（1950〜2000年）

成長指標	IBM	スタンダード石油ニュージャージー	優位性
1株当たり売上高	10.59%	7.99%	IBM
1株当たり配当	9.73%	6.83%	IBM
1株当たり利益	11.26%	7.63%	IBM
セクターの変化率*	3.43%	−0.98%	IBM

*ITおよびエネルギーセクターの時価総額占有率の変化(1957-2010)

バリュエーション指標	IBM	スタンダード石油ニュージャージー	優位性
平均PER	22.48倍	12.92倍	スタンダード石油ニュージャージー
平均配当利回り	2.17%	4.21%	スタンダード石油ニュージャージー

リターン指標	IBM	スタンダード石油ニュージャージー	優位性
年率リターン	12.98%	14.48%	スタンダード石油ニュージャージー
株価上昇	10.66%	9.18%	IBM
配当	2.13%	4.94%	スタンダード石油ニュージャージー

リターンは1949-2010年の年末基準

　1500万ドル近いIBMの株を見て喜ぶだろうが、IBMの代わりにスタンダード石油を買っておけば、石油大手への投資は3300万ドル以上になっていただろう。ちなみに、時価総額加重平均インデックスファンドに投資した場合、この期間にわずか500万ドル弱しか積み上がっていないので、IBMもスタンダード石油も市場に勝っている。

　この結論は、データをさらに11年延長して2021年末までにした場合でも変わらない。2010年から2021年まで、両社はともにS&P500に大きく遅れをとったが、エクソンモービルへの投資はIBMに勝っており、この石油会社は71年の間、依然として市場に勝っている。この2銘柄の1950年からのトータルリターンの推移を**図11-1**に示す。

　なぜスタンダード石油は、すべての成長指標で大きく劣るのに、IBMに勝ったのだろうか。確かに1950年当時、IBMはスタンダード石油を上回る

図11-1 スタンダード石油とIBMのトータルリターン

株価上昇を見せた。IBMの新製品がもたらす興奮によってIBMのバリュエーションは著しく上昇し、優れた成長を続けたが、その60年間に投資家がIBM株に対して支払った平均価格は高すぎたのである。**表11-1**を見ると、スタンダード石油の平均PERはIBMの約半分であり、平均配当利回りは2ポイント以上高い。スタンダード石油の株価はIBMよりも低く、配当利回りはIBMよりもはるかに高いので、IBMの投資家は当初の持ち株数の3.63倍にしか株数を積み上げられなかったのに対し、スタンダード石油の株式を買って配当金を再投資した人は11.87倍まで株数を積み上げることになったのである。スタンダード石油の株価はIBMの株価を2ポイント近く下回る割合でしか上昇しなかったが、配当利回りが高いため、長期投資家にとっては石油メジャーが勝者となった。

どの国に投資するか？

2020年、世界の株式時価総額の約2分の1が米国に存在していた。米国に本拠を置くハイテク大手の株価が急上昇したことで、長年右肩下がりだったその割合は、近年は横ばいか微増となっている。しかし、第4章で確認したように、分散効果の観点から、国際投資はポートフォリオを検討するうえで重要な要素である。

海外に投資する場合、どの国や地域を選べばいいだろうか。欧州か日本か、それとも新興国か。また、中国はどうだろうか？

それを判断するために、次のような質問はどうだろう。投資対象の選択肢はA国かB国である。今後数十年間、B国のGDPはA国よりも速く成長するという情報しか与えられない。どちらに投資すべきか。この問いに直面した大多数の人は、「B国」と答えるだろう。

しかし、長期的なデータに基づけば、それは間違った答えである。図11-2は、1900年から2020年までの21カ国の株式の実質トータルリターンと1人当たり実質GDP成長率を示したものである。その結果は衝撃的である。GDP成長率と株式の実質トータルリターンは平均して負の相関関係である。実際、実質トータルリターンが最も高い南アフリカ、オーストラリア、米国、ニュージーランドは、1人当たりGDP成長率が極めて低い。

私は、この一見不可解な結果を『株式投資』第2版で初めて報告した。

図11-2　世界の株式リターン vs 実質1人当たりGDP成長率（1990〜2020年）

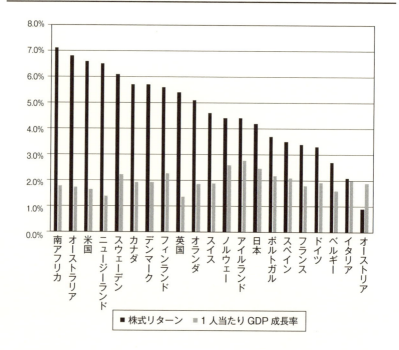

1970年から1997年にかけて、株式リターンとGDP成長率の相関係数は、先進17カ国ではマイナス0.32、新興国18カ国ではマイナス0.03であることを発見したのである。この負の相関は、後にジェイ・リッターやエルロイ・ディムソン、マイク・ストーントン、ポール・マーシュによって、より長い期間について確認されている[3]。

この結果は、1971年から2020年までの過去半世紀における世界の株式リターンとGDP成長率を調べても同じである。先進国（都市国家であるシンガポールと香港を除く）のなかで、最もリターンが高い国はデンマークで、その年率リターンは13.5％と米国を3ポイント近く上回っている。しかし、デンマークの過去半世紀におけるGDP成長率は、ドイツと並んで2番目に低く、米国に1ポイント近い差をつけられている。

この30年間は、さらに衝撃的な例を示している。世界第2位の経済大国となった中国は、1992年から2020年まで年平均9.3％という圧倒的なGDP成長率を記録している。しかし、中国株の年率リターンは2.7％にすぎず、新興18カ国の中で最も低い水準にある。一方、新興国のなかでこの期間に最も株式リターンが高かったのはペルーとブラジルであるが、これらの国はGDP成長率では最下位に近い位置にある。

経済成長のスピードが速くても、自動的に株主へのリターンが大きくなるわけではない理由はいくつかある。企業は資本を必要とし、より速く成長するには多くの株式を発行して生産の拡大を達成する必要があり、これが既存の株を希薄化する。長期的には、生産性向上の加速は賃金上昇という形で労働者に利益をもたらしてきた。産業革命以降、実質賃金（労働時間当たりのリターン）は着実に上昇してきたが、1ドル分の株式資本に対するリターンは、実質賃金の伸びよりも高いものの、ほぼ一定である。

成長とリターンの負の相関の最も重要な理由は、スタンダード石油がIBMに勝った理由と同じで、投資家が成長に対して過剰に支払い、低成長国を過小評価し、高成長国を過大評価するからである。

---

[3] Jay R. Ritter, "Economic Growth and Equity Returns," *Pacific-Basin Finance Journal*, 13 (2005), pp.489–503. Elroy Dimson, Paul Marsh, and Mike Staunton, *Triumph of the Optimists: 101 Years of Global Investment Returns*, Princeton NJ: Princeton University Press, 2002.

GOAT（Greatest of All Time）：史上最高

「史上最高」を意味するGOATは頭字語として一般的になった。通常、スポーツの選手やチームに適用される。シモーヌ・バイルズ、ラファエル・ナダル、トム・ブレイディ、ニューヨーク・ヤンキース、誰が一番か？ ファンは、これらスポーツ界を象徴する人物に順位をつけるのが大好きである。

株式市場では、1926年から集計されているCRSPデータに、個別株式のリターンの包括的なデータが存在しており、それを利用して長期間のトータルリターンが最も高い銘柄を計算することで、GOATを特定することができる。**表11-2**は、1926年以降に最も成績の良かったS&Pの当初構成銘柄を示したものである。

しかし、GOAT銘柄は、スポーツ界のGOATとは対照的に、少数からは賞賛されるものの、多数からは敬遠されている。その勝者は、第6章でも言

表11-2 1926～2021年で最もパフォーマンスが良かった銘柄

ティッカー	元の社名	現在の社名	年率換算リターン（1926年12月～2021年12月）
MO	フィリップモリス	アルトリア・グループ	16.02%
KSU	カンザスシティ・サザン鉄道	カンザスシティ・サザン	14.50%*
VMC	バルカン・マテリアルズ	バルカン・マテリアルズ	14.21%
ETN	イートン・マニュファクチャリング	イートン・コーポレーション	13.08%
IBM	インターナショナル・ビジネス・マシーンズ	インターナショナル・ビジネス・マシーンズ（IBM）	12.97%
KO	コカ・コーラ	コカ・コーラ	12.89%
PEP	ペプシコーラ	ペプシコ	12.84%
GD	ジェネラル・ダイナミクス	ジェネラル・ダイナミクス	12.51%
ADM	アーチャー・ダニエルズ・ミッドランド	アーチャー・ダニエルズ・ミッドランド	12.07%
TR	スイーツ・カンパニー・オブ・アメリカ	トーツィー・ロール・インダストリーズ	11.75%
TT	インガソール・ランド	トレイン・テクノロジーズ	11.53%
XOM	スタンダード石油ニュージャージー	エクソンモービル	11.29%
TXN	テキサス・インスツルメンツ	テキサス・インスツルメンツ	11.04%
CVX	スタンダード石油カリフォルニア	シェブロン	10.75%
ADX	アダムス・エクスプレス	アダムス・エクスプレス	10.56%

* カンザスシティ・サザンのリターンは、2021年12月13日にカナディアン・パシフィック・レイルウェイ・リミテッド（CP）と合併するまで

及した大手たばこメーカーのフィリップモリスであり、同社は新S&P500の当初構成銘柄の1つとなった1957年3月以降で最もパフォーマンスの高い銘柄だった。

　その優れたパフォーマンスは、1957年よりもさらに昔までさかのぼることができる。1926年末から2021年末までの95年間で、フィリップモリスの年率リターンは市場よりも6ポイント近く高い、16.02％を達成した。もしあなたの祖母が1925年にフィリップモリス株を40株（1000ドルで）買って、配当の再投資プランに参加していたら、世代を超えて受け継がれた彼女の株は、2021年末には13億3000万ドルを超える価値になっていただろう！　配当の再投資により40株は2500万株以上となり、この世界的大企業の1％以上の株式を保有することになっただろう。

フィリップモリスのアウトパフォーマンスの源泉

　皮肉なことに、長期保有を望むフィリップモリスの投資家にとって最高の出来事の1つが、同社の財務的な困難であった。このパラドックスは、バリュー投資家にはよく認識されている。ウォーレン・バフェットは、「私たちにとって最高の出来事は、偉大な企業が一時的なトラブルに見舞われたときだ。手術台の上にいるときに買いたいわけだ」[4]と言っている。

　そして長年にわたり、フィリップモリスは手術台の上だけでなく、集中治療室で生命維持装置につながれていたのである。たばこメーカーに対する連邦および州の訴訟が相次いだ結果、フィリップモリスは1000億ドル近くの費用を負担することになり、倒産の危機に追い込まれた。そのため株価は10年近く低迷したままだった。

　しかし、同社は現金を生み出し続け、配当を支払い続けた。株価が安かったため、株主は配当を使って株を安く買い足すことができた。フィリップモリスから身動きのとれなかった投資家にとって、この再投資された配当が、フィリップモリスを宝の山に変えたのである。

　フィリップモリスの傑出したリターンは、タバコ産業全体でも同様である。ロンドン・ビジネス・スクールのディムソン、マーシュ、ストーントンの3人は、1900年までさかのぼる米国産業のリターンの推移をまとめた。

---

4) Anthony Bianco, "Homespun Wisdom from the 'Oracle of Omaha'" *Businessweek*, July 5, 1999.

それによれば、1900年に市場に1ドル投資して2014年末まで保有すると、年率9.6％のリターンが得られたという。しかし、その期間にタバコ産業に1ドル投資していたとすると、14.6％のリターンとなり、市場の160倍以上のリターンを得ることができた[5]。

「死に体」が宝に変化した事例

　メルビル・シュー・コーポレーションが、S&P500のなかで長期的に大成功しているCVSに、どのように変貌したかはすでに述べた。メルビル・シューは、1928年に上場したため、その2年前からの**表11-2**には含まれていない。しかし、上場から2021年末までの年率リターンは、市場が9.88％だったのに対し、同社は12.48％だった。

　1950年代初頭に牛乳瓶のトップメーカーであったサッチャー・グラス・コーポレーションも興味深い例である。ベビーブームからベビーバスト〔出生率低下〕へと世代が移行し、ガラス瓶が紙パックに取って代わると、サッチャーの業況は急激に悪化した。サッチャーの株主にとって幸いだったのは、1966年にレックスオール・ドラッグに買収され、その後ダート・インダストリーズとなり、1980年にはクラフトと合併し、最終的に1988年にフィリップモリスに買収されたことだ。ガラス瓶は時代遅れとなったが、1957年にサッチャー・グラスの株を100株買って配当を再投資した投資家は、2021年末には4000万ドル以上の価値を持つことになる。

　奈落の底から這い上がった勝者の最後の例は、鉄道産業である。19世紀末から20世紀初頭にかけて、鉄道は資本市場を席巻した。しかし、世界恐慌の時代、飛行機や高速道路がより効率的な移動を可能にしたため、鉄道は衰退の一途をたどった。その結果、数十社の鉄道会社が倒産するか政府によって買収されることとなった。

　S&P500を構成する当初の500銘柄のうち、フィリップモリスとほぼ同じぐらいパフォーマンスが良く、1926年から2021年まで2番目に成績が良かった銘柄が鉄道会社で、1887年に設立されたカンザスシティ・サザン（KSU）

---

5) Elroy Dimson, Terry Marsh, and Michael Staunton, "Industries: Their Rise and Fall, "*Credit Suisse Global Investment Returns Yearbook*, 2015, 7.

というのは皮肉の極みである。KSU は、他の成功企業に買収されたわけでもなく、経営陣がまったく別の会社に変貌させたわけでもない。KSU はほぼ鉄道事業だけに専念し、1世紀以上にわたって優れた利益を生み出し続けてきた。しかし134年間続いた後、2021年12月にカナディアン・パシフィックに買収され、KSU は CRSP のデータベースから削除された。KSU にはすばらしい経営陣がいたが、投資家は鉄道事業に高い評価を下すことはなく、低水準の株価のおかげで KSU は最高リターンリストのトップ近くに位置することができた。

確実にわかっていると思っていても、実際にはそうではないもの

　ドットコムマニアの絶頂期も近かった1999年に、ファイナンス理論に基づくアルゴリズムを使って投資家にアドバイスを提供するという、新会社の取締役にならないかと誘われた。私はサンフランシスコに飛び、設立総会に出席した。経営陣、プログラマー、そしてビジネス戦略に非常に感銘を受けた。

　会議の冒頭、CEO は新しいインターネット関連会社のリストを配り、20年後に最も成功しそうな企業と失敗しそうな企業を予想するよう、参加者に求めた。その結果は、会議後の懇親会で発表されることになっていた。

　リストには少なくとも30社が掲載されていた。これら新興企業の多くが好んで使った接尾辞は「ドットコム」であり、20年後の強気相場における「ブロックチェーン」や「暗号(クリプト)」のようなものだった。そのリストには、Pets.com、Webvan.com、eToys.com、theGlobe.com、Flooz.com など、すでに上場している企業も含まれていた。また、ワールドコムや JDS ユニフェーズといった通信大手や、S&P500 の構成銘柄になったばかりのインターネット大手のヤフーや AOL も候補にあがっていた。

　「最も成功しそうな」として票を集めた企業は記憶にないが、「失敗して2020年には消えていそうな」として圧倒的多数で選ばれた企業のことは覚えている。実のところ、会議後のハッピーアワーで発表されたその企業は、集まったほぼ全員から「そりゃそうだ」と鼻で笑われた。それは本屋のAmazon.com だった。

結論

　2000年当時、アマゾン・ドット・コムを疑っていた人たちには多くの賛同者がいた。私がサンフランシスコに行ったのと同じ頃、ウォール街で最も古く影響力のある週刊誌の『バロンズ』が、これまでに最も馬鹿にしたものであるトップ記事を載せた。表紙を飾ったのは「Amazon.bomb」というタイトルだった。

　歴史はバロンズの予測を「誤り」としたのか？ そうともいえるし、そうでないともいえる。アマゾン・ドット・コムは、バロンズの記事が掲載される前日に59ドルで取引を終え、約1年半後には1株当たり5.51ドルで取引され、90％以上の劇的な暴落となった。1999年の高値まで戻すのに10年近くを要した。2000年に少し我慢すれば、ITバブルの頂点のときに買えた株数の10倍以上のアマゾン・ドット・コムを買うことができた。

　2000年にアマゾン・ドット・コムを買った超長期の保有者は結局救済され、このエピソードは長期投資家の基本原則を物語っている。そう、企業に惚れるのではなく、その価格に惚れることだ。

第12章 バリュー投資は死んだのか？

> ベンジャミン・グレアム（バリュー投資の父）の著書『賢明なる投資家』は、私の人生を変えた。この本を読んでいなかったら、おそらく私は今も新聞配達をしていたであろう。
> 　　　　　　　　　　　　　　　　　　　ウォーレン・バフェット、2019年[1]

> バリュー投資は死んだ。
> 　　　　　　　　　バンク・オブ・アメリカ／メリルリンチのメモ、2020年9月

バリュー投資

　バリュー投資とは、配当、利益、資産、キャッシュフローといった企業のファンダメンタルズに比べて株価が低い銘柄を購入する戦略で、何十年もの間、ほぼすべての成功した長期投資家の特徴だった。定評あるバリュー投資の創始者は、英国生まれのニューヨーカー、ベンジャミン・グレアムで、コロンビア大学のデビッド・L・ドッド教授とともにバリュー投資の原則を示した名著『証券分析』を1934年に出版した。グレアムは、きっちりした財務分析によって企業の本質的価値を決定する手法を開発した。彼は、投資家が株式の市場価格とその本質的価値の差を利用することで、市場に勝つことができると信じた。

　グレアムは、その原則に従うことで投資家として大成功を収め、多くの

---

[1] Rey Mashayekhi, "Why Warren Buffett's 'Bible of Investing' Still Matters More Than 70 Years Later," *Fortune Magazine*, April 17, 2021

支持者を獲得し、定期的に市場を上回るリターンを生み出した。グレアムはその戦略を1949年に『賢明なる投資家』という本にまとめた。同書は何百万部も売れ、何十カ国もの言語に翻訳された。

ベンジャミン・グレアムの弟子として最も有名なのはウォーレン・バフェットである。バフェットはコロンビア大学ビジネススクールでグレアムの下で学び、バリュー投資の原理を学んだ。その他にも、ウォルター・シュロス、ウィリアム・ルアン、トゥイーディ・ブラウン・パートナーズなど、バリュー投資家として大きく成功した人々がいる。バフェットは1984年に発表した記事「グレアム・アンド・ドッド村のスーパー投資家たち」で、これら投資家を取り上げている。バフェットは、彼らの優れたパフォーマンスが偶然によるものではなく、バリュー投資の原則を規律正しく適用した結果であることを示した[2]。グレアムとドッドのアプローチの最近の弟子には、マリオ・ガベリ、ビル・アックマン、マイケル・バーリ(マイケル・ルイス『ビッグ・ショート』に登場)などがいる。

グレアムはその教えのなかで、投資に関する文献で最も有名な人物としてミスター・マーケットを登場させている。ミスター・マーケットは感情的で躁鬱病のような性格の人物で、自分が代表している企業の株式をファンダメンタルズからかけ離れた価格で売買することを提案してくる。グレアムは、賢明な投資家はミスター・マーケットの機嫌を利用して、本質的価値を下回る価格で株式を買い、高すぎる株価で売ることができることを示した。バリュー株と呼ばれる、企業のファンダメンタルズに比して価格が低い株式は、長期的には、ファンダメンタルズに比して価格が高いグロース株よりも、優れたリスク調整後のリターンを投資家にもたらす[3]。グロース投資とバリュー投資のどちらが優位かについては、投資のプロたちの間で永遠のテーマとなった。

だが2007年から2021年にかけては、バリュー投資は成功した投資戦略とはいえなかった。事実、投資戦略のパフォーマンス分析用の約1世紀に

---

[2] Warren Buffett, "The Superinvestors of Graham-and-Doddsville," *Columbia Business School Magazine*, 1984.
[3] 1980年代以前のバリュー株は、低PER銘柄が景気循環と密接に関係する業種に多く見られたため、景気循環銘柄と呼ばれることが多かった。しかし、スタイル投資の普及に伴い、これらの銘柄を専門に扱うエクイティマネジャーの多くが、「景気循環」という呼称に違和感を覚え、バリューという呼称を好んで使うようになった。

わたる株式データにおいて、ほぼすべての指標でバリュー投資はグロース投資に大差で後れをとっている。

　何が起こったのか？　バリュー投資は、一部の人が主張するように死んだのだろうか？　それとも、この投資スタイルが不運に見舞われただけなのだろうか？　これらの疑問に答えるため、バリュー投資に用いられるさまざまな尺度を定義し、データを検証・解釈することにしよう。

収益、配当、簿価

　グレアムとドッドは、企業の株を買うべきかどうかを決める重要な変数として、PERの重要性を強調し、高いPERの株を買うのは負け組の戦略であると警告した。1934年に出版した古典的名著『証券分析』で次のように述べている。

　　したがってわれわれは現実問題として次のような結論に至る。平均的な利益の16倍以上の株価で株式を購入する投資家は、長期的には多額の資金を失うであろう。[4]

　当時の平均的な株がPER15倍以下で売られていたとしても、16倍以上の銘柄の購入を控えるというのは非常に限定的である。興味深いことに、6年後に出版された第2版では、グレアムとドッドは、利益成長率が高い企業は高いバリュエーションに値するという可能性に言及し、「妥当なPER」の上限を20倍に改めた[5]。それでも、PERが高い銘柄を買うと将来リターンが低くなることが多い、という考えは維持した。

　将来リターンに対するPERの重要性は学術研究によって確認された。1970年代後半、サンジョイ・バスはS・F・ニコルソンが1960年に行った研究を発展させ、PERが低い株式のリターンはリスク調整後でも、PERが高い株式を大幅に上回ることを確認した[6]。その後の分析では1926年以降

---

4) Graham and Dodd, *Security Analysis*, 1st ed., 453.
5) Graham and Dodd, *Security Analysis*, 2d ed., 533.
6) S. F. Nicholson, "Price-Earnings Ratios," *Financial Analysts Journal*, July/August 1960, 43–50. Sanjoy Basu, "Investment Performance of Com- mon Stocks in Relation to Their Price-Earnings Ratio: A Test of the Efficient Market Hypothesis," *Journal of Finance*, Vol.32 (June 1977), 663–682.

図 12-1　益回りの水準別リターン

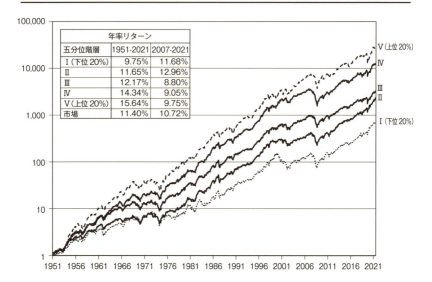

の膨大な株式データを活用し、PERの低い企業が高い企業をアウトパフォームすることを確認した。

図12-1は、1950年から2021年までの米国の全企業の累積リターンを、各年の12月31日のE/Pレシオ（PERの逆数）、つまり益回りでランク付けしたものである。全銘柄の益回りを上位20％から下位20％まで五分位階層※に分け、次の12カ月間のリターンを計算した[7]。

全期間を通じて、益回りが最も高い（PERが最も低い）銘柄が、益回りが最も低い（PERが最も高い）銘柄をアウトパフォームしたことがわかる。しかし、図中の表が示すように、この戦略による利益が最大となったのは、金融危機前の2006年以前である。それ以降、低PER銘柄は高PER銘柄をアンダーパフォームしているが、それでも全期間ではアウトパフォーマンスを維持している。

※〔訳注〕五分位階層（Quintiles）とは、下位から上位まで20％ごとのグループ分け。
7) 利益は過去12カ月分。リターンは、投資家が第4四半期の利益を予測値ではなく実績値を使えるように、2月1日から2月1日までで計算した。利益がゼロまたはマイナスの企業は高PERの階層に入れた。

配当

　バリュー投資家が用いる第2の重要な要素は、配当利回りである。グレアムとドッドは『証券分析』で次のように述べている。

> 1ドルの利益は配当として支払われるほうが、剰余金に回されるよりも株主にとって値打ちがあるという株式市場の常識は、経験に裏打ちされている。普通株を購入する投資家は通常、十分な収益力と十分な配当を要求する。[8]

　投資家が利益を考慮したならば、なぜ配当が投資家の購買意欲を高める追加的な要因になるのか、という疑問は当然である。第7章では、配当として支払われない利益は、自社株買い、設備投資の拡大、負債の返済など、いくつかの方法で株主価値を生み出すことができることを明らかにした。実際、もし企業が内部留保から、投資家が株式保有のために要求するのと同じリターンを得るのであれば、利益が留保されようが配当として支払われようが株価は変わらないことを示した。

　ベンジャミン・グレアムは、企業が内部資金を効率的に使用していない場合が多いと考えた。実際、グレアムが最も利益を上げた投資は、企業を買収し、非生産的な余剰資金（多くは現金やその他の流動資産で保有）を株主に分配するものが含まれていた。さらに、バリュー投資家は、経営陣が現金配当を行う（そして、その配当を長期的に増加させる）ことを常に約束し続けることは、経営陣が生産的で収益性の高い投資を行い、株主利益を増加させるインセンティブになると考える。

　PERの場合と同様に、初期の研究はグレアムとドッドの信念を確認した。1978年にクリシュナ・ラマスワミーとロバート・リッツェンバーガーは、配当利回りと最終的な投資リターンに強い相関があることを見いだした[9]。著名なアドバイザーのジェームズ・オショネシーは、1951～1996年の期間、大型株のうち配当利回り上位50社のリターンが大型株全体を年率1.7％上

---

[8] Graham, Dodd, *Security Analysis*, 2d ed.〔邦題『証券分析』〕, 381.
[9] Robert Litzenberger, Krishna Ramaswamy, "The effect of Personal Taxes and Dividends on Capital Asset Prices: Theory and Empirical Evidence", Journal of Financial Economics, 1979, 163-195.

回ったことを明らかにした[10]。

自社株買い

配当は、企業が利益を株主に直接分配するための1つの手段にすぎない。第7章と第10章で述べたように、自社株買い、すなわち経営陣が公開市場で自社株を購入することは、株主リターンの重要な源泉となる。1982年以前は、政府は経営者が自社株買いを行って市場を操作することを懸念し、自社株買いを行うことを厳しく制限していた。しかし1982年、SECは一連の規則（10b-18）を制定し、自社株買いを認める条件を大幅に緩和した。

税制面では、株価を上昇させる自社株買いは配当よりも優れている。なぜなら、配当は支払われた時点で課税されるのに対し、キャピタルゲインは株式を売却した時点で課税されるため、投資家の意思で決定することができるからだ。その結果、投資家は、株式を最終的に慈善団体に寄付したり、非課税信託に入れたりすれば、株主リターンに対する課税をおそらく無期限に延期することができる。

実際、自社株買いを行う企業は市場をアウトパフォームし、新株発行を行う企業はアンダーパフォームすることが研究者によって明らかにされている。**図12-2**は、1951年からの累積年率リターンを自社株買いを行った企業と配当利回りによる五分位階層でランク付けした企業に分けて示している。この期間、自社株買いを行った企業は、高配当企業さえもアウトパフォームしている[11]。長期データは、配当利回りだけで、より高い株式リターンを達成するケースを支持している。しかし、配当利回り戦略は、PERか自社株買いのどちらかを使った場合に比べて成功しているとは言えない。

配当利回りが最も高いポートフォリオは市場よりも高いトータルリターンを得られるが、実際には配当利回りが2番目に高い階層の銘柄が配当利回りが最も高い階層の銘柄よりも、わずかに高いリターンを得ている。これは、高配当銘柄のなかには経営難に陥り、その後配当の減額を余儀なくされた企業があったためと思われる。

---

10) James P. O'Shaughnessy, *What Works on Wall Street*, 3rd ed., New York: McGraw-Hill, 2003.
11) 1963年以前は買い戻しデータがないため、それまでの市場リターンで代替している。

図 12-2　配当利回りの水準別リターンと自社株買い企業のリターン

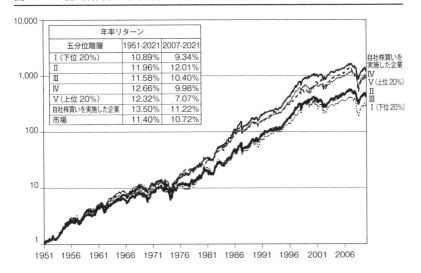

　PERの場合と同様に、高配当利回り銘柄のパフォーマンスは2006年以降著しく悪化している。一方、自社株買いを実施した企業のアウトパフォーマンスはその間も続いた。2007年から2021年まで市場のリターン10.72％に対し、自社株買いを行った企業のリターンは年率11.22％であった。高配当利回り銘柄だけでは近年の市場をアウトパフォームできなかったが、高配当利回りと自社株買いの組み合わせは、かなり良い結果をもたらした[12]。

ダウ10戦略

　長期的に市場をアウトパフォームしているもう1つの高配当利回り戦略は、「ダウ10戦略」あるいは「ダウの〔負け〕犬戦略」と呼ばれるものだ。この戦略は、毎年ダウ平均のなかで最も利回りの高い10銘柄に投資するものである。

　ダウ10戦略は、史上最もシンプルで最も成功した投資戦略の1つと評価されている。『ワシントン・ポスト』のジェームズ・グラスマンによれば、

---

[12] Jamie Catherwood, "Shareholder Yield," O'Shaugnessy Asset Management, November 2019.

そもそもダウ10戦略は、1980年代にクリーブランドの投資アドバイザー兼ライターのジョン・スラッターが考案したものだという[13]。その後、1992年にはハーベイ・ノウルズとデーモン・ペティが『配当投資家』(The Dividend Investor)のなかで、また、マイケル・オヒギンズとジョン・ダウンズが『ダウに勝つ』(Beating the Dow)のなかで、それぞれダウ10戦略について紹介し、世に広めた。配当利回りが高い銘柄というのは、たいてい株価が低迷していて投資家に人気がない。そのため、ダウ10戦略はしばしば「ダウの〔負け〕犬」戦略と呼ばれる。

図12-3は、ダウ10戦略の優位性を示すものである。ダウ10戦略は1957年から2021年まで、全30銘柄で構成されるダウ平均とS&P500の両者をアウトパフォームしている。この68年間で、ダウ平均のリターンが11.45%、S&P500が11.03%であるのに対し、ダウ10戦略は12.40%である。しかし、近年は、他のバリュー戦略と同様にダウの〔負け〕犬戦略が市場を下回っているため、その差は縮小している。

図12-3　ダウ10戦略、ダウ平均、S&P500のリターン

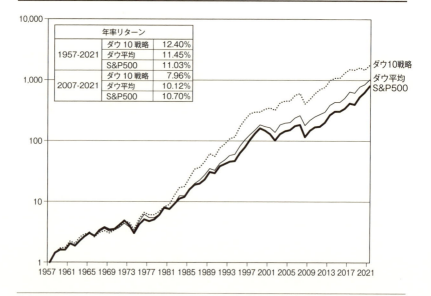

13) John R. Dorfman, "Study of Industrial Averages Finds Stocks with High Dividends Are Big Winners", *Wall Street Journal*, August 11, 1988, C2.

簿価〔純資産〕

　少なくとも学者やマネーマネジャーの目から見て、バリュー投資を大きく後押ししたのは、CRSPが収集した1926年以降の全上場銘柄の膨大なデータを分析したことであった。ユージン・ファーマとケン・フレンチは、1992年に『ジャーナル・オブ・ファイナンス』に「株式市場の期待リターンのクロスセクション分析」を発表し、この論文は金融関連の文献のなかで最も引用される論文の1つとなった[14]。

　ファーマとフレンチは、簿価〔純資産〕の市場価格に対する比率を用いることで、リスクに比して優れたリターンを示す株式が選択できることを示した。彼らのオリジナルの研究によると、将来のクロスセクションの株式リターンを予測するうえで、PERよりも株価純資産倍率（PBR）のほうが優れていることが示されている[15]。

　グレアムとドッドも、純資産が株式のリターンを検討するうえで重要な要因であると考えていた。

> 株式を購入もしくは売却する際には、少なくともその企業の純資産に注意を払うべきである。株式を購入しようとしている投資家は、自分が知的であると主張するのなら、最低でも、対象とする事業にいくら注ぎ込む気でいるのか、そして投資対象企業の有形固定資産がどれだけあり、投資と引き換えに何を手に入れることになるのかを認識する必要がある。[16]

　図12-4は、銘柄を簿価の水準で分けることが、リターンを高めるために有効であることを示している。近年、この戦略の成果が大きく悪化しているが、過去70年間で見ると、PBRが最も低い〔簿価時価比率が最も高い〕階層の銘柄が、PBRが最も高い〔簿価時価比率が最も低い〕階層の銘柄を年率3パーセントポイント超上回るリターンを示している。しかし、最近のパフォーマンスは貧相で、この戦略で全期間を判断した場合、PERの後塵を

---

14) Eugene Fama and Ken French, "The Cross Section of Expected Stock Returns," *Journal of Finance* 47 (1992), 427–466. Some of the foundational work for the study by Fama and French was performed by Dennis Stattman in his 1980 unpublished MBA honors paper, "Book Values and Expected Stock Returns."

15) Fama and French, "Cross Section of Expected Stock Returns."

16) Graham and Dodd, *Security Analysis*, 1st ed., 493–494.

図 12-4　簿価時価比率 (BTM)※の水準別リターン

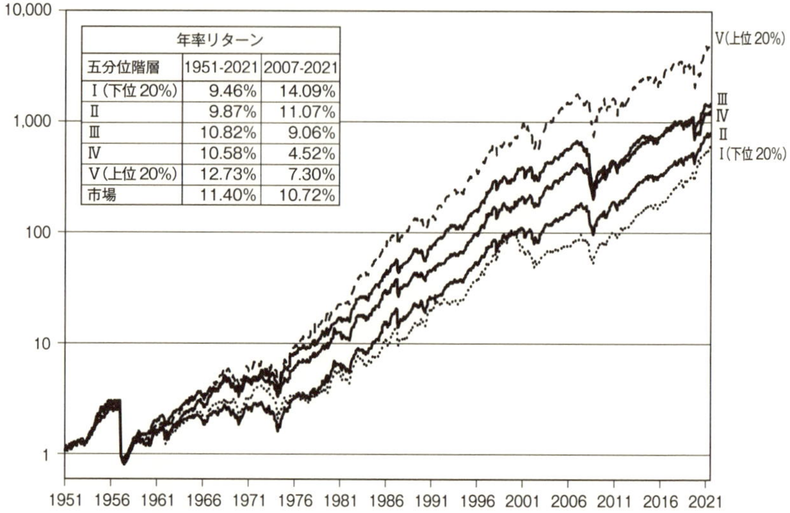

年率リターン		
五分位階層	1951-2021	2007-2021
Ⅰ（下位20%）	9.46%	14.09%
Ⅱ	9.87%	11.07%
Ⅲ	10.82%	9.06%
Ⅳ	10.58%	4.52%
Ⅴ（上位20%）	12.73%	7.30%
市場	11.40%	10.72%

※〔訳注〕簿価時価比率（Book to Market Ratio = BTM）はPBRの逆数

拝することになる。2006年以降、この戦略は市場を年間で3.5ポイント近く下回っている。

　ファーマとフレンチの研究では簿価が重視されたが、第10章で議論したように、簿価を使って企業の真の市場価値を推計することには困難が伴う。企業の資産を取得原価で計上する簿価は、当該資産の時価の変動を補正しておらず、また研究開発費や知的財産に関する支出を十分に考慮していない。

　簿価が投資家へのシグナルとして劣化したことは、驚くには値しない。米国経済の変革において、知的財産などの無形資産の重要性が高まっていることは最近の研究でも確認されている。ケイト・エルステンとニック・ヒルは、1975年にはS&P500企業の時価総額に占める無形資産の比率が17%しかなかったことを示した。しかし、1985年にはほぼ倍の32%、1995年には3分の2を超える水準となった。2015年、この割合は84%にまで上昇した[17]。実際、研究者が無形資産を簿価の計算に含めると、最近の簿価戦略のパフォーマンスが向上している[18]。

---

17) Cate M. Elsten and Nick Hill, "Intangible Asset Market Value Study," *les Nouvelles: Journal of the Licensing Executives Society*, LII, no.4（September 2017）, 245, https://ssrn.com/abstract=3009783.

簿価が企業の本質的価値を測定するうえで不十分な指標である2つ目の重要な理由がある。自社株買いを行う企業は自己資金を持ち出し、簿価ではなく市場価格で自社株を購入している。市場価格が簿価を上回っている限り(通常は上回っている)、これは簿価を引き下げることになる。第10章で述べたように、アップルの簿価は1株数ドルであるが、市場価格はその何倍にもなる。自社株買いの人気の高まりは、本質的価値の指標としての簿価の有効性をさらに低下させている。

バリュー株のアンダーパフォーマンス

バリュー株がグロース株をアンダーパフォームしたのは、2007年以降が初めてではない。1970年代初頭、「ニフティ・フィフティ」と呼ばれる収益成長率の高い企業群が、ウォール街の専門家や年金基金から注目されるようになった。このなかには、フィリップモリス、ファイザー、ブリストル・マイヤーズ、ジレット、コカ・コーラといった長年の勝者もいれば、MGICインベストメント、シアーズ、ポラロイド、バローズ、クレスゲといった敗者も含まれていた。機関投資家の買いによって、1972年12月にはこれらの平均PERは40倍を超え、S&P500の2倍以上となった[19]。この間、バリュー株は大幅にアンダーパフォームしたが、ニフティ株のほとんどが暴落すると、バリュー投資が再び優位に立つことになった。

さらに注目すべきは、2000年代初頭のドットコムバブルと呼ばれる成長株の暴騰である。このバブルでは、インターネットの創生に携わるテクノロジー企業に買いが集中した。オラクル、MCIワールドコム、サン・マイクロシステムズ、EMCなどの株価が急騰し、これらのPERはニフティ・フィフティの熱狂期をはるかに上回る水準に達した[20]。ドットコムやハイテク株の暴落により、翌年ナスダック指数は80%近く下落した。この結果、再びバリュー戦略が復活し、2006年にピークを迎えるまで市場をアウトパ

---

[18] Robert D. Arnott, Campbell R. Harvey, Vitali Kalesnik, and Juhani T. Linnainmaa, "Reports of Value's Death May Be Greatly Exaggerated," *Financial Analysts Journal* 77 no.1, 44–67.
[19] Jeremy Siegel, "The Nifty Fifty Revisited: Do Growth Stocks Ultimately Justify their Price," *Journal of Portfolio Management* 2, No.4 (Summer 1995).
[20] Siegel, "Big Cap Tech Stocks Are a Sucker's Bet." *Wall Street Journal*, March 12, 2000.

フォームし続けた。

しかし、ニフティ・フィフティやドットコム熱狂期におけるバリュー戦略のパフォーマンスの低さは、2006年以降のパフォーマンス低下の程度や持続期間には及ばなかった。ファーマとフレンチの簿価基準を用いて、PBRが最も低い銘柄をロング、PBRが最も高い銘柄をショートしたポートフォリオ（ロング・ショート・ポートフォリオと呼ぶ）の下落率は55％で、過去最も激しい下落を記録した[21]。

大型株では、ロング・ショート・ポートフォリオのドローダウンはさらに大きく61％に達し、これは過去のバリュー株の下落時に、大型バリュー株が小型バリュー株よりも良い結果を出していたため、異例のことである。確かに、PERや知的財産権で調整した簿価など、他のバリュー基準を用いれば、下落幅はそれほど大きくなくなる[22]。それでも、金融危機後のアンダーパフォームの期間が13.5年というのは前例がなく、ドットコムバブル後の2.5年という記録をはるかに上回っている。

2006年以降のバリュー株下落の説明

バリュー投資のプレミアムが消滅した理由の1つは、バリュー株が多くの投資家に買われ、この戦略の優位性が市場から裁定されてしまったことである。第17章で述べるように、過去のデータで見られた多くの現象は近年では薄れ、特に暦のアノマリーは完全に消滅している。

プレミアムは裁定されたのか？

多くの投資家がベンジャミン・グレアムの論考に従った結果、バリュー戦略を追求する利点がなくなったということなのだろうか。もしそうであれば、近年バリュー株はグロース株に対して下落するどころか上昇しているはずである。バリュー株が新たな高値均衡に達すれば、将来的なリター

---

21) 上位30％の簿価時価比率から下位30％の簿価時価比率を引いた値（HML）を大型株と小型株で平均したもの。

22) 2007年から2020年のドローダウンにもかかわらず、1963年7月から2020年6月までの57年間で、バリュー投資家のポートフォリオの総累積額はグロース投資家のポートフォリオの4.3倍である。知的財産を強化した簿価の定義を用いると、下落率は43％に減速する。ドローダウンは2016年12月に始まったが、その前の10年間は比較的横ばいで推移していた。Robert D. Arnott, Campbell R. Harvey, Vitali Kalesnik, and Juhani T. Linnainmaa, "Reports of Value's Death May Be Greatly Exaggerated," *Financial Analysts Journal*, 77, No.1, 44-67.

ンもグロース株並みに低下するはずである。しかし、実際のデータはその仮説を支持していない。バリュー株のPERは小幅に上昇したが、グロース株、特に大型グロース株のPERはそれ以上に上昇した。

逆に、バリュー株は2006年から2021年にかけて「甚大な嵐」に見舞われた。まず、2000年のITバブル崩壊後、グロース株、特にテクノロジー株の収益が市場予想を大幅に上回ったために割安だったことが証明された。さらに、この時期にグロース株のバリュエーション指標が大幅に上昇し、リターンをさらに押し上げることになった。

さらに、この間、重要なバリュー産業が深刻な損失を被った。まず、金融業は、金融危機で大きく落ち込み、その後、完全に回復することはなかった。次に、石油業は、新規採掘による供給量の急増と環境規制の強化のために崩壊した。最後に、コロナ禍は、テクノロジーに対する需要を大きく増大させた。このような打撃を考えれば、バリュー株が記録的に低いパフォーマンスに陥ったことは驚くにはあたらない。

実際、ルーボス・パストール、ロバート・スタンボー、ルシアン・テイラーの最近の研究は、バリュー株のアンダーパフォーマンスのかなりの部分が、第15章で取り上げるESG（環境・社会・ガバナンス）投資の急増と関連していると主張する[23]。環境リスクと関連した投資動向については、その傾向が特に顕著である。ESG投資家が石油をはじめとする環境破壊とみなされる業種を避け、環境に優しいとみなされるテクノロジー企業を選好したことが、これらの業種の収益とバリュエーションの変化の両方に寄与し、バリュー投資家に打撃を与えたという。

2006年以降、バリュエーションが大きく上昇したのは最大手企業であり、そのほとんどがテクノロジー関連銘柄である。**図12-5**は1962年から2021年までの時価総額上位30％、中位40％、下位30％の銘柄の平均PERを示したものである。大型株のバリュエーション指標の上昇幅が大きいことは明らかであり、中型株や小型株の上昇幅はそれよりずっと小さいことがわかる。2021年には、低PER銘柄のPERは1960年代前半とほぼ同水準であるが、高PER銘柄のPERはほぼ倍になった。

---

[23] Ľuboš Pástor, Robert Stambaugh, and Lucian Taylor, "Dissecting Green Returns," working paper, September 7, 2011.

図 12-5　PER と時価総額

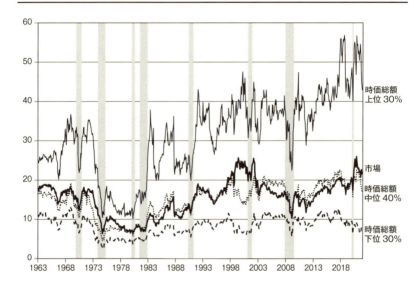

割引率

　グロース株のアウトパフォーマンスのもう1つの理由は、将来のキャッシュフローを割り引くための金利が低下したことである。バリュー株はグロース株よりも早くキャッシュフローを得ることができる。デュレーションとは、金融の専門用語で、投資家が資産の期待キャッシュフローを受け取るまでにかかる平均的な時間のことである。バリュー株のデュレーションはグロース株のデュレーションより短い。

　金利の変化によって、デュレーションの長い資産の価格がデュレーションの短い資産よりも大きな影響を受けることは、容易に示すことができる。例えば、金利が1パーセントポイント低下すると、10年債よりも30年債のほうが大きく価格が上昇する。第8章で見たように、過去20年間、実質金利と名目金利の両方が顕著かつ持続的に低下してきた。したがって、グロース株のバリュエーションがバリュー株のバリュエーションに比べて上昇することは合理的であり、2006年以降のバリュー株のアンダーパフォーマンスを説明する1つの材料となる。

　この説明に対する反論は、過去のデータである。金利がグロース株のバ

リュエーションに与える影響は、バリュー株と比べてほとんどなかったのである。グロース株の過去最大の暴落の1つは、実質金利が極めて高かった1999年から2000年のインターネットとドットコムのバブル期に起こった。インターネットの発展に対する興奮がこうした高い金利を相殺したのであり、このエピソードは金利要因の説明には適当でないとする議論もありうる。そうであれば、近年のバリュー株のアンダーパフォーマンスの一部を金利の大幅な低下によるものとすることも、不合理ではないだろう。

テクノロジー

グロース株がバリュー株を上回るのは、①バリュー株に比べてグロース株の収益が投資家の予想を上回った、②バリュー株に比べてグロース株のバリュエーションが上昇したからに違いない。

実際、近年はこの両方の条件が重なっている。2007年、S&P500の時価総額に占める（テクノロジー関連企業を含む）IT・通信サービスセクターの割合は19％だった。2021年にはその比率が40％に達し、ITから一般消費財セクターに移ったアマゾン・ドット・コムやテスラを加えると、IT主体の企業が米国企業全体の時価総額の2分の1近くを占めている。S&P500の約70年の歴史のなかで、これほどまでの集中は、1957年の指数誕生時の素材エネルギーセクターが優勢だったとき以来である。

前述したように、2007年以降、S&P500のほとんどのIT銘柄は業績予想を上回り、その急上昇した業績を上回って株価が上昇した。2012年のITセクターのPERは約14倍で、S&P500のPERを若干下回っていた。振り返ってみると、このバリュエーションは明らかにグロース株を過小評価していた。その後10年間、IT企業の1株当たり利益は年率12.7％で成長し、これはS&P500の他の企業より5ポイント以上高いが、一方でPERはほぼ2倍になったのである。

大型グロース株

最も顕著なのは、メタ（旧フェイスブック）、アップル、アマゾン・ドット・コム、ネットフリックス、グーグル（現アルファベット）、マイクロソフトといった巨大テクノロジー企業の支配力が高まっていることである。これ

らは2013年に、テレビ番組の司会者ジム・クレイマーによってFANGと呼ばれた[24]。その年のこれら6社の時価総額の合計は、ちょうど1兆ドルを上回る程度であり、S&P500の時価総額の8％を占めていた。2021年には、時価総額は10兆ドルに達し、S&P500の4分の1以上を占めるようになった。これら6社の収益は急速に拡大したが、それでも、PERはこの間に20台前半から30台半ばになったにすぎない。2021年、この6銘柄はS&P500のPERを約3ポイント上昇させた。

2021年のハイテク巨大企業には、2000年のドットコムバブル時のハイテク株と同じような割高感はなかったことに留意する必要がある。**図12-6**は、1962年から2021年までのITセクターと、そのなかの最大手5銘柄のPERを示したものである。これらの銘柄の2021年のPERはドットコムバブル期よりも低いだけでなく、2022年は1960年代と比較してもそれほど高くない。これらの両期間とも、金利は2020年よりもかなり高かった。このことは、テクノロジー株の現在のバリュエーションが不合理ではない可能性があり、

図12-6　時価総額別のPER

24) CNBC『マッド・マネー』の司会者ジム・クレイマーは、これらの銘柄の頭字語を並べて、これらの企業が「それぞれの市場を完全に支配している」と称賛した。当初、FANGが使われ、2017年にアップルが追加された。

優れた収益の成長を維持すれば、バリュエーションは市場に対して上昇し続ける可能性があることを示している。

バリュー株とグロース株の将来

　バリュー株とグロース株の論争において、バリュー投資の放棄を主張する人々は、世界が永久に変わったと主張する。経済学の入門講座では、1単位の製品を追加で生産する費用、すなわち限界費用が、その製品を売って得られる限界収入と等しくなるときに、利益が最大化されると教える。しかし、今日のデジタル世界では、デジタル製品を1つ追加で生産する費用は実質的にゼロである。ほとんど費用をかけずに、デジタル製品で世界中を満たすことができるのである。

　しかしながら、すべての製品がデジタルであるわけではない。アップルは物理的な携帯電話を、ネットフリックスは現実のコンテンツを、テスラは現実の自動車を生産しなければならない。アマゾン・ドット・コムは、米国で2番目に大きい民間部門での労働者の雇用主である。従来の経済モデルを完全に放棄することはできない。

　過去には、ある産業が経済や資本市場を支配した時代が何度もあった。19世紀は鉄道、20世紀初頭は石油、鉄鋼、そして自動車である。20世紀半ばには、政府によって保護された電話サービスの独占企業であるAT&Tが、その規模の大きさが株式指数のリターンを歪めることを恐れて、S&P500から除外されるほどだった。

　次の支配的産業は、エンターテイメント、気候変動緩和、空気と水の浄化、フィンテック、バイオテクノロジー、仮想現実と拡張現実、あるいは現在では想像もつかない何かだろうか。時価総額がわずかな産業から、巨大なテクノロジー企業が生まれる可能性もある。イーロン・マスクが眠れる自動車産業を変えたように、ジェフ・ベゾスが利益率の低い小売業を絶対的な力に変え、有店舗型の小売業を壊滅させたように。次のブレークスルーを誰がどこからもたらすか、誰にもわからない。

結論

　バリュー投資の基本は、100年前にベンジャミン・グレアムが鮮烈に描写した「ミスター・マーケット」という感情の揺れをはるかに超えるものである。バリュー投資の基本は、価格が真の市場価値と常に一致するわけではなく、また一致し得ないという事実にも基づいている。なぜそのようなことが起こるのか、そして投資家は「ノイズのある」市場をどのように利用できるのかについては、次章で説明する。

第13章 | 市場の効率性とノイズのある市場

> 証券分析が、どのような普通株でも普遍的な「適正な価値」についての物差しを定めることはできない……普通株の価格は、入念に考えられた計算ではなく、混沌とした人間的な行動の結果である。
> ベンジャミン・グレアム、デビッド・ドッド、1940年[1]

効率的市場仮説

　第1章では、株式市場が株主に対して長期にわたり一貫して大幅なプラスの実質リターンをもたらしてきたことを示した。前の2つの章では、かつて成功した投資家の代表的な戦略であったバリュー投資が、2020年代前半のグロース株の高騰により大きくアンダーパフォームしたことについて分析した。投資家が、単純な時価総額インデックスファンドよりも優れたリターンを実現できる銘柄を選ぶために利用できる戦略はあるのだろうか？

　1960年代半ばから1970年代初頭にかけて、効率的市場仮説（EMH）を支持した経済学者たちの答えは「ない！」だった。効率的市場仮説は、1967年にハリー・ロバーツによって提唱され、1970年代初頭にシカゴ大学のユージン・ファーマによって普及した概念である[2]。効率的市場仮説の下では、利益、配当、キャッシュフローなど株式リターンに影響を与えるすべての

---

[1] Benjamin Graham, David Dodd, "Price-Earnings Ratios for Common Stocks," *Security Analysis*, 2d ed.〔邦題『証券分析』〕, New York: McGraw-Hill, 1940, 530.
[2] Harry Roberts, "Statistical Versus Clinical Prediction of the Stock Market," Unpublished manuscript, 1967. Eugene Fama, "Efficient Capital Markets: A Review of Theory and Empirical Work," *Journal of Finance* 25, no.2 (1970), 383–417. 歴史については次も参照。 Martin Sewell, "History of the Efficient Market Hypothesis," UCL Research Note, January 20, 2011.

要素はすでに株価に織り込まれており、これらの要素（または他の要素）に基づいて投資しても単純な時価総額加重平均ポートフォリオのリスク・リターン・パフォーマンスを向上させることはないという。

1950年代、ウィリアム・シャープ、ジョン・リントナーらによる資本資産評価モデル（CAPM）や、ハリー・マーコウィッツによる先駆的なポートフォリオ選択の研究が進展し、それらに続いて（必ずしも含まれるわけではないが）効率的市場仮説が優勢となった[3]。CAPMでは、投資家にとって最も重要な個別銘柄のリスク指標は、多くのアドバイザーが信じていたような株価のボラティリティそのものではなく、過去のデータから推計できる当該株式のリターンと市場全体との相関関係であるとした。この相関はベータとして知られるもので、銘柄を分散しても排除できない資産リターンのリスクを計測する[4]。市場との相関がない個別銘柄のボラティリティは、分散可能リスク、残存リスク、または固有リスクと呼ばれ、十分に分散されたポートフォリオではより高いリターンを保証するものではない。

CAPMは効率的市場仮説とともに、投資家が達成できる最良のリスクとリターンのトレードオフは、「市場」ポートフォリオ、すなわちインデックスファンドと呼ばれる株式の時価総額加重平均の完全分散ポートフォリオを保有することであると示した[5]。リスク許容度の高い投資家は、株式インデックスファンドの比率を高くし（債券や現金などの安全資産の比率は低く）、リスク許容度の低い投資家は、株式インデックスファンドの比率を低くする。投資家のリスク選好がどうであれ、時価総額加重平均のインデックスファンドは、すべての投資家にとって最適な株式のポートフォリオとなる[6]。

効率的市場仮説は、1960年代にアーウィン・フレンド、ジャック・トレイナー、マイケル・ジェンセンが行った研究で支持された。彼らの研究は、

---

[3] Harry Markowitz, "Portfolio Selection," *Journal of Finance 7*, no.1 (1952), 77-91; Harry Markowitz, *Portfolio Selection*. New York: John Wiley & Sons, Inc., 1959.
[4] CAPMの発展に関する優れた要約としては、次を参照。Andre Perold, "The Capital Asset Pricing Model," *Journal of Economic Perspectives* 18, no.3 (Summer 2004), 3-24.
[5] ダウを除く一般的な株価指数のほとんどは、時価総額加重平均型のポートフォリオであることは、これまで述べてきたとおりである。
[6] この結果の基礎は、イェール大学のジェームズ・トービン「リスクに対する行動としての流動性選好」("Liquidity Preference as Behavior Towards Risk," *Review of Economic Studies* 25, no.1 (1958), 65-86) という画期的な論文が源となっている。

ミューチュアルファンドなどの「マネージドマネー」が、認知度の高い株価指数が表す市場に体系的に勝てないことを示した[7]。1970年代の初期の研究では、高いベータの銘柄は実際にリターンがより高いことが確認された[8]。これらの発見の結果、効率的市場仮説とCAPMは、1960年代から1980年代にかけて、学者やウォール街のほとんどの専門家が金融市場を分析する手法の主流となった。

しかし1980年代から1990年代には、CAPMや効率的市場仮説に反する実証的な証拠が出され始めた。個別銘柄のデータをより多く分析した結果、ベータはリターンを説明するのに有意でないことが証明された。1992年、CAPMと効率的市場仮説の初期の強力な支持者であるユージン・ファーマとケネス・フレンチは、企業規模（時価総額で測定）とバリュエーション（簿価時価比率で測定）の2つの要素が、株式リターンを決定するうえで、ベータよりはるかに重要であることを示す論文を発表した[9]。

その後、「モメンタム」や企業の財務変数に関連する他の多くの要素が、リターンに大きな影響を与えることが判明した。それらについては次章で説明する。これらの株価形成の「アノマリー」は、ファーマとフレンチに、ベータに反する証拠には「説得力」があり、「平均リターンのアノマリーは……（CAPM）モデルが株式リターンの有用な近似ではないことを推論するのに十分である」と言わしめた。実際、ファーマとフレンチは調査者に、〔CAPMとは〕「別の」資産価格モデルを調査すべきであり、また、「不合理な資産価格形成のストーリー」を考えるべきだと提案した[10]。

---

[7] Jack L. Treynor, "How to Rate the Performance of Mutual Funds," *Harvard Business Review* 43 (January/February 1965), 43, 63–75. Michael C. Jensen, "The Performance of Mutual Funds in the Period 1945–64," *Journal of Finance* 23 (May 1968), 389–416. Irwin Friend, *Study on Mutual Funds*, 1962 も参照。

[8] Fischer Black, Michael C. Jensen, and Myron Scholes, "The Capital Asset Pricing Model: Some Empirical Tests," *Studies in the Theory of Capital Markets*, Michael C. Jensen, ed., New York: Praeger, 1972, 79–121. Eugene Fama and James D. MacBeth, "Risk, Return, and Equilibrium: Empirical Tests," *Journal of Political Economy* (May/June 1973), 753–55.

[9] Eugene Fama and Ken French, "The Cross Section of Expected Stock Returns," *Journal of Finance* 47 (1992), 427–466.

[10] Eugene Fama and Ken French, "The CAPM Is Wanted, Dead or Alive," *Journal of Finance* 51, no.5 (December 1996), 1947–1958.

ノイズ市場仮説

　企業規模やバリュエーションの要素が投資家のリターンを大幅に改善し、時価総額加重平均ポートフォリオのリターンを上回るという発見は、効率的市場仮説やCAPMの基礎となるいくつかの前提条件が成立しないことを示唆している。効率的市場仮説の有効性に対する疑問は、サンフォード・グロスマンとジョセフ・スティグリッツの研究によってさらに深まった。彼らは、株価がときには本源的価値から乖離するので、アナリストがコストのかかる調査を行って株価をファンダメンタルズ要因によって正当化される水準まで戻す必要があることを証明した[11]。完全に効率的な市場は実際には不可能である、と彼らは主張した。

　株価がファンダメンタルズから乖離する理由の1つは、企業のバリュエーションとはまったく無関係だったり不完全だったりする情報に基づいて取引を行う「ノイズトレーダー」や、ファンダメンタルズ要因とは無関係な個人的な経済的理由で株式を売買する投資家の存在にある[12]。ノイズトレーダーの多くは、財務データを誤って解釈し、株価の「トレンド」やその他のテクニカルシグナルを追ったり、ある銘柄のバリュエーションについて特別な知識を持つと思われる「カリスマ投資家」に倣って投資したりしている。

　理由はどうあれ、こうしたノイズトレーダーは、株価をファンダメンタルズや本源的価値（推測に基づく将来の収益分配ではなく実際の収益分配に基づく価値）から遠ざけてしまう。

　2006年、私は株式市場を表現するうえで効率的市場仮説よりも現実的と思われるノイズ市場仮説という言葉を作り出した[13]。一般的で包括的な時価総額加重平均指数に勝つ戦略を見つけるのは容易ではないが、これらの指数に勝つ機会が存在しないということではない。ノイズトレーダーによって価格がファンダメンタルズから乖離した場合、ファンダメンタルズを重視する投資家が利益を得る機会が存在する可能性がある。

---

11) Sanford J. Grossman and Joseph E. Stiglitz, "On the Impossibility of Informationally Efficient Markets," *American Economic Review* 70 (June 1980), 393–408.
12) Eugene F. Fama, "The Behavior of Stock Market Prices," *Journal of Business* 38 (January 1965), 34–105. Fischer Black, "Noise," *Journal of Finance* 41, no.3 (July 1986), 529–543.
13) Jeremy Siegel, "The Noisy Market Hypothesis," *Wall Street Journal*, June 6, 2006.

ノイズの多い市場から利益を得る方法の1つとして、利益や配当といったファンダメンタルズな財務要因で銘柄をウエイト付けする戦略がある。この戦略はファンダメンタルズ加重平均指数やスマートベータと呼ばれる[14]。この戦略は、あらかじめ定められた方法で、ファンダメンタルズよりも市場価格が上昇した銘柄（またはファンダメンタルズよりも株価が下落しない銘柄）のウエイトを減らし、ファンダメンタルズよりも株価が下落した企業のウエイトを増やしていく。このようなポートフォリオでは、財務分析や個別企業の分析を行うことなく、自動的にバリュー株への傾斜が生じる。

市場の効率性からの乖離

このような戦略が時価総額加重平均指数よりも優れているためには、ノイズトレーダーの存在を立証する必要があり、その重要性が議論されてきた。1950年代にミルトン・フリードマンは、外国為替相場は柔軟で市場主導であると主張し、「高すぎる」買いや「安すぎる」売りをしていた投機家は金銭的損失を被り、市場においてマイナーな存在となるため、本源的価値からの乖離は大きくならないとしている[15]。

しかし、そうではない可能性があることを示した人もいる。1980年代後半に、ブラッドフォード・デロングらは、ある証券の価格を決定する将来のキャッシュフローがすべてわかっている場合でも、ノイズトレーダーが価格を本源的価値から大きく乖離させる可能性があることを示した。さらに、こうしたノイズトレーダーは、ファンダメンタルズに基づいて意思決定を行う投資家よりも高いリターンを得る可能性さえある[16]。問題は、「市場が『非効率的』と言われ、ファンダメンタルズに基づく投資家が反対ポジションを取って価格の乖離から利益を得るために、価格は『本質的価値（ファンダメンタル）』

---

[14] ファンダメンタル加重平均指数商品は、ウィズダムツリー・インベストメンツとリサーチ・アフェリエイツが共同で開発した。Robert Arnott, Jason Hu, and Philip Moore, "Fundamental Indexation," *Financial Analyst Journal* 63, no.2 (March/April 2004) を参照。ウィリス・タワーズワトソンというコンサルティング・グループは、2000年代初頭にスマートベータという言葉を作った。

[15] Milton Friedman, "The Case for Flexible Exchange Rates," *Essays in Positive Economics*, Chicago: University of Chicago Press, 1953.

[16] ノイズトレーダーはより高いリターンを得るかもしれないが、彼らはより高いリスクをとっている。James Bradford De Long, Andrei Shleifer, Lawrence Summers, and Robert Waldmann, "Noise Trader Risk in Financial Markets," *Journal of Political Economy* 98, no.4 (1990) 703–738. を参照

からどの程度乖離していなければならないのか」ということであった。

有名なオプション価格を算定するブラック-ショールズ・モデルの共同開発者であり効率的市場仮説の強力な支持者であるフィッシャー・ブラックは、1986年の米国ファイナンス学会での会長講演で、「価格が本源的価値の2倍以内にある市場、すなわち価格が本源的価値の半分以上、2倍未満である市場を効率的市場と定義できる」と述べて、多くのエコノミストを驚かせた。さらに、「この定義によれば、ほとんどの市場はほとんど常に効率的だと考えられる。『ほとんど』とは、少なくとも90％という意味である」と続けた[17]。

不合理性 vs 流動性

株価が本源的価値から2倍程度乖離していることが多いとすれば、市場に勝とうとするファンダメンタルズに基づく投資家にとっては格好の材料となるように思われる。しかし、これほどの乖離があっても、大きくミスプライスされた株式（および市場）は、最終的に本源的価値に戻る前にさらにミスプライスされる可能性がある。

ジョン・メイナード・ケインズは、100年近く前に「群衆」に追随した投機家がファンダメンタルズに基づく投資家を圧倒し、価格を均衡から遠ざけるかもしれないと警告した。彼は、「純粋な長期的期待に基づく投資は、非常に困難であり……ほとんど実行不可能である。それを試みる者は、群衆がどう動くかを、群衆よりもうまく推測しようする投機家の大きなリスクを負うことになるに違いない」と主張した[18]。現代的にケインズの言葉を要約すると、「市場は、投資家が支払能力を維持できるよりも長く、不合理であり続けることができる」ということになる[19]。

近年、市場が極端な状態に追い込まれ、ファンダメンタルズに基づく投資家を打ち負かす事例が見られるようになった。1990年代後半に多くの投

---

[17] Fischer Black, "Noise," *Journal of Finance* 41, no.3 (July 1986), 528–543. めずらしく、非常に明快な学術論文である。
[18] John Maynard Keynes, *General Theory*, London: Macmillan, 1936, P.157.
[19] このフレーズはケインズのものとされてきたが、確認されていない。この言葉を初めて引用したのは、1980年代の金融アナリスト、A・ゲイリー・シリングである。

資家がドットコム銘柄の空売りを始めたが、これらの銘柄が2000年から2001年に崩壊するまで高騰を続けたため、大きな損失を被りポジションを手仕舞わざるを得なかった。同様に20年後、レディットのウォールストリート・ベッツ（WSB）のような金融チャットサイトで人気となった「ミーム」銘柄が高騰し、多くのファンダメンタルズに基づく投資家や資金力のあるヘッジファンドが大きな損失を出して、ポジションをひっくりかえさせざるをえなくなった。

株価が本質的価値を下回る場合、ファンダメンタルズに基づく投資家は投資ポジションを維持しやすくなるが、その場合でも流動性の制約を避けられないことがある。個人投資家は信用取引で株式の価値の50％まで借り入れが可能だが、機関投資家はもっと多くの金額を借りることができる場合が多い。仮に株価が2分の1になった場合、フィッシャー・ブラックが効率的な市場と呼ぶ範囲にまだ収まるとしても、信用取引で50％を借りていた個人投資家は清算を迫られる瀬戸際に追い込まれることになる。ここで清算がなされてしまえば、たとえその株がのちに値上がりしたとしても、ファンダメンタルズに基づく投資家は損失を被ることになる。

清算リスクに加えて、市場から逸脱する戦略を追求することには心理的な障害もある。価格がファンダメンタルズから離れ続ければ、ファンダメンタルズに基づく投資家は、単純な時価総額加重平均のインデックスポートフォリオを持つ投資家をアンダーパフォームすることになる。インデックス投資家であっても、弱気相場にはしばしば怯えるものである。ファンダメンタル戦略のストラテジストに資金を預けている場合、その方針を維持することはさらに難しい。ある有名なファンダメンタル戦略のファンドマネジャーが語ったように、たとえあなたの戦略が長期的には正当化されたとしても、厳しい時期にあなたを見捨てた多くの顧客は二度と戻ってこないし、あなたの戦略が最終的に正しかったと認めることさえしないだろう。実際、アンドレ・シュライファーとロバート・ヴィシュニーは、その昇進が長期的なパフォーマンスではなく短期的なパフォーマンスに大きく依存することが多い機関投資家のマネジャーにとって、市場から逸脱する戦略をとるリスクは非常に大きいと論じている[20]。

---

20) Andrei Shleifer and Robert Vishny, "The Limits of Arbitrage," *Journal of Finance* 52, (1997), 35–55.

空売り規制

　株価が本源的価値を長期間上回ることがある理由の1つは、空売りの制限である。CAPMの前提の1つは、投資家が株式を空売りすることがロングポジションをとるのと同じくらい簡単であることだが、この前提が成立しない現実的かつ心理的な理由がある。株式の空売りをするには、投資家は売却するために借りる株式を探し、空売りに対する資金または「証拠金」を用意し、株式を貸す人に担保を提供する必要がある。さらに重要なことは、空売りをした人は、株価が上昇した場合、無制限に損失を被る可能性があるということだ。一方、買いだけの投資家が失うのは、最大でも投資額の100％である。

　市場を打ち負かそうとする戦略を追求するうえで、空売りに対する規制の影響は極めて大きい。ヘッジファンドなどの洗練された投資家が追求する価格アノマリーの多くは、「ロング・ショート」戦略と呼ばれるものである。この戦略は、歴史的にアウトパフォームしている銘柄を買う（「ロングレッグ」と呼ぶ）だけでなく、反対側の銘柄を空売りする（「ショートレッグ」と呼ぶ）ものである。ロバート・スタンボー、ジアンフェン・ユウ、ユー・ユアンは、1965年から2008年まで11種類のアノマリーを徹底的に研究し、ロング・ショート戦略のリターンの70％近くがポートフォリオのショートレッグからもたらされたことを明らかにした[21]。

　ロング・ショート戦略のショートレッグの利益は、「市場のセンチメント」つまり投資家が株式に対して強気か弱気かに大きく影響される。マルコム・ベーカーとジェフリー・ワーグラーは、投資家の心理指数を開発した。この指数で市場心理が高いときに、ファーマとフレンチが特定した時価総額とバリュエーションのアノマリーが特に利益を生むことを示した。そのような時期は投資家が強気で、多くの銘柄が本源的価値よりも高くなっているからである[22]。

---

[21] Robert F. Stambaugh, Jian Feng Yu, and Yu Yuan, "The Short of It: Investor Sentiment and Anomalies," *Journal of Financial Economics* 104 (2012), 288–302. このアノマリーには、モメンタム、失敗の確率、経済的困窮、純・複合株式発行、会計発生高（アクルーアル）、運用資産、粗利益率、資産成長率、総資産利益率、設備投資が含まれる。彼らの研究では、ロング・ショート・ポートフォリオは、（各戦略の）パフォーマンスの良い上位10％の銘柄をロングにし、パフォーマンスの悪い銘柄をショートで売るというものである。

スタンボー、ユウ、ユアンは、ロング・ショート戦略に由来する利益の80％近くが、市場センチメントが高い時期に発生していることも発見した。一方、ロングレッグの収益性は市場センチメントに大きく影響されないことを明らかにした。これはロングすべき「割安な」証券は、ショートすべき割高な証券よりも、資金を集めやすいという理論と整合的である。スタンボーらは空売り規制がこうしたアノマリーの重要な原因であり、株価がファンダメンタルズより高く評価されたときに最も利益が出るという仮説を確認した。

市場ポートフォリオ

　ノイズトレーダーの存在や空売りのリスクや規制は、株価がファンダメンタル価値から乖離する理由を説明するのに役立ち、このようなミスプライシングは、特定の戦略が市場をアウトパフォームする可能性を広げることになる。だが、取引銘柄全体の分析に基づくCAPMが個別株式のリターンを説明できない理由は、ノイズトレーダーだけではない。

　CAPMを実証的に検証する際の難しさの1つは、「市場ポートフォリオ」を構成する資産が明確に定義されていないことである。市場ポートフォリオは米国株だけで構成されるべきなのか、それとも全世界の株で構成されるべきなのか、あるいは債券や不動産も含まれるべきなのか。さらに重要なことは、多くの投資家の現在の富、特に若者にとって富の最大の部分を占める人的資本を含めるべきかどうかである。この曖昧さはCAPMの検証可能性を制限し、1970年代にこの問題を強調したリチャード・ロールにちなんで、ロールの批判と呼ばれている[23]。

　例えば、ある銘柄や銘柄群のリターンが労働所得と相関がある場合、これらの銘柄はポートフォリオでアンダーウエイトされるべきである。かつて一般的だった、勤め先の会社の株式を年金基金に組み入れることを、ア

---

22) Malcolm Baker and Jeffrey Wurgler, "Investor Sentiment and the Cross- Section of Stock Returns," *Journal of Finance* 61, no.4 (2006).
23) Richard Roll, "A Critique of the Asset Pricing Theory's Tests," *Journal of Financial Economics* 4 (1977), 129–76. D. Mayers, "Nonmarketable Assets and Capital Market Equilibrium Under Uncertainty," in M. Jensen, ed., *Studies in the Theory of Capital Markets*, New York, NY: Praeger (1972).

ドバイザーは強く戒めている。自分の会社や業界が不運に見舞われた場合、株価の下落と失業の二重苦に見舞われることになるからだ。

より一般的には、バリュー株（ファンダメンタルズに対して株価が低いもの）のほうがグロース株よりも労働所得との相関が高いとすれば、バリュー株への投資家は、人的資本を除いたCAPMで計算されるよりも高い期待リターンを求めることになる。しかし、この高いリターンは、労働所得を持つ投資家はバリュー株をオーバーウエイトすべきであるという意味ではない。というのも、それは実物資産と労働所得を含めた総資産のリスクを高めることになるからである。同様に、レオニード・コーガン、ディミトリス・パパニコラウ、ノア・ストッフマンは、投資家がグロース株を購入することは「創造的破壊」に寄与する経済活動の一部に参加することになり、自分の雇用に悪影響を及ぼす可能性がある、というモデルを構築した[24]。そこではグロース株は、労働所得の減少に対するヘッジとなり、グロース株のリターンは低下することになる。これが、単純なCAPMの文脈でバリュー株がアウトパフォームするもう1つの理由である。

異時点間リスク

もともとCAPMモデルは一期間のポートフォリオ推奨のために構築された。株価の変動がランダムウォークであると仮定すると、CAPMのポートフォリオ推奨は複数の期間に拡張することができる。しかし、株価が平均回帰している場合、一期間の標準偏差から構築された株式ポートフォリオは、長期的に最適な配分につながらない可能性がある。

債券は、静的な一期間モデルに含めるには、特に厄介な資産である。1970年代に、ロバート・マートンは、CAPMを多くの期間に拡張した異時点間資本資産評価モデル（ICAPM）において、長期債が投資機会の変更に対する有効なヘッジとなり、その単一期間のボラティリティが真のリスクを必要以上に強調することを示した[25]。つまり、割引率の変化による価格

---

[24] Leonid Kogan, Dimitris Papanikolaou, and Noah Stoffman, "Left Behind: Creative Destruction, Inequality, and the Stock Market," *Journal of Political Economy* 128, no.3 (2020) .
[25] Robert C. Merton, "An Intertemporal Capital Asset Pricing Model," *Econometrica* 41, no.5 (September 1973) , 867–887.

の一期間のボラティリティは、ポートフォリオの長期的なリターンの変動をヘッジする可能性がある。

　同様の議論は株式にも適用できる。割引率の変化による変動は、将来のキャッシュフローに対する認識の変化による変動ほどには、長期的なポートフォリオのパフォーマンスを悪化させるものではない。もしグロース株の価格変動が割引率の変化によるものであれば、グロース株はより将来にわたるキャッシュフローに基づいてバリュエーションがなされているので、長期ポートフォリオにとってリスクが低く、したがって単純な一期間のCAMPモデルに基づくリターンは低くなる可能性がある。ジョン・キャンベルは、「グッド・ベータ、バッド・ベータ」という論文で、市場の変動を金利の変化（「グッド・ベータ」と呼ぶ）と景気循環に関連するベータ（「バッド・ベータ」と呼ぶ）に分け、後者が静的CAPMモデルから得られるベータよりもリターンをうまく説明できることを明らかにした[26]。

損益に対する反応の歪み

　CAPMモデルがリターンを予測できなくなるもう1つの条件は、行動反応に起因するものである。CAPMは、個人が期待リターンとリスクにしか関心がないと仮定しており、後者をポートフォリオのリターンの標準偏差として定義している。プロスペクト理論は、ノーベル経済学賞を受賞したダニエル・カーネマンとエイモス・トベルスキーが提唱した概念で（行動経済学の第25章で詳述する）、投資家は利益を得る喜びよりも損失を受け入れる苦痛をより大きく感じるというものである[27]。このため投資家は、儲かっている株を急いで売却し、損をしている株をずっと持ち続ける傾向がある。この特徴が次章で述べるモメンタム要因をもたらすかもしれない。実際、認知バイアスは、時系列データに見られる多くのリターンのアノマリーの原因となっている可能性がある。

---

[26] John Y. Campbell and Tuomo Vuolteenaho, "Bad Beta, Good Beta," *American Economic Review* 94, no.5 (December 2004), 1249–1275.
[27] Daniel Kahneman and Amos Tversky, "Prospect Theory: An Analysis of Decision Under Risk," *Econometrica* 47, (1979), 263–291.

結論

　これまでの議論では、効率的市場仮説やCAPMから逸脱する条件に焦点を当てており、特定のポートフォリオが、「プレーンバニラ」のように単純な完全分散型である時価総額加重平均型のインデックスファンドよりも優れたパフォーマンスを発揮する可能性があることを示した。

　しかし、市場インデックスに勝つというのは、あまりに狭い目標かもしれない。投資家は、自分の株式ポートフォリオが、株式以外の資産、つまり不動産や特に労働所得などと、どのように相関しているのかを確認する必要がある。さらに、将来のリスク（気候変動リスクを含む）に対するヘッジが他の銘柄より優れている銘柄もあり、人によっては、市場ポートフォリオのリスクとリターンのトレードオフを最適化することはできなくても、（第15章で述べるように）ESG基準に準拠した特定の企業に報いたいと考えるかもしれない。大多数の株主やマネーマネジャーが重視する主要な市場インデックスを上回るパフォーマンスは、多くの投資家にとって経済的、財務的に最良の結果をもたらすとは限らない。

第14章 ファクターの動物園
規模、バリュー、モメンタム、その他

> 学術研究では、ファクター(「市場に勝つ」ための基準)の生成率が制御不能となっている。学術雑誌には、検証中の仮説を支持する肯定的な結果の論文が圧倒的に増えた。……著者たちはこの事態を理解している。掲載の可能性を最大にするには、論文に肯定的な結果が必要なのである。こうして、データマイニングが始まる。
>
> キャンベル・ハーヴェイ、ヤン・リュウ[1]

主要な市場ファクター

CAPMでは、株式の期待リターンが市場を上回るか下回るかを決定するファクター※は1つとしていた。それはベータであり、市場に対する株式リターンの感応度である。相関関係が高い株式は期待リターンが高く、相関関係が低い株式は期待リターンが低いとされていた。相関がゼロであれば、このリスクを分散できるため、期待リターンは無リスク資産のレートと同じになる。相関がマイナスのものはヘッジ資産と呼ばれ、期待リターンはさらに低く、場合によってはマイナスになる。

その後、ユージン・ファーマとケネス・フレンチの実証研究により、(PBRに基づく)バリュエーションと時価総額という、ベータよりもはるかに重要な2つのファクターが株式リターンに大きな影響を与え、小型株のリターン

---

[1] Campbell R. Harvey and Yan Liu, "A Census of the Factor Zoo" (February 25, 2019), 1-2. 以下で入手可能。SSRN: https://ssrn.com/abstract=3341728、あるいはhttp://dx.doi.org/10.2139/ssrn.3341728

※〔訳注〕ファクターは、資産や個別銘柄のリターンやリスクの特性を説明する要因のこと。代表的なファクターとして、国、業種、割安度、規模、ボラティリティなどがある。

が大型株よりも優れていることが確認された。ベータとは異なり、これらのファクターは効率的市場仮説から導かれたものではなく、個別株式のリターンを経験的に検証することによって見いだされたものである。とはいえ、この3つのファクターはファーマ-フレンチのスリーファクターモデルとして知られるようになり、1980年代後半から1990年代に定量的な株式選択において支配的な戦略となった。

市場パフォーマンスを向上させる基準の探求は、スリーファクターモデルにとどまらなかった。ファーマとフレンチは、その後、「収益性」と「投資」という2つのファクターを追加し、ファイブファクターモデルを構築した[2]。一方、他の研究者たちも利益の質、株式発行、流動性、ボラティリティ、さらにはモメンタムといった数多くのファクターを発見していった。ジョン・コクランは2011年の米国ファイナンス学会の会長講演で、ファクターの爆発的な増加をまさに「動物園」と呼び、市場に勝つためのこの終わりのない探求はデータマイニングが関与しているのではないか、と心配する声もあった[3]。いくつかのファクターのリターンを図14-1に示し、本章の後半でそれぞれについて検討する。

図 14-1　ファクターの動物園

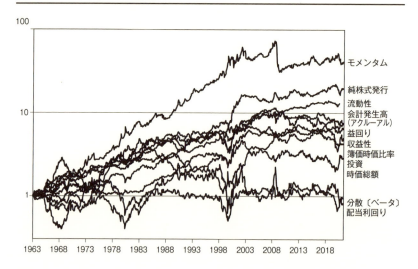

時価総額、バリュエーション、モメンタムファクターの長期的展望

図14-2は、バリュエーション、時価総額、モメンタムのファクターを活用して構築されたポートフォリオの累積リターンを示している。モメンタムは、過去12カ月に上昇または下降した株式が翌年も同じ方向に進む傾向のことである。これらのファクター戦略は、市場ポートフォリオの株式リターン向上を目的としており、各ファクターでランク付けされた銘柄のうち、上位30％の（PBRが低い、時価総額が小さい、モメンタムが高い）銘柄をロングポジション、各カテゴリーの下位30％の銘柄をショートポジションとすることで構築されている[4]。ショートポジションを組むことにより得た資金によってロングポジションを組む場合には自己資金によるポート

図14-2 主な市場ファクター：規模、バリュー、モメンタム、市場、無リスク資産

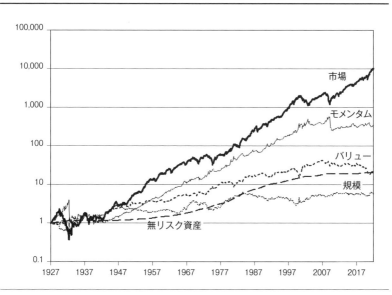

---

2) Eugene F. Fama and Kenneth R. French, "Dissecting Anomalies with a Five-Factor Model," *The Review of Financial Studies*, 29, no.1 (2016), 69–103. http://www.jstor.org/stable/43866012.
3) John H. Cochrane, "Presidential Address: Discount Rates," *Journal of Finance* 66, no.4 (August 2011), 1047–1108.
4) バリュエーションとモメンタムファクターについては、時価総額が中央値より高い株式と中央値より低い株式のリターンを等しく加重平均したポートフォリオとする。

フォリオとなるが、ショートポジションに対しては証拠金を預けることが必要である。図14-2には、1926年から2021年までニューヨーク証券取引所、アメリカン証券取引所、ナスダックで取引されたすべての銘柄が含まれている。また、市場全体と無リスク資産の累積リターンも表示した。

いくつかの大まかなトレンドが見てとれる。1930年代に大きな変動があったにもかかわらず、これらファクターのリターンと市場全体のリターンの折れ線グラフは、1940年代前半には1926年とほぼ同じ位置に戻っている。第2に、モメンタムファクターの強さと持続性は他のファクターを圧倒している。第3に、モメンタムを含むこれらすべてのファクターは、過去20年間、リターンにほとんど、あるいはまったく寄与しておらず、低迷している。実際、規模〔時価総額〕ファクターはほぼ40年リターンにまったく寄与していない。

時価総額ファクター

時価総額ファクターの発見は、ファーマとフレンチの研究よりずっと前のことである。1981年、シカゴ大学の大学院生ロルフ・バンズが、CRSPのデータをもとに株式のリターンを調査したところ、CAPMでリスクを調整した後でも、小型株のリターンが大型株を常に上回ることを発見した[5]。実際、1926年から1980年にかけて、時価総額が下位20％の銘柄の年間リターンは、上位20％の銘柄の年間リターンを約4パーセントポイント上回っており、時価総額が小さい銘柄はボラティリティがいくぶん高いという前提で予測された値をはるかに超えていた。

なぜ小型株は大型株をアウトパフォームするのだろうか。一部のエコノミストは、小型株の優れたパフォーマンスは、特にサンプル期間の初期において、小型株を売買する取引コストの高さに対する対価である、と主張した。他方で、小型株は情報量が少なく、アナリストの数も少ないため、真のバリュエーションが不確実であるとする説もあった。したがって、小型株のポジションを持つ投資家は、より高いリターンを要求することにな

---

5) Rolf Banz, "The Relationship Between Return and Market Value of Common Stock," *Journal of Financial Economics* 9 (1981), 3–18.

る。さらに、機関投資家のファンドマネジャーは、S&P500のような指数を構成する大企業と比較して、小型株に大きなポジションをとることを正当化するために、より大きなインセンティブを必要としたと考えられる[6]。

小型株プレミアムの異常な特徴

市場に勝とうとする投資家にとっては残念だが、小型株がアウトパフォームする事例には一貫性がない。**図14-3**には、1926年から2021年までのCRSPデータベースの下位20%銘柄の累積リターンと、S&P500（1957年以前の上位90銘柄）の累積リターンを表示している。この95年間、小型株が大型株をアウトパフォームする程度にはバラツキがあり、予測困難な動きを示してきた[7]。

図14-3 小型株とS&P構成銘柄のリターン（1926〜2021年）

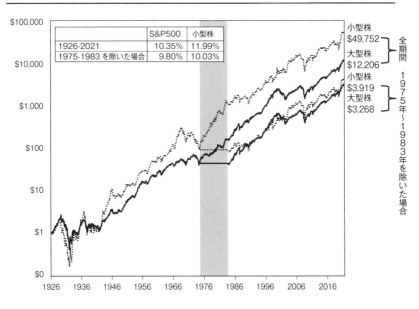

---

6) 小型株効果の理論に関する優れたレビューについては、次を参照。Bruce I. Jacobs and Kenneth N. Levy, "Forecasting the Size Effect," *Financial Analysts Journal* 45, no.3 (May–June 1989), 38–54.
7) 小型株のインデックスは、1981年まではニューヨーク証券取引所（NYSE）の規模が下位20%の企業、1982年から2000年はディメンショナル・ファンド・アドバイザーズ（DFA）小型株ファンドのパフォーマンス、2001年以降はラッセル2000インデックスを使っている。

小型株は世界恐慌の打撃から素早く立ち直り、第二次世界大戦時には急騰した。1946年から1974年まで小型株のパフォーマンスはS&P500に遅れをとっていたが、1975年から1983年末までは爆発的に上昇した。この間の小型株の年率リターンは実に35.3％となり、大型株の15.7％の倍以上となった。この9年間の小型株の累積リターンは1400％を超えた。この期間は異常であった。**図14-3**に示すように、1975年から1983年までの9年間を除くと、小型株保有によるトータルリターンはS&P500のリターンとほぼ一致する。

この時期の小型株の強いアウトパフォーマンスは、1974年に米議会で従業員退職所得保障（ERISA）法が成立したことを受け、年金基金が投資対象を小型株に広げやすくなったことが追い風になった。また、10年ほど前の大型成長株「ニフティ・フィフティ」の暴落を境に、投資家が小型株に注目し始めたことも要因の1つである。

小型株効果のさらに珍しい特徴は、その発見直後、小型株の超過リターンのほぼすべてが1月に発生していると判明したことである。いわゆる1月効果については第17章の暦のアノマリーで詳しく述べる。1月効果は近年消滅しており、小型株のリターンが低下する一因となった可能性がある。

エコノミストのなかには、真の時価総額ファクターが存在したのか、小型株の卓越したリターンの要因は小型株に関連する他の特性だったのではないか、と疑問を呈する人もいる。多くの小型株の特徴でもある市場との相関が高い銘柄（高ベータ銘柄）は、CAPMモデルで予測されるよりも低いリターンを示す。このファクターを考慮すると、小型株のアウトパフォーマンスは完全に消失する[8]。また、これらの銘柄について深刻な財務的困難の有無や「利益の質」ファクターでスクリーニングすれば、小型株効果を回復できると主張する人もいる[9]。小型株のアウトパフォーマンスに関する議論は現在も続いている[10]。

---

8) クリフ・アスネスの2021年5月10日付のeメールにて。
9) Clifford Asness, Andrea Frazzini, Ronen Israel, Tobias J. Moskowitz, and Lasse H. Pedersen, "Size Matters, If You Control Your Junk," *Journal of Financial Economics* 129 (2018), 479–509.
10) 小型株に関する議論の概要については、次を参照。Robert Stambaugh and Yu Yuan, "Mispricing Factors," *Review of Financial Studies* 30, no.4 (2017), and 1270–1315; Ron Alquist, Ronen Israel, and Tobias Moskowitz, "Fact, Fiction, and the Size Effect," *Journal of Portfolio Management* 45, no.1 (Fall 2018), 3–30.

小型株とバリュー株

小型株のアウトパフォーマンスには疑問が残るが、バリュー投資では大型株よりも小型株で収益が高いことは以前から認識されていた。**表14-1**に、時価総額とPBRの五分位階層でランク付けした株式の複利実現リターンを示している。1926年から2021年までの全期間において、時価総額の下位20％の小型のバリュー株は年率16.24％のリターンを記録しているのに対し、小型のグロース株は2.83％にすぎない。大型株ではバリュー効果ははるかに小さく、大型グロース株は大型バリュー株を下回るものの、その差は年率1パーセントポイント未満である。

前述のように、近年、バリュー株のリターンは急激に低下している。2006年から2021年までの15年間、時価総額が下位の階層ではバリュー株がグロース株を上回っているが、下位20％を除く他の階層ではグロース株がバリュー株を上回っている。実際、S&P500の構成銘柄に近い時価総額の上位20％の階層では、グロース株のリターンはバリュー株を年率6パーセントポイント近くも上回っている。バリュー投資は依然として時価総額

表14-1　規模／バリュー別のリターン

1926-2021		時価総額に基づく分類				
		小型株	2	3	4	大型株
PBRの五分位階層	バリュー	16.24%	14.97%	13.39%	12.29%	10.93%
	2	14.53%	13.57%	13.55%	12.85%	8.97%
	3	11.39%	12.79%	12.67%	11.91%	10.53%
	4	7.05%	12.15%	12.46%	11.27%	9.89%
	グロース	2.83%	7.77%	9.45%	10.53%	10.20%

2006-2021		時価総額に基づく分類				
		小型株	2	3	4	大型株
PBRの五分位階層	バリュー	10.53%	8.13%	8.89%	6.97%	8.37%
	2	8.79%	8.72%	10.65%	8.85%	3.47%
	3	7.68%	11.05%	10.74%	8.43%	9.84%
	4	9.67%	12.76%	12.86%	12.41%	11.26%
	グロース	5.43%	11.83%	11.28%	13.96%	14.19%

〔訳注〕原著の縦軸は「Book-to-Market Quintiles」だが、本文に合わせて「PBRの五分位階層」とした。

が下位の小型株では最も効果的だが、アウトパフォーマンスの程度は大幅に縮小している。

小型バリュー株のリターンが小型グロース株を上回る理由はいくつかある。一般的に小型株は、フォローするアナリストが非常に少ないため、バリュー投資家の注目を集めるまでに価格が本質的価値から長い期間逸脱する可能性がある。さらに、小型グロース株はボラティリティが非常に高く、宝くじを買う人のような一発当てたい投資家を引き付ける。小型株は出来高や浮動株数が少ないため、ノイズトレーダーが与える影響は大きい。前述したように、ノイズトレーダーの活動は、価格をファンダメンタルズから遠ざけることでバリュー投資家に有利に働く。

国際的にみた時価総額とバリュー投資

小型バリュー株のアウトパフォーマンスは国際的に見ても際立っている。**表14-2**は、その調査結果をまとめたものである。1990年から2021年まで、世界のすべての主要地域において、小型バリュー株のリターンは大型グロース株を上回っている。小型バリュー株のアウトパフォーマンスは、米国で最も小さく、新興国市場で最も大きい。しかしながら、2006年から2021年まで、すべての地域でバリュー株がグロース株をアウトパフォームした程度は縮小している。米国と欧州では、同期間に大型グロース株のリターン

表14-2　国際的にみた時価総額とバリュー

地域	1990-2021 小型バリュー	1990-2021 大型グロース	差(1)	2006-2021 小型バリュー	2006-2021 大型グロース	差(2)	(1)と(2)の変化
米国	13.48%	12.00%	1.49	8.13%	13.37%	−5.25	−6.74
先進国	10.62%	8.36%	2.26	6.89%	11.19%	−4.30	−6.56
米国を除く先進国	9.06%	4.87%	4.20	6.47%	7.38%	−0.91	−5.11
欧州	10.17%	7.25%	2.92	6.29%	8.82%	−2.53	−5.45
日本	3.89%	1.08%	2.80	5.11%	3.86%	1.25	−1.55
日本を除くアジア	10.86%	8.38%	2.48	7.86%	6.68%	1.18	−1.30
新興国	15.00%	6.63%	8.37	11.85%	7.50%	4.35	−4.02

が小型バリュー株を上回った。しかし日本、アジア、新興国市場では、小型バリュー株のリターンが大型グロース株を依然として上回っている。バリュー投資のアンダーパフォーマンスは、先進国(とくにテクノロジー株の急騰がグロース株のリターンを押し上げた米国)以外ではそれほど深刻ではない。

モメンタム

　1985年にヴェルナー・デボンとリチャード・セイラーは、過去5年間に市場をアウトパフォームした銘柄のポートフォリオは、次の3年から5年は市場をアンダーパフォームし、その逆もまた真であることを示した。彼らは、「ポートフォリオ形成から36カ月経つと、負けていた銘柄が勝者の銘柄より約25％多く利益を得ている。後者は著しくリスクが高いにもかかわらず、そうなっている」と結論付けている[11]。

　この圧倒的な差は、株価のランダムウォーク理論や効率的市場仮説にまったく反するものであった。このような結果は、行動ファイナンスによって説明できると多くの人が主張した。つまり、株価が好調なときは過剰な楽観主義に陥り、それが株価をファンダメンタルズ以上に押し上げるが、株価が不調なときは過剰な悲観主義に陥るという。

　デボンとセイラーの発見は、過去の株式の動きによって将来を予測できるかどうかについて、数多くの追加研究の扉を開いた。2年後、彼らは従前の論文を更新し、研究結果を補強し、その結果がファーマとフレンチが発見した時価総額やバリューのファクターとは無関係であることを示した[12]。また、これらの逆転現象は、投資家が最近の業績動向を将来に延長しすぎたために起こったという証拠を提示した。株価バリュエーションの持続的な上昇は、効率的市場仮説に反して、将来の収益が同程度上昇することを

---

[11] Werner F. M. De Bondt and Richard Thaler, "Does the Stock Market Over-react? *Journal of Finance* 40, no.3 (July 1985), papers and proceedings of the Forty-Third Annual Meeting, American Finance Association, Dallas, Texas, December 28–30, 1984, 793–805.

[12] Werner F. M. De Bondt and Richard H. Thaler, "Further Evidence on Investor Overreaction and Stock Market Seasonality," *Journal of Finance* 42, no.3 (July 1987), papers and proceedings of the Forty-Fifth Annual Meeting, American Finance Association, New Orleans, Louisiana, December 28–30, 1986 (July 1987), 557–581.

予測するものではなかった[13]。

しかし、デボンとセイラーが見いだしたこうした長期的な株価の逆転現象は、短期的には検出されなかった。それどころか、1990年にナラシムハン・ジャガディッシュは、過去12カ月間市場を上回った銘柄は次の12カ月間でも上回り続け、敗者は市場に遅れ続けることを発見した[14]。これらの超過リターンは大きく、他のどのファクターよりも影響力が大きく、米国市場以外にも及んでいる[15]。実際、研究者らは、個別銘柄のボラティリティに基づいてモメンタム銘柄を選別する「スーパーモメンタム」戦略の証拠を発見した。モメンタム銘柄のなかで最もボラティリティの高いものを選ぶと、標準的なモメンタム戦略から得られる十分強力なリターンの約2倍のリターンが得られるというものである[16]。

値上がりしている株を買い、値下がりしている株を売るというのは、バリュー投資の原則からかけ離れたものであることは間違いない。ベンジャミン・グレアムは『賢明な投資家』のなかで、「株が上がったから買う、下がったから売るということは絶対にするな」と述べている。グレアムの弟子であるウォーレン・バフェットも、「株を買う理由として世界で最もばかげているのは、その株が上昇しているからというものだ」と強く警告している[17]。実際、ファーマは、「モメンタムは、市場の効率性を損なう可能性のあるもののなかで最も重要だ」と認めている[18]。

モメンタム戦略が成功する理由は、行動に関する説明に基づくものであることが非常に多い。投資家は当初、業績のサプライズに対する反応が鈍く(「保守性バイアス」と呼ばれることもある)、その後続けて(同じ方向への)サプライズが生じると、同じ投資家が過剰反応し、その増益(または減益)が必要以上に将来にまで続くと考える。このような行動は、モメンタム現

---

13) Werner F. M. De Bondt and Richard H. Thaler, 579. デボンとセイラーが説明できなかった謎の1つは、「敗者」のポートフォリオの利益の大部分が1月に発生していることであった。
14) Narasimhan Jegadeesh, "Evidence of Predictable Behavior of Security Returns," *Journal of Finance* 45, no.3, papers and proceedings of the Forty-Ninth Annual Meeting, American Finance Association, Atlanta, Georgia, December 28–30, 1989 (July 1990), 881–898.
15) Geert K. Rouwenhorst, "International Momentum Strategies," *Journal of Finance* 53 (1998), 267–284.
16) David Blitz, Joop Huij, and Martin Martens, "Residual Momentum," *Journal of Empirical Finance* 18, no.3 (June 2011), 506–521.
17) "Buffett Takes Stock," *New York Times Magazine*, Section 6 (April 1, 1990), 16.
18) Eugene Fama and Robert Litterman, "An Experienced View on Markets and Investing," *Financial Analysts Journal* 68, no.6, CFA Institute, 2012, 15–19, http://www.jstor.org/stable/41714292.

象の原因となるトレンドや連続的な相関のある価格行動を生み出すことがある[19]。

もう1つの行動に関しての説明は、株価の方向性を正しく予測したトレーダーが自己強化的な影響を与えるというものである。あるトレーダーが株価を強気に予測し実際に株価が上昇した場合、トレーダーの予測が強化され他の投資家も強気に予想するように変化し、上昇トレンドが強化される[20]。

株価が一方向に動くことは、それだけで効率的な市場と矛盾するわけではない。エコノミストは、市場の効率性には、次の値動きが上下する確率が等しいランダムウォークを示すことが必要なのではなく、むしろ短期間の連続的な相関のある値動きを許容する確率論でいうマルチンゲールが必要であると、長年指摘してきた。しかし、このような相関のある値動きの後には、予測不可能な急激な反転が起こるため、マルチンゲールパターンを利用して利益を得ることはできない。

ウォール街には、「階段を登って、エレベーターで降りる」という株価の動きのパターンを示す古い諺がある。株価の上昇や下降が続く銘柄のトレンドがいつ反転するかは予測できないにもかかわらず、自分は反転を回避できると信じているトレンドフォロワーは多い。「トレンドを友とせよ」や「波に乗る」などは、崖に落ちる前に列車から飛び降りられるという確信を持っているトレーダーにおなじみの物言いである。

モメンタム戦略には膨大なリターンがあるにもかかわらず、デメリットもある。この戦略は他のどの戦略よりもポートフォリオの入れ替えが多く、取引コストが大きい場合には利益の一部が消失してしまう。さらに、**図14-1**からわかるように、モメンタム戦略では、とくに弱気相場の底値付近で非常に急激な下落が発生することがある。このようなドローダウンに敏感な投資家にとって、この戦略を追求することから得られる利益は、追加的なボラティリティに見合わないかもしれない。

それでも、AQRアソシエイツのクリフ・アスネスのように、モメンタム戦略の欠点はその長期的リターンの重要性を無効にするものではない、と

---

[19] Nicholas Barberis, Andrei Shleifer, and Robert Vishny, "A model of investor sentiment," *Journal of Financial Economics* 49 (1998), 307–343.
[20] Kent Daniel, David Hirshleifer, and Avanidhar Subrahmanyam, "Investor Psychology and Security Market Under- and Overreactions," *Journal of Finance* 53 (1998), 1839–1886.

主張するマネーマネジャーもいる[21]。しかし、他のすべてのファクター戦略と同様に、モメンタム戦略は過去20年間市場リターンにほとんど勝っていない。

投資と新株発行

　2015年、ファーマとフレンチは、1993年に展開した有名なスリーファクターモデルに、さらに2つのファクターを追加した[22]。1つは企業が行う資本支出（投資）の水準で、もう1つは収益性の指標に基づくものである。シェリダン・ティトマンらの研究に基づき[23]、彼らは、資本支出を増加させる企業は、設備投資に保守的な企業よりも株主リターンが低いことを示した。私も2005年に出版した『株式投資の未来』の「資本を食う豚」の章で、S&P500のうち売上高に対して最も資本支出が多かった企業群のリターンが、最も資本支出の少なかった企業群に比べて大きく遅れをとっていることを実証した。

　この見解は、最も有名なバリュー投資家であるウォーレン・バフェットの見解と一致している。バフェットは、1985年にバークシャー・ハザウェイの株主に対して行った報告書のなかで、赤字の繊維会社の収益性を改善するために資本支出を行わない、という決断を説明した。すべての資本支出の提案はすぐに効果をもたらしそうに見えるが、彼は他の繊維会社が同じような投資をすることを知っており、結果として自社の利益が帳消しになって、さらに損失が拡大すると考えたため、いずれの案も受け入れなかったと言った。

　過剰な資本の支出は、利益を約束しながらも実現しないプロジェクトに起因する。CEOのなかには、帝国を築くことに熱心で、手持ちの現金があればそれを投入する人もいる。過度な業容拡大は、しばしば経営者の集中

---

21) Cliff Asness, Andrea Frazzini, Ronen Israel, and Tobias Moskowitz, "Fact, Fiction, and Momentum Investing," *Journal of Portfolio Management*, 40th Anniversary Issue, Fama-Miller working paper (May 9, 2014), SSRN: https://ssrn.com/abstract=2435323 または http://dx.doi.org/10.2139/ssrn.2435323.
22) Eugene Fama and Kenneth R. French, "A Five-Factor Asset Pricing Model," *Journal of Financial Economics* 116, no.1 (April 2015), 1–22.
23) Sheridan Titman, K. C. John Wei, and Feixue Xie, "Capital Investment and Stock Returns," *Journal of Financial and Quantitative Analysis* 39 (2004), 677–700.

力を失わせる。ベストセラー『ビジョナリー・カンパニー2 飛躍の法則（Good to Great）』の著者のジム・コリンズは、世のCEOたちにこう問いかけている。「あなたは『やること（to do）』リストを持っていますか？ そして『やめること（stop doing）』リストを持っていますか？」。彼は、後者も前者と同じくらい重要だと考えていた[24]。

過剰投資に関連するもう1つの要因である新株発行は、1990年代初頭にジェイ・リッターが初めて指摘した。新株発行の後、リターンが低下することが示されており、これはファーマとフレンチによって確認されている[25]。過剰な投資は期待よりも低いリターンをもたらすので、そのような投資の資金調達に使われることが多い新株発行もまた関連特性であることから、低いリターンをもたらすことは驚くには当たらない。自社株買い（負の株式発行）を行う企業は、行わない企業よりもリターンが優れていることは、すでにみたとおりである。反対に、より多くの株式を発行している企業は、市場に比べてリターンが大幅に低下している。

収益性

ファーマとフレンチがスリーファクターモデルに加えた2つ目のファクターは収益性で、年間売上高から売上原価と利息を除いたものを簿価純資産で割ったものと定義されている[26]。2013年、ロバート・ノビーマークスは、利益やフリーキャッシュフローと同様に、収益性は企業の将来の成長を強く予測する因子であると結論付けている。とくに興味深いのは、収益性ファクターをバリューファクターと組み合わせた場合に非常に効果がある、という彼の指摘である[27]。収益性ファクターは、スニル・ワハルがサンプル外のデータについて確認し、その信頼性をさらに高めた[28]。

---

24) Jim Collins, *Good to Great*, New York, NY: HarperCollins Publishers Inc., 2001.
25) Jay Ritter, "The Long-Run Performance of Initial Public Offerings," *Journal of Finance* 46 no.3 (1991), 3–27.
26) このファクターが初めて確認されたのは2006年の次の論文である。Eugene Fama and Kenneth French, "Profitability, Investment and Average Returns," *Journal of Financial Economics* 82, no.3 (December 2006), 491–518.
27) Robert Novy-Marx, "The Other Side of Value: The Gross Profitability Premium," *Journal of Financial Economics* 108, no.1 (2013), 1–28.
28) Sunil Wahal, "The Profitability and Investment Premium: Pre-1963 Evidence," *Journal of Financial Economics*, 2018.

収益性ファクターは、この尺度がウォール街で使われている「当期純利益」よりも真の価値を示し、より正確に将来の収益を予測したという主張によって正当化された。もちろん、設備投資や収益性というよく知られた指標を活用して優れたリターンを得ることができるということは、市場の効率性を否定するさらなる証拠である[29]。

その他の利益の質のファクター

ファーマとフレンチが定義した収益性の変数は、投資家が無視しているように見える企業収益に関する唯一のファクターではない。破綻可能性や財務的困難を把握するための財務指標が、破綻懸念のある資産に過剰に投資する投資家から十分に考慮されていないことが判明している。リチャード・スローンは、企業の当期純利益に影響を与える売上や費用でありながら、実際にはまだ発生していない会計発生高(アクルーアル)が、当期純利益に大きな影響を与えることを発見した[30]。そのような会計発生高は、必ずしも企業が期待する売上に結び付かず予期せぬ償却につながる。彼は、会計発生高が通常より高い企業は、将来のリターンが低いことを示した。

ファクターを組み合わせて1つの指標にすることも、重要な結果を生むことがある。クリフ・アスネス、アンドレア・フラッツィーニ、ラッセ・ペデルセンは、利益の質と収益性のファクターを組み合わせて、「クオリティ・マイナス・ジャンク」という単一の指標を作成した[31]。また、ロバート・スタンボーとユー・ユアンは、11の著名なファクターを1つのファクターにまとめ、ファーマとフレンチのファイブファクターモデルを上回るパフォーマンスを実現した[32]。

これらの利益の質ファクターは、投資家によく知られているデータに基づいている。これらのファクターを導入するストラテジストは、企業や業

---

[29] ファーマとフレンチは、これらのファクターは第12章で取り上げた配当割引モデルから導出できるとしているが、私はあまり説得性はないと考える。
[30] Richard G. Sloan, "Do Stock Prices Fully Reflect Information in Accruals and Cash Flows About Future Earnings?" *Accounting Review* 71 (1996), 289–315.
[31] Cliff Asness, Andrea Frazzini, and Lasse Pedersen, "Quality Minus Junk," *Review of Accounting Studies* 24 (2019), 34–112.
[32] Robert Stambaugh and Yu Yuan, "Mispricing Factors," *Review of Financial Studies* 30, no.4 (2017).

界の将来的な見通しや、経営がうまくいっているかどうかなどについては一切判断しない。さらに、これらのファクターが重要である理由について広く受け入れられている説明は、効率的市場仮説とは合致しない。

低ボラティリティ投資

　低ボラティリティのポートフォリオに投資して市場に勝つことよりもすばらしいことがあろうか。これに関する理論はあり、最近までこのアプローチを支持する十分な証拠があった[33]。低ボラティリティ銘柄の株式リターンが高い理由は、空売りに対する規制や回避によりバリュートレーダーがこれらの銘柄を空売りしづらくし、これらの真のファンダメンタルバリューに引き戻すことを難しくしているためである。その結果、低ボラティリティ銘柄はファンダメンタルバリューを下回るどころか、むしろ上回って取引される可能性が高くなり、長期的なリターンは低下することになる。前章で述べたように、CAPMの開発初期にフィッシャー・ブラックが指摘したこれらの制約は、高ベータ銘柄がCAPMの予測よりも低いリターンをもたらす理由と関連している。

　低ボラティリティ投資は、利益の質など他のいくつかのファクターと相関があり、独立した強いファクターであるかどうか疑問視する研究者もいる。確かに、その名称は市場のボラティリティを避けたい投資家にとって極めて魅力的である[34]。しかしながら、そのリターンは近年大幅に低下している。2020年、2021年に低ボラティリティファンドが低迷したため、1963年から2021年までのボラティリティファクターのリスク調整後リターンはマイナスとなった。

---

33) Andrew Ang, Robert J. Hodrick, Yuhang Xing, and Xiaoyan Zhang, "The Cross-Section of Volatility and Expected Returns," *Journal of Finance* 61, no.1 (2006), 259–299; Roger Clarke, Harindra de Silva, and Steven Thorley, "Minimum-Variance Portfolios in the US Equity Market," *Journal of Portfolio Management* 33, no.1 (Fall 2006), 10–24; David Blitz and Pim van Vliet, "The Volatility Effect: Lower Risk Without Lower Return," *Journal of Portfolio Management* 34, no.1 (2007), 102–113.
34) David Swedroe, "Deconstructing the Low Volatility/Low Beta Anomaly," *Research Insights* (July 12, 2018).

流動性投資

　超過リターンを生み出すもう1つのファクターは、株式の流動性である。流動性とは、資産の特性の1つで、売り手が急な売却を余儀なくされた場合に遭遇する値引きの程度を測定するものである。流動性の高い資産は一般的に値引き額が小さく、流動性の低い資産は値引き額が大きくなる。

　1986年、ヤコフ・アミフドとハイム・メンデルソンは、ビッド・アスク・スプレッドの大きさを特徴とする流動性の低い銘柄のリターンが、流動性の高い銘柄を上回ることを示した[35]。最近では、ロジャー・イボットソンらが、株式回転率（発行済み株式総数に対する1日の平均出来高の割合）を用いて、この結果を確認している[36]。イボットソンは、1972年から2010年までのニューヨーク証券取引所、アメリカン証券取引所、ナスダック市場の全銘柄を分析し、回転率が最も低い四分位階層（25%）の銘柄の年率複利リターンは14.5%で、回転率の最も高い四分位階層の銘柄の約2倍であることを明らかにした。

　流動性効果には十分な経済学的な理由もある。同一またはそれに近いリスク・リターンの特性を持つ資産が複数あれば、流動性の高いものがより高い価格で取引されるということは、以前から認識されている。米国債市場においてベンチマークとされ、最も活発に取引されている「直近発行銘柄」の長期国債は、実質的に同じ満期の債券よりも高い市場価格、つまり低い利回りで取引されている。トレーダーや投機家は、少ない取引コストで大量に売買できる資産にプレミアムを支払うことを厭わない。投資家は、柔軟性つまり大幅なディスカウントやプレミアムを支払うことなく状況の変化に迅速に対応できることを重視する。さらに、多くの大規模なミューチュアルファンドは、相対的に取引の少ない株式を大量に購入することはできない。そんなことをすれば、株式リターンが魅力的でなくなるまで株価を押し上げてしまうからである。この研究は、流動性を重視しない投資家は、流動性の低い銘柄にポートフォリオを傾けるべきであることを示唆している。

---

[35] Yakov Amihud and Haim Mendelson, "Asset Pricing and the Bid-Ask Spread," *Journal of Financial Economics* 17, no.2 (December 1986), 223–249.

[36] Roger G. Ibbotson, Zhiwu Chen, Daniel Y. J. Kim, and Wendy Y. Hu, "Liquidity as an Investment Style," *Financial Analysts Journal* 69, no.3 (May/June 2013), 30–44.

ロバート・スタンボーとルーボス・パストールは、個別銘柄の流動性だけでなく、株式市場全体の状況に関する流動性効果が存在することを示した[37]。彼らは、2008年のリーマン・ショック、1998年のロング・ターム・キャピタル・マネジメント（LTCM）の破綻、あるいは最近のコロナ禍の際のボラティリティのように、市場全体の流動性不安が生じたときに個別銘柄がどのように反応するかを示す指標を構築した。彼らの仮説は、こうした危機の際に最も簡単に売買できる株式が投資家に選好され、その株価にプレミアムがつき長期リターンが低下するというものである。

実際、1966年から1999年にかけて、ベータ、時価総額、バリュー、モメンタムの各ファクターで調整した結果、流動性への感応度が高い株式の平均リターンは、流動性への感応度が低い株式のリターンを年率7.5％上回っていることを確認した。さらに、彼らは同じ34年間のモメンタム戦略の利益の半分は流動性リスクファクターで説明できると主張している。市場全体の非流動性は、次章で取り上げる気候リスクファクターのように、市場に織り込まれるリスクファクターとみなすことができる。この結果は、危機の際に流動性を重視しない投資家は、市場全体の流動性ショックに対してより敏感な銘柄に傾けるべきであることを示唆している。

米国以外のファクター投資

近年、ほとんどの海外市場のドル建てリターンは米国のそれに及ばないが、ほとんどの海外市場は、米国株よりもさらに大きなファクター投資の優位性を記録している[38]。**表14-3**は、1990年から2021年までで、ファクター投資が効かなくなった2006年から2021年までの時価総額、バリュエーション（簿価時価比率）、収益性、設備投資、モメンタムという5つのファクターのリターンをまとめたものである。それによると、日本を除くすべての地域で、これら5つのファクターの平均値が米国より大きいことがわかる。小型株効果は、この期間ではどの地域でも重要なファクターではなく、米国

---

37) Ľuboš Pástor and Robert F. Stambaugh, "Liquidity Risk and Expected Stock Returns," *Journal of Political Economy* 111, no.3 (June 2003), 642–685.
38) Xiaomeng Lu, Robert F. Stambaugh, and Yu Yuan, "Anomalies Abroad: Beyond Data Mining," working paper (January 9, 2018).

表 14-3　海外市場でのファクター投資

1990-2021		海外市場						
		米国	先進国	米国を除く先進国	欧州	日本	日本を除くアジア	新興国
各地域の市場リターン		10.99%	8.23%	5.92%	7.67%	2.15%	8.89%	8.14%
ファクター	時価総額	1.15%	0.41%	0.85%	0.65%	0.43%	−1.71%	1.26%
	バリュー	0.94%	1.85%	3.10%	2.18%	2.29%	5.64%	7.22%
	収益性	4.08%	4.40%	4.31%	4.68%	1.61%	3.54%	2.22%
	設備投資	2.16%	1.83%	1.14%	0.88%	0.16%	2.90%	2.74%
	モメンタム	3.52%	6.11%	7.33%	10.00%	−0.37%	9.39%	9.98%
	ファクターの平均	2.37%	2.92%	3.35%	3.68%	0.83%	3.95%	4.68%

2006-2021		海外市場						
		米国	先進国	米国を除く先進国	欧州	日本	日本を除くアジア	新興国
各地域の市場リターン		10.90%	8.20%	5.42%	5.95%	3.46%	6.79%	6.54%
ファクター	時価総額	−0.13%	−1.03%	0.27%	1.66%	0.78%	−1.02%	0.58%
	バリュー	−3.37%	−2.52%	−0.55%	−2.91%	−0.09%	2.06%	4.34%
	収益性	4.07%	4.33%	4.00%	4.97%	1.80%	3.52%	2.61%
	設備投資	0.28%	−0.07%	0.06%	−1.12%	0.73%	1.71%	2.79%
	モメンタム	−1.37%	3.03%	5.72%	8.02%	−1.24%	9.13%	8.31%
	ファクターの平均	−0.10%	0.75%	1.90%	2.12%	0.40%	3.08%	3.72%

で見いだされたものと同程度である。純資産に基づくバリュエーションは、とくに日本を除くアジア太平洋地域で、中程度の影響を及ぼしている。利益の質〔収益性〕はどの地域でも強く、設備投資ファクターはそこまでではないが強い。

　最大の驚きは、モメンタムファクターの強さである。すべての地域（日本を除く[39]）でモメンタムは最も重要なファクターであり、いくつかの地域では大差で最も重要なファクターとなっている。**表14-3**は、ファクターアプローチ、とくにモメンタムアプローチに従うことで、海外投資から優れたリターンが得られることを示唆している。ファクターアプローチの追求に

---

[39] ロバート・スタンボー教授は、2022年3月17日の私宛のeメールで、モメンタムは中国でも働かないと示している。

は、国際投資で得られる分散効果よりも大きなメリットがある。さらに、2006年以降、米国ではファクター投資の正味の効果が薄れたものの、以前より低い水準ではあるが依然としてプラスであることがわかる。

ファクター投資があまり成功していない地域は、日本である。ファクター投資のリターンの合計が他の地域の2分の1以下であるだけでなく、他のどの地域でも威力を発揮するモメンタム投資のリターンがなんとマイナスである！[40]

日本でモメンタム投資によるリターンが得られない説明は、十分ではない。しかし、モメンタムの説明の多くは、個人投資家や機関投資家のニュースイベントへの過小反応やトレンドフォロー行動などの行動要因に基づいているため、日本でモメンタムが見られないということは、近年の日本の投資家にこれらの異常な行動特性がないことを示唆しているのかもしれない。おそらく、第二次世界大戦後の主要国のなかで最大の80％の下落を記録した1989年から1993年の株価暴落で、株式のブームは持続するものではないということを多くの人が経験したため、日本の投資家は「トレンドフォロー」を思いとどまったのであろう。

結論

図14-4は、過去半世紀で最も重要なファクターのリターンをいくつか示したものである[41]。モメンタムは全期間を通じて圧倒的に強いファクターであるが、2006年から2021年までの期間では、ほとんどのファクターの効果は減退するか完全に消滅している。これらのファクターの多くは、より長期間にわたって効果のないものであった。

株価がさまざまな力によって均衡から逸脱するノイズの多い市場においては、とくに利益の質、バリュエーション、自社株買いを基準に、バリュエーションの低い銘柄に傾けることが正当化されるようである。

---

40) クリフ・アスネスは、バリューファクターと組み合わせれば、日本でもモメンタムは有効であることを見つけている。次を参照。Cliff Asness, "Momentum in Japan: The Exception That Proves the Rule," *Journal of Portfolio Management* 37 no.4 (2011).

41) 利益の質のリターンは、前述のクリフ・アスネスの「クオリティ・マイナス・ジャンク」からデータを得ている。流動性のリターンは、ロバート・スタンボー、ロジャー・イボットソン、ヤコフ・アミフドのリターンの平均である。

図 14-4　主要ファクター（1963 〜 2021 年）

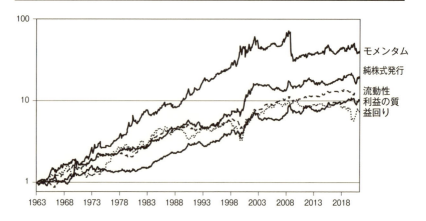

しかし、忍耐は必要である。戦略は何年も、あるいは何十年も空回りした後で、再び威力を発揮することがある。単一の戦略を採用してはならない。広範な分散投資は、常に投資家のポートフォリオのコアであるべきだ。

# 第4部

スタイル、トレンド、カレンダー

第15章　ESG投資

> 企業の社会的責任は利益を増やすことである。
> 　　　　　　　　　　　　ミルトン・フリードマン、1970年9月

> （フリードマンの論文は）歴代のCEOに影響を与え、洗脳したといえるかもしれない。
> 　　　　　　　マーク・ベニオフ、セールスフォースCEO、2020年9月

1970年9月13日、ミルトン・フリードマン教授は、『ニューヨーク・タイムズ』の別冊マガジンに、実業界を揺るがすような論文を寄稿した。経営者らに「社会的責任」を求める声が高まるなか、フリードマンは次のように主張した。

自由主義と私有財産制度において、経営者は企業所有者(オーナー)の従業員である。彼は雇用主に対して直接的な責任がある。その責任とは、法律と倫理的慣習の双方に基づく社会の基本ルールを満たしながら、利益を最大化するという願いに従って事業を行うことである[1]。

利益 vs 株主価値

フリードマンの論文は、企業の「唯一の社会的責任」は利益を増やすこと

---

1) Milton Friedman, "The Social Responsibility of Business Is to Increase Its Profits," *New York Times Magazine*, September 13, 1970.

であると強調する言葉で終わっているが、この「フリードマン・ドクトリン」は、彼の哲学が知られるようになるにつれて、歴代の企業経営者の命題となった。『ニューヨーク・タイムズ』は、この画期的な論文は「資本主義の進路を変えた」と論じた[2]。

しかし、フリードマン・ドクトリンが50周年記念を迎える頃には、米国企業が公表する目標は決定的に変化していた。50周年前年の2019年、米国の主要企業経営者らの有力組織であるビジネス・ラウンドテーブルが、新しい企業の目的に関する声明を発表した。ラウンドテーブルは、企業は株主だけでなく、すべてのステークホルダーに対して基本的なコミットメントをすべきであると宣言した。この新しい目標には、従業員に公平な報酬を与えること、多様性を育むこと、持続可能な生産方法を取り入れて環境を保護することなどが含まれていた[3]。

翌年、『タイムズ』は、フリードマンのオリジナルの論文が掲載された日からちょうど50年目の日に、8ページにわたる特集記事を組んだ。編集部は、学識経験者、大手企業経営者、その他の専門家など20人以上の著名人に意見を求めていた[4]。ほとんどがフリードマンのオリジナル論文を厳しく批判していた。なかには、セールスフォースCEOのマーク・ベニオフのように、フリードマンが歴代のCEOを洗脳してしまったと主張する人もいた。フリードマン・ドクトリンは過度の「短期主義」、従業員保護や環境保護の衰退、その他の悪弊を助長したと主張する者もいた。フリードマン・ドクトリンによって、1987年の映画『ウォール街』でゴードン・ゲッコーが語った、「強欲は善」という米国企業の企業哲学につながったとほのめかす意見も多かった[5]。

もしフリードマンが、経営の目的は企業利益ではなく、株主利益を最大化する方針を追求することだと述べていたら、どうだろう。1970年当時、この2つの目的は同じものと考えられていたのではないだろうか。

---

2) "Greed Is Good. Except When It's Bad," DealBook/*New York Times Magazine,* September 13, 2020.
3) https://www.businessroundtable.org/business-roundtable-redefines-the-purpose-of-a-corporation-to-promote-an-economy-that-serves-all-americans
4) "Greed Is Good. Except When It's Bad," DealBook/*New York Times Magazine,* September 13, 2020.
5) フリードマンは、企業が政治や規制状況を改善するような慈善活動を行うことは適切であり、株主に貢献するものであると認めていた。Edward Nelson, *Milton Friedman & Economic Debate in the United States, 1932–72*, vol.2, Chicago: University of Chicago Press, 2020, 185–188を参照。

しかしながら、今日の研究では、そうではない可能性が強く示唆されている[6]。より広範な目標を追求することで、企業は実際に利益を増やすことができ、そうでなくても、こうした行動が株式価値を高めるかもしれないのである。

ESG投資

環境（Environment）、社会（Social）、ガバナンス（Governance）の3つのカテゴリーは、頭文字をとってESGと呼ばれ、急拡大している投資スタイルである[7]。米国社会的責任投資フォーラム（SIF）財団によると、ESG要素を考慮する機関投資家の投資額は2020年に17兆ドルに達し、2018年から42％増加した。この戦略にコミットする資金は、2012年から2020年にかけて7倍に増え、増加傾向はさらに加速している[8]。

MSCI（旧モルガン・スタンレー・キャピタル・インターナショナル）を筆頭に、FTSEラッセルやサステイナリティクスなど多くの機関では、ESGに関する数百の基準とカテゴリーに関して、事後的な総合評定に基づいて企業を評価している。ESG投資に対する需要は急増しており、ESG格付けの重要性は、数十年にわたり投資の主流であったスタンダード・アンド・プアーズやムーディーズによる従来の株式や債券の格付けに匹敵するものとなっている。

企業収益とESG格付け

ESG方針をそのまま実行すれば、企業収益が高まるかもしれない。労働

---

[6] 本章の議論は、学術論文 Ľuboš Pástor, Robert Stambaugh, and Lucian Taylor, "Sustainable Investing in Equilibrium," *Journal of Financial Economics*, February 21, 2021 から多大な恩恵を受けた。また、エリカ・A・ディカルロ氏に対して、ESG投資用の優れたバックグラウンドデータを提供していただいたことに感謝の意を表したい。
[7] 3つのカテゴリーを構成する項目を挙げておく。
環境：排ガス規制、再生可能エネルギー、節水、リサイクル、公害防止など地球環境への配慮。
社会：人権、従業員の健康・安全と福祉、児童労働、贈収賄防止法、フェアトレード方針、多様性、地域開発、機会均等などからなるステークホルダーの厚生。
ガバナンス：企業慣行、役員報酬、議決権行使、透明性、独立取締役など。
[8] US SIF Foundation, "Report on US Sustainable and Impact Investment Trends," 2020. "Advancing Environmental, Social, and Governance Investing," *Deloitte Insights*, 2021, https://www2.deloitte.com/us/en/insights/industry/financial-services/esg-investing-performance.html.

条件の改善はやる気と生産性を向上させ、多様性の促進はより良い人材を呼び込み、取締役会に広い視野をもたらす。独立した取締役会や報酬委員会の設置など、優れた企業慣行も収益を直接増加させる可能性がある。

　ESG基準の導入が収益を高める別の可能性は、顧客がESGを実践している企業の商品を、実践していない企業の商品より値段が高くても、喜んで購入する場合である。そうなれば、多くの顧客が、労働法に違反せず環境に関して持続可能な方法で生産された「フェアトレード」商品を、より多く購入するだろう。自動車購入者の多くが、標準的な内燃エンジン搭載車を購入したほうがコスト効率は良いにもかかわらず、電気自動車を求めるのである。

　ESG目標、特にガバナンス領域での最善の方法（ベストプラクティス）を追求することによって、投資家のバリュエーションも改善するだろう。厳しい監査基準を設定したり、意思決定プロセスの透明性を高めたりした企業は、そうでない企業よりも高いPERを達成できるかもしれない。

バリュエーション改善とESGの状況

　上記の可能性にもかかわらず、ESG目標を追求するコストが直接の金銭的利益を上回るので、経営陣がESG目標達成のために行動するのをやめさせようとする企業も多く存在する。しかし、ESG目標を実行することで、たとえ利益が減少するとしても、株価は上昇する可能性がある。これが起こるメカニズムとして、次の2つが考えられる。まず、一部の投資家がESG銘柄を保有することで得られる心理的な喜びである。次に、環境に配慮する企業が提供する気候変動に対するリスクヘッジである。

　ESGランキングの高い企業の株式を購入することで（そのような企業の製品を購入するのと同様の）「心理的な喜び」を感じる投資家がいるとすれば、その選好はこれらの企業の株価をESGランキングの低い類似企業よりも上昇させることになる[9]。これは上位の企業は株価が上昇した後、そうでない

---

[9] なお、ESGが普及し、投資家がESG上位の企業の株を購入すると、一時的に上昇圧力がかかり、株価が上昇するかもしれない。しかし、このような上昇は購入が完了すると解消され、株価は再び下落するだろう。同様の一時的な上昇は、S&P500のような人気のある指数に企業が追加されたときに観察されている（第27章参照）。

企業よりも将来リターンが低くなることを意味する。ESG投資家は、環境に優しい企業、従業員を大切にする企業、その他ESG基準を重視する企業を所有するという心理的満足感と引き換えに、この金銭的リターンの低下を進んで受け入れるのである[10]。

　ESG特性、特に環境関連に対する要望から、ESG目標を追求する企業のバリュエーションにプレミアムが付くという証拠がある。環境関連では、バンク・オブ・アメリカ・グローバル・リサーチがS&P500の全企業を分析した結果、炭素排出量が同じセクター内の中央値未満の企業は簿価の5.1倍で売られ、それに対して中央値以上の企業では4.2倍であることがわかった[11]。

　カーボンニュートラルな排出量目標の設定は、バリュエーションの向上につながるかもしれない。S&P500の3大炭素排出セクター（公益事業、エネルギー、製造業）について、経営陣が排出量目標を設定している企業の予想PERは、設定していない企業より50％高い[12]。もちろん、投資家によるこうした企業への選好ではなく、期待される利益の伸びの違いなど他の要因でこの結果を説明することもできる。しかし、ESG投資に対する「心理的需要」について、より明らかな証拠がドイツでみつかっている。ドイツ政府は、ESGプロジェクトに資金提供する債券と、提供しない債券の2種類の債券を発行した。どちらもドイツ政府によって同じ条件で発行されているが、ESG債は非ESG債よりも高値で売られ、結果的に利回りは低くなっている[13]。

ESG銘柄の将来リターン

　ESG銘柄の保有に心理的需要があるからプレミアムが付くといって、これらの銘柄をポートフォリオでオーバーウエイトすべきであるということにはならない。ESG銘柄の将来リターンは次の3つの要素で構成されている。まず、ESG投資に対する将来需要の予想外の変化、次に、ESG企業の将来

---

10) この見方によるESG投資は、鑑賞する楽しみの分だけ転売価値が下がる美術品を買うようなものである。
11) John Authers, "ESG: Everything Sounds Good: But Is It?" *Bloomberg Opinion*, April 26, 2021.
12) 注11と同じ。
13) Ľuboš Pastor, et al., "Dissecting Green Returns."

収益性の予想外の変化、最後に、バリュエーションにプレミアムが付くことによって長期的リターンが予想より低くなることである。

最後の要素は、ESG銘柄の投資家にとって「逆風」となる。ESG銘柄が純粋にリスク・リターン基準で非ESG銘柄を上回るためには、その収益やESG投資の人気が予想よりも速く高まる必要がある。現在のESG銘柄へのプレミアムには、すでにESG投資の将来の期待成長が含まれていることに注意してほしい。ESG投資の人気が高まるという予測は、たとえ収益性が期待どおりになるとしても、これらの銘柄が市場をアウトパフォームすると結論付けるには十分ではない。

ESGとポートフォリオ選択

本節の分析によって、マーケット中立のポートフォリオもしくは時価総額加重平均ポートフォリオと比べて、投資家がポートフォリオに占めるESG銘柄をオーバーウエイトすべきか、アンダーウエイトすべきかを判断することができる。まず、投資家がESG投資の成長性や収益性について独自の見解を持っていない場合、つまり投資家の期待が市場と一致する場合を考えよう。

このような投資家がESG銘柄を保有することから心理的便益を得られない場合、ESG銘柄はポートフォリオでアンダーウエイトされるべきである。この投資家のESG銘柄保有による心理的便益が一般投資家と一致する場合、ESG銘柄はマーケットウエイトでの保有、つまり時価総額加重平均した標準的なインデックスファンドの保有が最適となる。

標準的な時価総額加重平均インデックスファンドを保有する投資家は、金銭的リターンで測ってみると、最良のリスク・リターンのトレードオフを得ていないことに留意する必要がある。ESGに対する選好がどうであれ、ESG銘柄をアンダーウエイトすれば、金銭的なトレードオフは改善できる。しかし、平均的なESG選好を持つ投資家の心理的便益を要因に入れれば、マーケット中立の時価総額加重平均インデックス・ポートフォリオが最適である。

最後に、ESG銘柄を一般投資家よりも重視している投資家であれば、

ESG銘柄をオーバーウエイトすべきである。そのような投資家のリスク・リターンのトレードオフはさらに悪化するが、ESG銘柄保有による心理的便益を含めた総合的な満足度は高まるだろう。

過去は必ずしもプロローグではない

　近年、ESG基準で上位の銘柄が一般的な平均株価指数を上回っていることは、ほとんどの尺度でみて間違いない。ロックフェラー・アセット・マネジメントのケイシー・クラークとハルシャド・ラリットは、ESGランキングを上昇させた企業とそうでない企業のリターンのリストを作成し、過去10年間のリターンを分析した[14]。**図15-1**が示すように、ランキングを上昇させた企業は市場をアウトパフォームしている。

　実際、近年はESG銘柄へのシフトが非常に強まっている。ESG投資の予

図15-1　ESG上昇銘柄と下落銘柄 vs 広範な市場

14) Casey Clark and Harshad Lalit, "ESG Improvers, an Alpha Enhancing Factor," Rockefeller Asset Management, 2020.

想より速い高まりと、多くの場合、予想より速い収益拡大が相まって、2021年までの多くのESG銘柄のアウトパフォーマンスの要因となってきた。投資家が、どの企業がESG基準を導入しているか、あるいは導入予定かを、他の投資家より早く察知できれば、それらの企業への投資はアウトパフォームする可能性が高い。しかし、どの銘柄あるいはどのセクターでも、将来のアウトパフォーマンスは、これまでもそうであったように、過去に実現したことではなく将来の予想以上の発展に依存する。

最近のESG投資への需要急増にもかかわらず、長期的には注意すべき点がある。第6章で、米国で長期的に最も優れた銘柄はフィリップモリスであると述べたが、これはどのESGリストでも上位にはならないだろう。さらに、第11章で述べたように、ディムソン、マーシュ、スタントンは、米国における産業別リターンの長期研究で、1900年から現在までタバコ産業が他のすべての産業と市場を大きくアウトパフォームしていることを示した[15]。同じ期間の英国では、アルコール飲料製造企業が他のすべてのセクターを上回っている。短期的には優良銘柄が勝つかもしれないが、歴史的には罪つくりな銘柄が1位を占めてきたのである。

気候変動リスクヘッジとしてのESG

ESG銘柄を保有する心理的な喜びからくる投資家の選好は、将来リターンが低くてもそれらを保有する唯一の理由ではないかもしれない。標準的なファイナンス理論では、投資家のリスク選好のもとで最高のリターンを達成するポートフォリオを選択することが望ましいとされている。しかし、気候変動が投資家の懸念事項になるなら、環境悪化が予想以上に急速に進んだ場合により大きな利益を得られる「グリーン（ESGカテゴリーの環境）」企業の株式を保有すべきケースもある[16]。投資家がESG銘柄を保有することで得られる心理的リターンの有無にかかわらず、このケースでは保有することに意味がある。

---

15) Elroy Dimson, Paul Marsh, and Mike Staunton, "Industries: Their Rise and Fall," *Credit Suisse Global Investment Returns Yearbook*, 2015.
16) 経済学者の言葉では、個人は、自分の富のレベルに加えて、環境状態も含めた効用関数を持つという。

グリーン企業に対する需要を理解するもう1つの観点は、グリーン銘柄の保有が気候変動の悪影響に対する保険として機能し、したがってこれらの銘柄はヘッジ資産として機能するというものである。ヘッジ資産は、投資家に影響を与える他のリスクを相殺するため、非ヘッジ資産よりも価格が高く、その結果リターンが低くなる。

グリーン銘柄をヘッジ資産とみなしても、ポートフォリオで自動的にオーバーウエイトすべきというわけではない。投資家にとって環境の状態が一般投資家よりも重要である場合、あるいは気候変動に関心を持つ投資家が、環境の予期せぬ悪化がもたらす脅威が市場の認識よりも大きいと考える場合にのみ、グリーン銘柄はその投資家のポートフォリオでオーバーウエイトされるべきである[17]。

グリーン銘柄が気候変動リスクをヘッジする場合、純粋なリスク・リターンとしてそれらが市場をアウトパフォームするためには、前述したように、投資家が株式を保有することで心理的便益を得るケースと同じ条件が必要である。グリーン銘柄が市場をアウトパフォームするためには、予想より速い利益増加、予想より悪い気候変動、予想より大きなグリーン銘柄への需要拡大によって、バリュエーションの上昇という逆風を克服しなければならない。

ESG投資の熱烈な支持者のなかには、上位のESG銘柄はバリュエーションが高いため、下位のESG銘柄をアンダーパフォームする可能性がある（均衡においてはそうなることが予期される）ことに失望する人もいるかもしれない。それでも、ESG銘柄の価格が高まればその企業の資本コストが低下することに、ESG支持者は安堵するだろう。これにより、ESGが弱い銘柄から強い銘柄へ資金が流れ、上位のESG銘柄が市場でより強い地位を獲得することになる。

---

[17] 留意する必要があるのは、このようなグリーン銘柄に対するヘッジ需要は、気候見通しの予期せぬ変化には影響を受けない純粋な「規制リスク」からは生じないことである。規制リスクは、企業にコストを課す規制の予期せぬ変更から発生する。気候変動リスクを重視する政党が政権を取れば、ある種のグリーン銘柄は市場をアウトパフォームするかもしれない。しかし、これらのリスクは通常の市場リスクに包含されるものであり、ヘッジのポートフォリオを組む必要はない。

フリードマン・ドクトリンを振り返って

　1970年当時、利益の最大化は株主価値の最大化と同義であった。しかし、より洗練された株価評価モデルは、両者が必ずしも同じではないことを示唆している。経営陣が企業利益の最大化だけでなく、ESG基準の実行に時間と資源を費やせば、現実に株主へのリターンが増えるだろう。

　フリードマンの1970年の論文を注意深く読むと、経営者が株主である企業所有者の従業員であることを強調している。そして、経営者は「(株主の)願いに従って」事業を行うべきだと主張している。フリードマンも完全に同意すると信じられる目標である、株主価値の最大化を経営者が使命とするのであれば、フリードマンが賞賛した自由市場の資本主義経済において、ESG目標の追求も完全に正当化されるだろう。

結論

　ESG投資が現在の予想よりもはるかに広まると考える投資家にとっては、これらの銘柄をオーバーウエイトすることは正当化される。さらに、これらの銘柄を保有することで心理的な価値を得られるのであれば、よりオーバーウエイトすべきである。

　ESG銘柄の保有から心理的な価値を得られず、環境リスクも大きくないと考える投資家にとっては、マーケット中立なレベルでESG銘柄を保有することは、ESG銘柄が現在の予想よりもはるかに人気を集め、その後の価格上昇によってその高いバリュエーションを克服できる、と信じる場合にのみ正当化される。そんなことは起こらないと思うならば、マーケット中立の時価総額加重平均ポートフォリオを保有するよりも優れたリスク・リターンのトレードオフが得られることを期待して、ESG銘柄をアンダーウエイトすべきである。

　ESG投資の将来的な成長はすでに市場に織り込まれていると考える投資家にとって、とるべきESG銘柄のポジションは、その人の選好、特にESG銘柄の保有による心理的喜びと気候リスクをヘッジする願望に依存する。もし、これらの選好が一般投資家の選好に近いのであれば、昔ながらの時

価総額加重平均ポートフォリオを保有すべきである。このポートフォリオは（効率的CAPMフロンティアから外れるので）、リスクに対して最良の金銭的リターンを与えるものではないが、金銭的利益と非金銭的（心理的）利益の合計を最大化するものであることを理解する必要がある。そして、ESG企業に高いバリュエーションを与え、より速く成長できるようにすることで社会がより良くなるかもしれない。

　株主に対する経営者の義務を強調するフリードマン・ドクトリンは、結局のところ、ESG目標の追求とは矛盾しないだろう。企業経営者は「良いこと」をすることで、実際に株主にとって非常に「良いこと」ができるに違いない。

第16章 テクニカル分析とトレンド投資

確かに、多くの懐疑論者は、占星術や秘術の類だとしてチャート分析という手法をすべて否定しようとするが、ウォール街ではそれなりに重宝されているので、ある程度の注意深さをもってその主張を検討することが必要である。

ベンジャミン・グレアム、デビッド・ドッド、1934[1]

テクニカル分析の本質

フラッグ、ペナント、ソーサー、ヘッド・アンド・ショルダーズ、ストキャスティクス、移動平均の収束・拡散、ローソク足。これらは、過去の価格動向に基いて将来のリターンを予測しようとするテクニカルアナリストが使う不可解な言葉である。テクニカル分析は投資分析の分野で非常に批判の多いものであるが、これほどまで熱心な支持層を持つ分析手法も他にない。

テクニカル分析は占星術程度のものとして経済学界では無視されることが多い。プリンストン大学のバートン・マルキール教授はテクニカル分析を明確に批判している。1990年にベストセラーとなった著書『ウォール街のランダム・ウォーカー』のなかで次のように主張した。

テクニカル分析は、20世紀初頭までさかのぼって、2つの主要取引所の株価データを使って徹底的に検証された。その結果、過去の株価の変動

---

[1] Benjamin Graham and David Dodd, *Security Analysis*〔邦題『証券分析』〕, New York: McGraw-Hill, 1934, 618.

を、将来の値動きを予測するために使うことはできないということが明らかになった。株式市場には記憶はない。テクニカル分析の中心となる命題は完璧に誤っており、その教えに従う投資家は、彼らが支払う仲介手数料が大幅に増えること以上に、何かを成し遂げることはないであろう。[2]

しかし、かつて経済学者によってほとんど満場一致で支持されたこの見方は変わりつつある。最近の研究は、200日移動平均や短期の価格モメンタムのような単純な売買ルールが、投資リターン改善のために利用できることを示している[3]。本章ではテクニカル分析のメリットとデメリットについて確認する。

テクニカル分析の基礎

テクニカルアナリスト、あるいはチャーティストと呼ばれる人々は、株式リターンを予測するのに配当や業績、簿価といった変数を利用するファンダメンタルアナリストの対極に位置する。テクニカルアナリストはこれらのファンダメンタル変数を無視し、有効な情報は過去の価格パターンに集約されているとする。過去のパターンは、それ自体、繰り返す市場心理の変化の反映か、企業の見通しについて情報に通じたトレーダーの取引の結果である。これらのパターンを的確につかむことができれば、それを利用することで市場に打ち勝ち、自分よりも株価の見通しに明るい専門家の利益の一部を手にすることができる、とテクニカルアナリストは主張する。

チャールズ・ダウ —— テクニカルアナリスト

最初の有名なテクニカルアナリストは、ダウ平均の創設者チャールズ・

---

[2] Burton Malkiel, *A Random Walk Down Wall Street*〔邦題『ウォール街のランダム・ウォーカー』〕, New York: Norton, 1990, 133. 彼は、2022年2月23日に私に送ってきたeメールのなかで、今でも同じ考えだと述べている。
[3] William Brock, Josef Lakonishok, and Blake LeBaron, "Simple Technical Trading Rules and the Stochastic Properties of Stock Return", *Journal of Finance* 47, no.5 (December 1992), 1731-1764、Andrew Lo, Harry Mamaysky, and Jiang Wang, "Foundations of Technical Analysis: Computational Algorithms, Statistical Inference, and Empirical Implementation", *Journal of Finance* 55 (2000), 1705-1765

ダウだった。しかし、チャールズ・ダウはチャートだけを分析したのではなかった。市場の動きに対する興味が高じて、ダウは『ウォール・ストリート・ジャーナル』を発行し、20世紀初めに社説で自分の戦略を公表したのである。ダウの後継者であるウィリアム・ハミルトンは、ダウのテクニカル分析を発展させ、1922年に『株式市場の物差し』(Stock Market Barometer)として公表した。10年後、チャールズ・レアはダウの考え方を著書『ダウ理論』(Dow Theory)のなかで体系化した。

チャールズ・ダウは株価の上下動を海の波に見立てた。彼は、全体のトレンドを決定する潮流のようなプライマリー波動があると主張した。このトレンドのうえにセカンダリー波やマイナー波が付加される。さらにダウ平均や市場の売買高、ダウ鉄道株平均(現在は輸送株平均と呼ばれる)のチャートを分析することによって、市場がどのトレンドにあるかを判別できると主張した。

ダウ理論に従っていれば、1929年10月の株価暴落の前に株式市場から抜け出すことができたといわれている。有名なテクニカルアナリストのマーティン・J・プリングは、1897年からダウ平均の構成銘柄を購入しダウ理論の買いと売りの各シグナルに従った投資家は、1990年1月までに100ドルの元手を11万6000ドル超に増やすことができただろうと述べる。これに対して、バイ&ホールド戦略(配当の再投資を除外して計算)では6000ドルにも達しないという[4]。しかし、売りと買いのシグナルは主観的なもので、正確な数値によって決定できないため、本当にダウ理論に基づく売買からの利益かどうかを確認するのは困難である。

株価のランダム性

ダウ理論の人気はかつてほど高くはないかもしれないが、テクニカル分析は依然として健在である。市場の主要トレンドを見極めて、上昇相場に乗り、下落相場を回避するというアイデアは、今でもテクニカルアナリスト

---

[4] Martin Pring, *Technical Analysis Explained*, 3rd ed. 〔邦題『アメリカの株式テクニカル分析』〕, New York: McGraw-Hill, 1991, 31. David Glickstein and Rolf Wubbels, "Dow Theory Is Alive and Well", *Journal of Portfolio Management* (April 1983) 28-32.

の基本的な考え方である。

　しかし、ほとんどの経済学者は現在でも、株価が予測可能なパターンに従うというテクニカルアナリストの教義を攻撃する。学術的な研究者にとって市場における株価の動きは、特に短期では、将来のリターンを予測するトレンドではなく、ランダムウォークと呼ばれるパターンにぴったり合っているのである。

　このことを最初に指摘したのは、20世紀初めの経済学者フレデリック・マッコーリーだった。1925年の米国統計学会の夕食会で、彼は「証券価格の予測」というテーマで講演を行い、その内容が学会誌に掲載された。

　マッコーリーは、株価の変動とサイコロ投げによって得られる確率分布の間に驚くべき類似点を見いだした。誰もが、そのような純粋な確率分布を予測するのは不可能だと認めるだろう。もしも株価の動きがチャートから予測できるとすれば、それは確率分布と異なるからに違いない。[5]

　30年以上経ってから、シカゴ大学のハリー・ロバーツ教授が、コイン投げのような完全にランダムな出来事の結果によって生じた価格変化をプロットすることで、市場の値動きをシミュレーションした。結果は実際の株価チャートにそっくりで、将来のリターン予測でチャーティストが重視するパターンやトレンドが形成されていた。しかし、このシミュレーションでは、次の期間の価格の変化は定義によって完全にランダムなので、論理的にはグラフのパターンに予言的要素などあるわけがない。こうした初期の研究は、過去の株価のパターンは完全にランダムな動きの結果であるという考え方を支持した。

　株価のランダム性は経済的な意味があるのだろうか。需給に影響を与える要因はランダムには起こらないし、ある期間から次の期間を予測することも可能である。こうした予想可能な要因は、株価の動きをランダムではないパターンにするのではないだろうか。

　1965年に、マサチューセッツ工科大学のポール・サミュエルソン教授は、

---

[5] *Journal of the American Statistical Association* vol.20 (June 1925), 248. 講演は1925年4月17日にニューヨークのオーダイン・クラブでなされた。

需給に影響を与える要因がなかったとしても、将来のキャッシュフローに基づく証券の価格は予測不可能であることを示した[6]。実際、そのような予測不可能性は自由で効率的な市場の産物であり、効率的市場では株価に影響を与える要因のすべてが価格に織り込まれるからである。これこそが、効率的市場仮説の核心である。

市場が効率的であれば、価格は予期せぬ新しい情報が市場に公表されたときだけ変化する。予期せぬ情報は予測より良いニュースかもしれないし、悪いニュースかもしれないので、その結果生じる株価の動きはランダムである。そのため、株価のチャートはランダムウォークのようにみえ、予測できないのである[7]。

ランダムな株価のシミュレーション

株価が本当にランダムであれば、その動きはコンピューターによってランダムに生み出されるシミュレーション結果と区別できないはずである。**図16-1**は、60年前にロバーツ教授が考案した実験を拡張したものである。終値だけではなく、日中足を生み出すコンピュータープログラムをつくり、多くの刊行物で目にする高値・安値・終値のバーチャートを作成した。

図16-1は8つのチャートから成る。このうち4つはランダム変数発生プログラムを使って作成した。これらのチャートでは、将来の動きは過去から完全に独立しているので、過去から将来を予測することは不可能である。残りの4つのチャートはダウ平均の実際のデータから選んだ。読み進む前に、どれが実際の過去の株価で、どれがコンピューターの生成物かを判別してみてほしい。

この判別は非常に困難である。実際、ウォール街のトップブローカーのほとんどが、実際の株価と偽物の株価の違いを言い当てられなかった。1990年代半ばで、ブローカーの3分の2が、**図16-1**のグラフDを1987年

---

[6] Paul Samuelson, "Proof That Properly Anticipated Prices Fluctuate Randomly", *Industrial Management Review*, vol.6, 1965, 49.
[7] 一般的にいえば、それぞれの価格変化の可能性とその発生確率の積の総和はゼロである。これはマルチンゲールと呼ばれ、ランダムウォーク（上昇の可能性が50％で下落の可能性が50％）はその特殊なケースである。

図 16-1 実際の株価チャートとコンピュータが生成したチャート

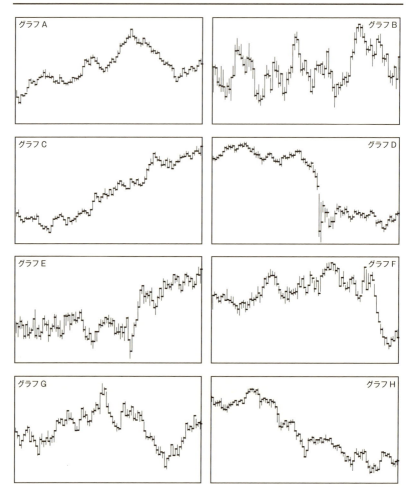

10月19日の株価暴落時のものと正しく言い当てた。残りの7つのグラフについては、ブローカーは実際のデータとコンピューター生成のデータを区別することができなかった。実際の過去の株価を示しているのはB、D、E、Hで、コンピューター生成のデータを示しているのはA、C、F、Gである[8]。

---

8) 図16-1のグラフBは1991年2月15日から7月1日まで、グラフEは1992年1月15日から6月1日まで、グラフHは1990年6月15日から11月1日までを対象としている。

市場のトレンドと価格の反転

　多くのトレンドは、実際には株価の完全にランダムな動きの結果であるにもかかわらず、多くのテクニカルトレーダーは、自分が認識したと信じているトレンドに反して売買してはいない。売買のタイミングについては2つの有名な格言がある。「トレンドを友とせよ」「突き上げを信じよ」である。

　ファンダメンタル分析とテクニカル分析を使って市場のトレンドを予測し、市場のタイミングを計ることで知られるマーティン・ツバイクは、「値動きに逆らうことなく、市場のトレンドとともにいることの重要性は、どんなに強調しても強調しすぎることはない。価格の流れに抵抗することは、悲劇の始まりである」と強く述べている[9]。第14章でみてきたように、モメンタムトレーダーはトレンドを確立した個別銘柄を保有することで市場に打ち勝っている。

　トレンドが確立されたと思われるときに、テクニカルアナリストは、値動きを挟む上側と下側の境界線からなるチャンネルを引く。下側の境界線は支持線と呼ばれ、上側の境界線は抵抗線と呼ばれる。株価がチャンネルの境界線を突き抜けると、直後に大きく値が動くことが多い。

　多くのトレーダーがトレンドの重要性を信じているという事実自体が、順張り（トレンドフォロー）を人気ある投資行動にする。トレンドの基調が変わらない限り、トレーダーは株価のチャンネル内の上下動を利用して、価格が抵抗線に達すると売り、支持線に達すると買う。価格がトレンドラインを突き抜けると、トレーダーの多くはポジションをひっくり返す。つまり、価格が抵抗線を上抜けたら買い、支持線を下抜けたら売る。こうした行動は、しばしば株価の動きを加速させ、チャンネルの重要性を強化する。

　オプショントレーダーも順張りの行動を助長する。価格がチャンネル内で推移しているとき、トレーダーは支持線や抵抗線の水準の行使価格でプットやコールを売る。価格がチャンネル内に収まっていれば、オプションは無価値で失効することになるので、こうした投機的売買でプレミアムを得ることができる。価格が取引範囲を突き抜けると、オプションの売り手は

---

9) Martin Zweig, *Winning on Wall Street*〔邦題『ツバイク ウォール街を行く』〕, New York: Warner Books, 1990, 121.

大きな損失を被る前にオプションを買い戻す「手仕舞い」に走り、価格の変動が加速することになる。

移動平均

　テクニカル分析による取引で成功するには、トレンドを判別するだけでなく、トレンドの反転を見極めることがより重要となる。トレンドの変化をとらえる手法として普及しているのは、現在価格と過去の移動平均価格との関係を検証するもので、少なくとも1930年代には使われていたテクニックである[10]。

　移動平均は、過去の一定期間における株式や指数の終値の単純な算術平均である。最も一般的な移動平均は過去200日の平均価格を使うもので、200日移動平均と呼ばれている。日が改まるたびに一番古い価格が除かれ、最新の価格が平均を算出するために追加される。

　移動平均は日々の値動きよりも変動がかなり小さい。価格が上昇していて、移動平均が現在価格を下回っていれば、テクニカルアナリストは支持線を形成するとみなす。反対に価格が下落していて、移動平均が現在価格より上にあれば、抵抗線を形成している。アナリストは移動平均によって、日々の価格変動に邪魔されることなく、基本的なトレンドを判別することができると主張する。価格が移動平均を突き抜けるとき、それは基底にある強い力が基本トレンドの反転を警告しているという。

　200日移動平均は投資トレンドを見極める重要な指標として、ニューズレターなどで頻繁に掲載されている。ウィリアム・ゴードンはこの200日移動平均を使った戦略を最初に支持した1人で、1897～1967年にダウ平均が移動平均を上抜けしたときに株式を買っていれば、ダウ平均が移動平均を下抜けしたときに買う場合の約7倍のリターンを生み出したと述べている[11]。また、コルビーとメイヤーズは、週次データの移動平均で米国株に最適な

---

[10] William Brock, Josef Lakonishok, Blake LeBaron, "Simple Technical Trading Rules and the Stochastic Properties of Stock Return", *Journal of Finance* 47, no.5 (December 1992) 1731-1764. 移動平均に関する最初の信頼のおける分析は、H. M. Gartley, *Profits in the Stock Market*, New York: H. M. Gartley 1930である。

[11] William Gordon, *The Stock Market Indicators*, Palisades, NJ: Investors Press 1968.

期間は、200日移動平均よりわずかに長い45週であるとした[12]。

ダウでの移動平均戦略の検証

　200日移動平均を使った投資戦略を検証するために、私は1885年から2020年までのダウ平均の日次データを調べた。従来の移動平均に関する研究とは異なり、保有期間中のリターンには、市場に参入しているときは配当の、参入していないときは短期債金利の再投資を含める。年率換算したリターンについて、期間全体と部分的な期間で検証した。

　売買戦略を決定するために次の基準を採用した。ダウ平均の終値が（当日を含まない）200日移動平均を少なくとも1％上回ったとき、その日の終値で株式を買い、終値が200日移動平均を少なくとも1％下回ったときには株式をその日の終値で売る。その売却額は短期国債に投資する。

　この戦略には注目すべき点が2つある。第1に、200日移動平均を中心にした上下1％の帯（バンド）が、投資家の売買回数を減らすのに役立っているということである。この帯が狭いほど、売買回数は増える[13]。帯が非常に狭いと、トレーダーは市場を打ち負かそうとして、買う代わりに売ることを意味する「ウィップソー」〔途転（どてん）の繰り返し。往復ビンタ〕となる。こうして高値で買って安値で売ってを何度も行うウィップソーは、投資家のリターンを大幅に低下させる。

　第2は、日中の売買価格ではなく終値で株式を売買する点である。日中の売買価格の水準が正確に計算されるようになったのは、ここ数十年の話である。過去のデータからは、株価が200日移動平均を日中の間に突破した瞬間を確認することは不可能である。私は、ダウ平均がその前200日の終値平均を上あるいは下に突き抜けて引けなければ、売買しないと定義することによって、135年全期間に応用できる戦略を提示した[14]。

---

12) Robert W. Colby and Thomas A. Meyers, *The Encyclopedia of Technical Market Indicator*, Homewood, IL; Dow Jones-Irwin, 1988.
13) 実際に、株価がランダムに動くなら、売買回数は帯域サイズに反比例する。
14) 従来は、ダウ平均の日次の高値と安値は、その日中に達した各構成銘柄の高値および安値から計算された。これは、理論上の高値あるいは安値と呼ばれる。実際の高値は、ダウ平均自体が特定の取引時間に到達した最も高い水準である。

ダウ平均と200日移動平均

図16-2は、1924～1936年と2001～2020年の2つの期間における、ダウ平均の日次ベースの価格と200日移動平均を示している。〔200日移動平均戦略では〕背景がグレーの期間は投資家が株式市場から退出し（短期債に投資し）ており、それ以外の期間は全額を株式に投資している。

表16-1は、200日移動平均戦略（タイミング戦略）のリターンと、全期間バイ&ホールド戦略（ホールディング戦略）のリターンを比較したものである。

1886年1月から2020年12月までの期間をみると、タイミング戦略の年間リターン9.66％は、ホールディング戦略の9.62％にかろうじて勝っている。しかし**図16-2**をみると、タイミング戦略の最大の成功は1929～1932年の暴落の回避であるということがわかる。その期間を除くと、タイミング戦略はホールディング戦略よりも、リターンは0.92ポイント下回っているが、標準偏差（リスク）は4ポイント程度低くなっている。

見た目ではわからないことが多い。**図16-2**で2001年以降のリターンを確認してみると、タイミング戦略のリターンがホールディング戦略を圧倒しているようにみえる。しかし実際はそうではなく、2001年から2020年まで

表16-1 タイミング戦略とホールディング戦略の年間リターン
（1886年1月～2020年12月）

期間	ホールディング戦略		タイミング戦略			
	リターン	リスク	リターン	リスク	保有期間／全期間	売買回数
1886 - 2020	9.62%	20.9%	9.66%	16.4%	63.6%	402
1886 - 1925	9.08%	23.7%	9.77%	17.7%	56.6%	122
1926 - 1945	6.25%	31.0%	11.13%	21.8%	62.2%	60
1946 - 2020	10.82%	15.8%	9.21%	14.1%	68.5%	220
1990 - 2020	10.52%	14.8%	5.85%	15.2%	74.1%	126
2001 - 2020	7.68%	15.2%	4.16%	13.5%	70.5%	84
2012 - 2020	12.96%	11.7%	8.10%	14.0%	86.1%	30
大恐慌(1929 - 1932)を除いた場合						
1886 - 2020	10.76%	19.7%	9.84%	16.1%	64.8%	384
1926 - 1945	13.94%	24.5%	12.38%	20.3%	70.8%	42

第 16 章　テクニカル分析とトレンド投資　251

図 16-2　ダウ平均と 200 日移動平均線　グレーの期間は市場から退出

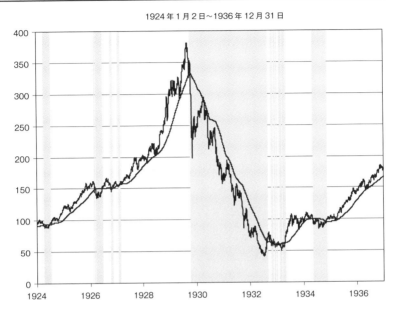

1924 年 1 月 2 日～1936 年 12 月 31 日

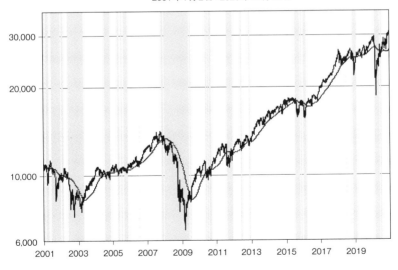

2001 年 1 月 2 日～2020 年 12 月 31 日

Shaded areas = out of market

は、ホールディング戦略のほうがタイミング戦略を年間3ポイント以上上回っている。これは、2010年代初めに投資家が何度も売買して「往復ビンタ〔ウィップソー〕」を食らったためである。タイミング戦略のリターンが悪いのは、株価が強い上昇トレンドあるいは下降トレンドにあるときではなく、200日移動平均を何度も交差するときである。株価が移動平均を1%上回ったときに買い、1%下回ったときに売れば、移動平均を何度も突き抜けることになり、大きなコストがかかる。

大暴落の回避

タイミング戦略のリターンはホールディング戦略のリターンより劣るかもしれないが、タイミング戦略の主なメリットはボラティリティを低減することである。タイミング戦略でポジションをとっている期間は全体の3分の2以下であり、これによりリターンの標準偏差はホールディング戦略より4分の1ほど減少する。このことは、リスク調整後ではタイミング戦略のリターンが非常に良いという意味である。タイミング戦略のもう1つの重要なメリットは、株式市場の暴落を回避できることである。

200日移動平均〔タイミング〕戦略は、1920年代から1930年代初めの高騰と暴落の時期に最も成功した。前述の基準に従うと、ダウ平均が95.33ドルだった1924年6月27日に株式を購入し、2つの小さな中断があったものの、1929年9月3日に381.17ドルをつけるまで上昇相場に乗る。その後、大暴落の10日前、1929年10月19日に323.87ドルで市場を退出することになる。この戦略では、米国史上最悪の下落相場の間、1930年の短い時期を除いて投資家は株式市場から退出し続ける。ダウ平均が暴落後の安値からわずか25ドル高い66.56ドルをつけた1932年8月6日に、投資家は再び市場へ参入することになる。

200日移動平均戦略に従う投資家はまた、1987年10月16日金曜日の終値で株式を売却することにより、同年10月19日の暴落を回避できたであろう。しかし、1929年の暴落とは対照的に、1987年には株価の下落が続かなかった。株価は10月19日に23%下落したが、1987年10月16日の売却水準をわずか5%下回る水準になる翌年6月まで、投資家は市場に戻れなかっ

た。とはいえ、200日移動平均戦略を利用することによって、株式を保有したままの多くの投資家に衝撃を与えた10月19日と20日の暴落は回避できたであろう。

さらに、200日移動平均を利用する投資家は、2007年から2009年の壊滅的な暴落のほとんども回避できるが、それはダウ平均が2007年10月の高値を約8％下回った2008年1月2日に退出し、ダウ平均が約40％下がった2009年7月15日まで市場へ再参入しないからである。そして、この戦略に従うなら、2020年2月26日に売却し、ダウ平均が30％超下落して翌月に底入れするまで市場を退出し続けることで、投資家は新型コロナ感染症拡大に伴う弱気相場も回避できるのである。

しかしながら、2010年、2011年、2012年には、タイミング戦略の投資家は20回も売買を繰り返して頻繁に往復ビンタを食らったため、リターンが20ポイントほど削減されてしまった。これが、この戦略のデメリットである。

移動平均戦略は下落相場の間、投資家を最悪の暴落から遠ざけることができる。1886年にダウ平均が誕生して以来、移動平均を利用したタイミング戦略では弱気相場（20％以上の下落）時の平均ドローダウン〔保有資産の減少率〕はわずか13.25％で、ホールディング戦略のピークから底までのドローダウン32.73％の半分にも満たない。トレンドがないときに売買を繰り返せば、これらの利益は結局なくなってしまうが、過去135年間のすべての弱気相場の最悪な時期を回避できたというのは、間違いなく安心感がある！

年間リターンの分布

図16-3は、ダウ平均を対象としたタイミング戦略とホールディング戦略の年間の利益と損失の分布である。前述のように、タイミング戦略を実践した投資家は上昇相場のほとんどに参入し、下落相場のほとんどを回避できたが、市場にほとんどトレンドがないときに受けた損失は大きい。

損益の分布は、ホールディング戦略の投資家が市場の下落を緩和するためにダウ平均のプット・オプションを購入するのと似ている。第26章で示すように、ダウ平均のプットを購入することは株式市場に関する保険を購

図 16-3　タイミング戦略とホールディング戦略における損益の分布

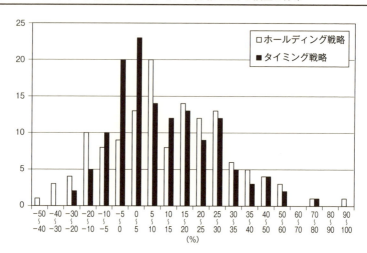

入するのと同じである。市場が下がらなければ、プットの購入費用はリターンから差し引かれる。同様に、タイミング戦略は頻繁に売買を行うことから発生する小さな損失を被る。これが、タイミング戦略では年間リターンの最多の分布が0〜5％なのに、ホールディング戦略では最多の分布が5％〜10％となっている理由である。

結論

　テクニカル分析の支持者は、それが市場の主要トレンドを認識し、そのトレンドが反転するときを予測するのに役立つと主張する。しかし、そのようなトレンドが本当に存在するのか、ランダムな価格変動の結果にすぎないのではないか、など多くの疑問がある。

　アカデミックな論争は続いているが、テクニカル分析はウォール街の専門家や経験豊富な投資家から多大な支持を得ている。本章の分析からは、これらの戦略について慎重にではあるが肯定的にみることができる。だが、本書を通して繰り返し述べているように、過去を利用しようとする投資家の行動は、将来のリターンに変化をもたらす。ベンジャミン・グレアムが

80年ほど前に、以下のように的確に指摘している。

> 少し考えればわかることだが、人間が営む経済イベントを科学的に予測することなどありえない。そのような予測がまさしく「信頼できる」ということになれば、人間の行動を喚起し、その予測は成り立たなくなる。それゆえ、賢いチャーティストは、継続的な成功は、少数の人だけが成功する方法を知っておくことだとわかっている。[15]

最後に、テクニカル分析だとトレーダーは取引時間中、注意し続けることが必要となる。1987年10月16日、ダウ平均は暴落前の金曜日の取引終了直前に200日移動平均を下抜けし、売りシグナルを出した。その金曜日の午後に株を売り損ねたら、史上最大の22％下落という悪夢のようなブラックマンデーの暴落に押し流されてしまっただろう。

---

15) Benjamin Graham and David Dodd, *Security Analysis*, 2d ed.〔邦題『証券分析』〕, New York: McGraw-Hill, 1940, 715-716.

第17章 暦のアノマリー

> 10月。これは株式投資には特に危険な月の1つである。その他に危険な月は7月、1月、9月、4月、11月、5月、3月、6月、12月、8月、2月だ。
>
> マーク・トウェイン※

辞書ではアノマリーという言葉を、普通に期待されるものと矛盾する何かであると定義している。何曜日か、第何週か、何月かだけを基準に株価を予想して、それで市場に打ち勝とうとすること以上に馬鹿げたことがあるだろうか。それでも、何かできそうに思える。最近の研究によれば、株式市場全体あるいは特定の株式が特に高くなると予測できる時期があることが明らかになった。

1994年に出版した本書初版の分析は、1990年代初期までの長期の分析データに基づいていた。この初版では、暦のアノマリーについても紹介したので、投資家は市場に勝とうとする際に、これら普通ではない時節的イベントを戦略で使ってみたのではないだろうか。しかしながら、このような暦のアノマリーを学んで、それに基づいて行動する投資家が増えるにつれて、アノマリーのすべてではないにしろ、大部分が消えるように株価は調整されるかもしれない。明らかに、それが効率的市場仮説の帰結である。

この『株式投資』第6版では、アノマリーが存続しているのかどうかを見極めるために、1994年以降のデータを検証する。結果は驚くべきもので、いくつかのアノマリーは弱くなって、逆の効果を持つものさえあったが、

※〔訳注〕『まぬけのウィルソン』

他は強いままだった。本章で分析結果を述べる。

季節のアノマリー

　最も重要な暦のアノマリーは、1月に小型株のリターンが大型株を大幅に上回ることである。この効果は非常に強く、小型株のトータルリターンは、1月のリターンがなければ、たとえ1925年以降の全期間にわたって時価総額加重平均を上回ったとしても、大型株を下回っていただろう。

　1月効果は暦のアノマリーの草分けだが、唯一のものではない。株価は一般に、月の後半より前半に好調で、休みの前日に上昇し、9月に急落する。さらに、クリスマスから新年の間は株価が非常に上がり、最近までは12月の最終取引日に株価が急騰しており、これが、1月効果が始まる日となっている。

1月効果

　1月に小型株のリターンが大型株を上回る現象は1月効果と呼ばれた。これは、1980年代初めにドナルド・ケイムによって発見されたが[1]、彼がシカゴ大学の大学院生のときに行った研究に基づいていた。予測可能な値動きのパターンはないと主張する効率的市場仮説に異を唱える、最初の重要な発見だった。

　暦に関するアノマリーのなかで1月効果は最も有名である。1925年から2021年までの期間、S&P500の1月の平均リターンは1.29％であるが、小型株の平均リターンは4.93％だった。3.64ポイントの差は、この96年間、1月の小型株のトータルリターンの高さを示す明確な証拠である。

　表17-1に、1月効果がいかに重要かを示した。仮に投資家が1月に小型株、残り11カ月はS&P500を保有するならば、S&P500のバイ&ホールド戦略を年に4ポイントほど上回るすばらしいリターンを得られる。反対に、2月から12月は小型株、1月にS&P500を保有するなら、年に2ポイント以上、

---

1) Donald Keim, "Size-Related Anomalies and Stock Return Seasonality: Further Empirical Evidence", *Journal of Financial Economics* 12 (1983), 13-32.

表17-1 小型株の1月効果

指標	リターン 1926～2021	リターン 1995～2021
S&P500	10.1%	10.4%
小型株	11.3%	9.4%
小型株＋1月のS&P500リターン	7.7%	9.8%
S&P500＋1月の小型株リターン	13.8%	10.0%

S&P500バイ＆ホールド戦略のリターンを下回る。しかし1995年以降、1月効果は消えてしまい、これらの戦略のリターンはほぼ同じになっている。

1月効果は、歴史上最も悲惨な下落相場である世界恐慌においても機能していた。1929年8月から1932年夏までの間に小型株がその価値を90％以上失ったときでも、驚くべきことに1月の小型株は、1930年に13％、1931年に21％、1932年に10％の月次リターンを記録した。この3年間は1月効果の威力を実証した期間であり、12月末に小型株を購入し、それらを1月末に売却し、残りの11カ月を現金で保有していれば、史上最悪の株価暴落期に資産を50％も増やすことができた。

リサーチャーが海外市場を調べた結果、1月効果は米国市場だけの現象ではないことがわかった。世界第2位の資本市場である日本では、1月の小型株の超過リターンは米国市場よりも高く、年率換算で7.2％である[2]。後述するが、世界の多くの国で1月は大型株と小型株の双方にとって最高の月である[3]。

1月効果の原因

なぜ投資家は1月に小型株を好むのだろうか。確かなことは誰にもわからないが、いくつかの仮説がある。個人投資家は小型株を相対的に多く保有しており、機関投資家と違って売買による税金により神経質である。小型

---

[2] Gabriel Hawawini and Donald Keim, "On the Predictability of Common Stock Returns: World-Wide Evidence", in Robert A. Yarrow, Vojislav Macsimovic, and William T. Ziemba, eds., *Handbooks in Operations Research and Management Science* 9 North Holland: Elsevier Science BV, (1995) 497-544.

[3] こうした事例に関する優れた研究としては以下がある。Gabriel Hawawini and Donald Keim, "The Cross Section of Common Stock Returns: A Review of the Evidence and Some New Findings", in Donald B. Kiem and William T. Ziemba, eds., *Security Market Imperfections in Worldwide Equity Markets*, Cambridge: Cambridge University Press, 2000.

株、特に過去11カ月の間に値下がりした株は、12月には節税目的で売られやすい。この売りが小型株の下げ圧力になる。売りが終わった後の1月に、これらの小型株の価格は反転する。

　この説明を支持する証拠もある。年間を通して値下がりした株は12月にはさらに下落し、翌年1月になると大幅に上昇しがちである。さらに、1913年に米国で所得税が導入される以前には、1月効果は存在しなかったことを示す証拠もある。納税年度が7月1日から6月30日までとなっているオーストラリアでは、7月に小型株に異常に大きなリターン上昇がみられる。

　しかし、1月効果はキャピタルゲイン税が存在しない国でもみられるので、税制だけが要因とはいえない。日本では、1989年まで個人投資家にはキャピタルゲイン税がかからなかったが、1月効果は存在した。カナダでも1972年までキャピタルゲインは課税されなかったが、1月効果はみられた。また、前年を通じて上昇した株式も、節税対策の売りの対象ではないのに、前年に下落した株式ほどではないが、1月に上昇している。

1月効果は消滅した

　1月効果が消えても驚くことではない。小型株が1月に高騰することをファンドマネジャーが知っているなら、その高いリターンをとらえるために、元日よりずっと前にこれらの株を購入するはずである。それは12月に小型株の高騰を招き、さらには11月に他のファンドマネジャーの買いを促す、といったことになる。こうして1月効果に反応する動きが連なっていくと、やがて株価は年を通じて平準化され、1月効果は消滅するはずだ。おそらく1月効果に関する諸々の宣伝によって、投資家やトレーダーがこのアノマリーから利益を得ようとした結果、市場からこの効果が消滅したのだろう。

1月の予測力

　「相場は1月と同じようにその年の残りも動く」とよくいわれる。この言葉には、実際に何らかの予測力がある。**表17-2**に、1月のリターン、その後11カ月の平均リターン、そして1月の動きが1年の残りの動きと何回一致したかをまとめた。

表 17-2　1月の予測力

1928-2021	1月の平均リターン	2〜12月の平均リターン	回数	リターンが同じ方向の年
1月マイナス	−3.64%	0.35%	36	13
1月プラス	4.22%	0.74%	58	45
1年間	1.21%	0.59%	94	

1928-1994	1月の平均リターン	2〜12月の平均リターン	回数	リターンが同じ方向の年
1月マイナス	−3.66%	0.18%	24	10
1月プラス	4.46%	0.65%	43	33
1年間	1.55%	0.48%	67	

1995-2021	1月の平均リターン	2〜12月の平均リターン	回数	リターンが同じ方向の年
1月マイナス	−3.61%	0.70%	12	3
1月プラス	3.53%	0.99%	15	12
1年間	0.36%	0.86%	27	

　1928年から2021年までの間、1月リターンがマイナスになったとき、それ以降の平均リターン〔0.35％〕は1月リターンがプラスになった場合〔0.74％〕の2分の1以下であった。さらに、1月リターンがマイナスの場合、残りの期間は3分の1以上の期間でマイナスとなるが、1月リターンがプラスの場合、残りの期間でマイナスとなるのは20％ほどである。

　1月の予測力も1月効果のように弱まりつつあるが、1995年以前は1月リターンがマイナスになることは凶兆であった。1995年以降は、1月リターンがマイナスでも、次の11カ月はわずかだが異なる動きをしている。1995年から2021年まで、1月リターンのマイナスは12回あったが、残り11カ月もマイナスになったのは3回だけである。

月別のリターン

図17-1はダウ平均とS&P500の月次リターンを示している。

4月は両指数にとって最高の月で(春が来た!)、この効果は時とともに強

図17-1 ダウ平均とS&P500の月次リターン

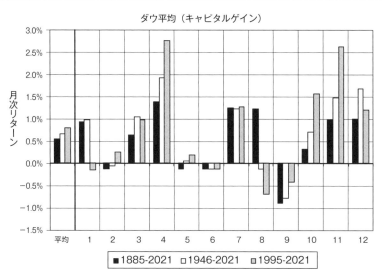

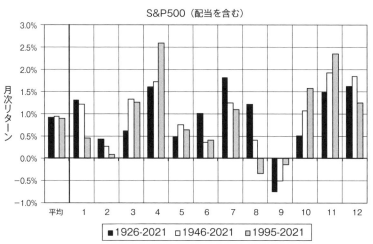

くなっていることがわかる。9月は最悪の月だが（冬が来る！）、11月と12月は良い月で、最近のデータでもその傾向は続いている。しかし1月のリターンは、かつては最高ともいえる月であったが、近年は大型株でも弱含んでいる。7月は引き続き輝いているが（夏が来た！）、「5月に売り逃げろ」という言葉は確かに一定の実証的な根拠がある。実際に、市場のすべての利益は10月から4月に実現しており、夏のリターンが良くても大部分が秋の下降気流によって吹き飛んでいる。

9月効果

　7月のリターンは良いものの、秋の始まり、特に9月は注意すべきである。9月は米国でも他の国でも1年のうちで群を抜いて悪い月である。配当再投資を含めても唯一リターンがマイナスとなる。

　図17-2は、MSCIグローバル・キャピタル・マーケット指数がカバーしている各国の1月、9月、12月リターンと月次平均を示している。この期間、22カ国のうち21カ国で9月のリターンはマイナスだった。

　米国のデータは目を見張るほどだ。**図17-3**は、9月を含めたダウ平均と9月を除いた同指数について、1885年から2021年までの推移を示している。1885年にダウ平均に投資した1ドルは、2021年末には1428ドルになっている（配当を除く）。しかし、9月を除いて残りの月に株式を保有し続けていれば、2021年末には6167ドルになっただろう。反対に、1885年以降、9月にだけダウ平均に投資した1ドルはわずか23セントになってしまう。

　9月のマイナス効果はあまりにも大きいので、投資家はこの月の間、株式に資産を置いておくよりも、金利のつかない現金を持っていたほうが良いだろう。最近のデータではみられなくなった1月効果とは異なり、9月効果は以前ほどのマイナスではないが、まだ確認される。本書の初版が出版された1994年以降も、21カ国のうち18カ国で依然として9月のリターンはマイナスとなっている。だが、初版を読んだトレーダーが、**図17-1**にみられるような9月の下落から利益を得ようとしたのかもしれない。そのため、9月ではなく、8月が最悪の月となってしまった。

第 17 章 暦のアノマリー 263

図 17-2 各国における月別リターン（1970 ～ 2021 年）

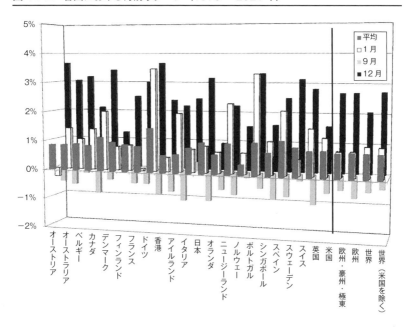

図 17-3 ダウ平均における 9 月効果（1885 ～ 2021 年）

9月効果の理由

9月のリターンが悪いのは、冬が近づいて急速に日が短くなるという憂鬱な雰囲気と関係しているのかもしれない。心理学者は、太陽の光は心身の健康（ウェルビーイング）に不可欠な要素であると強調する。最近の研究は、ニューヨーク証券取引所のリターンは、天気の良い日に比べて曇りの日には非常に悪くなるという事実を確認した[4]。しかしこの説明は、9月に春が始まり、日が長くなり始めるオーストラリアやニュージーランドでも株価が低迷することから、「南半球」では成り立たない[5]。

9月のリターンの低迷は、投資家が夏休みのレジャー資金を支払うために株式を売却する（あるいは新しい株式の購入を控える）結果かもしれない。後述するように、最近まで月曜日は1週間で最もパフォーマンスが悪い日であった。多くの人にとって、9月は1年における月曜日であり、休暇の後に仕事に直面しなければならないときなのである。

その他の時節性のリターン

心理学者は多くの人がクリスマスや新年といった時期に憂鬱になるというが、株式投資家は年の最終週は「陽気になるべき時期」であると信じている。**表17-3**は、年や月のさまざまな時期のダウ平均の日次リターンを示している。クリスマスから新年までの期間の日次リターンは、過去136年の間、平均すると通常の10倍である。

もっと驚かされるのが、月の前半と後半のリターンの違いである[6]。調査対象とした136年間を通じて、月の前半（前月の最終取引日から当月の14日目まで）のダウ平均の上昇率は、月の後半のほぼ3倍で、この前半のアウトパフォーマンスは1995年以降増大している。このアウトパフォーマンスは配当を含めるとさらに強化される。なぜなら、ほとんどの配当は月の前半に支払われるからである[7]。**図17-4**は、1カ月すべての暦日のダウ平均の

---

[4] Edward M. Saunders Jr., "Stock Prices and Wall Street Weather", *American Economic Review* 83 (December 1993), 1337-1345.
[5] オーストラリアやニュージーランドに投資している人の多くが北半球に住んでいる。
[6] Robert. A. Ariel, "A Monthly Effect in Stock Returns", *Journal of Financial Economics* 18 (1987), 161-174.

表 17-3　ダウ平均の日次の平均リターン（1885 年 2 月～ 2021 年 12 月）

	1885-2021	1885-1925	1926-1945	1946-1989	1946-2021	1995-2021
全期間の平均						
月全体	0.0250%	0.0192%	0.0147%	0.0273%	0.0318%	0.0398%
月の前半	0.0388%	0.0144%	0.0531%	0.0402%	0.0497%	0.0645%
月の後半	0.0133%	0.0233%	−0.0173%	0.0163%	0.0166%	0.0185%
月の最終日	0.0736%	0.0875%	0.1633%	0.1460%	0.0426%	−0.1267%
曜日別						
月曜	−0.0831%	−0.0874%	−0.2106%	−0.1313%	−0.0470%	0.0561%
火曜	0.0442%	0.0375%	0.0473%	0.0307%	0.0469%	0.0850%
水曜	0.0569%	0.0280%	0.0814%	0.0909%	0.0659%	0.0265%
木曜	0.0252%	0.0012%	0.0627%	0.0398%	0.0281%	0.0173%
金曜	0.0625%	0.0994%	0.0064%	0.0942%	0.0575%	0.0142%
金曜（土曜を含む）	0.0539%	0.0858%	−0.0169%	0.0747%		
金曜（土曜を除く）	0.0695%	0.3827%	0.3485%	0.0961%	0.0565%	0.0142%
土曜	0.0578%	0.0348%	0.0964%	0.0962%		
休日						
休日の前日						
7月4日(独立記念日)	0.2968%	0.2118%	0.8168%	0.2746%	0.2058%	0.1955%
クリスマス	0.3153%	0.4523%	0.3634%	0.3110%	0.2288%	0.0921%
1月1日	0.2745%	0.5964%	0.3931%	0.2446%	0.0697%	−0.1719%
1月2日	0.1457%	0.1114%	0.0363%	0.0779%	0.1926%	0.3552%
休日の平均	0.2955%	0.4201%	0.5244%	0.2767%	0.1681%	0.0386%
クリスマスの週	0.2241%	0.3242%	0.2875%	0.1661%	0.1425%	0.0991%

平均変化率を示している。

　近年はリターンのパターンが変わってきていることに留意してほしい。月初めの6日間の利益は増加しているが、月の最終取引日は大きくマイナスになっている。他方で、最初の取引日のパフォーマンスはかつてよりもプラスになっている。

　月初めにみられる強い上昇は、おそらく給与所得者が月初に給与の一部を自動的に株式へ直接投資した資金が流入することと関連している。16日にも上昇があるのに気づくだろうが、これは給与所得者が月に2回株式に投

7）歴史的に、ダウ平均構成銘柄の約3分の2が月の前半に配当を払っている。

図17-4　ダウ平均の毎月の暦日ごとのリターン（1885〜2021年）

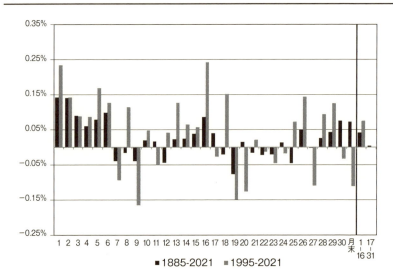

資するためで、この効果は年々強まっている。

曜日効果

　月曜日が嫌いな人は多い。週末の2日間にリラックスした後、月曜日に仕事と向き合うのは楽しいことではない。株式投資家も明らかに同じように感じている。月曜日は株式市場にとって1週間のうちで最悪の曜日である。過去136年にわたり、月曜日のリターンは圧倒的にマイナスである。

　投資家は月曜日を嫌うが、以前は金曜日を楽しみにしていた。かつて、金曜日は日次平均の約3倍ものリターンを生み出して、1週間で最高の曜日だったので、「TGIF（サンク・グッドネス・イッツ・フライデー）」という言い回しが市場を席巻していた。土曜日に市場が開いていたときでさえ（1946年までは毎月、1953年までは夏時間以外の月）、金曜日のリターンは最高だった。

　しかし1995年以降、金曜日は最高の日から最低の日に、月曜日は最低の日から最高の火曜日にわずかに及ばないものの2番目に良い日になった。こ

のパターンの変化は、週末の間のポジションをヘッジしようと、金曜の終値か終値に近いところで買いポジションを手仕舞う株式トレーダーが増えたためかもしれない。月曜日が通常は悪い日だと知れば、トレーダーは金曜日に売ることになるので、金曜日のリターンはマイナスになりうる。その後トレーダーは月曜日にポジションをとり直すので、リターンは上がることになる。理由が何であれ、よく知られたアノマリーは市場で裁定されることが多くなる。

別の暦のアノマリーは、**表17-3**が示すように、大きな祝日の前に株価が上昇することである。7月4日（独立記念日）、クリスマス、1月1日といった祝日の前日のリターンは、平均すると日次ベースの平均リターンの12倍になる。だが、これらのリターンのいくつかも近年は急激に変わってきた。7月4日やクリスマスの前日はまだ株価は好調だが、年末最終営業日のリターンは、1995年以降、大幅なプラスから紛れもないマイナスへと変わった。最近の最終営業日のマイナスのリターンは、株価先物指数やETF、他のカスタマイズされたヘッジ商品のポジションを相殺するために、年末に自動的に実行される多数の「売り注文」が原因だろう。だが、この下落圧力は翌年最初の取引日に解消されることが多く、それが1995年以降、年初の大幅な上昇につながっている。

最後に、株式のリターンには1日のうちにもパターンがあるようにみえる。朝、特に月曜日の朝には通常、一時的な下落がみられることが実証されている。昼にかけて市場は上昇した後、午後の半ばに一時的に休憩するか下落し、取引時間の最後の30分に高騰する。この結果、市場はその日の最高値で取引を終了することが多い。

結論：投資家は何をすべきか？

これらのアノマリーはトレーダーにとって魅力的な指針である。投資家は、専門家が〔買うのに〕良い、あるいは、良くない「季節」と断言するのを頻繁に聞く。しかし、暦に関連するリターンのパターンは常に起こるものではなく、投資家がこれらパターンに気づくにつれて、多くは変動が緩やかになるか、まったく起こらなくなるかもしれない。よく知られた1月効

果は、過去20年の間にほとんどなくなっている。他のアノマリーは、年末最終営業日のリターンや月曜と金曜のリターンのように、正反対方向に動くようになったものもある。9月効果も緩やかになったが、リターンはまだマイナスである。しかし、月前半のリターン拡大や後半の低迷のようなアノマリーは実際には強くなっている。

　このようなアノマリーから利益を得ようとする場合、株式の売買が必要となるので、取引コストがかかり、（非課税ファンドで投資していない限り）課税される利益を実現することになるだろう。それでも、すでに売買を決心し、取引するタイミングの選択に余裕があるのなら、その取引を実行する前に暦のアノマリーを考慮したくなるかもしれない。ただ、このような取引を行う利点は徐々に縮小しており、今後も続くと保証できないことは覚えておくべきである。

第5部

株式の経済環境

第18章 マネー、金(ゴールド)、ビットコイン、連邦準備制度

　株式市場では、競馬と同じように、マネーが馬を走らせる。マネーをめぐる環境が株価に多大な影響を与えるのである。
　　　　　　　　　　　　　　　　　　　マーティン・ツバイク、1990年[1]

　FRB議長のアラン・グリーンスパンが、今後2年間の金融政策をそっと教えてくれたとしても、私のやっていることはひとつも変わらない。
　　　　　　　　　　　　　　　　　　　ウォーレン・バフェット、1994年[2]

　1931年9月20日、英国政府は金本位制から離脱する意向を表明した。イングランド銀行の預金すなわち英国通貨のスターリングポンドと、金(ゴールド)との兌換を停止したのである。当時、英国政府は、この措置は一時的で、永久に金本位制を放棄するつもりはないと主張した。しかし、結果的に金本位制からの離脱は、過去200年間続いてきた金本位制と大英帝国の終焉の始まりとなったのである。
　英国政府は外国為替相場の混乱を恐れて、ロンドン証券取引所に取引停止を指示した。一方、ニューヨーク証券取引所は通常どおりの取引を行う決断を下して、狼狽売りに備える準備をした。世界第2位の工業国であった英国の決定を受け、他の先進工業国も金本位制を放棄せざるをえないのではないかとの懸念が広がっていた。各国中央銀行の担当者は、このよう

---

1) Martin Zweig, *Winning on Wall Street*, updated ed.,〔邦題『ツバイク ウォール街を行く』〕, New York: Warner Books, 1990, 43.
2) Linda Grant "Striking Out at Wall Street", *U.S. News & World Report* (June 30, 1994), 59.

な状況を「前代未聞の世界金融危機」と呼んだ[3]。ニューヨーク証券取引所は株価を支えようとして、設立以来初めて空売りを禁止した。

しかし驚くべきことに、米国株はひとしきり下落した後は急速に上昇に転じ、多くの銘柄が前日よりも高値で取引を終えた。明らかに、英国の金本位制離脱が米国株にとってはマイナス要素ではないとみられたのである。

同様に、この「前代未聞の世界金融危機」は英国株にとってもマイナスではなかった。英国で取引が再開された9月23日、株価は大きく上昇したのである。AP通信は同日の模様を、以下のような臨場感あふれる表現で伝えた。

> 2日間の市場閉鎖の後、取引を再開した証券取引所は、子供のように笑い、歓声をあげる株式ディーラーの群れに占領されていた——彼らの熱気と高揚感は、そのまま多くの株価に反映された。[4]

政府関係者の悲観的な予測とは反対に、株式投資家は金本位制の放棄を経済にとってプラス、株価にとっては好材料であるとみなした。兌換停止の結果、英国政府は銀行に準備金を貸し出すことで金融を緩和できるようになり、ポンドの下落により英国の輸出が増加すると思われたのである。

株式市場は、保守的な各国金融当局に衝撃を与えた英国政府の決断を圧倒的に支持した。実際、英国株は1931年9月に底入れし、一方、金本位制を維持していた米国その他の先進諸国は、深刻な不況へと突入していった。この歴史から得られる教訓は、流動性と金融緩和が相場を押し上げるのであり、中央銀行が自由に流動性を供給できることが、株価にとって大きなプラス要因になるということである。

1年半後には米国も英国にならって金本位制を放棄し、最終的にはすべての国が管理通貨制に移行した。不換紙幣のインフレ傾向にもかかわらず、世界各国は新しい制度に馴染み、それが政策当局に与える柔軟性を株式市場も享受している。

---

3) "World Crisis Seen by Vienna Bankers", *New York Times*, September 21, 1931, 2.
4) "British Stocks Rise, Pound Goes Lower", *New York Times*, September 24, 1931, 2.

金本位制の歴史

　1821年に最初に金本位制を採用したのは英国で、1834年に米国が続いた。20世紀初頭までに、実質的にすべての先進国が金本位制を採用した。

　金本位制が停止されたのは戦争のような危機の間だけだった。英国はナポレオン戦争と第一次世界大戦の際に金本位制から離脱したが、いずれも戦後に元の交換レートで金本位制に戻している。米国も南北戦争の際に金本位制から離脱したが、戦後に戻した[5]。

　19世紀から20世紀初頭にかけて世界的なインフレが起こらなかったのは、各国が金本位制を維持していたからだが、物価の安定を保つためにはコストが必要だった。流通するマネーの量と政府が保有する金の量を等しくする必要があるため、中央銀行はマネーに対するコントロールを放棄しなければならなかった。これは、不況や金融危機が起こっても中央銀行が追加的なマネーを供給できないということを意味した。1930年代になると、金本位制の堅持は、米国政府による緩和的な金融政策の追求を阻む足枷へと変わってしまい、政府は離脱を求めたのである。

連邦準備制度の設立

　金本位制の順守が原因で周期的に発生した流動性の危機を受け、米連邦議会は連邦準備制度を創設すべく、1913年に連邦準備法を通過させた。連邦準備制度の責務は「弾力的な」資金を市場に供給し、金融危機が発生したときには資金の最後の貸し手になることだった。不況時には、中央銀行が資金を供給することで、銀行はローンやその他の資産を売却することなく、預金者の引き出しに応じることができるようになった。

　FRBによるマネー供給は、政府の紙幣すなわち連邦準備券と一定量の金を交換すると約束していたため、長期的にはまだ金本位制の制約を受けていた。しかし短期的には、世界恐慌前に普及していた1オンス20ドル67セントのレートで金と連邦準備券を交換するという兌換性を脅かさない限り、

---

[5] 南北戦争の最中に政府が発行した、金との交換が保証されていない紙幣は「グリーンバックス」と称された。紙幣の印刷に使われた緑色のインクが唯一の「保証(バッキング)」だったからである。しかし、ちょうど20年後に米政府はこれらの紙幣をすべて金と交換し、南北戦争中に発生したインフレを収拾したのである。

FRBは自由にマネーを供給することができた。しかもFRBは、金融政策の実施方法や適切なマネーの量の決定について、議会や連邦準備法から何の指針も受けることはなかった。

金本位制の崩壊

　この指針の欠如はちょうど20年後に大惨事を招くことになる。1929年の株価暴落に続いて、世界経済は深刻な不況へと突入した。資産価格の暴落や企業業績の悪化によって、預金者は銀行資産への不安を強めた。ある銀行が預金の引き出しで問題を抱えているという噂が流れると、その銀行への取り付けが起こった。

　制度的な不備が露呈したことで、FRBは連邦準備法の下で資金供給する明確な力を持っていたにもかかわらず、銀行恐慌(バンキングパニック)を食い止めて金融システムの崩壊を防ぐ追加資金を供給することができなかった。さらに、自分のお金を引き出した預金者は、より安全であることを求めて財務省に出向き、手持ちの紙幣を金に交換しようとした。この過程で政府の金準備には非常に大きな圧力がかかっていった。銀行恐慌はすぐさま米国から英国、欧州へと飛び火した。

　金の急激な流出を防ぐために、英国がとった最初の対策は、ポンドと金の兌換を停止することであり、1931年9月20日の金本位制の放棄だった。18ヵ月後の1933年4月19日には、不況と金融危機の悪化を受け、米国も金本位制を放棄した。

　投資家は政府が得た新しい柔軟性を好感し、米国の株式市場は金本位制の放棄を英国のときよりも熱烈に歓迎した。株価は、政府が金本位制を放棄した日に9%以上値上がりし、翌日もほぼ6%上昇した。株式史上最大の2日間の上げ幅を記録したのである。投資家は、これで政府が物価を安定させ、経済に刺激を与えるのに必要な追加マネーを供給できるようになり、それが株式市場にも恩恵をもたらすと考えたのだ。しかし、金本位制放棄によるインフレ懸念が強まったため、債券価格は下落した。『ビジネスウィーク』は、兌換停止直後の論説で次のように述べている。

　　（ルーズベルト大統領は）「ドルを守る」などというまやかしを窓の外へ放

り投げる英断を下した。古くからの迷信を否定し、管理通貨制の支持者とともに立ち上がったのである。……これから彼がなすべきことは、われわれのマネーを効率的に賢く自制心をもって管理することである。これは達成可能なことだ。[6]

平価切り下げ後の金融政策

　皮肉にも、米国民がドルを金に交換する権利を失った一方で、海外の中央銀行は1オンス35ドルという切り下げられたレートで金と交換する権利を取り戻した。第二次世界大戦後の国際通貨制度を定めたブレトンウッズ協定で、米国政府は、米ドルに自国通貨を固定した国に対して、その国の中央銀行が保有するすべてのドルを1オンス35ドルのレートで金と交換することを確約したのである。

　戦後、インフレが高まって、金は海外の投資家にとってますます魅力的になった。米国政府が1オンス35ドルの固定レートで金と交換するルールを変更する計画はないと明言したにもかかわらず、米国の金保有量は減り続けた。1965年に、ジョンソン大統領は『大統領経済報告』で次のように明確に述べた。「われわれに1オンス35ドルの金のドル建て価格を維持する能力と意思があることは、何ら疑う余地がない。米国はこの約束を果たすことに全力を尽くす」[7]。

　そうはならなかった。金保有量が減ったため、米議会は1968年に米ドルを金と交換する要件を撤回した。翌年の『大統領経済報告』で、ジョンソン大統領は次のように述べている。「金に関する神話はゆっくりと崩れつつある。しかし、すでに示したように、われわれは進歩している。1968年に、米連邦議会は金との兌換を義務付けてきた、時代遅れの金本位制を廃止した」[8]。

　金に関する神話？　時代遅れの金本位制？　何という方向転換だろう。米国政府はついに国内の金融政策が金本位制に縛られないことを認め、過去2

---

6) "We Start", *Business Week* (April 26, 1933), 32.
7) *Economic Report of the President*, Washington, DC: Government Printing Office, 1965, 7.
8) *Economic Report of the President*, Washington, DC: Government Printing Office, 1969, 16.

世紀にわたって国際金融と国内金融の政策指針であったこの制度を、間違った思考の遺物として放棄したのである。

　金との交換を放棄したにもかかわらず、米国政府は海外の中央銀行に対しては1オンス35ドルで交換に応じていたが、一般の市場では金は1オンス40ドルに上昇していた。この交換制度の打ち切りがみえてくると、海外の中央銀行は保有するドルと金との交換を急いだ。米国は、第二次世界大戦後には300億ドル相当の金を保有していたが、毎月何億ドル分もの金が米国から流出し、1971年の夏には110億ドルまで減少した。

　事態の打開には劇的な変化が必要だった。1971年8月15日、ニクソン大統領は、1933年のルーズベルト大統領によるバンクホリデー宣言以来最も異例の行動をとった。「新経済政策」、すなわち物価と賃金を凍結すると同時に、海外投資家に金とドルの交換を提供してきた「金の窓口」を閉鎖することを発表した。金とマネーのリンクは永久に絶たれたのである。

　保守派はこの行動にショックを受けたが、金本位制の廃止で泣きをみた者はわずかだった。ニクソン大統領の声明には物価と賃金の統制、関税の引き上げも含まれ、これを熱烈に歓迎した株式市場は記録的な出来高を伴って前日比4％上昇した。これは歴史を学んだ者にとっては驚くことではない。金本位制の廃止や通貨の切り下げは、過去にも株価の急騰を引き起こしている。投資家も、金は金融の世界では遺物であると考えていた。

金本位制以後の金融政策

　金本位制の廃止により米国および諸外国では、もはや金融緩和に関する制約がなくなった。1973～1974年のオイルショックでは大半の先進国が不意をつかれ、各国政府が生産の減少をマネーサプライの拡大で相殺しようとしたため、深刻なインフレに見舞われた。

　FRBの緩和的な政策に対応するため、米連邦議会は1975年にFRBにマネーサプライの目標の公表を義務付ける法案を採択して、マネーサプライの拡大を管理しようとした。3年後、議会はハンフリー-ホーキンス法を制定し、FRBが年に2回議会で金融政策に関する証言を行い、マネーサプライの目標を示すことを求めた。議会が中央銀行にマネーの量をコントロー

ルするよう指示したのは、連邦準備法の可決以降初めてのことだった。今日でも金融市場は、2月と7月に行われるFRB議長の議会証言を注視している[9]。

　残念なことに、FRBは1970年代に設定したマネーサプライの目標をほとんど無視した。だが1979年にインフレが急騰し、FRBに対して金融政策を変更し、本格的にインフレ抑制に取り組むよう圧力が強まった。1979年10月6日の土曜日、G・ウィリアム・ミラーの後任としてその年の4月にFRB議長に就任したポール・ボルカーは、金融政策の実施方針の大幅な変更を発表した。「今後、FRBは金利の設定のみを政策の指針とはしない。それよりも、マネーサプライをコントロールする」。これは金利を急激に引き上げる意味だと市場は理解し、実際にフェデラルファンド金利の誘導目標は記録的な20%まで引き上げられた。

　流動性が急速に低下するという見通しは金融市場に衝撃を与えた。ボルカーの土曜の夜の発表は（のちに「土曜の夜の虐殺」と呼ばれることになるが）、物価の凍結と金の兌換停止を決めた1971年のニクソン大統領の新経済政策とは異なり、すぐに新聞の見出しを飾ることはなかったが、金融市場を大きく混乱させる結果となった。株式市場は狼狽売りに見舞われ、発表後2日半で株価は約8%下落し、売買高は記録的な水準に達した。株式投資家は、インフレ抑制のために金利が大幅に引き上げられるという見通しに動揺したのである。

　ボルカー時代の金融引き締め政策により最終的にインフレは収まった。欧州各国の中央銀行や日本銀行も、FRBとともにインフレを「社会の一番の敵」と呼び、金融政策の目標を物価の安定に方向転換させた。マネーサプライの拡大を抑えることが、インフレ抑制に対する唯一の解決法であることを示したのである。金本位制から中央銀行のコントロールに基づく通貨制度への移行は、われわれの経済とインフレにとって重大な帰結をもたらした。

---

9) ハンフリー-ホーキンス法は2000年に失効したが、議会は依然として年2回の議会証言をFRB議長に求めている。

連邦準備制度とマネーの創出

　FRBがマネーサプライと信用を管理するプロセスは複雑なものではない。マネーサプライを増やしたいときは、公開市場——日々、何十億ドルもの債券が取引されている市場で、FRBが米国債を購入する。FRBが特殊なのは、このような買いオペレーションでFRBが米国債を購入する場合、その代金を取引相手の銀行の準備口座に入金することにある——こうしてマネーを創出するのである。準備口座とは、準備金の要件を満たして小切手処理を容易にし、流動性を維持するために、各銀行がFRBに保有する預金口座である。銀行はこの準備金をいつでも紙幣、すなわち連邦準備券に換えるよう要求できる。

　一方、FRBがマネーサプライを減少させたいときは、米国債を売却する。債券の買い手は、自分の口座から売り手に代金を支払うよう銀行に指示を出す。銀行は、代金をその銀行の準備口座から引き落とすようFRBに指示し、その準備金が資金循環から消えるのである。これは売りオペレーションと呼ばれる。〔FRBによる〕米国債の購入および売却を公開市場操作と呼ぶ。

FRBが金利に影響を与える方法

　FRBが創出する準備金を活発に取引する市場がある。この市場はフェデラルファンド市場と呼ばれ、この資金を取引するときの金利をフェデラルファンド〔FF〕金利と呼ぶ。

　FRBが国債を購入すると、準備金の量が増え、銀行に貸し出し用の資金が増えるため、FF金利が下落する。反対に、FRBが国債を売却すると、準備金が減少し、銀行間で資金調達の競争が激しくなるため、FF金利は上昇する。連邦公開市場委員会（FOMC）が誘導目標を設定し、その目標値に実際のFF金利が接近するように公開市場操作を実施する。

　金融危機〔2008～2009年〕の間、FRBは大規模な買いオペレーションによって銀行の準備率を大きく上回る水準まで準備金を増やす量的緩和を行い、FF金利はゼロまで低下した。この状態は「潤沢な準備」レジームと呼ばれ、公開市場操作ではFF金利にほとんど影響を与えられなくなる。このような場合、FF金利はFRBが準備金に支払う金利によって決定されるが、

これは2009年に議会がFRBに付与した権利である。この金利は準備預金金利と呼ばれる。フェデラルファンドはこの準備預金金利に非常に近い金利で取引される。

　FF金利は他のすべての短期金利を決定付ける指標となっている。短期金利には、個人向けローンのベンチマークとなっているプライムレートや、短期の事業者向けローンの基準となる短期国債金利が含まれる[10]。FF金利は直接的あるいは間接的に、まさに何兆ドルものローンや証券の金利を決定する基準となっているのである。

株価と中央銀行の政策

　金融政策が金利に与える影響を考えれば、中央銀行の政策は株式のリターンにも影響を与えると想定することは妥当だろう。**図18-1**は、1971年から2021年までのFF金利の目標とS&P500の推移（トレンドからの乖離で測定）を示したものである。1990年以前は、この2つの系列にほとんど相関はなく、多少相関が検出できるとしてもわずかに負である。だが1990年以降、相関はより正になりつつある。つまり、株価の上昇は利上げと関連し、株価の下落は利下げと関連しているのである。経験的には、FRBがFF金利を変更する前に株式投資家が景気の強弱を見極めるので、FF金利は株価の動向に遅れて動いている。

　相関がほとんどない状態から〔1990年以降〕正の相関に切り替わるのは、第8章で述べたような要因に関係している。1970年代から80年代は供給ショック、特に石油不足に由来する供給ショックが優勢で、インフレ率の上昇が株価の下落を招いた。そんな事態でもFRBにはインフレ高騰を抑える義務があったため、当時はFF金利を引き上げたのである。その後は金融危機やコロナ禍のような需要ショックが優勢になり、中央銀行は需要を刺激するために金利を引き下げた。

　表18-1から、FRBによる利上げサイクル開始後に、S&P500のリターン

---

10) かつてはロンドン銀行間取引金利（London Interbank Offered Rate, LIBOR）も含まれたが、担保付翌日物調達金利（Secured Overnight Financing Rate, SOFR）など他の短期指標のほうが好まれ、現在は含まれない。

図 18-1 FF 金利の目標と正規化した S&P500

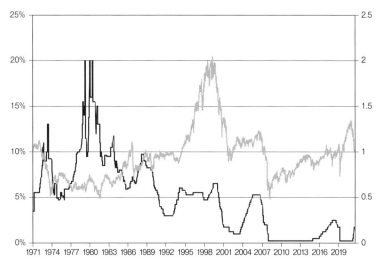

が平均を下回っていることが確認できる[11]。利上げサイクルの最初2年間は平均を下回る成績が続くが、3年目には改善している。3カ月リターンのマイナスが最も大きかったのは、間違いなく、コロナ禍後のインフレを抑制するために、FRBが2022年3月に大幅に遅れて実施した利上げの後である。

FF金利の引き上げが株価にとってマイナスになることが多いのは、経済が過熱してインフレが起こるのを防ぐために利上げが実施されるからである。これは、FRBがFF金利をインフレ率以上に引き上げなければならないことを意味し、そうすると実質金利が上昇し、将来キャッシュフローの割引価値が下落する。また、金利の上昇は、景気後退や不況の確率を高め、企業収益にマイナスの影響を与えることにもなる。

---

11) 表下段の「平均」には、1986年12月からの利上げ時のリターンを含む場合と、含まない場合を計算して載せた。この1986年12月からの利上げは、1976年以降最小の上げ幅で、株式が強気相場の時期に実施された。その強気相場は1997年10月にピークを打って暴落した。

表 18-1　FF金利引き上げ後のS&P500のリターン

利上げ開始	利上げ終了	3カ月後	6カ月後	9カ月後	12カ月後	2年後	3年後	利上げ開始から終了までの月数	利上げ幅の合計
2022.3	NA	−15.86%	NA	NA	NA	NA	NA	NA	NA
2016.12	2019.12	5.46%	7.75%	10.72%	18.50%	15.14%	41.34%	36	2.00%
2004.6	2006.6	−2.30%	6.37%	3.56%	4.43%	11.34%	31.78%	24	4.25%
1999.6	2000.5	−6.56%	6.68%	8.39%	5.97%	−10.80%	−27.89%	11	1.75%
1994.2	1995.2	−3.85%	−2.43%	−1.60%	1.88%	35.34%	68.00%	12	3.00%
1988.3	1989.2	2.54%	0.13%	2.99%	8.05%	24.87%	36.69%	11	3.25%
1986.12	1987.9	15.27%	21.88%	25.92%	−0.78%	10.50%	40.00%	9	1.37%
1983.5	1984.8	−0.06%	1.68%	0.77%	−0.13%	10.43%	44.83%	15	3.25%
1980.8	1980.12	4.77%	5.92%	6.79%	6.85%	−15.89%	31.18%	4	10.50%
1976.12	1979.10	−1.79%	−5.42%	−5.52%	−7.61%	−6.06%	3.58%	34	10.75%
平均(1986年の利上げを除く)		−1.96%	2.59%	3.26%	4.74%	8.05%	28.69%		
平均		−0.24%	4.73%	5.78%	4.13%	8.32%	29.94%		
S&P500平均リターン		2.34%	4.69%	7.03%	9.38%	18.76%	28.14%		

NA：原著の発行時点では不明

ビットコイン：新しい貨幣？

　近年、新しい貨幣性資産が政府によるコントロールの完全な外側で生まれており、それがビットコインに代表される暗号通貨〔暗号資産〕である。ビットコインをはじめとする暗号通貨は、ドルに代わる世界の貨幣となりうるのだろうか。

　ビットコインは2008年につくられた分散型デジタル通貨で、多くの暗号通貨のなかで最も有名である。ビットコインは、飛躍的に難しくなった数学的暗号を解くマイニングと呼ばれるプロセスで創出される。ビットコインのプロトコルでは、最大で2100万ビットコインまでと定められており、2021年末までに約1900万コインが創出された。

　ビットコインは、中央銀行やその他の金融機関を介さずに、個人間で送金することができる。取引は、暗号化と呼ばれる安全なプロセスで承認され、ブロックチェーンと呼ばれる公開台帳に記録される。

　ビットコインは2009年に世界中のすべての通貨と自由に取引できるようになった。取引開始当初、ビットコインは1コイン5セントで購入でき、こ

れは1000ドルの投資で2万ビットコインを購入できるということである。そして2021年12月時点で、ビットコインの価値は約10億ドル！　これほど短期間で、これほど値上がりした資産は歴史上例がない。

ビットコインやその他の暗号通貨の将来はどうなるのか。この問題を分析するためには、財やサービス（および資産）の交換を円滑にする資産として定義される、貨幣の特徴を分析する必要がある。

貨幣の特徴

以下が貨幣の最も重要な特徴である。①価格を当該資産の単位で表示できる計算単位、②個人間で広く受け入れられ、迅速かつ効率的に移転を行うために用いられる交換手段、③財やサービスの価格に対して価値が安定（または上昇）し、他のリスクに対して優れたヘッジとなる価値貯蔵手段、④追跡されることなく富の移転を行える匿名性。

次の4つの資産について検討しよう。①中央銀行が発行する各国通貨（紙幣またはデジタル通貨）。②M2とも呼ばれる預金[12]。これは、合法的に設立された金融機関の預金口座（当座、貯蓄など）で、政府の認可が必要であることが多く、名目上の損失に対しては政府による暗黙の保証がある。③かつて通貨制度を支配し、数千年の歴史を持つ金。④ビットコインに代表される暗号通貨。

図18-2は2021年末時点のこれら貨幣性資産の規模をまとめたものであり、**図18-3**は2022年2月と6月の暗号通貨の規模を示している。最大の貨幣性資産は預金、つまりM2である。次に大きいのは中央銀行の資産（国民の手にある通貨と銀行が保有する中央銀行準備金）、その次が金、一番小さいのが暗号通貨である。2022年初頭時点で、ビットコインは全暗号通貨の約2分の1を占めていた。暗号通貨の熱烈な支持者は、暗号通貨が他の資産に匹敵するような存在になれば、どれほど大きな規模になるかを示すものとして、これらのデータを挙げることが多い。だが暗号通貨は、2022年前半に価値が急落し、同年6月には1兆ドル以下にまで落ち込んだ。

---

[12] M2とは、ミルトン・フリードマン教授が著書 *Monetary History of the United States*〔『米国金融史』〕で預金と現金通貨の合計（準備金を除く）に与えた名称である。

図 18-2　貨幣性資産の規模

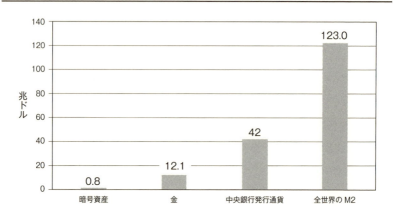

図 18-3　暗号通貨の時価

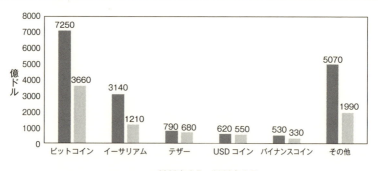

貨幣性資産の質を評価する

1．通貨

　通貨は何百年もの間、中央銀行によって発行されてきた。中央銀行が発行する通貨には計算単位としての機能がある。米国では、他の多くの国と同様、通貨は「法定通貨（リーガルテンダー）」である。これは、政府が個人に対してあらゆる債務の支払い手段としてこれらの通貨を受け入れるよう要求し、それを裁判所が強制できることを意味する[13]。このため、貨幣はしばしば「法定〔強制〕通貨（フィアットカレンシー）」、すなわち法律に基づく貨幣と呼ばれる。

通貨は利子を払わないので、その実質価値はインフレ率に応じて減少する。インフレ率が低ければ、通貨は許容できる価値の貯蔵手段になるが、もちろん株式や債券のような利益を生む資産の保有ほど有利ではない。取引当事者が近くにいる場合、通貨の輸送のコストは極めて低く、非常に効率的である。しかし両者の距離が離れていれば、輸送コストは相当なものになる可能性がある。さらに、通貨を持ち歩くことには、紛失や盗難のリスクもある。しかし、法定通貨は匿名性という点では非常に高い評価を得ている。つまり、最良の「痕跡を残さない送金」手段であり、違法な取引や脱税で好まれることが多い。

近年、中央銀行が発行するデジタル通貨が話題になっている。デジタル通貨では、物理的な通貨を保有する際の距離や紛失・盗難のデメリットを克服できるが、痕跡を残さない匿名性の高い送金能力を失うことになる。

2．銀行預金

銀行預金（または銀行振出小切手）は、金融機関に口座を持つ買い手と売り手の間の送金ができる。預金はほとんどの場合、その国の通貨単位で表示され、多くの銀行では外貨建ての預金も扱っている。口座引き落としの送金手数料は3〜4ベーシスポイント（1ベーシスポイントは0.01％）ほどで、非常に安く実行できる。

しかし、小売店売り上げのほぼ半分はクレジットカード経由であり、この場合、小売事業者には2〜3％の手数料がかかり、カード払いの購入者には少しだけ低いレートで、その手数料が〔ポイント付与などで〕還元される。顧客がより効率的な口座引き落としによる購入を提示しても、ほとんどの販売者は手数料分の価格の割引には応じないだろうし、クレジットカードで大きな利益を得ている銀行もそのような支払い手段に急いで移行しようとはしない。銀行は口座情報を一般の人々から保護するかもしれないが、政府その他の法執行機関の要求により、これらの送金を法務局や税務署から隠すことはできない。

---

13) すべての米国連邦準備銀行券には、「この紙幣はすべての公的および私的債務に対する法定通貨（リーガルテンダー）である」と書かれている。

3. 金

　本章の冒頭で述べたように、金や銀などの貴金属は何世紀にもわたって世界の貨幣制度の基準であった。金貨や銀貨は交換の流通媒体だった。これら貴金属は供給量が限られているため、無制限に発行できる法定通貨よりも価値を保つことができた。そのため、ほとんどの中央銀行は自国通貨を金や銀と結び付け、一定の価格で紙幣を貴金属と交換することを約束した。

　金との交換は通貨と同様、匿名性の観点では評価が高い。しかし金は、稀に中央銀行間で国際送金の決済に使われることがある以外、もはや交換手段としては使われていない。現在使われていないとしても、金が貴重で価値ある交換手段であったという長い歴史は否定できない。ある金の信奉者が私に尋ねた。「もし無人島に取り残されるとしたら、デビットカードとビットコインと金貨のどれを持っていたい？」。

4. ビットコイン

　2021年現在、いくつかの企業や政府機関が商品や税金の支払いに暗号通貨を受け入れると宣言している。しかし、ビットコインで価格が提示されることはほぼないので、ビットコインはまだ計算単位にはなっていない。ビットコインは、金と同様に供給量が限られているため、過剰発行によって価値を失うことはない。その歴史は短く、株式など他のリスク資産に対する金(あるいは通貨)ほど優れたヘッジにはなっていない。

　図18-4 は、金とビットコインの株価に対する過去3年の月次相関の推移を示したものである。ビットコインの株価との相関は、金よりも大幅に高いことがわかる。さらに、コロナ禍がもたらした弱気相場では、ビットコインは50％値下がりし、一方で金の価格は上昇した。2021年初頭にFRBの引き締め見通しを受けて株式市場が下落した際も、暗号通貨は下落した。その歴史は短く、ビットコインは株価の変動に対する効果的なヘッジ資産としては、まだ役に立っていない。

　ビットコインは、少なくとも創設当初は匿名で送金できる優れた媒体だった。ロス・ウルブリヒトが創設し運営した、アマゾン・ドット・コムのようなウェブサイトである悪名高い「シルクロード」では、麻薬や銃、偽造通

図 18-4 金とビットコインの S&P500 との相関

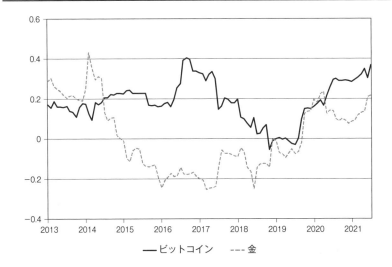

貨などの違法商品を取引しており、ダークウェブ上で追跡できないビットコインでの送金しか認めなかった。しかしながら、最近の送金では、特にコインベースなど組織的な取引所を通じて取引される場合は、匿名性が高いとはいえない。

もっとも、ランサムウェアの身代金要求はほとんどビットコインで行われている。2021年5月にサイバー犯罪グループのダークサイドがコロニアル・パイプライン社のコンピューターをハッキングして操業停止させ、米国の南東部全域のガス供給に影響を与えたため、同社は430万ドルを支払った。だが、1カ月後には身代金の90%近くを回収することができ、システムの匿名性が低下していることが実証された。さらに米国では、内国歳入庁が個人の納税申告で暗号通貨口座を明示するよう求めており、資産や送金の隠蔽が難しくなっている。

また、ビットコインは口座引き落としと比較すると取引コストが相当大きく、送金の確認に要する時間も長い。他の暗号通貨は送金の迅速化に取り組んでいるが、これがどの程度成功するのかまだ予測できない。ビットコインの利点の1つは、外国為替市場を経由する必要があるため非常にコ

ストがかかる他の国際決済手段よりも、送金コストがはるかに低いことが多い点である。

ビットコインだけでなく他の暗号通貨も、1990年代に欧州の多くの通貨を統合したユーロのように、「世界の貨幣」として機能することができる。国際送金はビットコインにとって大きなチャンスである。さらに、金融機関を通じた送金とは異なり、ビットコインは1日24時間、1年365日いつでも取引の実行と確認ができる。

暗号通貨のマクロ経済学

暗号通貨は中央銀行の通貨と銀行預金にとって脅威となっている。国民が暗号通貨を保有すればするほど、中央銀行の通貨に対する需要は低下する。中央銀行の通貨は計算単位として使われるため、その通貨需要の減少はインフレを引き起こすだろう。通貨需要の減少はまた、中央銀行の金融コントロールをより困難にする。

それに対して、商品やサービスの価格が暗号通貨、特に供給量が限られているビットコインで表示されるようになれば、その通貨制度は金本位制に似てくる。このような本位制に移行する利点はインフレバイアスがかからないことであるが、本章の冒頭で詳述したように、この利点は危機のときに流動性を提供できないことで相殺される。暗号通貨は、ほとんどの取引において金より優れていることは確かだが、中央銀行のコントロールが及ばないため大きなリスクがある。

暗号通貨が普及するかどうかは、各資産の交換手段としての長所と短所による。多くの中央銀行がデジタル通貨を検討しているが、実際に導入しているところは少なく、米国での開発も遅れている。効率的な通貨をめぐる競争はイノベーションを促進するので、社会にとっては良いことである。各国が自国経済のコントロールを維持したいのであれば、政府発行の通貨に基づく決済システムの効率化を図ることが必要である。

結論

本章では経済と金融市場におけるマネーサプライの役割を説いた。第二

次世界大戦まで、米国や他の工業国には持続的なインフレは存在しなかった。しかし、世界恐慌を受けて金本位制が退けられ、マネーサプライの管理は中央銀行の役目となった。米ドルおよび他の主要通貨と金との兌換制が廃止され、デフレではなくインフレが中央銀行の対処すべき問題となったのである。

中央銀行は、金融システムへの準備金供給に影響を与え、その準備金に対する預金金利を設定することで短期金利をコントロールする。金利の引き上げは株価に小幅だがマイナスの影響を与える。近年、株価は中央銀行の政策金利に先行して動いている。

ビットコインに代表される暗号通貨は、政府発行通貨の優位性を脅かしている。民間企業が預金口座間の電子送金を容易かつ効率的に行えるように改善しない限り、暗号通貨が成長し、取引で大きなシェアを占めるようになるかもしれない。そうなれば、政府発行通貨の需要が減少し、中央銀行による金融コントロールが難しくなる。これは、中央銀行がインフレを抑え、取引の効率化を図ることで、競合通貨よりも政府発行通貨を魅力あるものにするよう、積極的に動くべきことを意味している。

第19章 株式と景気循環

> 株式市場は過去5度の景気後退を9回予測した！
> ポール・サミュエルソン、1966年[1]

> できることなら、株価の先行きを見通し、景気後退を予測したいが、それは不可能なので、私はバフェットと同様に収益性の高い企業を見つけることで満足している。
> ピーター・リンチ、1989年[2]

　1987年夏。ある高名なエコノミストが、大勢の金融アナリストや投資顧問業者、証券ブローカーを前に演壇に立った。聴衆には大きな懸念があった。株式市場は毎日のように史上最高値を更新しており、配当利回りが過去最低の水準に落ちる一方、PERは急上昇していた。この強気相場は合理的に説明できるのか。聴衆は、経済がこの先、高い株価を支えるのに十分な成長を遂げることができるのか知りたがっていた。

　エコノミストは極めて楽観的だった。米国の実質国内総生産（GDP）は、翌年も4％超という非常に堅調な成長率で拡大する。少なくとも向こう3年間、景気後退はなく、その後あったとしても短期間で済む。株価上昇の主因である企業利益は、少なくとも続く3年間、前年比2桁の伸び率で成長する。おまけに、翌年の大統領選挙は共和党の楽勝だろう。講演内容は聴衆を安心させるものだった。聴衆の不安はやわらぎ、多くのアドバイザー

---

1) Paul Samuelson, "Science and Stocks," *Newsweek* (September 19, 1966), 92.
2) Peter Lynch, *One Up on Wall Street*, New York: Penguin Books, 1989, 14.

が各々の顧客に株式投資を増やすよう勧める準備に入った。

　しかし、株式は投資すべき対象ではなかった。ほんの数週間で株価は暴落し、1987年10月19日には過去最大となる23％の下落を記録した。講演から3カ月で、ほとんどの株式が講演当日の半分にまで下がった。だが、何より皮肉なのは、先のエコノミストが示した強気の景気見通しが、すべて完全に正しかったことである。

株式リターンと景気循環

　ここから得られる教訓は、経済と株価の動向はあまり一致しないということである。多くの投資家が株式投資の戦略を立てる際に景気予測を参考にしないのは驚くことではない。本章の冒頭に掲げたポール・サミュエルソンの名言は、50年以上経った今でも真実である。

　しかし、株式相場にとって景気循環は重要ではないと考えてはならない。株価は過剰に反応することが多いかもしれないが、依然として経済動向から大きな影響を受ける。このことは、1871年以降のS&P500と景気循環を示した**図19-1**を見れば、明らかである。株価は、グレーに網掛けした景気後退の時期の直前に下落し、景気回復の兆候が見えてくると力強く上昇している。もし景気循環を正しく予測できるなら、本書を通して推奨しているバイ＆ホールド戦略に勝つことができる。

　これは簡単なことではない。景気循環を予測することで儲けようとするならば、実際にやってくる前に景気の山と谷を言い当てなければならないが、そんなことができるのは、ほんの一握りのエコノミストだけである。それでもウォール街で景気予測が盛んに行われているのは、うまくいくからではなく――ほとんどの場合うまくいかない――景気の山谷を判定できた場合の利益が非常に大きいからである。

景気循環を判定するのは誰か？

　米国の景気循環を判定しているのが経済データを収集している政府機関ではないと聞くと、多くの人が驚く。この責務を負っているのは民間のシ

図 19-1 S&P500、企業利益、配当の推移（1871～2021年）

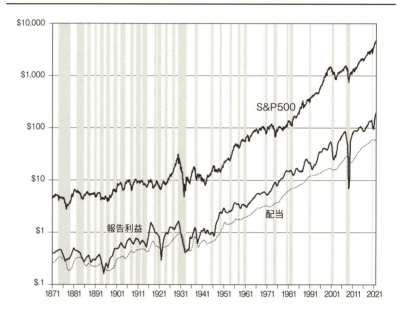

ンクタンクである全米経済研究所（NBER）で、1920年に景気循環と国民所得計算に関する資料を作成する目的で設立された。NBERは設立当初より、多くの先進国の経済状況の変遷を時系列で総合的に記録してきた。なかでも米国と英国の経済については、1854年までさかのぼって月次で作成している。

1946年、NBER創設者の1人であるウェスリー・C・ミッチェルと、景気循環に関する研究者でのちにFRB議長となるアーサー・バーンズは、共著『景気循環の測定』のなかで、景気循環を以下のように定義している。

景気循環とは、主として企業活動を通じてなされる国家の総合的な経済活動に見られる変動の一種である。この循環は、多くの経済活動でほぼ同時に起こる拡大期間、それに続く後退期間もしくは縮小期間、そして次の景気拡大へと続く回復期から構成される。この一連の循環は繰り返し起こるが、定期的ではない。景気循環の長さは1年余りの短いものから

10〜12年にわたるものまであり、これらを、同様の特徴を持つさらに短い景気循環に区分することはできない。[3]※

一般に景気後退の始まりは、最も包括的に経済状況をとらえる指標である実質GDPが、2四半期連続でマイナスになったときと理解されている。しかし、必ずしもそうでないときもある。この基準は妥当な経験則だが、NBERが景気後退期を判断するのに使うルールや測定基準は1つだけではない。NBERが景気の転換点を決める際に注目する経済指標は4つある。雇用、鉱工業生産、実質個人所得、実質製造業売上高である。

景気循環の日付を確定するのは、NBERの景気循環日付判定委員会である。この委員会はNBERと関係があるエコノミストで構成され、必要に応じて経済指標の検討のために召集される。1802年から2021年まで、米国経済は平均19カ月続いた景気後退を48回経験し、一方、景気の拡大期は34カ月続いた[4]。過去220年間のうち、おおむね3分の1の期間が景気後退期ということになる。ただし、第二次世界大戦後でみれば、景気後退期は12回、期間は平均10カ月で、景気拡大期は平均64カ月だった。つまり、第二次大戦後は景気後退の期間がわずか9分の1に減少し、戦前よりはるかに少なくなったのである。米国史上最長の拡大期は10年8カ月続いたが、コロナ禍で終わった。

景気の転換点の判定

景気の転換点の判定は非常に重要である。景気が後退期にあるのか拡大期にあるのかという判断は、経済のみならず政治にも重大な影響を与える。例えば、NBERが1990年の景気後退の開始を8月ではなく7月と判定したとき、ワシントンでは眉をひそめる者が多くいた。ブッシュ政権は、イラクによるクウェート侵攻と原油価格の上昇が景気後退の原因であると発表

---

[3] Wesley C. Mitchell and Arthur Burns, "Measuring Business Cycles", *NBER Reporter*, 1946, 3.
※〔訳注〕バーンズの定義では景気は上昇（拡大）・下落（後退）・横ばい（回復）の3期間に分けられているが、本文中の記述では上昇（回復・拡大）・下落（後退）に二分されていることに注意が必要である。
[4] 1802年から1854年までのデータは、Wesley C. Mitchell, *Business Cycles: The Problem and Its setting*, Studies in Business Cycle No.1, Cambridge, MA.: National Bureau of Economic Research, 1927, 444 から採用した。米国の景気後退に関するデータはNBERのウェブサイト（http://www.nber.org）から取得。ここには1854年以降の景気循環が掲載されている。

していたが、景気後退がクウェート侵攻の1カ月前に始まっていたというNBERの判定は、ブッシュ政権の発表を説得力のないものにしてしまった。同様に、2001年の景気後退はIT関連分野への投資が急減した3月に始まっており、9月11日のテロ攻撃よりかなり前だった。

　景気循環日付判定委員会は景気転換点の確定を急がない。指標データがのちに追加あるいは改訂されても、一度なされた判定はこれまで変更されたことはなく、NBERは今後もこの方針を貫くだろう。メンバー7人の同委員会の委員長ロバート・E・ホールは、「NBERは、今後明らかになる経済データまで考慮に入れたうえで、状況がそれ以上変わらないとほぼ確信できるまで、景気の山や谷の判定を公表しない」[5]と述べている。

　最近のNBERによる景気転換点の判定をみると、この方針がよくわかる。1991年3月の景気の谷は21カ月後の1992年12月まで、2001年11月の景気の谷は2003年7月まで確定されなかった。2002〜2007年の拡大期の山は、後退期が始まって1年後、リーマン・ショックが金融市場を麻痺させ、株価暴落を招いてからかなり経った2008年12月まで確定されなかった。コロナ禍による後退期の谷が2020年4月と確定されたのは、同年7月だった。そのときまでに、市場はコロナ禍中に被った損失分のほぼすべてを取り戻していた。明らかに、NBERによる景気転換点の判定を待っていては、遅すぎて相場のタイミングを計るのには役立たないのである。

景気の転換点における株式のリターン

　ほぼ例外なく、株価は景気後退の前に下落し、景気回復の前に上昇する。実際に、1802年以降48回の景気後退期のうち44回（すなわち10回に9回以上）で、景気後退が始まる前（もしくは同時）に株式のトータルリターンは8％以上も下がっている。例外は、第二次世界大戦直後の1948〜1949年不況期と、株価の下落幅が基準の8％をわずかに超えた1953年不況期の2回である。

　表19-1は、第二次大戦後の12回の景気後退期における株式リターンをまとめたものである。景気後退期が始まる直前から13カ月前の間に、株式

---

5) Robert Hall, "Economic Fluctuations", *NBER Reporter* Summer, 1991, 1.

表 19-1　株式市場の山と景気の山

景気後退期	株価指数のピーク(1)	景気のピーク(2)	株価のピークの先行期間(月数)	(1)から(2)までの下落率	株価指数の最大下落率(12カ月間)
1948-49	1948年 5月	1948年11月	6	−8.91%	−9.76%
1953-54	1952年12月	1953年 7月	7	−4.26%	−9.04%
1957-58	1957年 7月	1957年 8月	1	−4.86%	−15.32%
1960-61	1959年12月	1960年 4月	4	−8.65%	−8.65%
1970	1968年11月	1969年12月	13	−12.08%	−29.16%
1973-75	1972年12月	1973年11月	11	−16.29%	−38.80%
1980	1980年 1月	1980年 1月	0	0.00%	−9.55%
1981-82	1980年11月	1981年 7月	8	−4.08%	−13.99%
1990-91	1990年 7月	1990年 7月	0	0.00%	−13.84%
2001	2000年 8月	2001年 3月	7	−22.94%	−26.55%
2007-09	2007年10月	2007年12月	2	−4.87%	−47.50%
2020	2020年 2月	2020年 2月	0	0.00%	−33.67%
		平均	4.9	−7.24%	−21.32%

リターンが天井を打っていることがわかる。1980年1月と1990年7月に始まった後退期と2020年2月に始まったコロナ禍による後退期では、株式市場は事前に景気後退の警告を発しなかった。

本章の冒頭で紹介したサミュエルソンの言葉のように、株式市場が間違った警告を発する場合があるのもまた事実であり、この傾向は戦後に強まった。**表19-2**は、戦後にダウ平均が10％以上下落した後に景気が後退しなかったケース（誤った警告）をまとめたものである。景気が後退しなかったケースのうち、1987年8月から12月にかけての35.1％下落が、220年のなかで最大の下げ幅である[6]。**表19-3**では、株式リターンの底と、NBERが判定した景気の底とを比較した。

市場の底入れから景気の底入れまでの先行期間は平均して4.3カ月である。コロナ禍では、先行期間は過去最短の1カ月だった。これら底入れの

---

6) 第22章で1987年の株価暴落について議論し、景気後退につながらなかった理由を説明する。

表 19-2 株式市場からの誤報。ダウ平均が 10％以上下落した後、12 カ月以内に景気が後退しなかった戦後のケース

株価指数のピーク	株価指数の底	下落率(%)
1946年 5月29日	1947年 5月17日	−23.2%
1961年12月13日	1962年 6月26日	−27.1%
1966年 1月18日	1966年 9月29日	−22.3%
1967年 9月25日	1968年 3月21日	−12.5%
1971年 4月28日	1971年11月23日	−16.1%
1978年 8月17日	1978年10月27日	−12.8%
1983年11月29日	1984年 7月24日	−15.6%
1987年 8月25日	1987年12月 4日	−35.1%
1997年 8月 6日	1997年10月27日	−13.3%
1998年 7月17日	1998年 8月31日	−19.3%
2002年 3月19日	2002年10月 9日	−31.5%
2010年 4月26日	2010年7月2日	−13.6%
2011年 4月29日	2011年10月 3日	−16.8%
2015年 5月19日	2015年 8月25日	−16.2%
2018年10月 3日	2018年12月24日	−19.4%

先行期間を、市場の山が景気循環の山に先行する平均5カ月と比較してみた。市場の山と景気の山の間の期間は、市場の底と景気の底の間の期間よりもはるかに大きな変動を示している[7]。

経済が景気後退の終了に達するまでに、株価が平均して25％上昇しているということも特筆すべきである。それゆえ、景気の底入れを示す明確な証拠を待っている投資家は、すでに株価の大きな上昇を逃しているのである。前述したように、NBERが後退期終了の日付を発表するのは、景気が底入れして数カ月経った後なのである。

---

7) 2000年から2002年の弱気相場については2つの解釈がある。1つは、2000年9月1日に天井を打ち、2002年10月9日に底入れするまでの弱気相場で、トータルリターンが47.4％下落したという解釈。もう1つは、2000年9月1日から9.11テロの10日後である2001年9月21日までの35.7％の下落と、その後の2002年3月19日までの22.1％上昇から同年10月までの33.0％の下落という、2つの弱気相場という解釈である。

表 19-3 株式市場の底と景気の底（1948 〜 2020 年）

景気後退期	株価指数の底 (1)	景気の底 (2)	株価の底の 先行期間（月数）	(1)から(2)まで の上昇率
1948-49	1949年 5月	1949年 10月	5	15.59%
1953-54	1953年 8月	1954年 5月	9	29.13%
1957-58	1957年 12月	1958年 4月	4	10.27%
1960-61	1960年 10月	1961年 2月	4	21.25%
1970	1970年 6月	1970年 11月	5	21.86%
1973-75	1974年 9月	1975年 3月	6	35.60%
1980	1980年 3月	1980年 7月	4	22.60%
1981-82	1982年 7月	1982年 11月	4	33.13%
1990-91	1990年 10月	1991年 3月	5	25.28%
2001	2001年 9月	2001年 11月	2	9.72%
2007-09	2009年 3月	2009年 6月	3	37.44%
2020年3月	2020年 3月	2020年 4月	1	30.17%
		平均	4.3	24.34%
		標準偏差	2.02	9.25%

景気循環のタイミングをとらえて利益を得る

　もし投資家が景気後退の始まりと終わりを事前に予測することができれば、バイ＆ホールドの投資家が得るリターンを上回るリターンを享受することができる[8]。具体的には、景気後退が始まる4カ月前に株式から現金（短期国債）に切り替え、景気後退が終わる4カ月前に株式に戻せば、リスク補正ベースでバイ＆ホールドの投資家よりも年間5パーセントポイント近くも多くの利益を得ることができる。この利益の約3分の2は、**表19-3**が示しているとおり景気後退の4〜5カ月前に株式市場が底を入れること予測した結果である。残りの3分の1は、天井に達する4カ月前に株式を売却したことによる利益である。

---

8) "Does It Pay Stock Investors to Forecast the Business Cycle?" *Journal of Portfolio Management* 18 (Fall 1991), 27–34.

景気循環の山と谷（前述のように何カ月も経ってから確定される）で、株式と債券を切り替える投資家は、バイ＆ホールドの投資家よりもわずか0.5パーセントポイント多いリターンを得るだけであり、その利益は統計的に有意ではない。

景気循環を予測する困難

景気後退が始まる時期が事前にわかれば、明らかに利益を高められる。それが、景気循環を正しく予測するために何十億ドルもの費用が費やされている理由だろう。しかし、景気の転換点を正しく予測したケースはほとんどない。

ボストン連銀の副総裁スティーブン・マクニーズは、エコノミストによる予測の正確性について幅広い調査を実施した。その結果、景気循環の転換点について、予測の間違いは「膨大」であるという[9]。

景気後退を予測する能力の歴史

1974年から1975年にかけての景気後退は、特に予測が難しいものだった。1974年9月、ワシントンで開かれたフォード大統領によるインフレ対策会議に招かれた20数人の著名エコノミストは、米国がすでに戦後最も深刻な景気後退の最中にあることに気づいていなかった。1974年に発表された著名エコノミスト5人による経済予測を検証したマクニーズは、予測の中央値が国民総生産（GNP）成長率を6パーセントポイント過大評価し、物価上昇率を4パーセントポイント過小評価していたと指摘した。1974年の景気後退期を早く認識できなかったため、多くのエコノミストが次の景気後退期については「早とちり」をし、実際には1980年まで来なかった後退期が1979年初頭に始まったものと思い込んだ。

ロバート・J・エガートとランデル・ムーアは、1976年から1995年まで、著名なエコノミストや経営者の委員会による景気予測を記録し、まとめた。これらの景気予測は編集され、毎月『ブルーチップ経済指標』として発行さ

---

9) Stephen K. McNees, "How Large Are Economic Forecast Errors?" *New England Economic Review* (July/August 1992), 33.

れた。1979年7月、『ブルーチップ経済指標』は、大多数のエコノミストが、すでに景気後退は始まっており、1979年の第2、第3、第4四半期のGNP成長率がマイナスになると予測していると報じた。一方、NBERは、1980年1月になっても景気は天井を打つことなく、1979年を通して拡大していたと発表した。

　失業率が戦後最悪の10.8％に達した1981〜1982年の大不況の予測も大きく外れた。1981年7月の『ブルーチップ経済指標』の見出しは「1982年に想定される経済の繁栄」である。しかし、現実には1982年は深刻な不況に見舞われた。1981年11月には、エコノミストたちも景気が悪化していることに気づき、楽観論は悲観論に変わった。多くが景気は後退期に入ったと考え（実際には4カ月前に始まっていた）、約7割が1982年の第1四半期までには後退期から脱すると思い（現実には1982年11月まで続き、戦後最長の景気後退期となった）、9割が1971年のときのような緩やかな景気減速にとどまると予測したが——これも間違っていた！——実際には厳しいものになった。

　景気回復が進んでいた1985年4月に、エコノミストたちはこの拡大がどれくらい続くか尋ねられた。彼らの回答は平均20カ月で、1986年12月に天井を打つとの予想だったが、実際には景気拡大はその後3年半も続いた。最も楽観的なエコノミストでさえ、次の景気後退期が始まるのは、遅くても1988年春であると予想した。この質問は1985年と1986年を通して繰り返しなされたが、1980年代の景気拡大期が、これほど長く続くと予測したエコノミストは1人もいなかった。

　1987年10月の株価急落を受け、エコノミストたちは1987年から1988年のGNP成長率の予想を2.8％から1.9％に引き下げた。これは、調査が始まってから11年間で最大の修正幅だった。しかし、株価暴落後も景気は力強く拡大し、1988年の経済成長率はほぼ4％に達した。

景気循環は克服されたのか？

　暴落後の拡大が続くにつれ、景気後退が差し迫っているという危機感は、景気拡大は持続するという信念に変わっていった。政府の方針、もしくは

サービス業主導の「不況に強い経済体質」によって、景気循環を克服したという確信が生まれたのである。当時プルデンシャル・ベーチェ証券のシニアエコノミストだったエド・ヤルデニは、1988年末に執筆した「ニューウェーブ・マニフェスト」のなかで、1980年代最後の年は、自己修復のできる成長経済になると結論付けた[10]。1990年5月、戦後最悪の景気後退が始まる前夜、『ニューヨーク・タイムズ』の上級経済編集者レオナルド・シルクは以下のように書いている。

> エコノミストの大半は1990年と1991年の景気後退はないとみている。1992年は大統領選挙の年で、景気が後退する可能性は小さい。日本や西ドイツ、そして欧州の資本主義国の大半とアジア諸国でも長期拡大が続いており、終わりはみえない。[11]

『ブルーチップ経済指標』によると、1990年11月までにはエコノミストの多くが米国経済は景気後退期に入った、もしくは入ろうとしていると考えていた。だが、その11月に、景気は後退期に入って4カ月経っていただけでなく、株価は底入れし上昇局面に入っていたのである。景気後退が確認されたその頃に、投資家が蔓延していた悲観論に影響されたならば、株価の底入れ後に株式を売却して、その後3年間の相場上昇を逃すことになっただろう。

1991年3月から2001年3月まで10年続いた米国経済の拡大期は、「ニューエコノミー」時代や不況のない経済について多くの話題を生んだ[12]。2001年初めになっても、大半のエコノミストは不況になるとみていなかった。実際、2001年9月、同時多発テロ直前に調べられた『ブルーチップ経済指標』によれば、米国経済が後退期にあると回答したエコノミストの割合は13％にすぎなかった。その直後に、NBERは後退期が半年前の3月に始まっていたと発表した[13]。そして、NBERはその後退期が2001年11月に終了したと確定したが、2002年2月の段階で、2001年の間に景気後退が終わった

---

10) "New Wave Economist", *Los Angeles Times*, March 18, 1990, Business Section, 22.
11) Leonard Silk, "Is There Really a Business Cycle?" *New York Times*, May 22, 1992, D2.
12) Steven Weber, "The End of the Business Cycle?" *Foreign affairs* (July/August 1997).
13) *Blue Chip Economic Indicators*, September 10, 2001, 14.

と考えていた人は20％にも満たなかった[14]。繰り返すが、エコノミストは実際の日付が相当過ぎ去ってしまうまで、景気の転換点を確定することはできないのである。

金融危機に拍車をかけた2007年から2009年にかけてのグレートリセッションも、エコノミストたちはうまく予測することができなかった。NBERが景気後退の始まりを確定したのは、景気後退が実際に始まってから1年後の2008年12月で、そのときすでにS&P500は40％以上下落していた。

FRBは景気後退が始まる3カ月前の2007年9月に金融緩和を開始したが、景気後退が差し迫っているという認識は持っていなかった。2007年12月11日の連邦公開市場委員会（FOMC）で、FRBのエコノミスト、デイブ・ストックトンは、FRBの予測について次のようにまとめている。

明らかに、われわれは景気の山を予測してはいない。われわれの予測では、まだ景気循環の下降局面ではないということだ。この予測では、現状を「グロースリセッション（経済成長の鈍化）」とみており、それ以上のものではない。[15]

アラン・グリーンスパンとFRB、そしてほとんどすべての民間のエコノミストは、金融システムがほぼ1世紀で最大の金融危機に真っ逆さまに突入しているとは思ってもいなかった。

結論

株式価値は企業収益を基礎としており、企業収益を決める重要な要素は景気循環である。景気の転換点を正確に予測することから得られる利益は大きいが、エコノミストの多大な努力にもかかわらず、予測の精度は上がっていない。

投資家が最もとってはいけない行動は景況感を後追いすることである。これでは、市場のセンチメントが楽観的なときに高値で買い、悲観的なと

---

14) *Blue Chip Economic Indicators*, February 10, 2002, 16.
15) Transcript of Federal Open Market Committee meeting on December 11, 2007, 35.

きに安値で売ることになってしまう。
　投資家が学ぶべき教訓は明白だ。現実の経済活動の分析によって株式投資を成功させるには、エコノミストですら持ち合わせていない洞察力が必要なのである。

第20章 世界的な事件が金融市場に影響を与えるとき

> 私は、天体の動きは予測できるが、群衆の狂気は予見できない。
> 　　　　　　　　　　　　　　　アイザック・ニュートン

　2001年9月11日火曜日、ニューヨークの空に太陽が昇り、美しい朝が始まった頃、ウォール街のトレーダーたちは退屈な1日を予想していた。その日は政府の経済指標の発表も企業の業績発表も予定されていなかった。前週末の金曜日には雇用統計の悪化を受けて株価は下がっていたが、前日の月曜日にはやや戻していた。

　米国の株式市場はまだ取引を開始していなかったが、S&P500先物は夜の間もグローベックス〔シカゴ先物取引システム〕で取引されていた。先物価格が上昇していたため、この日の株式市場は堅調に始まりそうだった。しかし、午前8時48分に史上最も破滅的な出来事の第一報が入った。ワールド・トレード・センターのノースタワーに航空機が衝突したというのだ。続く27分間の取引の模様は、**図20-1**に示したとおりである。

　航空機衝突の報は即座に広まったが、実際の状況はほとんど誰も想像できなかった。航空機は大型機か、小型機か。事故だったのか、それとも何かもっと不吉なことが起こっているのか。誰にも答えはわからなかったが、不透明感が強まると下がる傾向にある先物市場では、即座に株価が数ポイント下落した。しかし、数分以内に買い手が現れ、何も重大な事件が起こっていないかのように指数は元の水準に戻った。

　15分後の午前9時3分、テレビカメラがワールド・トレード・センターを映し、世界中で何百万もの人々が見守るなかで、2機目の航空機がサウス

図 20-1 2001年9月11日（火曜日）朝のS&P500先物の値動き

タワーに衝突した。その瞬間、世界が変わった。米国の最悪の懸念が現実になった。それはテロ攻撃だった。米国は第二次世界大戦後、初めてその領土に直接攻撃を受けたのである。

　2機目の衝突から2分で、S&P500先物が30ポイント下落した。これは、米国株式市場が開いていたら、約3000億ドルの下落に相当する。だが、驚くことに市場には買い手も存在した。事件の大きさにもかかわらず、トレーダーのなかには、事件に過剰に反応した直後に訪れる絶好の買い場と判断した者がいた。先物は午前9時15分には前日比15ポイント安まで値を戻し、その日の下落の半分を取り戻していた。

　一時的には回復したものの、同時多発テロが市場に与えたダメージは深刻だった。米国のすべての株式、債券、商品取引所は開始時刻を遅らせて始まったが、すぐにその日の取引を中止した。結局、米国の株式市場はその週いっぱい取引を中止することとなった。1933年3月に崩壊寸前の金融システムを立て直そうと、フランクリン・ルーズベルト大統領が宣言したバンクホリデー以来、最も長く取引を中止することになったのである。

　一方、海外の証券取引所は開いたままだった。同時多発テロが発生した

とき、ロンドンは午後2時、中欧は午後3時であった。ドイツのDAX株価指数は即座に9%以上下落し、その水準でその日の取引を終えた。ロンドンでも株価は下げたが、ドイツほどではなかった。世界の金融の中心である米国が攻撃に弱いことが露呈し、米国企業がいくつか英国に移ってくるのではないかとの観測があったためだ。米ドルに対して英ポンドが上昇し、ユーロも上がった。国際的な危機が発生すると通常は米ドル買いが増える。だが、今回はニューヨークが攻撃されたため、外為ディーラーたちはどちらにポジションを傾けていいのかわからない状態だった。

翌週の9月17日月曜日にニューヨーク証券取引所が再開されると、ダウ平均は685ドル(7.13%)下落し、史上最大の下げ幅を記録した。下げ幅は、真珠湾が攻撃された翌日の下落率3.5%の2倍以上で、米国が戦争に関与しているときのどの日の下落率よりも大きかった。

ダウ平均はその週の間下げ続け、9月21日金曜日には8236ドルまで下落した。9月10日の終値からは14%超、2000年1月14日につけた最高値からはほぼ30%の下落となった。

市場の最大の動き

表20-1は、1885年から2021年までで、ダウ平均の日次の変動率上位54位までをリストにしている[1]。この期間中、平均株価が5%以上変動した日は157日ある。その多くは1929年から1933年にかけて起こったものであるが、近年も市場のボラティリティは高い。世界経済が金融危機の渦中にあった2008年9月から2009年3月にかけては、大きな変動が15回起きた。

コロナ禍時の市場ボラティリティは過剰なほど高まっていた。新型コロナウイルスの深刻さが世界の投資家に明らかになった3月9日から3月18日までの間に、取引日は8日あった。そのうちの7日間で、ダウ平均は5%以上も上がったり下がったりし(3月10日はわずかに届かない4.89%)、かつてないほど大きな変動が集中した。この期間にダウは6日連続して5%以上変動し、1929年10月の大暴落時の記録に並んだ。

2020年3月12日の木曜日にダウは9.99%下落し、13日の金曜日には9.36%

---

1) 表20-1は、バンクホリデーを考慮し、1933年3月3日から3月15日までの15.34%の変化を除外した。

表 20-1　ダウ平均の変動率上位（太字は下落を表す）

順位	日付	変化率	順位	日付	変化率	順位	日付	変化率
1	1987年10月19日	**−22.61%**	19	1931年12月18日	9.35%	37*	1917年2月1日	**−7.24%**
2	1933年3月15日	15.34%	20	1932年2月13日	9.19%	38*	1997年10月27日	**−7.18%**
3*	1931年10月6日	14.87%	21*	1932年5月6日	9.08%	39	1932年10月5日	**−7.15%**
4*	2020年3月16日	**−12.93%**	22*	1933年4月19日	9.03%	40*	2001年9月17日	**−7.13%**
5	1929年10月28日	**−12.82%**	23	1899年12月18日	**−8.72%**	41	1931年6月3日	7.12%
6	1929年10月30日	12.34%	24	1931年10月8日	8.70%	42	1932年1月6日	7.12%
7	1929年10月29日	**−11.73%**	25	1932年8月12日	**−8.40%**	43	1931年9月24日	**−7.07%**
8*	2020年3月24日	11.37%	26	1907年3月14日	**−8.29%**	44	1933年7月20日	**−7.07%**
9	1932年9月21日	11.36%	27	1987年10月26日	**−8.04%**	45*	2008年9月29日	**−6.98%**
10*	2008年10月13日	11.08%	28	1932年6月10日	7.99%	46*	1989年10月13日	**−6.91%**
11	2008年10月28日	10.88%	29	2008年10月15日	**−7.87%**	47*	1914年7月30日	**−6.90%**
12	1987年10月21日	10.15%	30	1933年7月21日	**−7.84%**	48	2020年6月11日	**−6.90%**
13*	2020年3月12日	**−9.99%**	31*	2020年3月9日	**−7.79%**	49	1988年1月8日	**−6.85%**
14	1929年11月6日	**−9.92%**	32	1937年10月18日	**−7.75%**	50*	2009年3月23日	6.84%
15*	1932年8月3日	9.52%	33*	2020年4月6日	7.73%	51	1932年10月14日	6.83%
16*	1932年2月11日	9.47%	34	2008年12月1日	**−7.70%**	52	1929年11月11日	**−6.82%**
17	2020年3月13日	9.36%	35	2008年10月9日	**−7.33%**	53*	1940年5月14日	**−6.80%**
18*	1929年11月14日	9.36%	36*	1939年9月5日	7.26%	54	1931年10月5日	**−6.78%**

* はニュースの影響による変動を表す。
バンクホリデーにより1933年3月3日〜15日に15.34%下落したケースを除く

上昇し、歴史上13番目と17番目の大きな動きとなった。

　そして、2020年3月14日から15日の週末、世界は凍りついた。ほとんどすべてのスポーツイベントは中止、学校は閉鎖され、世界の多くがロックダウンの状態に入った。週明け3月16日の月曜日に市場は12.93%下落し、1929年10月28日の大暴落を超える下落率となった。第24章では、コロナに対する市場や政策決定者の反応について、より詳細に解説する。

株価の大きな動きとニュースイベント

　テロ攻撃後やパンデミック中に株価が下落した理由は明らかである。しかし、ほとんどのケースで、変動の理由を十分に説明できるニュースがな

いのに市場が大きく動いていることに、投資家は驚くかもしれない。157の大きな変動のうち、戦争、政権交代、パンデミック、政府の政策転換など、世界の政治経済上の重大な出来事と関連付けられたのは42回、つまり4回に1回にすぎない。2008〜2009年の金融危機のときでさえ、15の大きな変動のうち、特定の出来事と関連付けられたのは4回だけだった。

特定の出来事に関連した5％以上の市場変動を**表20-2**に示した[2]。政府の政策変更は大きな市場変動の最大の単一要因である。市場が急落した後の政府や、より重要なFRBによる支援は、市場が大きく上昇する原因であることが多い。ニュース関連の上昇では、トップはハーバート・フーバー大統領が銀行支援のために5億ドルの基金を提案した1931年10月6日の14.87％で、2位はワシントンからの大きなパンデミック支援策への期待が劇的に高まった2020年3月24日の11.37％の上昇だった。

1日の最大下落率22.61％を記録した1987年10月19日には、株価下落の原因を簡単に特定できる出来事はなかった。1940年から2008年の金融危機までの大きな株価変動で、理由が特定できたのは4日だけで、同時多発テロ後に市場が再開された2001年9月17日の7.13％下落、香港ドルへの通貨攻撃(アタック)のあった1997年10月27日の7.18％下落、ユナイテッド航空のLBOが失敗した1989年10月13日金曜日の6.91％下落[3]、アイゼンハワー大統領が心臓発作に襲われた1955年9月26日の6.54％下落である。

何が株価を動かすのか？

たとえニュースがあっても、どのニュースが株価変動をもたらしたかについては、大きく意見が食い違うこともある。1991年11月15日、ダウ平均が120ドル以上（約4％）下げたとき、『インベスターズ・ビジネス・デイリー』は株価下落について「投げ売り懸念でダウ120急落――バイオテック、プログラム売り、清算日、議会が下げの主因」という見出しの記事を掲載した[4]。対照的に、ロンドン本拠の『フィナンシャル・タイムズ』のニューヨー

---

[2] David M. Cutler, James M. Poterba, Lawrence H. Summers, "What Moves Stock Prices", *Journal of Portfolio Management* (Spring 1989), 4-12に加筆したものである。
[3] 1989年10月の下落は、LBO失敗が原因という説もあるが、失敗が発表される前にすでに株価は大幅に下げていたので疑問が残る。
[4] Virginia Munger Kahn, *Investor's Business Daily* (November 16, 1991), 1.

表20-2 特定のニュースによるダウ平均の大幅変動（太字は下落を表す）

順位	日付	変化率	ニュースの見出し
3	1931年10月6日	14.87%	フーバー大統領が銀行救済のため5億ドルの資金を要請
4	**2020年3月16日**	**−12.93%**	**コロナ禍で世界がロックダウン**
8	2020年3月24日	11.37%	超党派の支援パッケージへの期待
10	2008年10月13日	11.08%	FRB、外国の中央銀行に「無制限の流動性」を提供
13	**2020年3月12日**	**−9.99%**	**コロナ禍が悪化**
16	1932年2月11日	9.47%	FRBが金利政策を自由化
18	1929年11月14日	9.36%	FRBが公定歩合引き下げ／減税法案提出
21	1932年5月6日	9.08%	USスチールが15%の賃金カットへ
22	1933年4月19日	9.03%	米国が金本位制を放棄
31	**2020年3月9日**	**−7.79%**	**コロナ禍が悪化**
33	2020年4月6日	7.73%	米国のインフレが鈍化
36	1939年9月5日	7.26%	第二次世界大戦が欧州で開戦
37	**1917年2月1日**	**−7.24%**	**ドイツが潜水艦による無差別攻撃を表明**
38	**1997年10月27日**	**−7.18%**	**香港ドルの通貨危機**
40	**2001年9月17日**	**−7.13%**	**ワールドトレードセンターにテロ攻撃**
45	**2008年9月29日**	**−6.98%**	**下院、7000億ドルの救済策を否決**
46	**1989年10月13日**	**−6.91%**	**ユナイテッド航空の買収計画が頓挫**
47	**1914年7月30日**	**−6.90%**	**第一次世界大戦勃発**
50	2009年3月23日	6.84%	財務省、銀行不良債権を買い取る1兆ドルの官民計画を発表
53	**1940年5月14日**	**−6.80%**	**ドイツがオランダへ侵攻**
55	**1940年5月21日**	**−6.78%**	**連合軍がフランスから撤退**
58	1931年6月20日	6.64%	戦債支払を猶予するフーバー・モラトリアム発表
60	**1934年7月26日**	**−6.62%**	**ドイツ、オーストリア併合。イタリアが軍隊動員**
63	**1955年9月26日**	**−6.54%**	**アイゼンハワー大統領、心臓発作**
68	2002年7月24日	6.35%	JPモルガン、エンロン事件への関与を否定
71	**1893年7月26日**	**−6.31%**	**エリー鉄道が破綻**
85	**2020年3月11日**	**−5.86%**	**コロナ禍が悪化**
87	1929年10月31日	5.82%	FRBが公定歩合引き下げ
88	**1930年6月16日**	**−5.81%**	**フーバー大統領が関税法案に署名**
89	1933年4月20日	5.80%	金本位制離脱の影響続く
97	1898年5月2日	5.64%	デューイ提督、スペインに戦勝
101	1898年3月28日	5.56%	スペインと停戦合意
103	**2011年8月8日**	**−5.55%**	**S&Pが米国債を格下げ**
110	1916年12月22日	5.47%	ランシング国務長官、米国の参戦を否定
113	**1896年12月18日**	**−5.42%**	**上院、キューバ自由化を支持**

順位	日付	変化率	ニュースの見出し
115	1933年 2月25日	**-5.40%**	**メリーランド州でバンクホリデー**
119	1933年10月23日	5.37%	ルーズベルト大統領、ドル切り下げを発表
121	1916年12月21日	**-5.35%**	**ランシング国務長官、米国の参戦を示唆**
130	1938年 4月 9日	5.25%	下院が国債金利への課税法案を可決
151	2008年11月 5日	**-5.05%**	**民主党が大統領選挙と両院選挙に勝利**
156	1931年10月20日	5.03%	ICCが鉄道運賃を値上げ
157	1932年 3月31日	**-5.02%**	**下院、株式取引税に関する法案提出**

太字は下落を表す

ク特派員は、1面記事の見出しを「ウォール街120急落、ロシアの動きを懸念」としている。興味深いことに、ロシア政府が石油の免許を停止し、金の供給先を押さえたというニュースについて、『インベスターズ・ビジネス・デイリー』は一言も触れていなかった。有力な新聞が株価下落の「原因」として解説したことを、他紙では話題にもしなかったというこの事実は、市場の動きを説明する根本的な原因を見つけることが、いかに困難であるかを物語っている。

先行き不透明感と株価

　市場は先行きの不透明感を嫌う。それは、投資家が世界を分析するときに習慣的に使う枠組みが崩されるような出来事によって、ショックを受けるからである。9月11日の同時多発テロが好例だ。米国人はこのテロが将来どのような影響をもたらすのかわからなかった。航空業界への打撃はどれくらい深刻なのか。市場規模6000億ドルの観光業界はどれだけの打撃を受けるのか。コロナ禍の初期の頃、まさに同様の不透明感が市場を覆っていた。こうした曖昧な状況が不安と株価の下落を生み出すのである。

　米国の大統領職をめぐる不安定さも株価を押し下げる要因である。自由主義国のリーダーに予期せぬ急変があると、市場はほとんどいつも下落で反応する。前述したように、1955年9月26日、アイゼンハワー大統領の心

臓発作を受けて、ダウ平均は6.54％下落した。ケネディ大統領が暗殺された1963年11月22日の金曜日に、ダウは2.9％下げ、ニューヨーク証券取引所は狼狽売りを防ぐために、取引終了時間を通常より2時間繰り上げた。翌週の11月25日の月曜日は、ケネディ大統領の葬儀のため取引は中断されたままだった。しかし、翌火曜日に取引が再開されたときには、リンドン・ジョンソンの大統領就任を好感し、株価は1日の上げ幅としては戦後最大級である4.5％の上昇を記録した。

1901年9月14日にウィリアム・マッキンリーが射殺されたとき、株価の下げ幅は4％を超えたが、翌日にはこの下落分をすべて戻している。1923年のウォーレン・ハーディングの死後も、下げ幅は小さかったが株価は下落し、すぐに元の水準に戻った。新たな大統領が就任すれば、株価はたいてい急速に元の水準に戻るので、このような株価下落は、実は投資家にとって絶好の買い時なのである。しかし、投資家が決して許さない政治家もいる。フランクリン・ルーズベルトの訃報に接した翌週、株価は4％以上上昇した。ウォール街では、フランクリン・ルーズベルトはまったく人気がなかった。

民主党と共和党

投資家は一般的に民主党よりも共和党の大統領を好むことはよく知られている。経営者や大口の株式投資家の大半は共和党の支持者で、共和党の政策の多くは株価や資産形成に有利であると受け取られているからだ。民主党は逆に、キャピタルゲインや配当への課税軽減に否定的で、規制の強化や所得の再配分に肯定的とみられている。しかし、歴史的には株価は共和党よりも民主党の政権下で上昇してきた。

相関は因果関係を意味しない

この相関関係に因果関係があると必ずしも考える必要はない。実際、民主党も共和党も株式市場に対して何の影響も及ぼさないのに、民主党政権下では株価が上がる、という完全にもっともらしい説明がある。

景気と株式市場が上昇すると、人々はより良い暮らしができるようにな

り、所得とキャピタルゲインが増加する。このシナリオは共和党に有利で、次の選挙で勝利しやすくなる。しかし、景気が悪化すると、共和党の政策や誤りが原因ではなくても、その後の不況と弱気相場に国民は失望し、有権者は共和党を政権から引きずり下ろす。そうして民主党は株価がボトムのときに政権につき、強気相場の初期から中期の間、再び流れが変わるまで政権を担うのである。

政治と株式リターン

図20-2は、1888年にグローバー・クリーブランドが大統領に就任して以降、それぞれの政権下におけるダウ平均のパフォーマンスを示したものである。

株価の下げ幅が最も大きかったのは、共和党のハーバート・フーバー政権下である。一方、経営者や証券トレーダーの間で評判の悪かったフランクリン・ルーズベルト大統領の在任期間中、株価はそれほど悪くない動きをしている。

選挙の前日から翌日までの瞬間的な反応でみると、投資家は確かに民主

図20-2　歴代大統領の在任期間とダウ平均（グレーの期間は民主党政権）

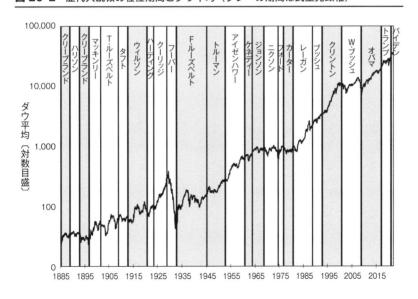

党よりも共和党を好むことが確認できる。**表20-3**からわかるように、1888年以来、民主党が大統領選挙で勝利した翌日には平均で0.5％下落し、共和党が勝利した場合には平均で0.7％上昇している。しかし、第二次世界大戦以降、大統領選挙における共和党勝利に対する市場の反応は徐々に鈍ってきている。

クリントン大統領の再選後のように、民主党のクリントンが再選されたからではなく、共和党が議会で過半数を維持したために株価が上昇するといったことが、ときどき起こっている。2020年に民主党のバイデンが勝利した後も株価は上昇したが、これも思いがけず共和党が上院で過半数を占めるかにみえたためである[5]。

表20-3には大統領の任期1〜4年目までの各年のリターンを示した。トランプ政権とバイデン政権の1年目の堅調な株式リターンは戦後の1年目リターンの平均を押し上げているが、それでも任期3年目のリターンが最も高い。任期3年目にはフーバー大統領の失政で43.3％株価が暴落した1931年が含まれ、これが100年以上の間で最悪の年率リターンであることを考えると、任期3年目の株価上昇率の高さは驚くほどである。

なぜ3年目に株価が上昇するのか、その理由は明らかではない。次の選挙が迫ってくる4年目には政府が支出を増やすか、FRBに景気刺激策をとるようプレッシャーを与えるため、株式にとって最良の年になるはずだという考え方もある。しかし、4年目は良好なパフォーマンスを示してはいるが、最良ではない。おそらく選挙の年には景気刺激策が打ち出されると予測し、その前年に株価が上昇するのだろう。

表20-4から、近年は民主党政権下で株価が上昇していることがわかる。この表には、民主党および共和党政権下での株価の実質と名目のリターン、インフレ率をまとめてある。1888年以降、名目の株式リターンは民主党政権下のほうが高いが、共和党政権下のほうがインフレ率は低いため、実質リターンはほぼ同じになっている。しかし1952年以降では、インフレ調整の有無にかかわらず、民主党政権下のほうがはるかにパフォーマンスが良い。

---

5) 実際には、2021年1月にジョージア州で行われた上院議員選挙の2回の決選投票によって、民主党が上院とすべての政府機関を掌握する結果となった。

表 20-3　歴代大統領の在任期間中と、選挙日あるいは就任日の早いほうの日の株式リターン（太字は民主党政権）

大統領	政党	選挙日	1日前から1日後	1年目	2年目	3年目	4年目
ハリソン	共和党	1888年11月6日	0.4	11.8	−6.6	16.6	13.5
クリーブランド	**民主党**	1892年11月8日	−0.5	−15.3	11.9	11.3	−4.5
マッキンリー	共和党	1896年11月3日	2.7	18.9	11.0	9.9	−1.3
マッキンリー	共和党	1900年11月6日	3.3	35.3	0.3	−18.1	28.5
T. ルーズベルト	共和党	1904年11月8日	1.3	25.2	2.0	−32.5	39.0
タフト	共和党	1908年11月3日	2.4	16.6	−0.6	0.5	11.7
ウィルソン	**民主党**	1912年11月5日	1.8	−13.0	−2.5	24.2	3.7
ウィルソン	**民主党**	1916年11月7日	−0.4	−30.9	−5.8	13.5	−19.3
ハーディング	共和党	1920年11月2日	−0.6	4.0	53.4	−11.1	21.5
クーリッジ	共和党	1924年11月4日	1.2	33.3	15.8	36.0	36.5
フーバー	共和党	1928年11月6日	1.2	33.2	−29.6	−32.3	−13.6
F. ルーズベルト	**民主党**	1932年11月8日	−4.5	43.3	−4.1	37.2	43.6
F. ルーズベルト	**民主党**	1936年11月3日	2.3	−26.8	18.6	3.3	−11.8
F. ルーズベルト	**民主党**	1940年11月5日	−2.4	−10.2	−6.1	28.9	12.4
F. ルーズベルト	**民主党**	1944年11月7日	−0.3	30.6	−19.1	−0.5	4.3
トルーマン	**民主党**	1948年11月2日	−3.8	7.9	28.8	18.2	8.1
アイゼンハワー	共和党	1952年11月4日	0.4	3.4	42.3	35.7	11.5
アイゼンハワー	共和党	1956年11月6日	−0.9	−9.9	25.8	13.5	−3.8
ケネディ	**民主党**	1960年11月8日	0.8	29.6	−15.8	32.4	18.5
ジョンソン	**民主党**	1964年11月3日	−0.2	8.8	−16.0	25.0	6.8
ニクソン	共和党	1968年11月5日	0.3	−10.1	−13.1	14.7	12.1
ニクソン	共和党	1972年11月7日	−0.1	−4.3	−41.1	24.0	13.2
カーター	**民主党**	1976年11月2日	−1.0	−9.7	3.6	−2.4	16.2
レーガン	共和党	1980年11月4日	1.7	−12.2	11.6	28.4	−1.4
レーガン	共和党	1984年11月6日	−0.9	14.2	30.1	16.3	−1.6
ブッシュ	共和党	1988年11月8日	−0.4	23.8	−13.9	26.5	6.5
クリントン	**民主党**	1992年11月3日	−0.9	12.5	0.2	25.4	19.4
クリントン	**民主党**	1996年11月5日	2.6	35.2	8.6	24.3	4.6
W. ブッシュ	共和党	2000年11月7日★	−1.6	−23.1	−20.9	21.2	6.0
W. ブッシュ	共和党	2004年11月2日	1.1	4.0	14.9	11.0	−37.9
オバマ	**民主党**	2008年11月4日	−1.3	13.7	10.6	1.4	19.0
オバマ	**民主党**	2012年11月6日	−1.5	20.9	12.9	6.4	6.4
トランプ	共和党	2016年11月8日	1.5	19.2	8.2	7.1	15.6
バイデン	**民主党**	2020年11月3日	4.0	24.6			

★公式な選挙結果は 2000 年 12 月 13 日に確定

1888～2021年12月の平均	民主党	−0.3	7.6	1.7	16.6	8.5
	共和党	0.7	10.2	5.0	9.3	8.7
	全体	0.2	9.0	3.5	12.6	8.6
1948～2021年12月の平均	民主党	−0.2	15.9	4.1	16.4	12.4
	共和党	0.1	0.5	4.4	19.8	2.0
	全体	0.0	7.8	4.3	18.3	6.6

表 20-4 歴代大統領の在任期間における株式リターン（太字は民主党政権）

大統領	政党	任期	月数	株式の名目リターン(年率)	インフレ率(年率)	実質リターン(年率)
ハリソン	共和党	1888年11月～92年10月	48	5.48	−2.73	8.43
クリーブランド	**民主党**	**1892月11月～96年10月**	**48**	**−2.88**	**−3.06**	**0.19**
マッキンリー	共和党	1896年11月～1901年8月	58	19.42	3.69	15.18
T.ルーズベルト	共和党	1901年9月～08年10月	86	5.02	1.95	3.01
タフト	共和党	1908年11月～12年10月	48	9.56	2.59	6.80
ウィルソン	**民主党**	**1912年11月～20年10月**	**96**	**3.55**	**9.26**	**−5.23**
ハーディング	共和党	1920年11月～23年7月	33	7.43	−5.16	13.28
クーリッジ	共和党	1923年8月～28年10月	63	26.99	0.00	26.99
フーバー	共和党	1928年11月～32年10月	48	−19.31	−6.23	−13.96
F.ルーズベルト	**民主党**	**1932年11月～45年3月**	**149**	**11.42**	**2.37**	**8.83**
トルーマン	**民主党**	**1945年4月～52年10月**	**91**	**13.84**	**5.49**	**7.91**
アイゼンハワー	共和党	1952年11月～60年10月	96	15.09	1.38	13.52
ケネディ	**民主党**	**1960年11月～63年10月**	**36**	**14.31**	**1.11**	**13.06**
ジョンソン	**民主党**	**1963年11月～68年10月**	**60**	**10.64**	**2.76**	**7.66**
ニクソン	共和党	1968年11月～74年7月	69	−1.39	6.02	−6.99
フォード	共和党	1974年8月～76年10月	27	16.56	7.31	8.62
カーター	**民主党**	**1976年11月～80年10月**	**48**	**11.66**	**10.01**	**1.50**
レーガン	共和党	1980年11月～88年10月	96	14.64	4.46	9.75
ブッシュ	共和党	1988年11月～92年10月	48	14.05	4.22	9.44
クリントン	**民主党**	**1992年11月～2000年10月**	**96**	**18.74**	**2.59**	**15.74**
W.ブッシュ	共和党	2000年11月～07年1月	96	−2.75	2.77	−5.38
オバマ	**民主党**	**2008年11月～16年10月**	**96**	**12.79**	**1.38**	**11.25**
トランプ	共和党	2016年11月～20年10月	48	14.54	1.88	12.43
バイデン	**民主党**	**2020年11月～21年12月**	**13**	**30.73**	**6.51**	**22.74**
1888～2021年12月の平均	民主党		733	11.33	3.75	7.41
	共和党		864	8.81	1.90	6.78
	全体		100%	9.97	2.75	7.07
1952～2021年12月の平均	民主党		349	14.73	3.30	11.14
	共和党		480	8.99	3.61	5.24
	全体		100%	11.40	3.48	7.73

太字は民主党政権

株式と戦争

　1885年以降の5分の1の期間、米国は戦争中であったか、世界大戦に関わってきた。戦時でも平時でも、株式の名目リターンは変わっていない。しかし、物価の平均上昇率は、戦時中は約6％だが、平時は2％を下回るため、実質リターンは平時が戦時中を大きく上回る。

　実質リターンは平時のほうが良いが、ダウ平均の月次の標準偏差で測ると、株式市場のボラティリティは戦時中よりも平時のほうが大きい。米国株式市場のボラティリティが最も大きかったのは1920年代後半と1930年代前半で、米国が第二次世界大戦に巻き込まれるずっと前である。戦時中のボラティリティが平均を上回ったのは、第一次世界大戦と短期に終わった湾岸戦争のときだけである。

世界大戦下の市場

　第一次世界大戦中の株式市場のボラティリティは、第二次世界大戦中のボラティリティをはるかに上回っていた。株価は、第一次大戦の初期に100％近く上昇し、米国が参戦した時点で40％下落し、大戦が終了すると大幅な上昇に転じた。対照的に、第二次世界大戦中の6年間、株価は戦前の水準から上下32％の範囲でしか動いていない。

　第一次世界大戦の勃発はパニックを引き起こし、欧州の投資家は株式を投げ売りして金や現金に換えた。1914年7月28日、オーストリア・ハンガリー帝国がセルビアに宣戦布告すると、欧州の株式市場はすべて閉鎖された。欧州のパニックはニューヨークに飛び火し、7月30日木曜日にダウ平均は約7％下落し、「1907年パニック」の8.3％下落以来の大きな下げ幅を記録した。翌金曜日、ニューヨーク証券取引所は、取引が始まる数分前に無期限の取引所閉鎖を採択した。

　ニューヨーク証券取引所はその年の12月まで再開しなかった。同取引所がこれほど長く閉鎖されたことは過去になく、それ以降もない。緊急の取引は特別委員会の許可がある場合にのみ執行されたが、取引価格は取引所が閉鎖される前と同じか、それ以上に限られた。取引制限は厳密に監視さ

れたが、取引所の外では違法な取引（場外取引）が行われ、10月まで株価は下がり続けた。非公式だが、株価は7月の閉鎖前に比べて秋には15～20％下落していたといわれている。

ニューヨーク証券取引所が長期間閉鎖された時期が、米国が戦時中でも金融危機や経済危機のときでもない、というのは皮肉なことだ。実際には、その5カ月間にトレーダーたちは、米国が欧州の戦争で大きな経済的恩恵を受けることに気づいた。米国が交戦中の国々に対して大量の軍需品や原材料を提供することになるという認識が広まり、株式に対する関心が急速に高まったのである。

12月12日の取引再開までに株価は急騰していた。この歴史的な土曜日、ダウ平均は7月の閉鎖直前の終値を5％上回る水準で取引を終えた。株価の上昇は続き、1915年は単年で史上最高の上げ幅を記録し、ダウ平均は82％上昇した。株価は1916年も上昇を続け、11月に天井を打ち、戦争が始まった2年以上前の価格の2倍以上の水準になっていた。だが、1917年4月16日、米国が正式に参戦すると、株価は10％ほど下落し、休戦条約が締結された1918年11月まで、さらに10％ほど下落した。

1915年の株価急騰から得られた教訓は、次の世代にも受け継がれた。第二次世界大戦が勃発したとき、投資家たちは前回の大戦から、自分たちがとるべき行動のヒントを得ていた。1939年9月3日、英国がドイツに対して宣戦布告したとき、東京証券取引所では株価が急上昇し、通常よりも取引を早く終了しなければならなくなった。ニューヨークで取引が始まると、パニック買いが殺到した。ダウは7％も上昇し、欧州の証券取引所でさえ株価は上昇して始まった。

しかし、第二次世界大戦の開始とともに湧き上がった熱狂は、すぐに消え去ることとなる。ルーズベルト大統領が、第一次世界大戦のときのように企業が安易に戦争から利益を上げられないように決めたからである。若い兵士が海外で命をなくしているのに企業が過去最高益を得ため、国民は戦争の代償が平等に負担されていないという印象を持ち、企業の利益は世論の非難の的になっていた。そのため議会は第二次世界大戦中に超過利益税を制定し、投資家が大戦から得られると期待していたプレミアムを取り去ったのである。

日本が真珠湾を攻撃する前日、ダウ平均は1939年の高値より25％低く、1929年の高値の3分の1を下回る水準だった。真珠湾攻撃の翌日、株価は3.5％下げ、1942年4月28日に底入れするまで下がり続けた。太平洋戦争初期、米国が負け続けていた間、株価も下落していたのである。

　しかし、戦況が連合国側に有利になってくると、株価も上昇を始めた。1945年5月7日、ドイツが無条件降伏書に署名する頃には、ダウ平均は戦前よりも20％高い水準に上昇していた。戦争の歴史のなかでも重大な事件となった広島への原爆投下後、投資家は戦争の終結が近いことを察し、米国の株価は1.7％上昇した。しかし、ドイツのポーランド侵攻から対日戦勝記念日までの6年間でダウは30％しか上がらず、第二次世界大戦は第一次世界大戦ほどのリターンを投資家にもたらすことはなかった。

1945年以降の戦争

朝鮮戦争とベトナム戦争

　朝鮮戦争の勃発は投資家を驚かせた。1950年6月25日、北朝鮮が韓国へ侵攻したのを受け、ダウ平均は4.65％下落した。これは真珠湾攻撃の翌日よりも大きな下げ幅だった。しかし、朝鮮戦争拡大に対する米国市場の反応は限定的で、株価は戦争開始前の水準から12％以上下げることはなかった。

　ベトナム戦争は米国の戦争のなかで最も長く続き、最も嫌われた戦争である。米国の参戦は、1964年8月2日、トンキン湾で2隻の駆逐艦が襲撃されたとの報告が発端となった。

　トンキン湾事件から1年半後、ダウ平均は事件前より18％上昇し、過去最高の995に達した。しかし、FRBがインフレ率の上昇を抑えるため金融引き締め策をとったことにより、その後数カ月間で30％下落した。米軍の兵力が最大となった1968年初には、市場は回復していたが、2年後、ニクソン大統領がカンボジアへ軍を送り、金利が上昇し景気後退が深刻になると、株価は再び下げ、戦前の水準から25％の下落となった。

　1973年1月27日、米国と北ベトナムの間でベトナム和平協定がパリで結ばれた。8年間の戦争中に投資家が得た利益は非常に小さかったが、それはインフレや金利の継続的な上昇に加え、ベトナム戦争とは直接関係のない

問題が株価を押し下げたからである。

第一次湾岸戦争

　ベトナム戦争はアフガニスタン戦争までは米国が参入した最も長期の戦争であったが、1991年のイラクとの湾岸戦争は最短の戦争だった。1990年8月2日、イラクがクウェートへ侵攻して戦争が勃発し、原油価格は急騰、米国はサウジアラビアの兵力増強に踏み切った。原油価格の上昇は、すでに減速が始まっていた米国経済に打撃を与え、米国は深刻な景気後退へと陥った。株価は急落し、10月11日にはダウ平均は戦前の水準から18％下がった。

　米国の攻撃が始まったのは1991年1月17日である。湾岸戦争は、石油や金、米国債が東京、シンガポール、ロンドン、ニューヨークで24時間取引されるようになって以来、初めての大規模な戦争であった。

　市場は数時間後には米国が勝利するとの判断を下していた。米国がバグダッドを爆撃しているという報が伝わった後の数分間、東京市場では米国債が売られたが、連合国側の攻撃成功が伝わると、次の数分で米国債と日本株は上昇へと転じた。ブレント原油が交戦前の1バレル29ドルから20ドルに下げたように、極東で取引されていた石油は急落した。

　翌日、世界中で株価が上昇した。ダウ平均は115ドル、4.4％上昇し、欧州やアジア各国の市場でも株価は大きく上昇した。米陸軍がクウェートに侵攻したときには、株式市場は2カ月で勝利すると織り込んでいたのである。戦争は2月28日には終了し、3月の第1週までにはダウ平均は戦前の水準から18％上昇していた。

第二次湾岸戦争とアフガニスタン戦争

　第一次湾岸戦争でクウェートからイラクを追い出したものの、サダム・フセインはイラクの政権を握ったままだった。ブッシュ政権はフセインが大量破壊兵器を保有していると決めつけ、2003年3月に侵攻を通告した。紛争を恐れた投資家は、2003年3月12日にダウを日中最安値の7416ドルまで押し下げた。しかし、1991年のような短期間での勝利への期待が生まれて、侵攻が近づくにつれて株価は急転、上昇した。3月20日の衝撃的な

威嚇攻撃により、ダウはわずか8日前の水準から約15％上昇した。

9.11テロの直後に始まったアフガニスタンにおけるタリバンとの戦争は、2001年から2021年まで続く米国にとって最長の戦争となったが、市場に与える影響はほとんどなかった。戦争は石油生産には関係なく、戦闘は長い膠着状態に陥った。投資家は国際情勢から目をそむけ、内向きになっていた。

結論

過去に株価が大きく動いた原因を検証すると、重大な政治・経済ニュースに関連付けられるのは全体の4分の1にすぎないという、驚くべき事実が明らかになった。これは、市場の先行きは予測不可能であり、株価の動きを予測することが困難であることを物語っている。第一次世界大戦勃発の報で狼狽売りに走った投資家は、株価の上げ幅が過去最高となった1915年を逃してしまった。一方、第二次世界大戦が始まった頃に、第一次大戦の利益の再演を信じて買いを入れた投資家は、戦時中に企業が得た利益に対して政府が上限を設定したため、当てが外れてしまった。世界的な出来事は、短期的には市場に動揺を与えるかもしれないが、株式の優れた長期リターンを損なうことはなかったのである。

第21章　株式、債券、経済指標

> 株式市場に最も影響を与えるもの、それはすべてである。
> 　　　　　　　　　　ジェームズ・パリステッド・ウッド、1966年

　現在、1996年7月5日金曜日の午前8時28分（東部夏時間）である。米国では通常、祝日と週末に挟まれた日の取引は、売買高も値動きもほとんどなく閑散としている。しかし、今日は違う。世界中のトレーダーが不安げに端末の周りに集まり、その目は毎日何千ものヘッドラインを表示するニュース画面に釘付けだ。毎月発表される最も重要な経済指標——雇用統計の発表2分前である。ダウ平均は、5月末に記録した過去最高値からわずかな値幅で取引されていたが、金利は上昇しており、それがトレーダーの懸念材料となっていた。秒針が進み、8時30分きっかりに、画面にニュースが表示された。

　雇用者数23万9000人増加、失業率は過去6年で最低の5.3％、時間当たり賃金は過去30年で最大の9セント上昇。

　クリントン大統領は「米国経済は過去30年間で最も堅調である。労働者の賃金はついに上昇に転じた」として、このニュースを歓迎した。
　しかし、金融市場は衝撃を受けた。トレーダーがFRBの金融引き締めを予測したために、長期債の価格は瞬時に暴落し、金利はおおむね0.25ポイント上昇した。株式市場の取引開始までにはあと1時間あるものの、ベンチマーク指数に対する需要を表すS&P500先物（詳細は次章を参照）は約2％

下落した。数時間前に取引が始まった欧州の株式市場でも即座に売られた。ベンチマークであるドイツのDAX株価指数、フランスのCAC株価指数、イギリスのFTSE株価指数は、即座に2％程度下落した。瞬く間に、世界の株式市場の時価総額は2000億ドル減少し、世界の債券市場でも同じくらいの価値が失われた。

このエピソードは、実体経済で良いニュースとして解釈されたものが、ウォール街ではしばしば悪いニュースになることを示している。利益だけが株価を動かすのではなく、金利やインフレ、FRBの金融政策の方向性などといった要素も、市場に大きな影響を及ぼすのである。

経済指標と市場

ニュースは市場を動かす。戦争、政変、自然災害などのニュースが届くタイミングはほとんど予知できない。それに対して、経済指標のようなニュースは1年以上前に決められた日程で予定の時刻に発表される。米国では毎年数百の経済指標が発表され、ほとんどが政府機関によるものだが、民間企業によるものも増えている。これらの指標はすべて経済成長やインフレなど経済に関するものであり、市場を大きく動かす可能性を秘めている。

経済指標はトレーダーの経済に対する見方を形成するだけでなく、中央銀行の金融政策に対するトレーダーの期待にも影響を与える。堅調な経済成長やインフレの悪化は、中央銀行が金融を引き締めるか、金融緩和をやめる可能性を高める。経済指標の発表は、将来の金利や経済、最終的には株価の方向性に関するトレーダーの期待に影響を与える。

市場の反応の原則

市場は、発表された数値そのものに反応するのではなく、トレーダーの予測値と実際の発表値との差に反応する。ニュースそのものが経済にとって「良い」か「悪い」かは重要ではない。市場で先月は40万人の雇用が失われたと予想されていて、実際の発表では雇用が20万人しか失われていなければ、これは金融市場によって「期待以上」の経済ニュースとみなされ、市

場が20万人の雇用増加を期待していたときに40万人の雇用増加が発表されるのと、効果は同じである。

市場が予測と実際の値との差だけに反応する理由は、期待される情報が株価にすでに織り込まれているからである。ある企業が業績悪化を発表すると予測されているならば、市場はこの悪材料をすでに株価に織り込んでいる。もし業績が予想されたほど悪くなければ、株価は正式発表を受けて上昇するだろう。同じことは、経済指標に対する債券や外国為替の反応でも当てはまる。

そのため、市場がなぜそのように動くかを理解するには、発表される経済指標に対する市場の期待を判断しなければならない。市場の期待は、しばしば市場のコンセンサスと呼ばれ、通信社や調査機関によって集められる。彼らは、エコノミストやアナリスト、トレーダーなどの市場参加者に、次の政府の発表あるいは民間企業の発表に関する予想を聞いて回る。こうしたアンケート調査の結果は通信社に送られ、多くの報道機関やオンラインメディアで広範に配信される[1]。

経済指標の内容

経済指標は、将来の経済成長、インフレ率、中央銀行の金融政策への対応を検討するために分析される。例えば、経済成長に関する指標が発表された際の債券市場の反応は、次のような原則にまとめられる。

経済成長が予想を上回った場合は、長期金利と短期金利はともに上昇する。予想を下回った場合は、金利低下の原因となる。

予想より強い経済成長が金利を上昇させる理由はいくつかある。第1に、堅調な経済によって消費者の信頼感が高まり、将来の所得を担保として借り入れを増やそうとするので、借り入れ需要が増加する。急速な経済成長は企業にも生産拡大のインセンティブを与える。結果として、企業も消費

---

[1] 通常、中央値と予想範囲の両方が発表される。市場のコンセンサスは調査機関によって多少異なるが、数値のばらつきは非常に小さい。

者も資金需要が高まり、金利を押し上げる。

　予想以上に強い経済指標によって金利が上昇する第2の理由は、そのような成長がインフレを誘発する可能性があるからであり、特にそれが景気拡大の最終局面に近ければ、なおさらである。景気拡大の初期あるいは中盤でよくあることだが、生産性の上昇を伴う成長の場合は、めったにインフレを誘発することはない。

　本章の冒頭の例に戻ると、1996年7月5日に労働省の雇用統計発表を受けて金利が上昇した主な理由は、インフレ懸念であった。トレーダーは、労働市場の逼迫による賃金の大幅な上昇と失業率の低下が、債券および株式市場の天敵であるインフレをもたらすことを懸念したのだ。

　経済指標は中央銀行の行動にとっても重要な意味を持つ。景気拡大局面でインフレ懸念が高まれば、中央銀行は金融引き締めの準備をする。財やサービスの供給に対して総需要が急速に拡大していれば、金融当局は経済の過熱を防ぐべく金利を引き上げる。

　もちろん、雇用統計が予想より悪い場合には、債券市場は好感する。借り入れ需要が弱まり、インフレ圧力が低下するにつれ金利が下がるからである。債券価格が金利と反対の方向に動くことを思い出してほしい。

　似たような指標がいくつか同じ方向に動いたことが発表されると、市場が強く反応することは重要な原則である。例えば、ある月の物価上昇率が予想より高く、翌月も予想より高い場合、市場は通常より大きく反応する。これは、個々の指標にはノイズが多く含まれ、ある月の指標の評価が翌月にはひっくり返ることがあるからである。しかし、翌月のデータが前のデータの評価を確認したとなると、新しいトレンドがつくられて株価がそれに沿って動く可能性が高まる。

経済成長と株価

　強い経済成長を裏付ける指標の発表によって株価が下落した場合、一般の人々だけでなく、金融関連のメディアでさえ意外に思うだろう。しかし、急速な経済成長は株式市場にとって2つの重要な意味を持ち、それぞれが市場を正反対の方向に動かす。強い経済成長は将来の企業利益を高めるの

で、株式にとっては好材料である。一方で、金利を上昇させる要因にもなるので、割引率が上昇して将来の利益が目減りする。同様に、弱い経済成長は企業業績に対する期待を低下させるが、利益を割り引いて計算する際の金利も低下するので、株価は上昇する可能性がある。資産価格という点から考えると、それは将来のキャッシュフローをもたらす分子と、キャッシュフローを割り引く分母との間の綱引きになる。

金利への影響と企業業績への影響——どちらがより強いだろうか。これは経済が景気循環のどこに位置しているかに依存する。最近の分析によると、景気後退期には企業業績の変動が金利変動よりも重要なため、予想を上回る経済指標は株価を上昇させる[2]。反対に、予想を下回る経済指標は株価を下落させる。だが、景気拡大期、特に拡大期の終わりには、インフレのほうがより脅威になるので、金利への影響のほうが強くなる。

株式トレーダーの多くが、債券市場の動きに注目しながら売買の方針を決める。金利の変動や期待リターンをもとにして、株式と債券の間でポートフォリオを積極的に配分するファンドマネジャーは、特にそうである。弱い経済指標の発表で金利が下がると、こうした投資家は即座に保有株の配分を増やす準備をする。他方で、雇用統計の悪化が将来の企業業績の悪化を意味すると考える投資家は、株式を売るかもしれない。このように、さまざまな投資家が金利や企業業績に対して経済指標の意味するところを噛み砕こうとするので、発表日には株式市場が乱高下することが多い。

雇用統計

労働統計局(BLS)がまとめる雇用統計は、政府が毎月公表する重要な経済指標である。雇用状況を測るために、労働統計局は完全に異なる2つの調査を行っている。1つは雇用、もう1つは失業の調査である。雇用調査は企業が賃金台帳に載せている職の総数を集計したもので、世帯調査〔家計調査〕は仕事を持っている人と探している人の数を集計している。雇用調査

---

2) John H. Boyd, Jian Hu, and Ravi Jagannathan, "The Stock Market's Reaction to Unemployment News: 'Why Bad News Is Usually Good for Stocks,'" EFA 2003 Annual Conference, December 2002, Paper No. 699.

はときに事業所調査とも呼ばれ、約13万の事業所と公的機関から雇用データを収集し、67万人をカバーしている。ほとんどのアナリストが経済見通しを判断するために使っているのが、この調査である。トレーダーにとって一番重要なのは、非農業部門の雇用者数の変化である（農業部門の雇用者数は変動が大きく、循環的な経済動向と関係がないので除かれる）。

　失業率は雇用調査とはまったく異なる調査から決定される。夕方のニュースで最初に報道されるのが失業率である。失業率は約6万世帯のデータを集計した「世帯調査」から算出される。その調査では、過去4週間で「積極的に」求職した人が各世帯にいるかどうかを質問する。求職したと答えた人々は失業者に分類される。失業者数を総労働人口で割った値が失業率である。米国の労働力人口は就業者数と失業者数の合計として定義され、成人人口の約3分の2を占める。この比率は労働参加率と呼ばれ、1980年代から1990年代に多くの女性が仕事に就くにつれ着実に上昇してきたが、その後は低下し、コロナ禍では大きな打撃を受けた。

　労働統計局の統計は解釈する際に注意を要する。雇用と世帯のデータはまったく異なる調査に基づいているため、雇用者数が増加すると同時に失業率が上昇、あるいはその逆が起こることも珍しくない。第1の理由は、雇用統計が職の数を数えるのに対し、世帯調査が人数を数えるためで、すなわち、2つの職を持つ労働者は雇用調査では2回数えられるが、世帯調査では1回しか数えられない。さらに、個人事業主は雇用調査では数えられないが、世帯調査では数えられる。この点は、個人事業主やギグワーカーが増えるにつれて、ますます重要になっている。

　こうした理由から、多くのエコノミストやアナリストが、景気循環を予測するうえで失業率は重要ではないとみなしてきた。しかし、このことは失業率の政治的重要性を減ずるものではない。失業率は、仕事を求めているけれども見つけられない労働者の割合を示す、理解しやすい数値である。一般の人々の多くは、経済の健全性を判断するために、他のどの指標よりも失業率に注目する。例えば、ベン・バーナンキFRB議長は、失業率を金融危機と大不況の後にFRBが利上げを開始する時期の基準値としていた。しかし、ジェイ・パウエル議長のときのFRBは、失業率を将来のインフレ動向を予測する要因としては軽視していた。

2005年以降、オートマチック・データ・プロセッシング(ADP)社が独自に雇用データを発表している。これはADP全国雇用レポート(National Employment Report)と呼ばれ、労働統計局の雇用統計発表の2日前に出る。ADPレポートは、米国の顧客企業約50万社に基づく、雇用者2600万人分の非農業部門民間企業の雇用データである。ADP社は広範囲にわたる業種、企業規模、地域で、全米の民間部門の雇用者の6人に1人の給料支払いを処理しているので、ADPの数字はすぐ後の金曜に出る雇用統計を予想する手がかりとなる。

発表の周期

雇用統計は毎月発表される数十の経済指標の1つにすぎない。**表21-1**に月次の経済指標の通常の発表日を示している。★印の数は、その指標の金

表21-1　毎月の主要経済指標の発表日

月曜	火曜	水曜	木曜	金曜
1 10:00 購買担当者景気指数(PMI)★★	2 新車販売台数★	3 8:15 ADP雇用推計★★ 10:00 サービスPMI★★	4 8:30 新規失業保険申請件数★★	5 8:30 雇用統計★★★★
8	9	10	11 8:30 新規失業保険申請件数★★	12 8:30 消費者物価指数(CPI)★★★★ 9:55 消費者信頼感指数(ミシガン大学)
15 8:30 NY連銀製造業景況指数★ 小売売上高	16 8:30 生産者物価指数(PPI)★★★ 9:15 鉱工業生産★ 10:00 NAHB住宅市場指数★★	17 8:30 住宅着工件数 建設許可件数★★★	18 8:30 新規失業保険申請件数★★ 10:00 フィラデルフィア連銀の製造業景況指数★	19
22 10:00 中古住宅販売件数★★	23 8:30 耐久財受注★★	24 10:00 新築住宅販売件数★	25 8:30 新規失業保険申請件数★★	26
29	30 8:30 四半期GDP★★★ 10:00 消費者信頼感指数(コンファレンス・ボード)★	31 8:30 雇用コスト指数(ECI)★ PCEデフレーター★★★ 9:45 シカゴPMI★		

★の数は指数の市場における重要度を示す(★★★★が最重要)

融市場にとっての重要度を表している。

　毎月最初の営業日には、購買担当者景気指数（PMI）と呼ばれる供給管理協会（ISM、旧購買部協会〈NAPM〉）による調査が発表される。同協会のレポートは、製造業の購買部250カ所を調査し、受注、生産、雇用などが上昇しているか、下落しているかを質問し、これらのデータから指数を算出している。指数が50の場合、購買部マネジャーの半分が活動は上昇していると答え、もう半分が活動は下落していると答えたことを意味している。52や53という数字は、通常の経済成長の兆候である。60という数字は、購買部マネジャーの5分の3が成長していると答えているので、強い経済成長を意味している。50を下回る数字は製造部門の縮小を表しており、40を下回る数字は、ほとんど常に景気後退の兆候である。2日後の毎月第3営業日にISMはサービス部門について同様の指数を公表している。

　製造業の活動については、他にもタイムリーなデータが発表されている。シカゴ購買部協会景気指数（シカゴPMI）は、全国的なPMIが発表される前日、つまり前の月の最終営業日に発表される。シカゴ地区にはさまざまな業種の製造業が存在しているため、約3分の2の割合でシカゴPMIは全国レベルのPMIと同じ方向に動く。1968年以降、フィラデルフィア連銀の製造業レポートは毎月第3木曜日に発表されているが、これは月次で発表される地域の製造業レポートとしては最初のものであった。近年、ニューヨーク連銀は南隣の州に負けまいと、ニューヨークの製造業に関するNYエンパイアステイト製造業景況指数を数日早く発表している。また、2008年以降、ロンドンを拠点とする金融情報サービス会社マークイット・グループは、（米国を含む）多くの国の購買担当者景気指数を、ISMのレポートより前に発表している。

　消費者信頼感指数も重要な指数で、1つはミシガン大学から、もう1つは業界団体であるコンファレンス・ボードから出されている。これらは、消費者に現在の家計の状況と将来の期待について尋ねるアンケート調査である。コンファレンス・ボードの調査は毎月最終火曜日に発表され、消費支出についての良い先行指標であると考えられている。ミシガン大学の指数は、長年にわたりコンファレンス・ボードの発表後まで発表されなかったが、データの早期発表を促す圧力が高まり、コンファレンス・ボードより

先に速報値を出すようになった。

インフレ指標

　経済成長に関するニュースとしては雇用統計がトップを飾るが、市場はFRBがインフレ指標にも同じくらい注目していることを知っている。それは、インフレが長期的には中央銀行がコントロールできる主要変数だからである。インフレ圧力に関する最初の兆候は、月の半ばに発表されるインフレの指標で明らかになる。

　最初の重要な指標は、1978年以前は「卸売物価指数」と呼ばれていた生産者物価指数（PPI）である。PPIは最初に公表されたのが1902年で、最も古い政府統計の1つである。2014年、PPIは企業や政府機関が支払うすべての財やサービスに対する価格が含まれるよう改められた。エコノミストのなかには、PPIを将来の物価動向の先行指標と考える人もいる。PPIが公表されるのと同時に、中間財や原材料の価格指数も発表される。これらは両方とも生産の初期の段階でインフレの動向をつかむことができる。

　2番目のインフレ関連指標は、極めて重要な消費者物価指数（CPI）である。家賃、住居、交通費、医療サービスを含むサービスの価格は、現在、CPIの半分以上を構成している。CPIはインフレのベンチマーク指標として位置付けられている。時系列あるいは国際間で物価水準の比較がなされる場合、ほとんど常にCPIが選択される。多くの民間または官公庁の契約や、社会保障、税区分でも参照される価格指数でもある。CPIは、以前はPPIの後に発表されていたが、PPIが改定されてからはPPIの前日に発表されることが多い。

　CPIが広範に利用され、政治的にも重要であることから、金融市場はPPIよりもCPIを重視している。

コアインフレ

　市場にとって重要なのは、総合的なインフレ率だけでなく、変動の激しい食品やエネルギーを除いた物価変動である。食品価格には天候が多大な影響を与えるので、月々の食品価格の上昇や下落は全般的なインフレ傾向

をつかむうえで、あまり意味を持たない。同様に、石油や天然ガスの価格は、天候や一時的な供給停止、投機により変動するが、こうした要因は必ずしも何カ月も続くわけではない。長期で持続的なインフレ動向を測定できるインフレ指数を得るために、政府は食品とエネルギーを除くコアの消費者物価と生産者物価指数も算出している。

コアのインフレ率は、基底にある物価の動向をより明確に示すので、中央銀行にとって重要である。総合指数は乱高下する食品やエネルギーセクターの影響を受けるので、通常、コアのインフレ率のほうが予測しやすい。インフレ率に関するコンセンサス予測で、前月比0.3パーセントポイントの誤差はそれほど深刻ではないかもしれないが、コアインフレ率の場合にはかなり大きいものとして考えられ、金融市場に大きな影響を与える。

FRBが利用する最も重要なインフレ指標は、個人消費支出（PCE）デフレーターで、これはGDP勘定の消費から算出される価格指数である。PCEデフレーターは、より最新の加重方式を使って雇用者負担の医療保険費用を含む点で、CPIとは異なる。PCEデフレーターは通常、CPIより0.25～0.50パーセントポイント低い。FRBが四半期ごとの公開市場委員会〔FOMC〕でインフレ動向を予測する際、予測されるのはCPIではなくPCEデフレーター（総合とコアの両方）である。

雇用コスト

インフレに関するその他の重要な発表としては、雇用コストがある。労働統計局が発表する月次の雇用統計には、時間当たり賃金が含まれており、これは労働市場でコスト圧力が生じているかどうかを示す。雇用コストは、企業の生産コストの約3分の2を占めるため、生産性の増加に見合わない時間給の上昇は、雇用コストを高めてインフレにつながる恐れがある。政府も四半期ごとに雇用コスト指数（ECI）を発表する。この指数は福利厚生費と賃金を含むもので、雇用コストの最も包括的な指標であると考えられている。

金融市場への影響

次の文章は、金融市場へのインフレの影響をまとめたものである。

インフレ指標が予想より低かった場合には、金利が低下し、債券と株式は上昇する。予想より高かった場合は、金利が上昇し、債券と株式は下落する。

インフレが債券市場にとって悪材料ということは、驚きではない。債券は、キャッシュフローがインフレ調整されない確定利付き資産である。債券保有者は、インフレが悪化すると購買力を守るためより高い金利を求める。

予想より高いインフレ率は株式市場にとっても悪材料である。第9章で述べたように、株式は短期的にはインフレに対して、ほとんどヘッジの役割を果たさないことがわかっている。株式投資家は、インフレが悪化すれば、企業利益とキャピタルゲインへの実効税率が上昇し、より深刻には、中央銀行に金融引き締めを促し、実質金利が上がると懸念するのである。

中央銀行の金融政策

中央銀行の金融政策は金融市場にとって極めて重要である。著名なファンドマネジャーであるマーティン・ツバイクも、次のように述べている。

株式市場では、競馬と同じように、マネーが馬を走らせる。マネーをめぐる環境が株価に多大な影響を与えるのである。実際に、金融環境——特に金利動向とFRBの政策——は株式市場の大きな流れを決定する支配的な要因である[3]。

前の章で示したように、市場の大きな変動の多くは、その原因が金融政策にあった。短期金利を引き下げて、銀行に資金を供給すれば、ほとんど

---

3) Martin Zweig, *Winning on Wall Street*〔邦題『ツバイク ウォール街を行く』〕, New York: Warner Books, 1986, 43.

いつも株式投資家から大歓迎を受けた。中央銀行が金融緩和を実施すると、株式の将来キャッシュフローの割引率を引き下げ、需要を刺激し、それによって将来の企業利益が増加するからである。

FRBは年に8回、FOMCを定期的に開催し、各会議の後に声明を発表する。FRBがFFレートを含む主要経済変数の予測を発表する各四半期の最終会合は特に重要である。FRBの議会証言、特に2月と7月に行われる半期に一度の上下両院での証言も非常に重要である。しかし、FRB幹部はいつでも政策の方向転換をほのめかすことができるため、どのような発言も市場を動かす可能性がある。

第18章では、長期的にはFRBの政策の株価への影響は限定的であることを示した。だが、FRBの予想外の行動——特に次の決定会合までの間の場合——は強い影響力を持つ。2001年1月3日にFFレートが6.5%から6.0%へと突然0.5ポイント引き下げられ、これによりS&P500は5％、IT企業の比重が高いナスダックは14.2％もの上昇を記録した。2013年6月19日にバーナンキFRB議長が量的緩和の段階的縮小を発表したときには、株式と債券市場は過去2年間で最大の下落に見舞われた。同様に、2021年11月にパウエル議長がよりタカ派的な金融政策への移行を発表すると、株価は下落した。

株価の金融緩和への反応が鈍いのは、当局が過度に緩和して市場がインフレ悪化を懸念するときのみである。この場合でも、確定利付き資産のほうが予想外のインフレによってより打撃を受けるので、投資家は債券よりも株式を選好するだろう。

結論

経済指標の発表に対する金融市場の反応はランダムではなく、経済分析に基づいて予測できるものである。大幅な経済成長は常に金利を上昇させるが、金利上昇と企業利益の上昇のどちらが強いかによって、特に景気拡大の最終局面では、株価への影響はまちまちである。インフレ率の上昇は、株式にとって悪材料で、債券にとってはさらに悪材料である。中央銀行の、予測より速い金融緩和（あるいは予測より遅い引き締め）は、株式にとって

は非常に好材料で、過去に大幅な株価上昇を誘発している。

　本章では、経済指標に対する金融市場の短期的な反応に焦点を当てた。市場の反応を観察し理解するのは非常に興味深いことであるが、これらの指標を予測することで市場に勝とうとするのは、油断のならないゲームであり、短期のボラティリティをこなすことのできる投機家に任せるのが一番である。ほとんどの投資家は、傍観しながら健全な長期投資戦略に専念するほうがうまくいくだろう。

第6部

市場の危機と
ボラティリティ

第22章　市場のボラティリティ

中国語の危機(クライシス)という言葉は、2つの漢字で成り立っている。最初の字は危険、2番目の字は機会である。
ジョン・F・ケネディ、1959年
語源学者のなかには、2番目の字は「転換点」
と解釈するほうが正しいと主張する者もいる。

過去は未来の予兆だろうか。**図22-1**は1922～1932年と1980～1990年のダウ平均の推移である。この2つの上昇相場には不気味な類似がみられる。1987年10月に『ウォール・ストリート・ジャーナル』の編集者は、その時点までの値動きをみて、この類似を不吉だと感じて、1987年10月19日の朝刊に類似のグラフを掲載した。まさにその日に、1日当たりの下げ幅では1929年10月29日の大暴落を超える下落を見届けることになるとは、誰も思ってもみなかった。不気味なことに、その年の残りも株式市場は1929年のような値動きが続いた。多くのアナリストが2つの期間の類似点を指摘し、大惨事が待ち受けていることを確信して、顧客に対してすべての株式を売却するよう助言した。

しかし年末には、1929年と1987年の類似は消えた。株式市場は1987年10月の大暴落から回復し、1989年8月には最高値を更新した。対照的に1929年10月の暴落では、2年が経過してもなお、米国株式市場は史上最悪の状況だった。ダウ平均は3分の1に下落したうえに、さらに3分の1に下落しつつあった。

何が違っていたのだろうか。不気味なほど似ていた2つの出来事の結末

図 22-1 1929年と1987年の暴落

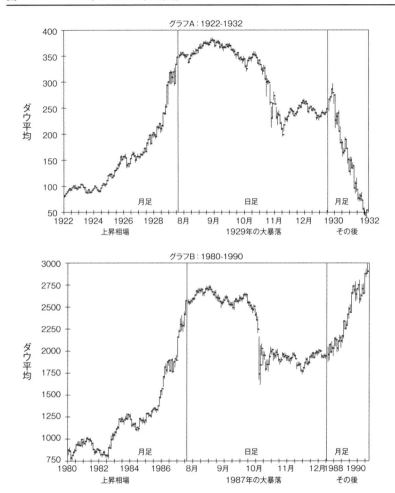

が、なぜこれほどまでに大きく違ってしまったのだろうか。答えは簡単である。1987年の時点では、中央銀行が経済における流動性の源であるマネーサプライをコントロールする力を持っており、1929年と違って、それを使うことを躊躇しなかったのである。1930年代初頭の間違いの苦い教訓を心に留めて、FRBは一時的に潤沢なマネーを経済に供給し、金融システム全体が適切に機能することを確実にするために、すべての銀行預金を保護す

ると公約した。
　国民は安心した。銀行の取り付けやマネーサプライの縮小、商品および資産価値のデフレは起こらなかった。実際、市場の崩壊にもかかわらず、経済は成長した。1987年10月の株価暴落は、1929年とは世界がまったく異なり、急落がパニックを招くのではなく、利益の機会になりうる、という重要な教訓を投資家に与えた。

1987年10月の株価暴落

　1987年10月19日月曜日の株式市場の暴落は、戦後の金融界で最も衝撃的な出来事の1つだった。ダウ平均は2247ドルから1739ドルに下落して、当時の過去最大の下げ幅（508ドル）と下落率（22.6％）を記録した。ニューヨーク証券取引所（NYSE）の売買高は、月曜日と火曜日に6億株を超えて過去最高を更新し、その運命の週の売買高は1966年の年間売買高を超えた。
　ウォール街の暴落は世界中を揺さぶった。2年後に大きな下落相場に突入することになる東京市場は小幅な下落にとどまったが、それでも1日で15.6％の下落率を記録した。ニュージーランドの株式は40％近く下落し、香港では株価の暴落が株価指数先物において膨大なデフォルトを発生させて市場が閉鎖された。株式の時価総額は、米国だけでも、この日のうちに約5000億ドル減少し、世界全体では1兆ドル以上が失われた。同じ下落率を現在の市場に当てはめると、20兆ドル以上が吹き飛んだことになる。これは、米国を除くすべての国の国内総生産（GDP）を合わせた額よりも大きい[1]。
　株式市場の下落は、のちにブラックマンデーと呼ばれることになる10月19日の1週間前に本格的に始まった。前週の水曜日の午前8時30分、商務省は、米国が市場の予想をはるかに上回る史上最悪の貿易赤字157億ドルを記録したと発表した。この発表に金融市場は即座に反応した。長期国債の利回りは、1985年11月以来初めて10％台に上昇し、外国為替市場ではドルが大幅安となった。ダウ平均は水曜日に、それまでの過去最大となる95ドル、4％の下落を記録した。

---

[1] これは、2012年末時点の全世界の株式時価総額55兆ドルに基づいている。

状況は木曜、金曜と悪化し続け、ダウ平均はさらに166ドル下落して2246ドルとなった。金曜日の午後遅く市場が閉まる約15分前に、シカゴの株価指数先物市場に大量の売り注文が出された。指数は重要な支持線を抜けて下落し、これにより、どんな値段でもいいから株式から逃げ出したい人々による売り注文がシカゴに殺到した。

　12月限のS&P500先物は、現物指数を3％も下回るという前代未聞の水準まで下落した[2]。そのような大幅な安値は、ファンドマネジャーが、個別銘柄の売り注文が執行されないままニューヨーク市場に残り続けるよりも、損失覚悟で一刻も早く手仕舞おうと大口の売り注文を出していることを意味した。金曜日に相場が引けたとき、米国株式市場にとって過去50年間で最悪の週が終わった。

　翌月曜日のニューヨーク市場開始前まで、各国の市場には不吉な前兆があった。前夜の東京市場において、日経平均株価は2.5％下落し、シドニーと香港でも株価は急落した。ロンドン市場では、多くのファンドマネジャーが、予想される下落がニューヨークに波及する前に米国株を売却しようとしたために、株価は10％下落した。

　ブラックマンデー当日のNYSEの売買は無秩序状態だった。9時30分に市場開始のベルが鳴っても、ダウ平均の構成銘柄は値が付かず、9時45分までに値が付いたのはわずか7銘柄だった。その朝は10時30分になっても、11銘柄は出合いがなかった。後述する「ポートフォリオ・インシュアランス」を専門とする業者が、顧客を下落相場の影響から遮断するために指数先物を大量に売っていた。午後遅くに、S&P500先物は現物の相場に対して25ポイント安（12％安）という、それまで想像もできなかったようなスプレッドで売られていた。午後遅くになって、プログラム売買によって送信された巨額の売り注文がNYSEに転送された。ダウ平均は最後の1時間でおおむね300ドル下落し、その日の下落幅は508ドル、22.6％を記録した。

　10月19日は株価大暴落の日として歴史に刻まれたが、実際には「恐怖の火曜日」として知られるようになった翌日のほうが、市場はひどい状態だった。月曜日の安値から10％以上上昇して始まると、前場の中盤には下落に転じ、正午過ぎには月曜日の終値を割り込んだ。S&P500先物は181まで急

---

2) 先物市場については第26章で説明する。

落し、現物指数を40ポイント、率にして22％下回るという信じがたい水準となった。指数裁定が機能していれば、ダウ平均は1450ドルまで下落することになる。つまり、この世界最大の株式市場における平均株価が、たった7週間前に記録した高値2722ドルからほぼ50％も下落することになる。

崩壊が市場を襲ったのは、まさにこのときだった。NYSEは閉鎖こそされなかったが、約200銘柄の取引が停止となった。シカゴのS&P500先物の取引も、初めて停止された。

開いていた先物市場は、ダウと同様に優良銘柄で構成され、シカゴ商品取引所で売買されていたメジャー・マーケット・インデックスだけだった。ここに含まれる優良銘柄は、ニューヨーク市場の株価に対して大幅な安値で取引されており、その割安さは一部の投資家にとって抑えきれないほど魅力的になった。そして、それが唯一開いていた市場であったため、勇敢な投資家からの買いが入り、先物価格は瞬時にダウ平均の120ドル相当、率では10％ほど急騰した。優良銘柄に買いが戻ってきたのをトレーダーと取引所の専門家が見て、株価はニューヨークで上昇に転じ、最悪のパニックは過ぎ去った。『ウォール・ストリート・ジャーナル』による事後の調査報告は、この先物市場が市場を崩壊から救い出す鍵となったと述べている[3]。

1987年10月の株価暴落の原因

宣戦布告、テロ攻撃、暗殺、破産のような突発事件が、ブラックマンデーの原因となったわけではない。しかし、懸念材料が堅調な株式市場を脅かしていたことは確かだ。例えば、ドル下落によってもたらされた長期金利の急上昇、ポートフォリオ・インシュアランスのような新しい戦略の発展などである。ポートフォリオ・インシュアランスは、市場全体の下落からポートフォリオを遮断するために設計された。これは、暴落の6年前には存在していなかった市場で、第26章で解説する株価指数先物市場の急拡大から生まれた。

---

3) James Stewart, Daniel Hertzberg, "How the Stock Market Almost Disintegrated a Day After the Crash", *Wall Street Journal*, November 20, 1987, 1.

為替政策

　1987年10月の株価暴落に先行した金利急騰の要因は、外国為替市場におけるG7諸国によるドル防衛という無益な試みに見いだされる。1980年代半ば、ドルは、日本と欧州からの米ドル債への巨額の投資と、堅調な経済回復の余波により、かつてない高水準に上昇した。海外からの投資を引き付けたのは、米国経済の回復とロナルド・レーガン大統領の投資優遇政策によって突き動かされた高いドル金利だった。1985年2月までにドルは大幅に過大評価され、米国の輸出競争力は弱まり、貿易赤字は深刻な水準まで悪化した。その後、ドルは逆コースをたどり、急激に下がり始める。

　各国の中央銀行は当初、過大評価されていたドルの下落を喜んだが、ドルが引き続き下落して、米国の貿易赤字が改善せずにさらに悪化すると、懸念は深まった。各国の財務大臣は1987年2月にパリで、ドルを下支えする目的で会合を開いた。彼らは、ドルが下がりすぎれば、ドル高の時代に拡大した米国への輸出が苦戦すると心配したのである。FRBは不本意ながら、ドル安定化プログラムに参加した。それは、プログラムの成功は米国の貿易収支の改善次第であり、改善が見られなければ、FRBはドルを支えるために金利引き上げに踏み切るという公約であった。

　だが、貿易赤字は改善されず、実際には為替安定化政策が実施された後に、さらに悪化した。米国貿易収支の悪化を嫌気したトレーダーは、米国資産を保有し続けるためにさらに高い金利を要求した。シカゴ・マーカンタイル取引所のレオ・メラメド会長は、ブラックマンデーの原因について質問されたとき、素っ気なく言った。「暴落の原因は、世界の為替市場で馬鹿な真似をしている奴らだ」[4]。

　株式市場は当初、金利上昇を無視した。世界中の多くの株式市場と同様、米国の株式市場もブームを迎えていた。1987年初めに1933ドルだったダウ平均は、8月25日には2722ドルの最高値に達し、5年前の1982年8月に付けた安値から250％以上上昇した。世界中の市場が沸き立っていた。同じ5年間に、英国株は164％、スイス株は209％、ドイツ株は217％、日本株は288％、そしてイタリア株は421％上昇した。

　だが、債券金利の上昇と株価の上昇は、株式市場に問題が生じているこ

---

[4] Martin Mayer, *Markets*〔邦題『大暴落』〕, New York: Norton, 1988, p.62.

とを意味した。年初には7％だった長期国債の金利は9月には9％に達し、引き続き上昇した。株価が上昇するにつれ、株式の配当利回りは下落し、債券の実質利回りと株式の配当利回りとの差は、戦後最大に拡大した。インフレがコントロールされているにもかかわらず、10月19日の朝までに長期国債の利回りは10.47％に達した。株式の利回りと債券の実質利回りとの記録的な差が、株価暴落のお膳立てをした。

先物市場

　S&P500先物も明らかに株価暴落に寄与した。株価指数先物の登場以来、ポートフォリオ・インシュアランスと呼ばれる新しい取引手法が、ポートフォリオ運用に導入された。

　ポートフォリオ・インシュアランスは、考え方としては、いわゆる損切り注文とあまり違いはない。投資家が株式を買って損失を避けたいと考えれば（株式が上昇していて、その利益を守りたいと考えれば）、現在の価格より下値に売り注文を出しておき、株価がその水準を下回った場合には売りを実行すればよい。

　損切り注文は市場からの退出を保証しない。株価が逆指値を飛び超えて下落すれば、損切り注文は次善の価格で実行される成行注文となる。株式がギャップ、すなわち出合いのないまま急落した場合には、売り注文は望んだ価格よりずっと低い水準で実行される可能性がある。このことは、多くの投資家が同じ価格帯で損切り注文を出している場合には、パニック売りが発生することを意味する。価格下落が売り注文を誘発し、市場を打ちのめすのである。

　ポートフォリオ・インシュアランスとは、ポートフォリオを市場の下落から守るために、株価指数先物を売ることであり、こうしたヘッジを行っている投資家は損切り注文のような問題とは関係がないと感じていた。S&P500先物の価格が急激に下がったり、世界最大の米国資本市場が買い手を見つけられなかったりすることは、ありえないと思われた。これが、長期金利が急上昇しているのに株価が上昇を続けた一因である。

　だが、1987年10月19日に市場全体がギャップを開けた。10月12日の週に株価は10％下落し、売り注文が市場に殺到した。ポートフォリオ・イン

シュアランス戦略を採用していた多くのトレーダーやファンドマネジャーは、顧客の利益を守るために指数先物を売ろうとした。先物市場は崩壊した。まったく買い手がおらず、流動性は消滅した。

株式トレーダーの誰もが想像もしなかったことが現実になった。指数先物価格はニューヨークでの現物の株価を大幅に下回っていたので、投資家の買いは鳴りをひそめてしまった。世界最大の市場に買い手がいなくなったのである。

ポートフォリオ・インシュアランスは暴落後に急速に衰退した。市場の継続性と流動性が保証されないので、保険の仕組みがまったく働かなかったからである。しかし、ポートフォリオを守る代替手段が存在した。株価指数オプションである。1980年代に指数オプションが導入され、投資家は株価指数のプットを買うことで市場の下落に対して保険をかけることができた。オプションを買えば、保険の価格は購入時に特定されるので、価格のギャップやポジションを手仕舞えるかどうかを心配する必要がなくなった。

もちろん、ポートフォリオ・インシュアランス以外にもブラックマンデーに寄与した要因はあった。しかし、ポートフォリオ・インシュアランスとその考え方の源である損切り注文が下落を加速した。これらの仕組みはすべて、利益を伸ばして損失を小さくするという基本的な相場哲学に基づくものである。損切り注文を使うにしろ、その代わりに指数先物を使うにしろ、株価が一定水準まで下落したらすぐに売却するように心に留めておくにしろ、このような相場哲学は市場の大きな変動を助長することがある。

サーキットブレーカー

暴落を経験した後、S&P500先物が取引されるシカゴ・マーカンタイル取引所とNYSEは、一定の価格変動幅に達したら取引を制限または停止するというルールを導入した。NYSEのルール80a[※]は、ダウ平均が2％以上変動したときに、投機による市場の混乱を防ぐため、先物市場とNYSEの間での指数裁定に対して「取引制限」を導入するものだった。

※〔訳注〕1988年に市場のボラティリティを低下させるために策定されたが、2007年に撤廃された。

さらに重要なのは、市場がもっと大きく動いた場合に、先物市場とNYSEの両方で売買を厳しく制限あるいは中止するという対策である。1988年から2013年初までは、ダウ平均がそれぞれ10%、20%、30%下落した場合、取引はそれぞれ1時間、2時間、その日の残りの時間停止する、という新しいルールが定められていた。2013年4月、SECはこのサーキットブレーカー・ルールを変更し、S&P500が7%下落した場合は15分間、13%下落した場合は追加的にさらに15分間の取引停止とした。市場が20%下落した場合は終日取引が停止され、これらのパーセンテージは日々の市場の水準に合わせて再計算される。先物取引は、NYSEが閉鎖された場合には、併せて取引を停止しなければならない[5]。コロナ禍に際しては、S&P500が7%以上下落した3月9日、12日、16日および18日に取引が15分間、停止された。

このようなサーキットブレーカーを設定する根拠は、売買を停止すれば、投資家が状況を見直し、急速に変化する価格に応じた戦略を策定する時間を与えることができるというものである。こうした中断によって、買い手を市場に呼び込み、マーケットメーカーが市場の流動性を維持するのを助けることができるという。

これに対して、株価の急落時に売買が停止されれば、ポジションを手仕舞うことができなくなるので、短期トレーダーの買う気を削いでしまい、市場のボラティリティが高まるという反論もある。これは値幅制限に向かって相場の下落が加速することにつながり、それによって1997年10月27日に起こったように短期的なボラティリティを高める結果になる[6]。

2010年5月6日のフラッシュ・クラッシュ

1987年10月19日月曜日と翌火曜日は、米国株式市場の歴史上で最もボラティリティの高い日として知られている。だが、投資家は2010年5月6

---

[5] 1998年以前、NYSEでは、ダウ平均が350ドル下落すると30分間取引が中断され、550ドル下落すると取引が停止された。1997年10月27日、アジア通貨危機の影響でダウ平均が554ドル下落した際に、これらの措置は共に実行された。このような取引停止に対して厳しい批判を受けた取引所は、取引を続けるために値幅制限を大幅に拡大した。

[6] 市場が350ドル制限到達後に再開されたとき、トレーダーはポジションを閉じることに必死となり、550ドル制限は数分のうちに達成された。注4も参照。

日の市場崩壊のときも同様に狼狽した。のちに「フラッシュ・クラッシュ」として知られるようになった出来事である。**図22-2**は、その日の市場〔S&P500〕の動きを分単位で追ったもので、価格変動パターンは**図22-1**に描かれた1987年10月の株式市場暴落に不気味なほど似ているが、はるかに短い期間に起こったものである。

　東部時間の午後2時30分過ぎに、ダウ平均は600ドル超の5％以上暴落したが、**図22-2**と同じように、すぐに回復した。下落の原因となるような経済・金融関連のニュースは何もなかった。さらに、何千もの個別銘柄が、ほんの数分前に取引された株価より60％以上安い（数銘柄ははるかに安い）株価で取引され、有名銘柄のなかには1株1セントという安い株価で取引されたものもあった。

　欧州の債務危機のため、株価は終日下落圧力を受けていた。午後2時42分、目立ったニュースもなくダウ平均が300ドル以上下落したため、株価は「エアポケット」に入った。このベンチマーク指数は午後2時47分に前日

図22-2　2010年5月6日のフラッシュ・クラッシュ

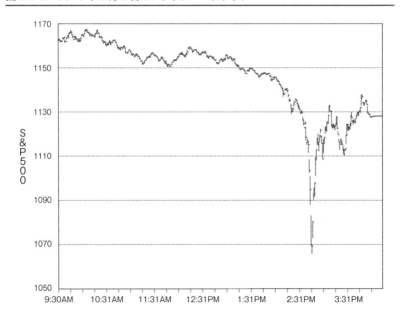

の終値より999ドル、約10％低い安値を付けた。5分間で8000億ドル以上が米国株の時価総額から消失した。その後30分で市場は700ドル上昇し、結果として前日比348ドル安の1万520ドルで取引を終えた。

　証券取引委員会（SEC）と商品先物取引委員会（CFTC）は、約5カ月にわたる調査の末、大型ミューチュアルファンドが午後2時41分から3分間にわたって行った、S&P500先物の40億ドルという異例の大量売却が市場をさらに3％急落させた[7]ことが原因であるとする共同報告書を発表した[8]。これらの売りの多くは、当初、高頻度トレーダー（HFT）によって吸収された。HFTは市場の厚みを測定し将来価格を予測するために迅速に売買するコンピュータープログラムである。しかし、相場が下落を続けると、多くのHFTが非常に薄く不安定な市場に売りを出し始め、さらなる下落を招いた[9]。午後2時45分、シカゴ・マーカンタイル取引所のサーキットブレーカーが作動し、Eミニ※の取引が5秒間停止した。そして、その短い小休止の間に買い手が現れ、価格は急速に回復した。

　広範な市場平均の下落は十分に不安を煽るものだったが、多くのトレーダーの目を引いたのは、S&P先物が安値を付けた直後に、いくつかの優良銘柄が異常な安値を付けたことだった。プロクター・アンド・ギャンブルは39.37ドルを記録し、始値の86ドルを50％以上下回った。同じく、S&P500の構成銘柄であるコンサルティング会社のアクセンチュアは、午後2時47分に38ドルで取引されていたが、そのわずか2分後には1株1セントまで下落したのである！　アクセンチュアだけではない。より広範なS&P1500のなかで、1株1セントで取引された銘柄は、他に8つあった[10]。300銘柄で合計2万件の取引があり、それらはほんの数分前に取引された価格から60％以上下がっていた。引け後、NYSEは金融業規制機構（FINRA）と協議のうえ、直前の価格より60％以上高いか低い取引をすべて「ブレイク」、すなわち取り消した。

---

7) これらはEミニ市場を通じて売られ、1契約当たり約5万ドルと評価された。
8) SEC and CFTC, *Findings Regarding the Market Events of May 6, 2010*, September 30, 2010.
9) この説明に対してシカゴ商品取引所は即座に反応し、大量の売り注文といっても、1時45分28秒の底値に至るまでの、3分半の間のS&P先物総出来高の5％未満であったと主張した。CMEからの回答は以下のウェブサイトを参照。http://www.cmegroup.mediaroom.com/index.php?s=43&item=3068.
※〔訳注〕Eミニについては第26章に説明がある。
10) Tom Lauricella and Peter McKay, "Dow Takes a Harrowing 1010.14 Point Trip," *Wall Street Journal*, May 7, 2010.

このような極端な価格は、コンピューター取引が登場する前のように、指定された銘柄の相場を維持する取引の専門家が売買注文の流れをコントロールしていれば、実現しなかった可能性が高い。そうした専門家がいれば、極端な安値を大幅に上回る価格で買いに入っただろう。しかし、現代のコンピューター取引システムのほとんどは、専門家とはまったく異なる反応をするようにプログラムされている。価格が急落し始めると、プログラムは市場から撤退するよう指示されている。これは、個別銘柄の大きな動きはほとんどの場合、コンピューター取引のトレーダーがアクセスできない企業固有のニュースに起因するものだからである。これらのコンピューター取引は、通常の売買の波と流れのなかで利益を得るようにプログラムされているが、明らかにその日には通常の取引は存在しなかった。

　株価が急落したとき、NYSEが流動性補完制度と名付けた取引一時停止システムが作動した。このシステムが、流動性を提供する代わりに、売り注文の一部を「スタブクォート」を維持していたディーラーのいる他の市場に送ったのである。スタブクォートとは「プレースホルダー」、つまり市場価格からかけ離れた指値（買値1セント、売値10万ドルなど）のことで、取引が成立することを意図していない。他の指値が存在していなかったため、これらのスタブクォートが多くの銘柄で約定された。

　フラッシュ・クラッシュを受け、SECは各証券取引所やFINRAと協力し、すべての市場に適用できる個別銘柄の取引に関するサーキットブレーカー・パイロットプログラムを速やかに導入した。この新ルールは、ある銘柄が5分間に10％の価格変動を起こした場合に、その銘柄の取引をその後の5分間停止するというものである。2010年6月10日、SECはS&P500構成銘柄へのサーキットブレーカーの適用を承認し、9月10日にはラッセル1000構成銘柄および特定のETFへの適用拡大を承認した。2013年4月、SECは10％の価格変動があった場合のルールを、個々の銘柄のボラティリティに合わせた「リミットアップ・アンド・リミットダウン」に変更した。1株3ドル以上で取引される銘柄（レバレッジETFを除く）については、取引開始時と最後の15分間は上限が20％に拡大されるが、それ以外の時間の上限は10％に据え置かれた[11]。

---

11) レバレッジ型商品や3ドル未満で取引される銘柄の場合、限度はより高くなる。

75年ぶりの深刻な弱気相場からわずか1年後のフラッシュ・クラッシュは、公正で秩序ある株式市場に対する人々の信頼を蝕んだ。SECがHFTを告発したことは、市場で小口投資家がだまされている証拠であるとして多くの人々が取り上げた。しかし、HFTの取引はフラッシュ・クラッシュ後に減少し、何人かの研究者は、この取引がその日の下落に重要な役割を果たしたかどうか疑問視している。SECが設定した新しいルールによって、フラッシュ・クラッシュの際に行われたような誤った極端な取引は事実上なくなった。

　より広い視点からみれば、個人投資家は短期的な市場のボラティリティを恐れる必要はない。「これから30分間、全品10％から20％引き！」と頻繁に呼びかける店では、買い物をしたくないと思うであろう。短期的なボラティリティは常に株式市場の一部であり、フラッシュ・クラッシュは2007〜2009年の弱気相場からの回復に永続的な影響を与えるものではなかった。

市場のボラティリティの特質

　ほとんどの投資家は市場の変動に対して強い嫌悪を示すが、株式がもたらす優れたリターンを手にするためには、ボラティリティを受け入れなければならない。平均を上回るリターンを得るためには、リスクを受け入れる必要がある。投資家は、無リスク資産のリターンを下回ってしまう可能性を覚悟しなければ、無リスク資産のリターンより多くを得ることはできないのである。

　株式市場のボラティリティは多くの投資家を思いとどまらせるが、それに魅了される者もいる。毎分ポジションを確認できることは、判断の正しさをすぐに確認したい多くの人のニーズを満たす。多くの人にとって株式市場はまさに世界最大のカジノである。

　しかし、ある時点でポジションにどのくらいの価値があるのか正確に知ることは、不安を煽る一因にもなる。多くの投資家は結果が即座にわかる金融市場を嫌う。毎日価格が発表されない不動産のような投資先に引きこもる人もいる。時価がわからないことが投資リスクを低いものにすると信じる人もいる。第2章で引用したように、ジョン・メイナード・ケインズは、

「現金化する際の価格がどれだけ変動するかわからなければ、投資を安全なものにすることはできない」[12]と警告している。

株式ボラティリティの歴史的トレンド

図22-3は、月次リターンの標準偏差で測った米国株式市場の年間ボラティリティを1834年から2021年までプロットしたものである。市場のボラティリティに全体的なトレンドがほとんどみられないことは驚きである。ボラティリティが最も高かったのは世界恐慌の時期であり、1932年に最大になった。1932年のボラティリティは63.7％で、これは最も低かった1993年の3.36％のほぼ20倍である。コロナ禍だった2020年のボラティリティは、世界恐慌以降では2008年の金融危機と10月19日ブラックマンデーのあった1987年を上回って最も高かった。1929〜1939年の時期を除くと、市場の

図22-3 株式の年率リターンのボラティリティ
（月次名目リターンの年率標準偏差、1834〜2021年）

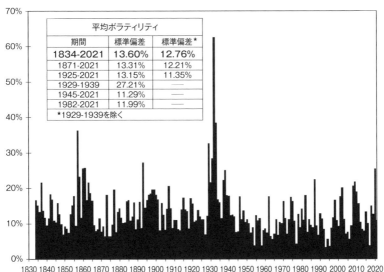

12) Charles D. Ellis, ed., "Memo for the Estates Committee, King's College, Cambridge, May 8, 1938", *Classics*, Homewood, IL: Dow Jones-Irwin, 1989. 79.

ボラティリティは過去190年間、平均すると約13％で、非常に安定したものだった。

図22-4の**グラフA**は、1896年から2021年までのダウ平均の日次変動率を表している。過去125年間のダウ平均の日次変動率は0.73％である。1930年代を除けば、ボラティリティは1896年から1960年まで低下傾向にあり、その後は上昇傾向にあった。上昇傾向は、経済動向に対する市場の反応が速くなったことによる。以前は情報が市場に完全に織り込まれるまでに、数日とは言わないまでも数時間はかかっていたが、今では数秒とま

図22-4　ダウ平均の日次リスク

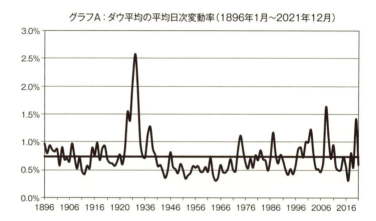

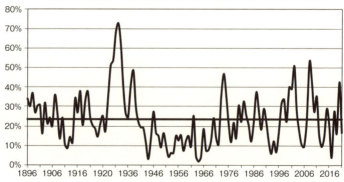

ではいかなくても数分で処理されるようになっている。20世紀初頭、ダウ平均のボラティリティは低下傾向にあったが、これはダウ平均の構成銘柄が12から20に、さらに1928年に30に増加したことが一因である。2008年の金融危機時の日次ボラティリティは1.63％で、大恐慌以来最も高く、2020年のコロナ禍のときの日次ボラティリティをわずかに上回った。

図22-4の**グラフB**は、ダウ平均が1％以上変化した取引日の割合である。1896～2021年の平均は23％、つまり週に約1回である。しかし、1964年の1.2％から1932年の67.6％まで幅があり、ダウ平均は3営業日に2日以上の割合で1％以上変化した。2008年の金融危機は、1930年代の大恐慌以来、最も高い日次ボラティリティを発生させた。

ボラティリティの高い期間はほとんどが相場の下落局面である。景気後退期には、日次リターンの標準偏差が景気拡大期よりも25％以上高い。景気後退期にボラティリティが高まる要因は2つある。第1に、後退期は規則的ではなく例外的なので、拡大期よりも経済的な不確実性を伴う。第2に、企業業績が悪化すれば、固定費の負担が重くなり、利益のボラティリティが高まる。これが株価のボラティリティを増大させるのである。

利益が損失に転じれば、その企業の株価は、コストをカバーしたときのみ報われるアウト・オブ・ザ・マネーのオプションのように動く。それ以外のときは価値がなくなる。株式のボラティリティが世界恐慌の時期に最大になったのは、謎でも何でもない。当時、企業の利益合計はマイナスで、株式市場はアウト・オブ・ザ・マネーのオプションのように取引されたのである。

ボラティリティインデックス

過去のボラティリティを測るのは容易だが、投資家が市場で期待するボラティリティを測るほうがはるかに重要である。これは、期待ボラティリティが市場における不安の水準を示し、不安の大きい期間は株式にとって転換点となることが多いからである。

主要株価指数のプットオプションとコールオプションの価格を検証することで、インプライドボラティリティと呼ばれる市場に内在するボラティ

リティを決定することができる[13]。1993年にシカゴ・オプション取引所（CBOE）は、S&P500のオプション価格をもとに、VIXと呼ばれるCBOEボラティリティインデックスを導入し、1980年代半ばまでさかのぼって算出した[14]。図22-5は、1986年から2021年までのVIXの週ごとの動きを示している。

短期的には、VIXと市場の水準との間には強い逆相関がみられる。相場が下落しているとき、投資家は下落から守ってもらうために多く支払ってもよいと思い、プットを買う。これによりオプション価格が上昇して、VIXは上昇する。相場が上昇しているときは、投資家が自信を持ち、損失に対して保険をかけたいと思わないので、VIXは下落することが多い。

投資家は、市場の水準が低いときより高いときに、より保護を求めると考えると、この相関は不可解にみえるかもしれない。VIXの動向についての1つの説明は、過去のボラティリティは上昇相場のときよりも下落相場のときのほうが高く、そのため市場が下落しているときはVIXが上昇するという

図22-5　VIXの推移（1986～2021年）

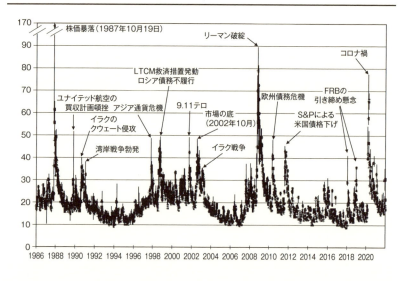

---

13) これは、ブラック-ショールズのオプション価格決定モデルを使って、ボラティリティを解くことによって算出される。第26章参照。
14) 2003年まで、VIXはS&P100（S&P500構成銘柄のうち上位100銘柄）に基づいていた。

ものである。しかし、より説得力のある説明は、投資家の自信が変化しプットが買われると、ヘッジ意欲が変化するというものである。プット価格が上昇するにつれ、プットを売る裁定者がポジションをヘッジするために株式を売る。投資家が株式リターンについてより自信があるときには、その逆が起こる。

図22-5をみると、VIXの天井は市場が非常に不透明な局面で、株価が大幅に下がった時期と一致することが容易にわかる。VIXは、1987年10月19日の株価暴落の翌火曜日に、それまでの高値を大幅に上回る172の最高値を付けた。

1990年代初めから半ば、VIXは10～20に下がっていた。1997年のアジア通貨危機で、VIXは20～30に上昇した。VIXが50～60に上昇したのは3回で、1987年10月の香港ドルへの通貨攻撃の間にダウ平均が550ドル下落したとき、1998年8月にロング・ターム・キャピタル・マネジメント〔LTCM〕が破綻したとき、2001年9月11日のテロ攻撃の翌週である。1987年の株価暴落を除いて、VIXが最高値に達したのは、2008年9月のリーマン・ブラザーズ破綻直後だった。欧州債務危機とコロナ禍の際に、VIXは再びピークに達した。VIXのこれまでの最低値は2017年11月24日で、8.56まで低下した。

近年は、VIXが高いときに買い、安いときに売る戦術で短期的に利益が上がることが証明されている。市場が下落しているときに買い、天井で売る戦術も成功している。真の問題は、どのくらい高ければ高いといえ、どのくらい低ければ低いといえるのかである。例えば、ある投資家は、VIXが40に達した1987年10月16日の金曜日にプットを売りたいと考えたかもしれない。しかし、翌月曜日に起こった記録的な暴落を考慮すると、そのような戦術がいかに悲惨な結末をもたらすかがわかるだろう。

1日当たりの大幅変動の分布

第20章で、1885年から2021年まででダウ平均が5％以上変動した日は157日あったことを示した。このうちの過半数に相当する79日は、1929年から1933年の間に起こった。1日当たりの変化率が最大の年は1932年で、

ダウ平均が5％以上動いた日が35日あった。5％以上の変動がなかった最長の期間は1987年10月19日の株価暴落に先立つ17年間だった。

図22-6は、日次の大幅な変動の特徴を示したものである。大きな変動のほとんどが月曜日に発生し、一方で火曜日は最も少ない（土曜日を除く）。下落は月曜日が最も多いが、上昇は水曜日が圧倒的に多い。

大幅な変動のうち36回は10月に起こった。10月は大きく動く回数が他の月の2倍以上になっている。変動の大きい月という10月の評判は、まさしくそのとおりである。コロナ時の変動を除いて、大きく動いた日のうち約4分の1が10月で、史上最悪の2つの株価暴落も10月に起こっている。1929年10月と1987年10月である。コロナ禍でボラティリティが高まった3月は、2番目に変動の大きな月となっている。コロナ時の変動を除いて、大幅な下落が見られた日のうち3分の2近くが、年の最後の4カ月に起こっていることは興味深い。こうした株価の時期的な変動については第17章で説明した。

図22-6　ダウ平均が5％以上変動した日の分布（1885〜2021年）
白は上昇、グレーは下落

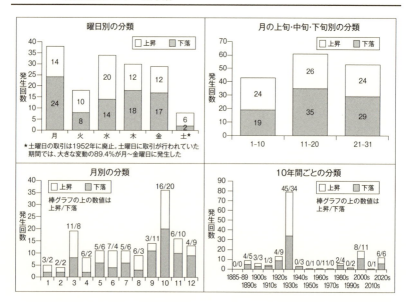

相場の大幅な変動に関するデータのうち最も驚くべきものは、最悪の株価暴落の時期についてである。1929年9月3日から1932年7月8日にダウ平均は89％近くも暴落した。この時期にダウが5％あるいはそれ以上変動したのは37日である。驚くべきことに、このうち21日は上昇だった。これらの高騰の多くは、相場が一方的に下落すると考えた投機家が一斉に空売りしていたのを買い戻した結果だった。彼らは、いったん市場が上昇に転じると買い戻し、ポジションを手仕舞わなくてはならなかった。

　一方向に進んでいるように思われる市場で、急に逆方向に動くことは珍しくはない。上昇相場では、「階段を登って、エレベーターで降りる」という表現が値動きを適切に表している。下落相場では、「階段を降りて、エレベーターで昇る」のである。一般投資家は用心する必要がある。トレンドに乗って儲けることは思っているほど簡単ではない。これらの市場で取引するつもりなら、市場の方向が変わるのを見たら、すぐに手仕舞う準備をしておかねばならない。

市場ボラティリティの経済学

　市場のボラティリティについての不満の多くは、市場がニュースに過剰に反応するという信念に根ざしている。しかし、ニュースがどのように市場に影響を与えるかを見極めるのは非常に困難であり、ある出来事の株価への影響を定量化することはほとんどできない。結果として、トレーダーは「流れに乗って」、ニュースが発生したときに他のトレーダーがどのように反応するかを予測しようとする。

　ほぼ1世紀前にケインズは、配当や利益のような基本的な財務変数に基づいて、投資家が戦略を立てることの難しさを強調していた。1981年にイェール大学のロバート・シラー教授は、株式投資家が配当や金利など株式価値を構成する基本的要素の変化に対して、過剰に反応する傾向があるかどうかを決定する方法を考え出した[15]。シラーは過去のデータの検証か

---

15) Robert Shiller, *Market Volatility*, Cambridge, Mass.: MIT Press, 1989. 過剰なボラティリティに関する議論を提起した文献としては、同 "Do Stock Prices Move Too Much to Be Justified by Subsequent Changes in Dividends?", *American Economic Review*, 71 (1981) 421-435 がある。シラーは、この市場ボラティリティに関する研究などで、2013年にノーベル経済学賞を受賞。

ら、将来の配当と金利を考慮したうえで、S&P500のあるべき価値を計算した。

シラーは、将来の配当や金利の動向から単純に算出される価格よりも、実際の株価の動きが大きいことを示した。株価は利益や配当の変化に過剰に反応するようだった。例えば、景気後退局面では、投資家は過去の経験に反して将来の配当がどんどん低くなると予想して、株式を評価した。

景気循環における循環という言葉は、経済活動の拡大の後には縮小が続き、その後に再び拡大が訪れるということを意味する。企業の利益も景気循環に従う傾向があるので、同様に循環的な動きを示し、長期的には平均値に戻ることになる。こうした状況では、無限の将来までキャッシュフローを割り引いて決まる株価に対して、景気後退期の配当（あるいは利益）の一時的な落ち込みが与える影響は、ほとんどないはずである。

株価が急落しているとき、投資家の頭には最悪のケースのシナリオが重くのしかかる。1932年5月6日に株価が1929年の高値から85％下落した後、ディーン・ウィッターは次のようなメモを顧客に配布した。

> 将来について考えられる前提は2つだけである。カオスをみるか、回復をみるかのどちらかである。前者の理論は愚かなものである。カオスが現実のものになれば、価値を維持するものはなく、債券、株式、銀行預金、金はどれも価値がなくなる。不動産は所有権が不確実となるため、価値のない資産となるだろう。方針は、この起こりえない不測の事態に基づくことはできない。したがって、方針は回復の理論に基づいて検討されなければならない。これが初めての不況というわけではない。最悪のものになるかもしれないが、過去に自立的な回復がみられ、穏やかに正常に再調整してきたのと同様に、今回も回復がみられるであろう。唯一不確かなのは、それがいつ起こるかということであり、……1929年の株価が当時は高すぎるように思えたのと同様に、今後数年のうちに、現在の株価はばかばかしいほど安く思えるだろうということを強調したい。[16]

2カ月後、株価は最安値を記録し、力強く反発した。振り返ってみると、

---

[16] ディーン・ウィッターからのメモ（1932年5月6日）より。

このメモは、株価の一時的な混乱について重要な知見と健全な判断を含んでいた。しかし当時は、投資家は株式について非常に幻滅し、暗い見通しに満ちていたので、このメッセージは無視されたのである。

結論

　1987年10月の株価暴落のドラマが、その後の世界経済や金融市場に継続的な影響をほとんど与えなかったのは驚くべきことだ。1987年の暴落は、さらなる市場崩壊や経済活動の低迷に結び付かなかったため、1929年の暴落ほど後世に汚名を残すことはないだろう。それでも、この暴落が残した教訓は重要である。それは、経済に流動性を提供し、金融市場を正常に機能させるためにFRBがとったような迅速な防衛策が、世界恐慌のときのような経済の崩壊を防ぐことができるということである。

　これは、市場が暴力的な変動から免れられるということではない。将来は常に不確実であるため、投資家の心理や感情が経済のファンダメンタルズをしばしば支配する。ケインズが80年以上前に『雇用・利子および貨幣の一般理論』のなかで鋭く指摘したように、「顕著な事実は、われわれが期待利回りを予測する際に依拠しなければならない知識の基礎が、極端に当てにならない」[17]ということだ。不安定な予測は突然変化し、自由な市場における価格は常に大幅に変動するだろう。歴史は、多くの投資家がパニックに陥り、利益を置き去りにして荒れ狂う市場から立ち去ろうとするとき、市場に踏み込みたいと考える投資家が存在することを示してきた。

---

17) John Maynard Keynes, *The General Theory of Employment Interest, and Money* 〔邦題『雇用・利子および貨幣の一般理論』〕, London: Macmillan, 1936, 149.

第23章 2008〜2009年の金融危機

大恐慌については、あなたの言うとおり、私たちが引き起こしてしまった。大変申し訳ない。だが、あなたのおかげで二度と繰り返さないだろう。

　　　　　ベン・バーナンキ、2002年11月8日
　　　　　ミルトン・フリードマン90歳の誕生日祝いの席で

流動性という点で、音楽が止まれば物事は複雑になる。しかし、音楽が流れている間は、立ち上がって踊るしかない。私たちはまだ踊っている。

　　　　　チャック・プリンス、シティグループCEO
　　　　　2007年7月、金融破綻前夜

世界市場を揺るがした1週間

　2008年9月17日、まだ水曜日だったが、私はその週の金融市場の激動を理解しようとして疲れ切っていた。日曜日の夜にリーマン・ブラザーズが米国史上最大の破産申請を行ったというニュースが流れたにもかかわらず、翌月曜日、株価は上昇して始まり、投資家を驚かせた。大恐慌を生き延びた150年の歴史を持つ投資銀行リーマン・ブラザーズでも、政府の支援がなければ、生き延びるチャンスはなかったのである。
　週の始まりは希望に満ちていたが、それはすぐに主要な投資銀行がリーマンの顧客取引を決済しないという噂によって打ち消され、市場は不安な

状態に陥った[1]。月曜朝の上昇が下げに転じると、金融市場は恐怖に包まれた。投資家は、どの資産が安全なのか、次に破綻するのはどの企業か、そしてこの危機は収まるのだろうかと思い悩んだ。貸し手が米国債を除くすべてのクレジット市場から手を引いたため、リスクプレミアムが急上昇した[2]。その日の引けまでに、ダウ平均はほぼ5%下落した。

翌日、投機筋は世界最大で収益性も最高の保険会社AIGを攻撃(アタック)した。AIGの株価は、1年前には1株60ドル近くに達していたが、前週金曜日の終値は10ドルほどで、そこから急落し3ドルを割り込んだ。AIGの破綻懸念は株価を急落させたが、一部のトレーダーがFRBは大手金融機関をもう1社破綻させるリスクは冒さないだろうと推測し、結果的にその推測は正しかったのであるが、その日の後半には市場は安定した。実際、取引終了後に、FRBはAIGに850億ドルの融資を実行したと発表し、市場を揺るがすような再度の破産は回避された。FRBによるAIG救済の決定が劇的な転換点になったのは、ほんの1週間前にバーナンキ議長がこの巨大保険会社からの400億ドルの融資要請を拒否していたからである。

しかし、危機は終わりという話でもなかった。火曜日の市場が引けた後、360億ドルの運用資産を有するリザーブ・プライマリー・ファンドが極めて不吉な発表を行った。このマネーファンドが保有するリーマンの債券が規制当局によって価値ゼロと評価されたため、ファンドは「額面割れ」となり、投資家に額面1ドル当たり97セントしか支払えないとしたのである[3]。

他のマネーファンドは、リーマンの債券を保有しておらず、すべての払い戻し要請に対して全額応じると投資家に再度確約した。だが私は、こうした発表をしても投資家の不安を鎮めることはできないだろうと思った。

---

[1] 6月という早い段階で、フランスの投資銀行ナティシスがリーマンとの取引をすべて打ち切り、9月初旬には、JPモルガン、シティグループ、バンク・オブ・アメリカが、「担保を得られなければ、切り捨てる」と脅しながら、リーマンにさらなる担保を要求したことが、金融危機調査報告書によって報じられた。

[2] TEDスプレッド(財務省証券とユーロドル)、LIBOR-OISスプレッド(LIBORとFF)、コマーシャルペーパーと財務省証券のスプレッドなどのリスクスプレッドが急激に跳ね上がった。水曜日までに、ブルームバーグ金融情勢リスク指数は、過去16年間のデータに基づく平均レベルより標準偏差の4〜5倍も低い水準まで悪化した。(Michael G. Rosenberg, "Financial Conditions Watch," *Bloomberg*, September 18, 2008.)

[3] 9月15日月曜日、リザーブ・プライマリー・ファンドはリーマンのコマーシャルペーパーを1ドル当たり80セントと評価した。翌火曜日、ウェブサイトに次のような報告が載った。「リーマン・ブラザーズ・ホールディングスが発行し、プライマリー・ファンドが保有していた債券(額面7億8500万ドル)の価値は、ニューヨーク時間の本日午後4時をもってゼロとなりました。その結果、午後4時現在のプライマリー・ファンドの基準価額は1株当たり0.97ドルとなります」。

6カ月前、破綻したベアー・スターンズをFRBがJPモルガンに吸収合併させるまで、ベアーは投資家に対して何度もすべて順調と確約していた。同様に、リーマンCEOのリチャード・フルドは、破産申請のわずか1週間前に、投資家に対しすべて順調で株価の下落は空売りのせいだと語っていた。

世界恐慌は再び起こりうるか？

　私は昼食を終えてオフィスに戻り、ブルームバーグの画面を見た。株価はまた下がっていたが、驚きはしなかった。それより私の注意を引いたのは、米国債の利回りだった。その日の午後に行われた3カ月物国債の入札は非常に多くの応募があり、買い手は利率を0.06％まで下げていた。

　私は50年近く市場を注意深く見てきた。1970年代の貯蓄貸付組合の破綻、1987年の株価暴落、アジア通貨危機、ロングターム・キャピタル・マネジメント危機、ロシアの債務不履行、9.11テロ、その他多くの危機があった。だが、投資家がこれほど国債に殺到するのは見たことがなかった。前回、国債の利回りがゼロに近づいたのは、75年前の大恐慌のときだった。国債の利率が16％だった1970年代に、私はMBAの学生たちに、大恐慌のときの投資家たちは10ベーシスポイント〔0.1％〕の利回りを手に入れて大喜びしていたと講義したことを思い出した。私たちは皆、頭を振りながら、こんなおかしなことは二度とないだろうと笑ったものだった。

　二度とない？　私の目は、目の前の画面に戻り、背筋が凍った。これは、経済学者たちが死んだと思っていた暗黒時代の再来ではないか？　これは、第2の「大恐慌」の始まりだろうか？　政策当局は米国史上最悪の金融と経済の破滅的状況の再来を防ぐことができるのか？

　その後の数カ月で、これらの疑問に対する答えが明らかになった。FRBは、1930年代に犯した過ちから学び、恐慌の再発を防ぐために積極的な対策を実施した。しかし、リーマンの破綻に続く信用崩壊は、世界中で深刻な経済収縮を引き起こし、大恐慌以来の最も急激な株価下落を招いた。金融危機からの回復は米国史上最も遅いものの1つとなり、2007年10月にダウ平均が1万4000ドルを超えて史上最高値を記録したときのように米国経済の将来が明るいものになるのかどうか、多くの人々に疑問を抱かせた。

金融危機の鳴動

　S&P500が利益の30倍で取引されていたテクノロジー株ブームのピーク時とは対照的に、2007年のピーク時には全体的な割高感はなく、株価は利益の16倍程度で取引されていた。しかし、金融市場には亀裂が入り始めていた。強気相場でS&P500の最大セクターとなった金融セクターは、2007年5月にピークをつけた後、シティやバンク・オブ・アメリカなど多くの大手銀行の株価はその年の間、下がり続けていた。

　さらに不穏な動きは不動産市場からもたらされた。不動産価格は、それまでの10年間でほぼ3倍に上昇した後、2006年夏をピークに下降線をたどっていた。突然、サブプライムモーゲージの大幅な延滞が発生した。2007年4月、サブプライムモーゲージの大手であるニュー・センチュリー・ファイナンシャルが破産を申請し、6月にはベアー・スターンズが投資家に対し、ハイグレード・ストラクチャード・クレジット・ストラテジー・エンハンスト・レバレッジ・ファンドという、名前も保有する証券も複雑なファンドの償還を停止すると通告した。

　当初、市場はこうした動きを無視していたが、2007年8月9日にフランス最大の銀行であるBNPパリバがモーゲージファンドの償還を停止したことで、世界の株式市場が急落した。FRBが8月の緊急会合でFF金利を50ベーシスポイント引き下げ、9月の定例会合でさらに50ベーシスポイント引き下げたことにより、株価は回復した。投資家たちはFRBが株価の急落をコントロールできると信じ、株価は最高値を更新した。

　だが、2008年もサブプライムの問題から解放されることはなかった。ベアー・スターンズは自社バランスシートでサブプライムモーゲージを大量に引き受けなければならず、資金繰りが悪化して株価が急落した。2008年3月17日、FRBはベアー・スターンズの破綻を回避するため、前年1月の最高値172.61ドルをほぼ99％下回った1株2ドル（後に10ドルまで引き上げられた）で、その全資産をJPモルガンに緊急売却させた。

　ベアー・スターンズはこの弱気相場の前菜にすぎず、メインディッシュがすぐ後に控えていた。リーマン・ブラザーズは1850年代に設立され、シアーズ、ウールワース、メイシーズ、スタッドベーカーなどの大企業を上

場させた輝かしい歴史を持つ。1994年に株式公開すると、その収益は急上昇し、2007年には4年連続で過去最高益を更新し、売上高は192億ドルに達し、従業員数は3万人に迫った。

リーマン・ブラザーズはベアー・スターンズと同様、サブプライムをはじめとするレバレッジ不動産投資に関与していた。3月にベアーがJPモルガンに吸収合併されたとき、リーマンの株価は40ドル超から20ドルまで下落していた。リーマンは大規模な不動産取引への融資で知られ、投資家が商業用不動産を高値で売却したり借り換えたりする際に多額の手数料を得ていた。2007年6月に上場した別の大手投資会社ブラックストーンは、7月にサム・ゼルのエクイティ・オフィス・プロパティーズを229億ドルで買収し、市場が崩壊する前にほぼすべての不動産を売却して高額の手数料を得ていた。

サブプライム市場を覆う大混乱にもかかわらず、リーマンは自信を持っていた。多くのアナリストも、商業用不動産は住宅セクターを悩ませた過剰着工に苦しむことはないと確信していた。実際、商業用不動産価格は、不動産市場全体がピークに達した後も上昇を続けた。金利の低下を好感し、全上場REITで構成されるダウREIT指数は2008年2月にピークをつけた。これは、不動産市場全体がピークをつけてから4カ月後、大手商業銀行が高値を更新してから1年以上も後のことである[4]。

商業用不動産価格がピークに達した直後の5月、リーマンはアーチストン・スミス・トラストに220億ドルという巨額の出資を行い、ブラックストーンが数カ月前に行ったようにその不動産を転売しようとした[5]。しかし、子供の椅子取りゲームのように、2008年夏にその音楽が鳴り止んだ。ブラックストーンは不動産の椅子取りゲームで最後の1つを手に入れたが、リーマンは立ちすくんだままだった。リチャード・フルドCEOがぎりぎりまで買い手を探して奔走したが、2008年9月15日、1世紀半以上にわたって繁栄した投資銀行リーマン・ブラザーズは破産を申請した。米国史上最

---

4) 実際、リーマン破綻の数日前、REIT指数は2007年7月につけた高値から25％しか下回っていなかった。対照的に、住宅建設株は2005年7月にピークをつけ、リーマン・ショックが勃発した時点ですでに60％以上下落していた。

5) Alex Frangos, "At Lehman, How a Real-Estate Start's Reversal of Fortune Contributed to Collapse," *Wall Street Journal*, October 1, 2008.

大の破産となり、リーマンは6130億ドルの負債を計上した。1929年の大暴落が1930年代の世界恐慌を引き起こしたように、2008年のリーマン・ブラザーズ破綻は、ほぼ1世紀間で最大の金融危機と最も深刻な景気後退を引き起こしたのである。

グレートモデレーション

　金融危機（およびそれに伴うグレートリセッションと呼ばれる景気低迷）の経済的背景は「グレートモデレーション」であり、これは経済学者らがリーマン・ショック前の経済が非常に長く安定していた時期に対して命名したものである。実質GDPや名目GDPの四半期ごとの変化など、主要な経済変数のボラティリティは、1983年から2005年の間にそれ以前の平均と比べて約2分の1に低下した[6]。この安定性の一因は、サービス業の規模拡大と在庫管理の進歩が「在庫循環」を緩やかにしたことにあるが、景気変動の減少は、1986年から2006年までFRB議長だったアラン・グリーンスパン在任中に実施された金融政策の有効性が高まったことにあるとする見方も多い。

　当然のことながら、グレートモデレーションの時期には多くの金融商品のリスクプレミアムが著しく低下した。これは投資家が、経済にいかなる深刻なショックが起こっても、中央銀行の迅速な措置がそれを相殺すると信じたからである。実際、2001年の景気後退では、経済がより安定しているという見方が強まった。2000年の巨大ITバブルの崩壊や、9.11同時多発テロ後の消費者マインドの収縮にもかかわらず、当時の不況は歴史的基準からすれば非常に穏やかなものであった。

　金融危機前の通常では考えられない経済的安定は、1929年の株価暴落と大恐慌に先立つ10年間の安定期と非常によく似ていた。1920年から1929年までの鉱工業生産の変化の標準偏差も、グレートモデレーション期と同じく、それ以前の20年間の2分の1以下であった。1920年代にイェール大学の有名なアーヴィング・フィッシャーを含む多くの経済学者は、金融危機直前の経済学者と同様に、安定性が増したのはFRBのおかげだと考えて

---

6) 名目GDPの四半期ごとの変化の標準偏差は、1947〜1983年の5.73％から、1983〜2009年には2.91％に低下した。

いた。そして1920年代の投資家も、新しい中央銀行が危機のときは経済の「バックネット」となり、景気後退を緩和してくれると信じていた。

残念なことに、安定した経済環境下でのリスク資産への投資意欲の高まりは、その後のより深刻な危機を用意することになりうる。企業活動が鈍化しても、平時であれば十分に耐えられるだろうが、高レバレッジの借り手は市場の落ち込みから身を守るためのクッションがあまりにも少なく、簡単に打ち負かされてしまうのだ。

経済学者のなかには、リスクプレミアム低下とレバレッジ上昇のサイクルが、景気変動の主な原因であると考える者もいる。セントルイス・ワシントン大学の経済学教授ハイマン・ミンスキーは金融不安定性仮説を提唱した[7]。ミンスキーは、長期にわたる経済の安定と資産価格の上昇が、投機筋やモメンタム投資家だけでなく、ポンジスキームに携わる詐欺師をも引き寄せ、市場の上昇ブレイクに乗ろうとする一般投資家を罠にかけると考えたのである。ミンスキーの理論は、厳密な数式で定式化されたものではなかったため、主流派の経済学者にはあまり浸透しなかった。しかし、多くのフォロワーを引き付けた『熱狂、恐慌、崩壊：金融恐慌の歴史』第5版の著者でMITの経済学教授である故チャールズ・キンドルバーガーを含む多くの人々に、ミンスキーは強い影響を与えた。

サブプライムモーゲージ

高騰する株式市場を背景にした過剰融資が金融危機の一因となった1929年とは対照的に、2008年の金融危機の主因は、サブプライムモーゲージをはじめとする不動産証券が急成長し、それらがレバレッジの高い大手金融機関のバランスシートに組み込まれたことだった。不動産市場が下げに転じ不動産証券の価格が急落すると、資金を借りていた企業は危機に陥り、ある企業は倒産に追い込まれ、ある企業はより強力な企業との合併を余儀なくされ、またある企業は生き残りをかけて政府に資金を求めた。

多くの投資家や政治家は、グレートモデレーションとFRBという「セー

---

[7] The Jerome Levy Economics Institute of Bard College, Working Paper No. 74, May 1992. 次も参照。Robert Pollin, "The Relevance of Hyman Minsky," *Challenge*, March/April 1997.

フティーネット」によって債務不履行のリスクは大幅に軽減されていると考え、こうした高利回りの不動産証券を歓迎した[8]。しかも、スタンダード・アンド・プアーズやムーディーズといった大手格付け会社が、サブプライムモーゲージに最高格付けを与えたことで、これら証券の人気が加速した。これによって数千億ドルものモーゲージ関連の証券が、年金基金、地方自治体やその他の最高格付けの債券投資だけを求める組織に対して、世界中で売り出されることになった。また、より高い利回りを求めていたウォール街の多くの企業も、AAA格に魅了され引き込まれた。

投資銀行が潜在的な買い手を増やすために、格付け機関に圧力をかけて投資適格の格付けを与えさせたと考える者もいるが、実際には、これらの証券は他の証券の評価に使われるのとよく似た統計的手法で格付けされていた。残念ながら、その手法は、不動産価格がファンダメンタルズをはるかに超えて高騰した住宅市場のデフォルト確率を分析するには適していなかった。

格付けの重大な誤り

図23-1は、インフレ調整前と調整後の住宅価格を第二次世界大戦後から年次でプロットしたものである。1997年から2006年にかけては、実質でも名目でも不動産価格の上昇ペースが加速している。この間に20大都市圏のケース-シラー住宅価格指数で測定した名目住宅価格は約3倍になり、実質住宅価格は130％上昇した。これは1970年代の上昇を大きく上回り、第二次世界大戦直後の記録的な上昇をも上回った。

住宅価格の急騰以前は、通常の住宅ローンの融資比率は住宅価格の80％までが基本で、借り手の信用力が貸し手にとって重要だった。これは、個々の住宅の価格あるいは特定地域の住宅の平均価格が20％以上下落し、貸し手の担保価値が損なわれるリスクがあったからである。

しかし、多様な地域の住宅ローンを束ねて個別地域の不動産変動リスク

---

[8] 政治家たちは、家を持つというアメリカンドリーム実現の最初のチャンスを何百万人もの米国人に与えたいと考え、政府系金融機関であるファニーメイとフレディマックに、通常の住宅ローンを組む資格のない人々にこうしたローンを提供するよう奨励した。

図 23-1　名目および実質の住宅価格（1950 〜 2011 年）

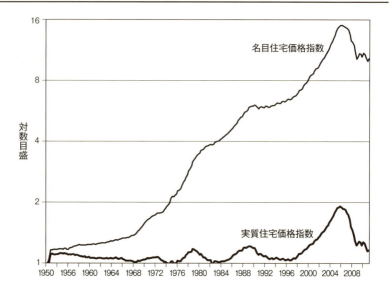

を大幅に軽減する証券をつくれたとしたら、どうだろうか。その場合、証券を支える原資産の価格は、**図23-1**に示した名目住宅価格指数のように2006年まではほとんど下落することがなかったはずである。実際、1997年以前に全国の名目住宅価格指数が下落した年は3回しかなく、そのうちの2回は下落率1.0％未満、残りの1回は1990年第2四半期から1991年第2四半期までの下落率2.8％であった。したがって、戦後の時系列データに基づけば、全国の不動産価格指数が標準的な住宅ローンの担保を切り崩すのに必要な20％の下落に近づき始めた時期さえなかったことになる[9) 10)]。

　スタンダード＆プアーズ、ムーディーズやその他の格付け機関は、過去の住宅価格データを分析し、これらの証券のリスクとリターンを測定する標準的な統計的テストを実施した。これらの分析に基づき、全国的に分散

---

9) モーゲージはドル建てであるため、債券の買い手が関心を持つのは、実質ではなく名目である。
10) 大恐慌の間、名目住宅価格が大幅に下落し、不動産価格指数が1928年から1932年の間に25.9％下落したのは事実である。しかし、これはすべて物価全体が下がるデフレによるもので、消費者物価指数（CPI）もほぼ同じ割合で下落した。FRBはデフレ回避を公約とし、それを貨幣創造の力で実現することができたので、研究者がこれらのデータを無視すると考えても妥当であろう。

されたモーゲージポートフォリオの担保が侵害される確率は、事実上ゼロであると報告した。多くの投資銀行のリスク管理部門もこの結論に同意した。

この分析から導かれた同じく重要な結論は、住宅ローンの背後にある不動産が常に住宅ローン以上の価値を持つのであれば、借り手の信用力は貸し手にとって重要ではないというものだ。借り手が債務不履行に陥っても、貸し手は不動産を差し押さえてローン価値よりも高く売ることができる。そのため格付け会社は、住宅購入者の信用力を無視して、これらの証券に「AAA」の格付けを与えた。この仮定によって、地理的に分散された住宅ローンのプールを担保とするならば、信用書類をほとんど、あるいはまったく必要としないサブプライムローンやその他の非従来型住宅ローンでも、数千億ドル規模で販売することができた。

格付け会社のなかには、こうした住宅ローンの高い信用格付けが、住宅価格の継続的な上昇と限りなく小さな下振れリスクに依存しているとわかっているところもあった。住宅価格が横ばいになることさえ、彼らのモデルにとっては脅威であった[11]。

住宅価格が下落するにつれ、これら最上位のモーゲージ証券の格付けは急速に悪化した。2006年4月、住宅価格がピークに達する数カ月前、ゴールドマン・サックスは12本のモーゲージ債を投資家に販売したが、このうち10銘柄が投資適格、3銘柄がAAA格であった。2007年9月までに、当初の投資適格10銘柄のうち7銘柄がジャンク債に格下げされ4銘柄が消滅した[12]。

住宅価格の上昇が続かないことは、住宅価格の世帯収入中央値に対する比率を分析することで、投資家に警告すべきであった。この比率は、1978年から2002年までは2.5から3.1の狭い範囲で推移していたが、その後、急激に上昇して2006年には4.1に達し、従来の水準を50％近く上回った[13]。

資産価格が借り手の収入などのファンダメンタル変数と比較して上昇した場合、投資家は価格上昇を正当化する構造的変化があるのか、それともこの価格上昇は一時的なもので過去の水準まで下落するのかを問う必要が

---

11) ファースト・パシフィックCEOのロバート・ロドリゲスによる報告を参照。"Absence of Fear," CFA Society of Chicago Speech, June 28, 2007, http://www.fpafunds.com/docs/special-commentaries/absence_of_fear.pdf?sfvrsn=2.
12) Deutsche Bank Trustee Reports, October 15, 2007.
13) データの出典は、国勢調査局およびケース-シラー全米住宅価格シリーズ。

ある。もちろん、価格上昇が一時的な要因によるならば、住宅価格が下落する確率は、格付け会社による過去の住宅価格の分析から推計された確率よりもはるかに高い。

これは、不動産が過大評価されている、あるいは住宅価格がバブルに陥っていることが、すべての関係者に当時明白だったということを意味しない。過去には、価格が歴史的なバリュエーション水準から離れても、持続的な経済要因に基づいて十分に正当化される時期があったのである。

第10章で紹介した株式の配当利回りと長期国債の金利の関係もその1つである。1871年から1956年までの間、配当利回りは常に長期国債利回りを上回っていたが、これは株式が長期国債よりもリスクが高いとみなされ、必要なことだと考えられていた。スプレッドが縮小したときに株式を売却し、スプレッドが拡大したときに株式を購入するという戦略は、何十年にわたって利益をもたらしていた。

米国が金本位制から離脱すると、慢性的なインフレが金利に織り込まれるようになり、1957年には金利が株式の配当利回りを上回り、半世紀以上にわたってその状態が続いた。このファンダメンタル指標が「売り！」を示した1957年に、株式を売却して長期国債を購入した人々のリターンは悪かったが、それは株式のインフレに対するヘッジ効果が高く、債券投資よりもはるかに大きなリターンをもたらしたからである。

同様に、2000年代前半に不動産価格が歴史的な世帯年収の中央値を上回る水準に上昇したのには、蓋然性の高い理由があった。第1に、名目金利と実質金利が大幅に低下し、住宅融資のコストが極めて低くなったことである。第2に、サブプライムモーゲージやフルファンディングモーゲージなど、住宅の購入価格を上限に、場合によってはそれ以上の融資を行う新しい住宅ローン商品が普及したことである。これらの住宅ローンは、従前はローンを組むことができなかった借り手にも門戸を開き、住宅需要を大きく拡大した。全米リアルター協会（NAR）は2006年1月に発表した調査で、初めて住宅を購入する人の43％が頭金なしのローンで住宅を購入しており、住宅価格の中央値である15万ドルの住宅の頭金がわずか2％であったとし、フルファンディングモーゲージの人気を強調した[14]。

ニューヨーク連銀のシニアエコノミストであるチャールズ・ヒメルバー

第23章　2008〜2009年の金融危機　365

グ、コロンビア大学ビジネススクールのポール・ミルスタイン不動産センターのディレクターであるクリス・メイヤー、ウォートン・スクールの不動産学准教授であるトッド・サイナイなど、高名な経済学者たちは金利の低下が高水準の不動産価格を正当化すると主張した[15]。また、ベビーブーム世代が定年退職を迎えるなか、多くの人が長く続くと考えていたセカンドハウスブームを指摘する声もあった[16]。

　しかし、住宅価格上昇の持続性を疑問視する声も多かった。不動産業界のベンチマークとなっているケース-シラー住宅指数を開発したイェール大学のロバート・シラー教授とカール・ケース教授は、2003年のブルッキングス・ペーパーズの論文「住宅バブルはあるのか？」で初めて不動産バブルについて警告した[17]。ワシントンの経済政策研究センターの共同ディレクターであるディーン・ベーカーも、2005年から2006年初めにかけて住宅バブルの危険性について数多くの執筆や講演を行っていた[18][19]。もっとも、不動産バブルが実際に存在したかどうかについて専門家の間で意見の相違があったとしても、格付け会社がこれらの証券をデフォルトの可能性が基本的にないかのように格付けしたことを正当化するものではない[20]。

---

14) Noelle Knox, "43% of First-Time Home Buyers Put No Money Down," *USA Today*, January 18, 2006, 1A.
15) Charles Himmelberg, Chris Mayer, and Todd Sinai, "Assessing High House Prices, Bubbles, Fundamentals and Misperceptions," *Journal of Economic Perspectives* 19, no. 4 (Fall 2005), 67–92. 彼らは、住宅価格のピーク時に次の論文も書いている。"Bubble Trouble? Not Likely," which appeared on the editorial page of the *Wall Street Journal* (September 19, 2005).
16) 住宅ローン情報開示法のデータによると、「主たる住居として所有されているもの以外」と定義されるセカンドハウス購入ローンの全国シェアは、2000年から2004年にかけて8.6%から14.2%に増加した。この間の年平均伸び率は16%である。実際の購入ローン件数は倍増し、40万5000件から88万1200件に増加した。Kenneth R. Harney and Washington Post Writers Group, "Boomer Homeowners Going Back for Seconds," *Chicago Tribune*, April 2, 2006, を参照。https://www.chicagotribune.com/news/ct-xpm-2006-04-02-0604020254-story.html. Keunwon ChungはNARの統計エコノミスト。
17) Robert Shiller, *Irrational Exuberance*, 2nd ed., Princeton, NJ: Princeton University Press, 2005, Chapter 2. 注19も参照。
18) Dean Baker, "The Menace of an Unchecked Housing Bubble," *Economists' Voice* 3, no.4(2006), article 1; Dean Baker, "The Run-Up in Home Prices: Is It Real or Is It Another Bubble?" *CEPR*, August 2002; Dean Baker, "The Housing Bubble and the Financial Crisis," *Real-World Economics Review* 46 (March 20, 2008).
19) 経済危機について警告を発したのは、経済コンサルタントで『フォーブス』のコラムニスト、グレイ・シリング("End of the Bubble Bailouts," *Forbes*, August 29, 2006)、UBSの上級経済アドバイザー、ジョージ・マグナス("What This Minsky Moment Means," *Financial Times*, August 22, 2007)。
20) 価格上昇の持続可能性を疑問視する人の多くは、需要の増加が不動産価格の上昇をもたらすと、それに伴う供給の増加が価格の上昇を抑制し反転させると指摘していた。需要が恒常的に上昇するときに、価格が持続的に上昇するのは、希少な土地など供給が固定された要素だけである。住宅用不動産の土地代は住宅価格全体の20%程度なので、住宅価格が2倍になるには土地価格が5倍に上昇する必要がある。

規制の失敗

　規制当局、特にFRBは、住宅価格の上昇が経済に脅威をもたらすとは考えず、サブプライムモーゲージ証券に付与された高格付けに疑問を持たなかった。さらに、主要金融機関のバランスシートにリスクの高いモーゲージ関連証券が積み上がっていることも監視していなかった。

　経済問題で最も影響力のあるアラン・グリーンスパンFRB議長が、前例のない住宅価格の高騰がもたらすリスクの増大について警告しなかったことは、特に悲劇的であった。グリーンスパンは、FRBの同僚であるエドワード・グラムリッチ理事がサブプライム金融商品について幅広く執筆し、2007年6月に『サブプライムモーゲージ：米国の直近のブームと崩壊』という本を出版していたのだから[21]、急増するサブプライム債務とそれが経済にもたらす潜在的な脅威を認識すべきであった。

　FRBはノンバンクに対する監督機能を持っておらず、不動産価格上昇の影響はFRBの管轄外だと主張する者もいた。ではなぜグリーンスパンは、1996年12月にワシントンの経済クラブで有名な「根拠なき熱狂」という演説をするほど、10年前の株価上昇を心配していたのだろうか。金融セクターの安定に影響を与えるすべての事象は、それが銀行に起因するものであろうとなかろうとFRBの責任である。グリーンスパンの懸念が足りなかったことは、2008年10月の議会証言で、主要な貸出機関が住宅価格の崩壊に対して株主資本を保護する措置をとらなかっただけでなく、金融デリバティブやクレジット・デフォルト・スワップ（CDS）を利用してリスクへのエクスポージャーをヘッジしていなかったことにも「衝撃的な不信感」を抱いたと、彼が宣言したときに明らかになった[22][23]。

---

[21] 本は、グラムリッチが68歳で早すぎる死を迎える3カ月前に出版された。
[22] 2008年10月23日、政府監視改革委員会におけるアラン・グリーンスパン博士の証言。
[23] グリーンスパンの市場に対する甘い考えと効率的市場仮説（EMH）を、彼の沈黙の原因とする者もいる。しかし、もしグリーンスパンが常に市場価格が正しいと信じていたなら、1996年12月の「根拠なき熱狂」演説をすることはなかっただろう。さらに、EMHは価格が「常に正しい」とは言っていない。実際、入手可能な将来に関するすべての情報に基づけば、価格はほとんどいつも間違っている。EMHは、情報を持つトレーダーの相互作用によって、市場価格が一般投資家にとって利益を得やすい形になるので、「明らかに」間違っているわけではないということを示唆している。前述したように、住宅市場において価格上昇を正当化するようなパラダイムシフトが起きているかどうかについては、専門家の間でも意見が分かれていた。

そういった見方に対して[24]、私はグリーンスパンに住宅バブルを引き起こした責任はないと考えている。FRBの緩やかな金利引き上げ政策は、不動産価値を上昇させる主要な要因ではなかった。不動産価格を押し上げた要因は、短期金利の水準よりはるかに重要にもかかわらず、FRBがあまりコントロールできない長期金利の低下と、サブプライムモーゲージやフルファンディングモーゲージの普及であった。しかもこれらは世界各国で、中央銀行がまったく異なる金融政策をとる国々でもその影響力を発揮した。例えば、スペインやギリシャでも住宅価格が高騰したが、これらの国々の金融政策は欧州中央銀行が決定していた。経済成長の鈍化、投資家の高齢化によるリスク回避の高まり、企業年金基金の株式から債券への切り替えなどの世界規模で働くファンダメンタル要因（第8章で詳述した）のほうが、グリーンスパンの金融政策よりもはるかに重要な実質および名目金利の押し下げ要因であった。

金融機関によるリスク資産へのオーバーレバレッジ

主要な金融機関のバランスシートにリスク資産が蓄積されていなければ、不動産価格の騰落自体が金融危機や深刻な景気後退を引き起こすとは考えにくい。サブプライム、オルトAローン（サブプライムよりやや信用度の高いローン）およびジャンボモーゲージの総額は、2007年第2四半期には2.8兆ドルに達していた[25]。これら証券の価格がすべてゼロになったとしても、その価値の喪失は7年前に起きたドットコムバブル崩壊時のテクノロジー株の下落分よりも小さい。当時の株価暴落は、9.11の同時多発テロ後の経済的混乱に続いて起こったわりには緩やかな不況で済んだ。

この2つのエピソードの大きな違いは、ハイテクブームのピーク時に、急落したこれらの銘柄を証券会社や投資銀行が大量に保有していなかったことだ。ドットコムバブルが崩壊する前に、投資銀行は保有していたリスク

---

24) スタンフォード大学教授で、『Getting off Track: How Government Actions and Invention Caused, Prolonged, and Worsened the Financial Crisis』の著者であるジョン・G・テイラーは、グリーンスパン議長のFRBが低金利を長く維持しすぎたと非難した。住宅危機を引き起こしたとFRBを非難したのは、他にケイトー研究所のジェラルド・オドリスコル・ジュニア、エンシマ・グローバル社長デビッド・マルパス、テキサス州選出の下院議員でFRBの確固たる批判者ロン・ポールなどである。
25) FRB、英国銀行、SIFMAが情報源のBBCニュース、news.bbc.co.uk/2/hi/business/7073131.stm.

の高いテクノロジー株をほぼすべて投資家に売却していた。

対照的に、不動産市場のピーク時、ウォール街は住宅関連証券で埋め尽くされていた。金利が低下する環境下で投資家は利回りに飢えており、こうしたモーゲージ関連証券は同じ格付けの社債や国債よりも高い金利を付けていた。このため、ベアー・スターンズのような投資銀行は、同等の安全性でより高い利回りを約束するこうした証券を投資家に販売するようになった[26]。多くの投資銀行が自己勘定でこうした証券を保有していたが、投資家がそのリスクを十分に知らされていなかったという苦情を受け、低迷したサブプライムファンドを販売後に引き受けざるをえなくなり、サブプライム債券の保有額が大幅に増加した[27]。

世界最大の保険会社であるAIGが、クレジット・デフォルト・スワップ（CDS）と呼ばれる商品によって数千億ドルのモーゲージの債務不履行に対する保険を提供したことで、金融システムへのリスクは増幅された。モーゲージの価格が下落すると、AIGは追加的に数十億ドルの準備金を用意しなければならなくなった。同時に、モーゲージ購入のために多額の借り入れをしていた投資銀行は、債権者がこれらの資産を担保にしたローンを回収したため、資金繰りが悪化した。こうして不動産関連証券の価値下落が金融危機を引き起こしたのである。2000年に株価が暴落したとき、投資銀行がハイテク株を信用取引で保有していたら、同様の流動性危機が起きていた可能性が高い。

危機を軽減するためのFRBの役割

融資は、すべての経済大国の機能を潤滑にする油であり血液である。金融危機が起きると、それまで安全で信頼できると思われていた金融機関が、突然疑いの目で見られるようになる。リーマンが破綻したとき、他の多くの金融機関も経営難に陥っているという恐怖が広がった。このため、貸し

---

[26] これらのファンドは、「ハイグレード・ストラクチャード・クレジット・ストラテジー・エンハンスト・レバレッジ・ファンド」といった派手な名前が付けられていた。
[27] ベアー・スターンズとシティバンクは、オフバランスのファンドや特別な投資商品を発行することで、自らを守ろうとした。債務不履行が増えるにつれ、投資家はこれらの証券のリスクを十分に知らされていなかったと不満を募らせ、両社の顧問弁護士はこうしたモーゲージの多くを自社のバランスシートに戻すよう勧告した。

手はローンを回収し、融資枠を縮小し、同時に、投資家はリスク資産を売却し、ポートフォリオの流動性、つまり「安全」資産の割合を増やそうとした。

　危機の際にこのような流動性を供給できる組織は中央銀行しかない。中央銀行は、19世紀の英国のジャーナリスト、ウォルター・バジョットが「最後の貸し手」と呼んだ組織である[28]。中央銀行は、証券を貸したり購入したりすることで銀行に準備金を供給し、流動性を創出する。銀行は、必要なら準備金を究極的な流動資産である中央銀行券、すなわち通貨に変えることができる。このようにして中央銀行は、銀行への取り付けが起こりそうな場合、資産の質や価格が低下しているかどうかにかかわらず、そのような銀行の資産に対して任意の量の準備金を貸し出すことで対応できる。

最後の貸し手による迅速な対応

　リーマン破綻後、FRBは市場が求める流動性を提供した。リザーブ・プライマリー・ファンドが1口1ドルを割り込むと発表した3日後の9月19日、財務省はすべてのマネー・マーケット・ファンド〔MMF〕の残高を全額保証すると発表した。さらには、通常は外国為替取引に使われる為替安定化基金の資金を保証プランに充当すると表明した。為替安定化基金は500億ドルしかなく、MMFの資産の2％にも満たないため、財務省がその公約を履行するためには、FRBの無制限の信用枠に頼らざるをえなかった。FRBは自ら信用枠を設けてミューチュアルファンドからコマーシャルペーパーを買う銀行にノンリコースローンを提供し[29]、1カ月後には短期金融市場参加者向け資金調達制度が設けられた。

　2008年9月29日、連邦預金保険公社（FDIC）は、3120億ドルの貸付債権プールについてシティグループと損失分担の取り決めを行い、シティグループが最初の420億ドルの損失を吸収し、FDICがそれ以上の損失を吸収すると発表した。FRBはこの残り2700億ドルについてノンリコースローンを提供したのである。これに続いて1月には、同様の合意がバンク・オブ・

---

[28] 政府が中央銀行によって明確に支援されない場合、2011年から2012年の欧州債務危機で示されたように、政府債務ですら「無リスク」とはみなされない。
[29] これは、ABCP-MMMF流動性ファシリティ（Asset-Backed Commercial Paper Money Market Mutual Fund Liquidity Facility）と呼ばれた。

アメリカとの間で約3分の1の規模でなされた。シティグループはその見返りとして、FDICに120億ドルの優先株とワラントを発行した。9月18日、FRBは世界の主要中央銀行と1800億ドルのスワップ協定を結び、世界の金融市場の流動性を向上させた。

FDICは、リーマン破綻直後に発表されたMMFの保証に加え、10月7日、その4日前に議会が可決した2008年緊急経済安定化法によって認められた、預金者1人当たり25万ドルへの預金保護の引き上げを発表した。さらにFDICは10月14日、新たな暫定流動性保証プログラムを創設し、FDICの保険対象となるすべての金融機関とその持ち株会社の優先債務、および無利息預金口座の預金を保証した[30]。預金は破産法上の優先債権であるため、事実上、政府がすべての預金を保証することになった。

こうした政策イニシアチブを通じて提供された基金をFDICが保証する唯一の方法は、FRBの全面的な支援を受けることであった。FDICには信託基金があるが、その規模は保険の対象となる預金のごく一部である[31]。FDICがその約束を履行できるかどうかは、MMFの「保険」として使われる為替安定化基金のように、FDICに対するFRBからの無制限の信用枠にかかっている。

なぜFRBとバーナンキ議長は、民間部門に十分な流動性を確保するために、このような大胆な行動をとったのだろうか。バーナンキ議長や他の経済学者が、大恐慌の際に中央銀行がしなかったことから教訓を学んだからである。

マクロ経済学者なら誰でも、シカゴ大学のノーベル賞経済学者ミルトン・フリードマンが1963年に著した『米国金融史』を学んだことがあるだろう。彼の研究は、大恐慌の間に銀行システムに準備金を供給しなかったFRBに対して過ちであると断じた。マサチューセッツ工科大学で金融理論と金融政策を専攻して経済学博士号を取得したベン・バーナンキが、フリードマンの研究を痛切に意識し、FRBの過ちを繰り返すまいと決意したのは確かであろう[32]。2002年、金融危機の6年前に開かれたミルトン・フリードマ

---

30) 無利息口座（要求払い預金）は、企業が賃金やその他の支払いを行うために利用されていた。FRBは、決済システムを機能させ続けるために、その安全性を最重要視していた。
31) 1996年には、指定預金比率と呼ばれるFDICの信託基金の預金に対する比率が1.25％に設定されたが、2008年9月には1.0％を下回った。

ン生誕90周年記念式典で、バーナンキはフリードマン教授に向かってこう言った。「大恐慌については、あなたの言うとおり、私たちが引き起こしてしまった。大変申し訳ない。だが、あなたのおかげで二度と繰り返さないだろう」[33]。

リーマン・ブラザーズは救済されるべきだったか？

　リーマン・ブラザーズの破綻を受けてFRBは対策を開始したが、そもそも中央銀行が経営不振に陥った投資銀行を救済すべきだったのか、経済学者や政策アナリストは何年も議論することになるだろう。FRBはリーマンを救済する法的権限を完全に有していなかったとしているが、事実はそうではない。1932年、連邦議会は1913年に制定された連邦準備法を改正し、以下の第13条3項を追加した。

> 異常かつ緊急事態の場合、連邦準備制度理事会は、5名以上の委員の賛成投票により、連邦準備銀行に対しても、同理事会が決定する期間中……連邦準備銀行が満足する担保が確保されている場合に、個人、組合、法人のために手形、約束手形、為替手形等を割り引く権限を与えることができる。ただし、割り引きを行う前に、連邦準備銀行は、当該個人、組合、法人が他の銀行から適切な信用供与を受けることができないという証拠を入手しなければならない。[34]

　この法律に基づけば、リーマン・ブラザーズが破産宣言をする前の週末時点で、他の銀行から適切な信用供与を受けることができなかったのは明白なので、リーマンにはFRBの融資を受ける資格があったことになる。『FEDとリーマン・ブラザーズ：金融破綻の記録』の著者であるジョンズ・ホプキンス大学経済学部長のローレンス・ボールも同じ結論に達している。

---

32) バーナンキは、私が経済学部で同じ専門分野の博士号を取得した8年後に博士号を取得した。MITは「ケインジアン」学派として知られていたが、マネタリストの思想、特に金融史はよくカバーされていた。
33) 2002年11月8日報告。第18章で金融政策についてより詳しく説明した。
34) 12 USC 343. 1932年7月21日制定法（47Stat.715）により追加され、1935年8月23日制定法（49Stat.714）および1991年12月19日制定法（105Stat.2386）により改正された。

FRBがリーマンを救済しなかった理由は、法的なことというよりも政治的なことにあった。それ以前のベアー・スターンズ、ファニーメイやフレディマックに対する政府による救済は、国民、特に共和党から厳しい批判を浴びた。3月のベアー・スターンズ救済後、ブッシュ政権から「今後一切の救済不要」という声が上がった。ヘンリー・ポールソン財務長官は、ベアー救済の直後、リーマン・ブラザーズに対して、自力での立て直しを図るべきでありFRBからの援助は期待すべきではないと告げた。リーマンが破綻申請をする数日前、FRBは同社からの400億ドルの融資要請を拒否していた。ポールソン財務長官は、これだけの事前通告があれば、リーマンの破綻は大きな混乱なしに金融市場で消化されるだろうと期待していた[35]。

　だが実際には、財務省がリーマンのバランスシートを立て直すよう警告した3月では、すでに手遅れだった。リーマンはサブプライムモーゲージを購入するために多額の借り入れを行っていただけでなく、直前にはバンク・オブ・アメリカとともに、ティシュマン・スパイヤーに対してアーチストン・スミス・トラストを222億ドルで買収するための資金として170億ドルを貸し付けていた。ブラックストーンが市場のピーク時にサム・ゼルの不動産を売却したように、リーマンは新たな買い手に債権を売却して多額の手数料を得たかった。しかし、リーマンは50億ドルの売れ残り不動産を抱えることになり、リーマン・ブラザーズ史上最悪の取引だったと評する人もいる[36]。リチャード・フルドCEOはリーマンには支払い能力があると主張し続けたが、不動産市場の下落でリーマンに生き残るチャンスはほとんどないことを市場は知っていた。リーマンがモーゲージ関連証券と過熱した不動産市場に飛び込んだことで、破綻への道は決定的となった。

　FRBがAIGを救済する決断を下したのは、リーマン破綻後の金融の混乱がきっかけだった。FRBと財務省は、投資家が現金に殺到し国際金融市場でリスクプレミアムが急上昇したことに衝撃を受け、数千億ドルの債券とクレジット・デフォルト・スワップに懸念が生じるような破綻が再発すれば、世界の金融システムが崩壊する可能性が高いと考えた。保険会社であ

---

35) Henry M. Paulson, Jr., *On the Brink*, New York: Hachette Book Group, 2010, 第8章を参照。
36) Peter Chapman, *The Last of the Imperious Rich: Lehman Brothers 1844–2008*, New York: Penguin Group, 2010, 262–263.

るAIGは、FRBにとって間違いなくリーマンよりも責任範囲から遠かったにもかかわらず、FRBはこの巨大保険会社を救済した[37]。私は、もしAIGが先に破綻していたら同じような金融パニックが起こり、翌日FRBはリーマンの救済に追い込まれたであろうと確信している。

　リーマンを救済できなかったにもかかわらず、FRBはその破綻後、金融システムに信用を大量供給し、この措置によって信用とマネーサプライの両方を安定させた。大恐慌の1929年8月から1933年3月の間に、要求払い預金と貯蓄預金の合計として測定されるマネーサプライ (M2) は29％減少した[38]。対照的に、2008年の金融危機では、FRBが準備金を1兆ドル以上増加させたので、実はマネーサプライは増加していた。この措置によって十分な準備金が供給されたため、銀行は1930年代のように融資の回収を余儀なくされることはなかった。その後の（量的緩和と呼ばれる）準備金の流入の効果については多くの人が疑問を呈したが、当初の流動性供給が金融市場を安定させ、景気後退の大幅な悪化を阻止するのに不可欠であったことに疑いの余地はなかった。

金融危機の経済的・金融的影響

実質総生産への影響

　信用ショック、不動産価格の急落と株式市場の急落は、先進国経済に第二次世界大戦以降最も深刻な不況を引き起こした。米国では2008年第2四半期から2009年第2四半期にかけて実質GDPが4.0％減少し、1973年から1975年にかけての景気後退期の3.1％減少を大幅に上回った。2007年12月から2009年6月まで18カ月続いた景気後退は、1930年代前半に43カ月続いた大恐慌以降では最長となり、2009年10月には失業率が10.0％に達した。これは1982年11月に記録された戦後最高の失業率10.8％を0.8ポイント下

---

[37] 共和党のバーナンキはこのような金融会社を救済することを好まなかった。2009年7月、カンザスシティで開かれたタウンホールミーティングで、彼は次のように述べた。「私は第二次世界恐慌を主導するFRB議長になるつもりはなかった。私はしぶしぶ受け入れるしかなかった……（これらの金融会社を救済しなければならなかったことに）皆さんと同じようにうんざりしている」。2009年7月27日（月）AP通信、"Bernanke Had to 'Hold My Nose' over Bailouts".
[38] Milton Friedman and Anna Schwartz, *A Monetary History of the United States, 1867-1960*, Princeton, NJ: Princeton University Press, 1963 のTable A-1.

回ったものの、失業率は3年間8％を上回ったままで1981～1982年の不況時の2倍以上の長さであった。

　危機の発端は米国であったが、米国のGDPの落ち込みは多くの先進国よりも小さかった。GDPの落ち込みは日本が9.14％、ユーロ圏が5.50％、欧州最大の経済大国であるドイツが6.80％であった。カナダでは銀行が米国のように不動産資産に過剰なレバレッジをかけることはなく、最も穏やかな景気後退で済んだ。

　新興国は先進国よりもはるかにうまく経済ショックに対応した。中国やインドなど急速に成長していた国では、実質GDP成長率は減速したもののマイナスになることはなかった。新興国全体ではGDPはわずか3％の落ち込みにとどまり、2009年第2四半期には直前のピークを上回った。対照的に、米国がGDPの落ち込みを回復したのは2011年末であった。日本が直前のピークに戻ったのは2013年末、欧州は2015年になってからだった。

　グレートリセッションも厳しいものだったが、その落ち込みの深さは1930年代の大恐慌のほうがはるかに厳しかった。米国の実質GDPは1929年から1933年の間に26.3％落ち込んだが[39]、これはグレートリセッション時の5倍以上であり、失業率は25～30％に急上昇した[40]。1929～1933年の世界恐慌と2007～2009年のグレートリセッションの違いの理由の1つは、物価の動向である。消費者物価（CPI）は1929年9月から1933年3月の間に27％下落したが、グレートリセッション時のCPIの下落は最大で3.5％だった[41]。CPIは2010年3月までに金融危機前のピークを上回ったが、大恐慌のときは1929年の水準に回復するまでに14年かかった。

　デフレは景気循環を悪化させる。なぜなら賃金と物価の下落は負債の負担を増やし、物価が下落するにつれて負債の実質価値が増えるためである。金融危機前の2007年、消費者はすでに記録的な債務残高を負っていた。もし賃金や物価が大恐慌時と同じくらい下落していたら、消費者ローンや住

---

39) 四半期のデータがあれば、この落ち込み幅はもっと大きかっただろう。四半期のGDPは1946年まで入手できなかった。
40) Joseph Swanson and Samuel Williamson, "Estimates of National Product and Income for the United States Economy, 1919–1941," *Explorations in Economic History* 10, no.1 (1972), Enrique Martínez-García and Janet Koech, "A Historical Look at the Labor Market During Recessions," Federal Reserve Bank of Dallas, *Economic Letter* 5, no.1 (January 2010).
41) この下落は、原油価格が急落した2008年7月から12月にかけて起きた。

宅ローンの債務負担は実質ベースで3分の1以上増大し、破産件数も大幅に増えていただろう[42]。これが物価の安定がFRBの優先課題であった理由であり、2007〜2009年の不況で個人消費と企業支出が1930年代に比べてそれほど落ち込まなかった主な理由である[43]。

金融市場

FRBが景気後退を和らげるためにとった措置にもかかわらず、リーマン破綻後の信用崩壊は株式市場に壊滅的な影響を与え、株式市場は過去75年間で最悪の下落に見舞われた。9月15日以降の9週間でS&P500は40％下落し、11月21日には日中安値740を付けた。この広範なベンチマークは、最終的に2009年3月9日に12年ぶりの安値676まで下落し、1年半前の終値ピークを57％近く下回った。ベンチマーク指数の下落率は、1973年1月から1974年10月にかけて記録した戦後最悪の48％を超えたものの、87％超下落した大恐慌時には及ばなかった[44]。2007年10月の高値から2009年3月までに米国株式市場の時価総額は11兆ドル減少したが、これは米国のGDPの70％以上に相当する。

弱気相場では常に生じることだが、株価のボラティリティが急上昇した。VIXは、株式市場のプットとコールに織り込まれたプレミアム（実質的には株式ポートフォリオに保険をかけるコスト）を計測するもので、危機が始まる前の2007年3月の10未満の水準から、リーマン破綻直後には90近くまで急上昇した。この水準は1987年10月19日の株価暴落直後を除けば、戦後最高の水準である[45]。

ボラティリティを測るもう1つの指標は、株式市場が5％以上上昇または下落した日数であるが、これは1930年代初頭以来の水準にまで急増した。9月15日のリーマン破綻から12月1日までの間に、ダウ平均が少なくとも5％

---

42) これは、前述の物価水準の下落率27％（1/0.73）から算出したものである。
43) 大恐慌時にはなかったが、グレートリセッション時にGDPの落ち込みを緩やかにした他の要因は、FDIC預金保険の存在、手厚い失業補償、所得と資産価格の下落に伴う税収の自動的な減少が可処分所得の減少を緩和したこと、連邦政府支出の拡大などである。
44) 1973〜1974年のオイルショックでは、はるかに大きなインフレが発生したため、実質ベースでみると、1974年と2008年の株式市場の下落はほぼ同じ程度であった。
45) 10月20日の朝、（少し異なる指数のオプションを使って計算された）VIXは170近くに達した。それ以降、VIXは1997年のアジア通貨危機、1998年のロングターム・キャピタル・マネジメント破綻、2001年の9.11テロ直後、2002年の弱気相場の底で50を付けている。詳細は第19章を参照。

下落した日は9日あり、5％以上上昇した日は6日あった。5％以上の変動が79日もあった1930年代を除けば、5％以上の変動があったこの15日間は、1890年以降の他のどの10年間の合計日数をも上回った[46]。

米国株式市場の急落は、海外にも波及した。世界の株式市場で合わせて33兆ドルほどの時価総額が失われ、これは世界の年間GDPの約半分に相当する[47]。米国以外の先進国市場を対象としたモルガン・スタンレーEAFE指数の下落幅は、自国通貨ベースでは米国とほぼ同じだったが、この間にドル高が進行したためドルベースの下落幅は62％となった。新興国市場はドルベースで64％下落したが、これは中国の人民元を除くほぼすべての新興国通貨が対ドルで下落したためであり、自国通貨ベースでは下落幅が小さかった[48]。

新興国株式市場の下落幅は、1997～1998年のアジア通貨危機のときとほぼ同じであったが、2009年の新興国株価指数の安値は2002年の弱気相場の底値水準を大きく上回っていた。米国をはじめとするほとんどの先進国市場が2002年の底値を下回ったのとは、対照的である。

株価下落の初期段階ではもちこたえていたセクターも、信用市場の凍結に伴って急落した。REITはその一例である。利回りが目当ての投資家は、金利が低下すると、まずREITに殺到したので、リーマン破綻の翌週には実はREITは上昇していた。しかし、投資家が貸し手の信用枠縮小を恐れたため、次の10週間でREITは時価総額が平均で3分の2も失われるという驚異的な値崩れを起こし、2009年3月の弱気相場終了までに合計で75％も下落した。短期ローンで資金を調達していたREITや、投資家への利回りを高めようと相場上昇期に追加的なレバレッジをかけたREITは、特に大きな打撃を受けた[49]。

S&P500金融セクターは、2007年5月のピークから2009年3月の底まで

---

46) 市場のボラティリティとその原因となった出来事についての詳細な分析は、第16章と第19章を参照。
47) ドルベースでは、すべての市場が少なくとも50％下落した。イタリア、フィンランド、ベルギー、ロシア、ギリシャ、オーストリアは少なくとも70％下落し、アイルランドは80％以上下落した。2009年3月の安値から上昇した後、イタリア、ポルトガル、スペイン、ギリシャを含む多くの欧州市場が欧州債務危機の間、安値を更新した。アテネ証券取引所指数は1999年9月の高値から2012年6月まで92.7％下落した。
48) JPモルガン新興国通貨指数は、2007年10月から2009年3月にかけて、ドルに対して約19％下落した。自国通貨ベースでは、新興国株式は平均して約53％下落し、先進国株式とほぼ同水準の下落となった。
49) ゼネラル・グロース・プロパティーズは米国で最も質の高いショッピングモールをいくつか保有していたが、債権者が融資の返済を要求したため、その株式はリーマン破綻時の1株20ドル超から20セント足らずまで下落した。

84％下落し、約2兆5000億ドルの株式価値が消失した。この下落幅は、2000～2002年にS&P500のテクノロジーセクターが記録した82.2％の下落幅を上回ったが、テクノロジーセクターのピーク時の時価総額は金融セクターの3倍以上あったため、テクノロジーセクター暴落時に失われた株式価値は4兆ドルに上った[50]。もっとも、ハイテク株の崩壊は5年分の株式市場の上昇を帳消しにしたのに対し、金融危機は17年分の上昇を帳消しにし、株価を1992年のレベルまで押し下げた。

多くの金融機関の下落率はセクター平均の84％をはるかに超えた。最高値から最安値までの株式時価総額の下落率は、バンク・オブ・アメリカが94.5％、シティバンクが98.3％、AIGが99.5％に達した[51]。リーマン・ブラザーズ、ワシントン・ミューチュアル、その他多数の中小金融機関の株主はすべてを失ったが、1980年代初頭に上場した巨大な政府系機関であるファニーメイとフレディマックの株主は、資本を一部回復できるかもしれないという一縷の望みにしがみついていた[52]。国際的な銀行の多くも米国の銀行と同様に苦戦を強いられた。最高値から最安値までの下落率は、バークレイズが93％、BNPパリバが79％、HSBCが75％、UBSが88％で、イングランド銀行からの救済融資が必要となったロイヤル・バンク・オブ・スコットランドは99％であった。

企業収益への影響

時価会計ルールのため、S&P500企業の営業利益の減少幅は指数自体の下落幅である58％と完全に一致した。S&P500企業の〔1株当たり〕営業利益は、1997年6月30日までの12カ月間の過去最高91.47ドルから、2009年9月30日までの12カ月間の39.61ドルまで58％減少した。しかし、報告利益〔GAAP EPS〕の減少幅ははるかに大きく、12カ月間の報告利益は、1997年の最高84.92ドルから2009年3月31日までの12カ月間の6.86ドルまで減少した。この92％の利益減少は、1929年から1932年にかけての大

---

50) より投機的なモルガン・スタンレー・インターネット指数は、2000年1月から2002年3月までに96％下落した。
51) 弱気相場の底値から2年半後の2012年9月になっても、これらの銘柄はそれぞれ高値から89％、95％、98％下落していた。
52) 弱気相場の底値で株式価値の80％を失ったウェルズ・ファーゴや、70％以上を失ったJPモルガンなど、金融危機をほぼ回避した銀行は2013年にいずれも最高値を更新した。

恐慌時の83％の利益減少を上回るものであった[53]。

　金融機関による巨額の評価損計上が、2008年と2009年にS&P500が壊滅的な減益に陥った主な原因である。AIGによる2008年第4四半期の610億ドルの損失計上は、AIGのS&P500に占めるウエイトが0.2％未満であったにもかかわらず、S&P500の時価総額のほぼ半分を占める最も収益性の高い30社の利益を帳消しにした。第10章では、S&Pが企業の利益を1ドル単位で集計する方法によって、景気後退期のPERを大幅に過大評価していることを述べた。実際、国民所得計算から算出される税引後利益の総額は、時価評価を採用していないため、金融危機の間も20％弱の減少にとどまっている。

短期債券市場とLIBOR

　短期金融市場で最も注目されるスプレッドの1つは、フェデラルファンド市場（米国銀行間の準備金の貸し出しを促進する市場）でFRBが設定する金利〔FF金利〕と、ロンドン銀行間取引金利（LIBOR）と呼ばれる米国外での銀行間貸出金利との間のスプレッドである。

　図23-2は、2007年から2012年までのS&P500とLIBORのスプレッドの推移を示している。金融危機以前は、LIBORはフェデラルファンドの目標金利に非常に近く、通常は10ベーシスポイント以内に収まっていた。金融セクターに問題が生じた最初の兆候は、2007年8月にBNPパリバがファンドの償還停止を発表したことや英国のノーザン・ロックの信用問題を受けて、LIBORとFF金利のスプレッドが50ベーシスポイント以上に跳ね上がったときだった。その後の12カ月間、サブプライム問題が深刻化するにつれ、LIBORとFF金利のスプレッドはほぼ50～100ベーシスポイントの間で推移した。しかし、リーマンの破綻を受けてLIBORスプレッドは急騰し、10月10日にはLIBORとFF金利との差は前代未聞の364ベーシスポイントに達した。

　FRBがFF金利を積極的に引き下げていたのと同時に、多くの融資の基礎となる金利が上昇したことは、政策決定者にとって極めていら立たしいこ

53）大恐慌で物価水準が下落したため、1930年代の実質所得の落ち込みはさらに小さかった。詳しくは第10章を参照。

図 23-2 株価、LIBORスプレッド、危機の間の主な出来事

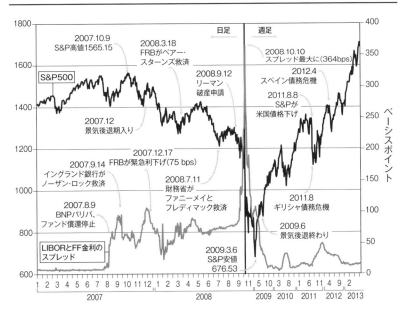

とだった。FRBが金融システムに準備金を流し込んだ後、LIBORスプレッドはようやく低下したが、100ベーシスポイントをしっかりと割り込むのは、株式市場が弱気相場の安値から回復し始める2009年3月まで待たなければならなかった。その3カ月後に、全米経済研究所（NBER）は景気後退の終焉を発表した[54]。

結論：危機を振り返って

2008～2009年の深刻な景気後退を招いた金融危機は、主要金融機関のポートフォリオにおいて不動産関連証券がオーバーレバレッジされていたことで引き起こされた。このオーバーレバレッジは、金融危機前の異例に

---

54) 危機の間に不祥事やLIBORのミスプライシングが起こったため、2020年代初頭、LIBORは他の短期指標に取って代わられつつあった。米国では、2022年に担保付翌日物調達金利（SOFR）が有力な代替指標として登場した。

長い景気安定（グレートモデレーション）期に起こったリスクの低下、格付け機関によるモーゲージ関連証券の誤った格付け、住宅所有の拡大を政治体制が承認したこと、FRBをはじめとする重要な規制当局による監督不行き届きなど、いくつかの要因によって生じた。しかし、最も責任を問われるべきは、これら金融機関の経営陣である。彼らは、住宅ブームが去ったときに自社に降りかかる脅威を把握することができず、欠陥のある信用格付けプログラムを実施している機関にリスク評価の責任を委ねていたのである。

マクロ経済レベルでは、金融危機は、グリーンスパン議長在任中に広まった、FRBは経済を微調整し景気循環をなくすことができるという神話に風穴をあけた。FRBは危機の発生を見抜けなかったものの、流動性を確保するために迅速に行動し、不況がはるかに深刻なものになるのを防いだ。

2008年の金融危機とその後の不況は、次のような喩えで説明できる。エンジニアリングと安全要素の改善で乗用車が50年前より安全になったのは間違いないが、だからといって、どんなスピードでも安全というわけではない。道路上に小さなデコボコがあれば、時速120マイルで走行中の最新型乗用車も、時速80マイルで走行中の旧型乗用車と同じように確実にひっくり返される。グレートモデレーション期には、確かにリスクは低下し、金融機関は当然のことながらバランスシートにレバレッジをかけた。しかし、そのレバレッジが大きくなりすぎ、サブプライムモーゲージのデフォルト率（路面の小さなデコボコ）が予想外に大きくなっただけで、経済と金融市場はこの100年近くで最大の危機に陥ったのである。

第24章 新型コロナウイルスのパンデミック

2015年3月、早期警戒
今後数十年の間に1000万人以上の死者を出すことがあるとすれば、それは戦争ではなく、感染力の強いウイルスである可能性が高い。だが、私たちは次の感染症に対する準備がまだできていない。

ビル・ゲイツ、TEDトーク

2020年1月21～24日、世界経済フォーラムにおける2つの見解
われわれは完全にコントロールしている。うまくいく。

ドナルド・トランプ、米国大統領

このウイルスがゲームチェンジャーになるかもしれない。長期の場合は、レバレッジをかけないほうがいい。

デビッド・テッパー、アパルーサ・マネジメントCEO

2020年2月12日、私はアリゾナ州スコッツデールに飛び、翌朝、金融アドバイザーの上層部を前に株式と債券の見通しについてセミナーを行った。空港に着いたとき、株価は史上最高値を更新したばかりだった。投資家は米国史上2番目に長い強気相場を享受していた。2009年3月に金融危機が底入れしてから、株価は絶好調で、弱気相場の標準的な定義である20％の下落はほぼ12年間なかった[1]。何がこの強気相場を終わらせるのか、終わ

---

1) S&P500で測った最も長い強気相場は、1987年12月4日から2000年3月24日まで13年以上続いたもので、1990年の下落時もマイナス19.92％で踏みとどまった。

らせることができるのか、多くの人が考えを巡らせていた。

確かに当時、中国の武漢で新型のウイルスが蔓延しているという不吉なニュースがあった。1月31日、米国保健福祉省はこのコロナウイルスを公衆衛生上の緊急事態と宣言し、トランプ大統領は中国からのフライトを禁止した。それでも株式市場は上昇を続けていた。2003年のSARS-1ウイルス、2012年のMERSウイルス、そして10年前にアフリカで発生した極めて致死率の高いエボラ出血熱と、これまでもウイルスの脅威に見舞われたことはある。だが、これらのどれも米国には影響を与えず、2月初旬にSARS-Covid2が出現しても、これまでと違いはないようにみえた。

私は、セミナーで集まった100人近いアドバイザーたちに次のような質問を投げかけた。この驚くべき強気相場を終わらせるものは、何だと思いますか？　そして選択肢を挙げていった。テロ、中東戦争、予期せぬFRBの引き締め、政治情勢、そして私と聴衆の半数近くが選んだのは「モメンタムトレーダーが相場を過剰に押し上げて、株価が自己修正する」だった。電子投票が集計されたとき、私が提示した最後の選択肢であるパンデミックを選んだのは1人だけだった。

図 24-1　コロナ禍のS&P500（2020年1～7月）

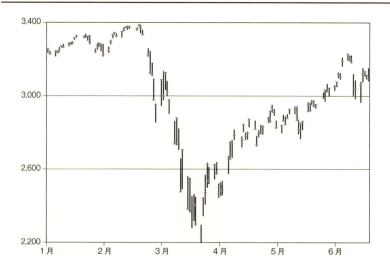

後でわかったことだが、私のプレゼンテーションの前日に、この強気相場はピークに達していた。その直後から、新型コロナウイルスの感染者が爆発的に増加し、投資家の自己満足は瞬く間にパニックに変わった。3月12日に株価は弱気相場の領域に入り、さらに下げ続けた。これほど短期間に、これほど大きく市場が下落したことはなかった。3月29日に底を入れるまでにS&P500は34％ほど下落し、7週間足らずで世界中の株式時価総額から20兆ドル超が消えた。**図24-1**は、歴史上最も急激な市場の下落を示している。

認識と現実

投資家の不安は偽りではなかった。しかし、市場の反応は合理的なものだったのか。パンデミックによる混乱で、各上場企業の利益が1年分消失するが、2021年3月までにはワクチンや治療薬の開発によって利益が通常に戻ったと仮定しよう。

ある銘柄が利益の20倍（パンデミック前の米国市場の平均PER）で取引されているならば、1年分の利益は企業価値の5％に相当するので、その利益がなくなっても株価は5％しか下がらないはずである。仮に2年間利益が出なかったとしても、株価の下落幅は10％である。私はしばしばメディアに出て、株価の下落は5〜10％ほどであるべきで、今回の急落は長期投資家にとって絶好の買い場であると述べていた。

パンデミックの歴史も新型コロナの脅威に対する市場の過剰反応を示唆していた。1918〜1919年にかけて流行したスペイン風邪は、新型コロナよりも致死率が高く、特に若くて健康な人への影響が大きかったが、経済や市場への影響は軽微であった。もう少し近いところでは、1957年（アジア風邪）と1968年（香港風邪）のインフルエンザ流行も、新型コロナより致死率が低く、経済や市場にほとんど影響を与えなかった。

だが、これらのパンデミックは昔の出来事である。今では、24時間放送のニュースチャンネルが疲弊しきった病院や死体安置所に入りきらない死体を映し出し、パンデミックに対する国民の不安が高まった。市場の反応も驚くことではない。恐怖心は歴史的な証拠の重みよりもはるかに強く投

資家の態度を支配すると、私は常に主張していた。

　国民の警戒心は経済の多くのセクターを完全にストップさせ、解雇が急増した。経済の活動レベルに最も敏感な指標の1つである失業保険申請件数は、2月最終週の20万件強から4月第1週には610万件を超え、1982年に記録したそれまでの最高件数の9倍を上回った。

　景気の急落と市場の崩壊は、米国政府とFRBの双方に金融危機をはるかに上回る支援対応を促した。FRBはFF金利の目標を再びゼロ近くまで引き下げ、銀行システムに準備金を供給し、プライマリーディーラー向け貸出ファシリティやMMF流動性ファシリティなど、12年前の金融危機の際に始まった多くのプログラムを再開した。さらにFRBは、それまでよりもはるかに踏み込んで、企業や非営利団体を対象とした金融事業以外への融資制度を創設し、初めて州政府や地方自治体にも資金を貸し出した。

　巨額の財政支出とその連邦政府支出を支援するためにFRBが創出したマネーは、金融危機への対応とコロナ禍への対応との大きな違いを示すものである。12年前、連邦政府の財政支援はアメリカ復興・再投資法（自動車買替補助プログラムを含む）で構成され、その総額は8300億ドルだった。対照的に、2020年3月に制定されたCARES法では、給与保護プログラム（PPP）を通じて個人と企業に2兆2000億ドルの助成金を支給し、州・地方政府と企業にも助成金を支給し、大幅な減税を行い、失業補償を大幅に強化した。さらに12月には、刺激策に9000億ドルが追加された。危機の緊急性により支出に対する保守派の反対がなくなり、両法案はほぼ全会一致で議会を通過し、トランプ大統領が署名した[2]。

　この支出のほとんどすべてがFRBによって供給された。2020年3月15日、FRBは「今後数カ月」の間に少なくとも5000億ドルの国債と2000億ドルの政府保証付きモーゲージ担保証券を購入すると発表した。そして3月23日、FRBは長期債購入を「無制限」にすると発表し、「円滑な市場機能と、広範な金融情勢への効果的な政策遂行を支援するために必要な額の」国債を購入すると表明した。

---

[2] 翌年、経済が回復すると、さらなる支出に対する保守派の反対が復活したが、民主党が議会と大統領の選挙の両方に僅差で勝って、2021年3月に1.9兆ドルのアメリカ救済法を可決した。11月には7000億ドルの超党派によるインフラ投資法が可決されたが、本稿執筆時点で、その後の支出計画は議会で暗礁に乗り上げている。

政府とFRBによる巨額の対策は、株式市場に衝撃を与えた。3月24日、S&P500は9.38％上昇し、1日の上昇率としては史上2番目の上げ幅を記録した。6月10日、FRBは緩和政策を強化し、その後通知があるまで少なくとも1カ月当たり800億ドルの国債と400億ドルの住宅・商業用モーゲージ担保証券を購入し続けると発表した。その結果、FRBの有価証券保有残高は、2020年3月中旬から12月上旬までの間に、財政支出を賄うために新たに発行された国債2.7兆ドル買い入れたことで、3.9兆ドルから6.6兆ドルに増加した。FRBが国債購入を停止した2022年3月には、そのバランスシートは9兆ドル近くまで膨れ上がっていた。

中央銀行の金融拡大

FRBが財務省から国債を直接購入することは禁じられており[3]、政府は国債を公開市場で売却する必要がある。だが、中央銀行が数日のうちにこれらの国債を買い入れるとわかっていれば、特に金利が低いとき、投資家は短期での国債購入に積極的になる。

その場合、FRBは実質的に財務省から直接国債を購入し、FRBの財務省口座に入金することで代金を支払う。その後、政府はFRBから受け取った資金を、受け取る資格のある個人、企業、地方自治体に送る。このようにして、国、州、地方政府の金融収支は財政刺激策によって強化されるのである。

これらのプログラムが実施された直後から、M1（現金＋当座預金）、もしくはほとんどのエコノミストがより重要と考えている広範なベースのM2[4]のいずれでみてもマネーサプライが急増した。3月から4月までにM2は3.5％以上、年率換算で50％も急増し、1カ月当たりの増加率としては史上最大となった。この増加は、12年前のリーマン破綻後の増加をはるかに上回るものだった。

マネーサプライの急激な増加を受け、私は新型コロナ発生からちょうど

---

3) ニューヨーク連銀スタッフ・レポート "Direct Purchases of U.S. Treasury Securities by Federal Reserve Banks," Kenneth D. Garbade, Staff Report No.684, August 2014.
4) M2には、M1に加えて、普通預金、譲渡性預金、MMF、その他いくつかの容易に入手できる流動性資産が含まれる。FRBによるマネー創出については第18章で述べた。

5週間後の4月14日付で論文を書き、それを同僚たちに回覧した。タイトルは「誰が新型コロナとの闘いの代償を払うのか？」[5]である。私は、マネーサプライの大幅な増加には代償を伴うと論じた。このような増加は必然的にインフレを生じさせることを歴史が証明しており、現在のマネー急増が「経済と金融市場の双方に劇的な影響を与える」と私は予測した。続けて、「インフレと金利の上昇は、40年近く続いた債券の強気相場を終わらせるだろう。『ただ飯（フリーランチ）』はない。『新型コロナとの闘い』の代償は、今後予想されるインフレで価値が目減りする金融資産を保有する人々が支払うことになる」と述べた。

　私の論文は懐疑的な目で受け止められた。原油価格は急落し、在宅勤務やオンラインショッピングへのシフトによって商業施設の賃料は急落していた。懐疑論に拍車をかけたのは、金融危機の渦中に、そしてその後も引き続き実施されたFRBによる大規模な流動性注入によって、急激なインフレが起こるという警告を多くのエコノミストが発していたにもかかわらず、インフレが起こらなかったことだった。実際、金融危機後、インフレ率はFRBの目標である2％を大幅に下回って推移していた。

　FRBによる金融危機への対応とコロナ禍への対応とで決定的に異なっていたのは、前者ではFRBの流動性のほとんどが銀行の過剰な準備金の増強に使われ、民間部門にはほとんど貸し出されなかったことである。コロナ禍では、政府は、単に銀行システムの準備金口座に資金を預けるのではなく、個人、企業、州・地方政府の銀行口座に直接資金を供与した。フリードマンが『米国金融史』で示したように、大恐慌の間、FRBは実際に公開市場での買い入れ額を増やしたが、預金の急激な減少を相殺するにはまったく十分ではなかった。その結果、マネーサプライは急減し、物価と所得は急落し、失業率はその後急増して30％を超えた。

　コロナ禍の前と最中のマネーサプライの推移を**図24-2**に示した。上の図は2016年から2021年までの期間である。M2はコロナ禍前の数年は緩やかに増加し、その後、2020年3月から7月までに17.5％増加した。さらに、

---

[5] インターディペンダンス・センターのウェブサイトで見ることができる。https://www.interdependence.org/blog/who-is-paying-for-war-on-covid19/. 論文の更新版は、2021年1月19日付『フィナンシャル・タイムズ』紙に掲載された。https://on.ft.com/38UjWPp.

図 24-2 マネーサプライ M2（1970 〜 2021 年）

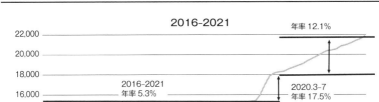

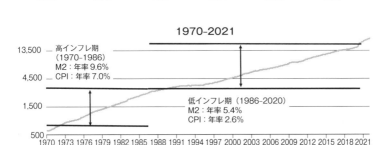

2020年5月から2021年末までの増加率は年率12.1%を超え、コロナ禍前の水準を2倍以上上回った。

コロナ禍と金融危機の間のマネーサプライの動きは対照的だった。リーマン危機後、確かにFRBはマネーサプライを拡大し、M2はその後の4カ月で5%増加した。しかし、その伸びは2009年には横ばいとなり、その後の増加率は年率4%に達しなかった。

図24-2の下の図は、インフレとマネーサプライの伸びを50年にわたってみたものである。1970年から1986年までは高インフレの時期で、マネーサプライの伸びは年平均9.6%、消費者物価指数（CPI）の伸びは年率7.0%でマネーサプライより2.5%ポイントほど低かった。これは貨幣理論が規定するものに非常に近い。それは、長期的にインフレ率はマネー増加率から経済成長率を引いた値と等しくなるというもので、経済成長率が実質GDP成長率で近似できるとすれば、この期間の平均は2〜3%であった。

1980年代初頭、ポール・ボルカーFRB議長がインフレ抑制のために、マ

ネーサプライを絞って金利を記録的な高水準に引き上げた後、米国は長期にわたる緩やかなインフレ期に入った。1986年から2020年のパンデミックまでの34年間で、マネーサプライは年率5.4%で増加し、インフレ率は年平均2.6%だった。マネーサプライの増加とインフレ率の強固な関係が、長期にわたって維持されていることに留意すべきである。短期的には、マネーの増加とインフレ率の間に大幅なラグが生じる可能性もある。

図24-3は、インフレとマネー増加率を最も長期の時系列データで示したものである。19世紀と20世紀初頭のデータはフリードマンの『米国金融史』から取得した。インフレ率は2年遅れで表示しているが、これはマネーがインフレに影響を与えるまでの平均的なラグを表している。

2020年のマネーサプライの伸びは、単年では米国史上最大となり、第一次世界大戦と第二次世界大戦の両期間の急激なマネーサプライの伸びを上回った。どの観点からみても、マネーの爆発的な増加はインフレと金融市場の双方に大きな影響を与える可能性が高いと思われた。

図24-3 マネーサプライM2の年間増加率とインフレ率（2年遅行）

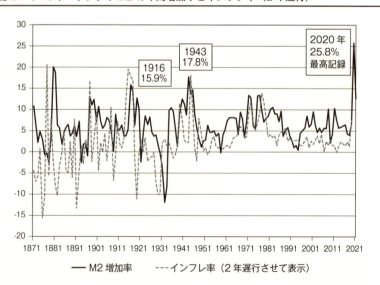

財政刺激策の代替財源

　FRBが政府の巨額の財政赤字に対応していなければ、経済と金融市場はまったく違った動きをしていただろう。政府は中央銀行からではなく、国民から資金を借りなければならなくなる。この場合、長期金利が上昇し、財政刺激策による景気拡大効果が大幅に相殺される。金利の上昇は株価の上昇を鈍らせ、借入コストを上昇させ、流動性の増加を抑制する。しかし、インフレは抑制されたであろう。

　増税は財政拡大を賄うもう1つの選択肢だったが、税引き後の所得を減らして、コロナ禍で最も影響を受けた人々が受け取る給付金を相殺するものとなる。しかし、議会には増税の意欲はなく、この選択肢は追求されなかった。代わりに、「新型コロナとの闘い」はマネーの拡大とインフレ率の上昇によって賄われたのである。

予測の失敗とインフレの過小評価

　2021年に勃発したインフレに、FRBは明らかに驚いていた。2020年12月、FRBはお好みのインフレ指標である個人消費支出（PCE）デフレーターが、2021年に1.8％上昇し、2022年にはほんの0.1ポイント増の1.9％上昇になると予測した。驚くべきことに、連邦公開市場委員会〔FOMC〕メンバー19人の2021年のインフレ予想値で最も高いのは2.3％だった。実際には、PCEデフレーターでみたインフレ率はほぼ5％となり、より一般的な消費者物価指数（CPI）によるインフレ率は7.5％に高騰した。

　インフレ圧力を過小評価していたのは中央銀行だけではない。ブルームバーグは2020年12月に掲載した「大インフレの幻影に備えよ」と題する記事で、財政・金融政策の大きさから一部で高まっていた懸念を重要視していなかった[6]。ブルームバーグが調査したエコノミスト予測の中央値は、前年比1.1％増と穏やかなものだった。JPモルガン・チェースの米国経済担

---

[6] Reade Pickert and Vince Golle, "Get Ready for the Great U.S. Inflation Mirage of 2021" Bloombergquint.com（December 7, 2020）, https://www.bloombergquint.com/global-economics/get-ready-for-the-great-u-s-inflation-mirage-of-2021.

当チーフエコノミスト、マイケル・フェローリは、「失業率が依然として高いため、インフレは緩やかになるだろう」と述べた[7]。労働力の余剰が賃金を抑制し、物価を低く保つというのがコンセンサスだった。マネーサプライの前例のない拡大は誰もが無視していた。2021年にインフレ率が上向くと、FRBは「一過性」という言葉で物価上昇を説明し、その上昇を（中古車など）特定のセクターにおける特殊要因や、一時的と判断されたサプライチェーンの混乱によるものとした。

　実際、2021年に発生したサプライチェーンの問題は、新型コロナ関連の混乱だけが原因ではなく、パンデミックに伴う財政刺激策の増加とサービスから財へのシフトの両方によって引き起こされた財への需要の大幅な増加が主な原因であった。2021年後半にインフレが悪化するにつれ、「一過性」という表現は嘲笑の対象となる修飾語になり、パウエルFRB議長は2021年11月下旬にこれを「撤回」すると発表した。

　多くの人が2021年のインフレ率を過小評価した理由の1つは、金融危機後に実施された量的緩和のインフレへの影響を過大評価したことにある。2010年代に記録的な財政赤字と結び付いた準備金の大量供給がインフレを招かなかったのであれば、コロナ禍に際して提供された刺激策がインフレを招くはずがない、というのが多くの人の論拠であった。前述したように、この2つの出来事の重要な違いは、金融危機の間にFRBは準備金を拡大したが、マネーサプライはほとんど増加しなかったことである。

　インフレが過小評価されたもう1つの理由は、消費者物価の情報収集機関である労働統計局の手法にある。住宅コストを決定する賃貸契約と住宅価格のサンプリング調査の頻度が少ないため、CPIのウエイトの3分の1近くを占める住宅部門の物価上昇を記録する手続きに、非常に時間がかかるのである。そのため労働統計局の計算では、住宅価格のケース-シラー指数が20％以上上昇し、全米の賃貸コスト指数もほぼ同率上昇していた事実を見逃していた。最終的には、これらの住宅コスト上昇は計算に含まれて、のちのインフレ率を過大に見積もることになるが、2020年と2021年にはインフレ率を過小評価する要因となった。

　FRBはインフレの本質と金融緩和の効果についての予測を誤り、結局、

7）注6と同じ

2022年に金融緩和にブレーキをかけざるをえなくなった。ジェイ・パウエル議長は金利を大幅に引き上げ、これが株の弱気相場を引き起こし、商品価格と不動産価格の上昇を減速させた。パウエル議長がもっと早く利上げを行っていれば、2021年の投機的な行き過ぎは抑えられ、インフレ率はもっと低くなっていただろう。

インフレが株式と債券に与える影響

　危機の間、私はメディアで株式は「実物資産」であると強調していた。つまり、株式価値は工場や設備、著作権、商標権、知的財産権などの資本の収益力に依存しており、それら資本の価値は物価水準とともに上昇するということである。これは、債券や通貨がドルの購買力の変動では何も調整されないドル建てリターンの資産であることと対照的である[8]。

　実際、「レバレッジ」のかかった企業、つまりバランスシートに低利のローンや債券を大量に抱えている企業のほうが、インフレから大きな利益を得る可能性がある。コロナ禍の初期には、負債が少なくバランスシートの質が高い企業が、景気後退を生き残る可能性が高いとして重視された。実際に航空会社、クルーズ船、ホテルといった旅行・レジャー産業に関連した企業が破綻するのではないかという懸念が高まり、質の低い債券と質の高い債券との間のスプレッドが急上昇した。銀行も特別監視下に置かれ、（金融危機のときと同様に）配当金の増額が制限されたが、その理由は、銀行の融資の多くが商業用不動産に結び付いており、債務不履行に陥る可能性があったからだ。しかし、経済が回復し、また政府が大規模な財政援助を行ったため、倒産はほとんどなかった。

　インフレに伴って企業が利益を得るもう1つのレバレッジは、確定した労働契約である。多くの従業員の賃金や給与は年に一度、一定程度は将来のインフレ期待に基づいて決定される。インフレが予想より上昇すれば、実質ベースでの人件費は減少し、企業の利益率は上昇する。

　もちろん、インフレが長期にわたって続けば、これらの効果も長続きし

---

8) もちろん、物価連動国債（TIPS）はインフレ調整を行うが、実質利回りははるかに低く（本稿執筆時点では）マイナスである。

ない。労働者はやがて購買力の損失に対する補償を求め、金利はインフレ期待の高まりに合わせて上昇する。それまでの間、金融と財政の拡大による予想外のインフレは、企業の利潤を増加させるだろう。

コロナ禍とその後の株式バリュエーション

中央銀行によって過剰流動性が生み出されると、それはまず流動性のある市場に流れ込む。株式市場もその1つであることは間違いない。2020年2月から2021年12月までの間に、株価が44％上昇し史上最高値を記録したことは、驚くべきことではない。S&P500は2020年3月の底値から100％以上上昇した。

この間、S&P500の1株当たり利益は、2020年初頭予想の180ドルから2021年12月には220ドルへと22％増加した。株価も利益の2倍の速さで上昇したため、PERは約18倍から21倍に上昇した。

PERが上昇した理由はいくつかある。1つは、市場全体よりもバリュエーションが高いハイテク株が好調だったことだ。他にも要因がいくつかある。実質金利が2000年の4％をピークに長期にわたって低下し続け、10年物の物価連動国債（TIPS）ではマイナス1％を割り込んだことである。さらに、TIPS以外の国債の実質リターンも大幅に低下した。

金融危機後の数年間、株価の上昇傾向が続いていることを説明するために、ある頭字語が繰り返し使われた。TINA（There is no alternative）である。その意味するところは、歴史的にみて株価はファンダメンタルズに比べて高いが、金利がこれほど低いために株式に代わるものはない、ということである。低金利とインフレの時代には、株式のような実物資産が魅力的である。

商品価格

インフレ時に富を守る資産は他にもある。それは商品と不動産だ。金融・財政刺激策によって個人所得が増加し、市場の流動性が高まったため、双方とも2020～2021年に急上昇した。コモディティ・リサーチ・ビュー

ロー (CRB) の算出する19品目の商品価格指数は、コロナ禍のごく初期に急落した後、2021年末までにコロナ禍前の水準から20％以上上昇した。

最も重要な商品である原油は、2019年末には1バレル当たり60ドル前後で取引されていたが、中国でのウイルス拡大の報道後すぐに下落し始めた。2月12日に米国株式市場が史上最高値を更新したときでさえ、原油は1バレル50ドルまで下落していた。ウイルスが拡散し移動が閉ざされると、原油価格は史上最大の暴落に見舞われた。3月19日には46ドルから27ドルに下落し、その後も下げ続けた。4月20日、米国の先物価格の基準となるオクラホマ州クッシングの貯蔵ハブの原油が供給過剰となり、先物価格は衝撃的なゼロ割れとなり、終値は1バレル当たりマイナス40.32ドルとなった。クッシングの貯蔵施設に大量の原油が運び込まれたため、売り手は原油を運び出すための費用を支払わなければならなかった[9]。

原油価格はすぐに回復したが、木材や鉄鋼など他の商品も景気循環に敏感であるうえに建築ブームにも反応した。木材価格は、コロナ禍前の水準から2021年夏までに4倍に跳ね上がった。その後は下がってはいるが、2021年末時点でまだコロナ禍前の水準の2倍であった。海上輸送費も急騰し、他の原材料価格も同様の急騰をみせた。石油以外の財の主要な海上輸送費であるバルチック海運指数は、コロナ禍前の水準から5倍に上昇し、その後下落している。

不動産価格

住宅用不動産価格は2000年3月から2021年12月までで25％以上上昇した。これはケース-シラー住宅価格指数がつくられた1986年以降、最も急速な上昇であった。このペースは、2008年の金融危機前の住宅バブル時の上昇率を上回っている。

住宅価格上昇の要因は15年前とは大きく異なり、恒久的である可能性がはるかに高い。2005～2008年の住宅バブルは、サブプライムモーゲージの普及によって貸出基準が急激に緩和され、それまで住宅ローンを組むこと

---

9) Erik P. Gilje, Robert Ready, Nick Roussanov, and Jérôme P. Taillard, "When Benchmarks Fail: The Day That WTI Died," working paper, November 30, 2021.

ができなかった人でも購入の基準を満たすようになったことが原因だった。しかし、2020～2021年の価格上昇は、いくつかの要因による住宅需要の増加によって促された。その要因とは、金利の低下、感染から逃れるための別荘の需要、そして重要なことだが、在宅勤務の機会が大幅に増加したことによるホームオフィスを併設できる広い住宅の需要である。

　REIT指数の動きは株式市場の動きを反映していた。同指数は2020年2月20日から3月23日までに43％超下落し、S&P500の下落率をわずかに上回った。不動産は、2000～2001年のハイテクバブル崩壊時には株式下落に対する有効なヘッジになったが、今回は金融危機のときと同じくヘッジにはなっていなかった。しかし、REIT指数は急反発し、2021年12月にはコロナ禍前のピークを18％上回ったが、S&P500の42％上昇にははるかに及ばない水準であった。

　REIT指数の構成銘柄のリターンは大きく差がついていた。商業オフィスの価格は急落し、2021年末までにコロナ禍前の水準まで回復するのがやっとだった。だが、データセンターの価格は急上昇し、2021年末にはコロナ禍前の水準を50％近く上回り、セルフストレージ〔個人向けレンタル収納スペース〕の価格は同期間にほぼ2倍になった。

経済の恒久的な変化

　新型コロナにより100万人以上の米国人が死亡し、世界ではおそらく2000万人以上が亡くなった[10]。さらに多くの人々が感染し、生き残った人の多くに長期にわたる後遺症が残った。

　危機は人々の行動を変化させる。ライブイベント、外食、旅行の減少のように一時的なものもある。しかし、経済と金融の両分野においては、恒久的な変化もあるだろう。以下は、コロナ禍の急性期が過ぎた後も持続する重大な変化と私が考えるものである。

---

10)『エコノミスト』による2021年末の推定。

1. 平均寿命の延び

mRNAワクチンの開発と有効性は、感染症の抑制、免疫システムの強化、がんなど感染症以外の病との闘いにとって画期的な技術である。平均寿命が長くなると、個人は退職後の生活設計や資産配分を見直す必要がある。

長寿化はコロナ禍以前から進んでいたが、医療の飛躍的進歩が達成されたことから、今後さらに加速するだろう。定年後の期間は延びるだろうが、働く年数も延びるだろう。全体として、老人ホームや医療介護、旅行その他のレジャー活動など、退職後に必要とされる財やサービスの需要が高まるだろう。

2. 在宅勤務の増加

コロナ禍の間に、都心部のオフィスに集まらなくてもバーチャルでつながることが飛躍的に可能になり、ほとんどの人やエコノミストの予測をはるかに上回る成功を収めた。これは、次のような変化に拍車をかけるだろう。

a. 商業オフィス需要の急激な減少。これはオフィススペースのコストを下げ、都市の企業密度を下げる。通勤時間の短縮により、余暇活動(ライブイベント、スポーツ、ゲーム、旅行など)に使える時間が増える。

b. オンラインショッピングとホームエンターテインメントの増加。コロナ禍はオンラインショッピングの増加傾向を加速させた。この間、ほとんどの映画館が休館し、その多くが完全に閉館となったため、オンラインエンターテインメントに大きな影響を与えた。オンラインエンターテインメント用のシステム需要は増加するだろう。

c. ビジネスのみの旅行の減少。ビジネス会議のための旅行は観光地が中心となり、そこで友人や家族と過ごしたり、他のイベントを楽しんだりすることが、目的地までの時間と労力をかける動機となる。

d. ギグ・エコノミーの台頭。収入を得るために複数の活動に従事する労働者が増え、個人経営の小規模企業が大幅に増加する。企業文化の重要性は低下するが、大組織にありがちな集団思考から個人が解

放されるため、イノベーションは増加するだろう。
- e. 生産性が向上し、労働時間も減少。これが従来型の経済活動の指標であるGDPに与える影響は曖昧である。GDPには余暇の価値が含まれていないので、消費財の価値と余暇の価値を合計した経済厚生が向上するだろう。

3. **金融見通し**
- a. イールドカーブは平坦になり、実質金利は頻繁にマイナス。米国債は、リスク資産を急落させたコロナショックに対する優れた短期ヘッジであることが証明された。2020年3～4月に金利と消費者物価が低下すると、需要ショックに対して長期国債はTIPSよりもさらに効果的なヘッジとなった。その結果、長期債はFRBの金融引き締めに対して、過去ほど強く反応しなくなった。こうして、イールドカーブはより平坦になり、「逆イールドカーブ」の事例も増えるだろう。しかし過去とは異なり、逆イールドカーブは、よほど強いものでない限り、必ずしも景気後退を予兆するものにはならないだろう。
- b. 株式と企業収益の回復力。ほとんどの企業は予想よりも早く効果的に危機に適応した。この対応から明らかなことは、短期的な出来事に過剰反応せず、長期的な視点を持つことの重要性である。ほとんどの資産の価値の90％以上は1年以上先の収益力に依存しており、短期的な混乱が資産価格の急落を正当化するものではないと認識することが重要である。
- c. インフレヘッジの重要性。長らくインフレが落ち着いていたため、インフレが問題になることはないと信じられてきたが、不換紙幣経済の下ではマネーの創出に自然限界は存在しない。不動産や商品、とりわけ株式などの実物資産は、ポートフォリオを構成するうえで極めて重要である。実質金利は大幅なマイナスで推移し、購買力を維持する効果はない。株式はプラスの実質リターンとインフレヘッジ効果を持つ。

結論

　人々は「ローカルマキシマ〔局所的な最大値〕」に安住しやすいとよくいわれる。つまり、いつもやっていることをやると落ち着き、簡単に実行できる小さな変化で状況を改善しようとするのである。

　しかし、多くの人は大きな変化には抵抗する。大きな変化にかかるコストは高く、私たちの生活を悪化させるかもしれないからである。食べるもの、住むところ、つきあう人、働く場所など、生活をより良くする変化もあるかもしれないが、私たちのほとんどは、そのような変化をもたらすコストは努力に見合わないと判断するのである。

　現実世界で起こる出来事は、しばしば私たちに「ローカルマキシマ」を捨てさせ、新たな行動へと押しやる。結果的に、危機がイノベーションに拍車をかけることも多い。第二次世界大戦は、原子力エネルギーやジェットエンジンを生み出し、インフルエンザワクチンとペニシリンの普及をもたらした。同様に、コロナ禍は、人命の悲痛な損失をもたらしたが、mRNA技術、遠隔通信、そしてうまくいけば次のパンデミックを防ぐのに必要となるツールの開発を加速させた。

第7部

株式で富を築く

第25章　心理が投資の邪魔をする

> 合理的な人は、ネス湖の怪獣のようにしばしば目撃されるが、めったに写真に撮られることはない。
> 　　　　　　　　　　　　　　　　デビッド・ドレマン、1998年[1]

> 市場は最高に見えるときが一番危険で、最悪に見えるときが一番おいしい。
> 　　　　　　　　　　　　　　　フランク・J・ウィリアムズ、1930年[2]

　本書には、国際的に分散された長期株式投資をサポートするデータや図表が数多く掲載されている。理論を理解すること自体は、実際に利益を得ることよりもずっと容易である。近年、心理的な要因が合理的な分析の邪魔をし、投資家のポートフォリオが最高の結果を生み出すのを阻むということを、金融の専門家はこれまで以上に認識するようになった。心理的な要因の研究は行動ファイナンスという分野に成長した。
　本章は、行動ファイナンスの基本的な研究や問題を理解しやすくするために、会話形式で進める。デイブは心理的な罠にはまり、効率的に行動できないでいる個人投資家である。彼の行動と自分の行動との共通点に気づく読者もいるだろう。そうであれば、本章の助言は読者の投資が成功するのを助けるだろう。デイブは、はじめに妻のジェニファーと話し、それか

---

1) David Dreman, *Contrarian Investment Strategies: The Next Generation*, New York: Simon & Schuster, 1998.
2) Frank J. Williams, *If You Must Speculate, Learn the Rules*, Burlington, VT: Freiser Press, 1930.

ら行動ファイナンスを理解している投資カウンセラーに相談する。会話は、1999年秋、ちょうどITとドットコムバブルが市場を席巻し、ピークへと向かう頃から始まる。

ITバブル：1999～2001年

1999年10月

デイブ：ジェン、大事な決定をしたよ。僕らのポートフォリオには、フィリップモリスやプロクター・アンド・ギャンブル、エクソンモービルのような「時代遅れ」の銘柄しか入っていない。これらの銘柄はここのところまったく上昇していない。同僚のボブとポールはインターネット関連株で大儲けしている。証券会社のアランにこういう銘柄の見通しについて話を聞いたんだ。専門家はインターネットが将来のトレンドになると考えているみたいだ。まったく動いていない保有株を売って、アマゾンやヤフー、インクトミのようなインターネット関連株を買おうと思う。

ジェニファー：そういう銘柄はとても投機的だって聞いたわ。自分が何をしようとしているのか、よくわかっているの？

デイブ：アランが言うには、IT革命によって仕事の進め方が完全に変わって、「ニューエコノミー」という時代に入ろうとしているんだ。僕らが保有している銘柄は「オールドエコノミー」の銘柄なんだ。そういう銘柄にも良い時代はあったけど、僕らは将来に投資すべきだ。インターネット関連株が乱高下することはわかっているし、損しないように慎重にチェックするよ。信じてくれよ。これで、やっと僕らも正しい方向に進むことができるんだから。

2000年3月

デイブ：ジェン、最新の残高明細を見た？　去年の10月から60％も値上がりしている。ナスダックは5000を上抜けしたし、ここで止まってしまうなんて誰も思っていないだろう。市場の興奮は広がっていて、オフィスでもこの話題で持ちきりなんだ。

ジェニファー：前よりずっと頻繁に株を売ったり買ったりしているようね。

何を保有しているのか、よくわからないわ。
デイブ：情報が市場に届くスピードがどんどん速くなっているんだ。だから、継続的にポートフォリオを調整しないといけない。手数料は、今はとても安いから、株価に影響を与えるどんなニュースに反応しても割に合っている。こんなに儲かっているんだから、僕を信用してくれよ。

2000年7月

ジェニファー：デイブ、証券会社の報告書を見たわ。もうインターネット株を保有していないのね。今保有しているのは、（報告書を読み上げる）シスコ、EMC、オラクル、サン・マイクロシステムズ、ノーテル・ネットワークス、JDSユニフェーズ。私はこんな会社知らないけど、あなた知っているの？

デイブ：インターネット関連株が4月に暴落したとき、それまでの利益が消えてなくなってしまう直前に売ったんだ。残念ながら、たいして利益を上げられなかったけど、損もしなかったよ。

　今は正しい方向に進んでいると思うよ。インターネット関連企業は利益を出していなかったんだ。今僕らが保有している新しい企業はみんな、インターネットのインフラを提供していて、どこも儲かっている。アランが大事な話を聞かせてくれたよ。1850年代のカリフォルニアのゴールドラッシュで一番儲けたのが誰か知ってる？　金の採掘者じゃないんだ。もちろん、最初に金を見つけた何人かは儲けたけれど、その後はほとんど何も見つけられなかったんだ。ゴールドラッシュの本当の勝者は、採掘者にショベルやブーツ、フライパン、キャンプ用具といった必需品を売った人なんだ。教訓はとてもはっきりしている。インターネット企業のほとんどは失敗するだろうけど、インターネットのインフラであるルーター、ソフトウェア、光ファイバーケーブルを提供する会社が大儲けするんだ。

ジェニファー：でも、どこかのエコノミストが、そういう銘柄は今かなり過大評価されていて、利益の何百倍で売買されてるって言ってたわ。

デイブ：そうだよ。でも、過去5年間の成長率を見てくれよ。こんなの見たことないよ。経済は変化していて、伝統的な投資尺度の多くは当てはまらなくなっている。僕を信じて。ちゃんと株をチェックするから。イン

ターネット関連株からもちゃんと逃げただろう。

2000年11月
デイブ（独白）：どうしたらいいんだろう。この数カ月はひどいものだ。約20％も損失が膨らんでいる。わずか2カ月前に80ドル以上だったノーテルは、今では40ドル程度だ。EMCは30ドルだったのに、今は15ドル近辺だ。安すぎる。残りの現金を使って今の安値でもっと買おう。そうすれば、今保有している株がそれほど大きく上がらなくても、プラス・マイナス・ゼロになる。

2001年8月
ジェニファー：デイブ、たった今、証券会社の報告書を見たところよ。私たち、大打撃を受けたじゃない！　老後資金の4分の3がなくなってしまったわ。ちゃんとモニターするって言ってたじゃない。こんなポートフォリオ、ただの大損じゃない。

デイブ：わかってるよ。僕だってひどく辛いよ。専門家は誰もがこれらの銘柄は回復するって言ったのに、下落し続けたんだ。

ジェニファー：前にも同じことがあったわ。なぜこんなひどいことをするのか理解できない。あなたは何年も市場を近くで見てきたし、財務諸表を全部勉強して、いろんなことをよく知っていると思った。でも、あなたはいつも間違った判断をするわ。高値で買って、安値で売る。勝者を売って、敗者を持ち続ける。あなたって人は……。

デイブ：わかってる、わかってるよ。僕の株式投資はいつも間違っている。もう株はやめて、債券だけにしようと思う。

ジェニファー：聞いて、デイブ。あなたの投資の問題について何人かの人に相談してみたの。それで、あなたに投資カウンセラーのところに行ってもらいたいの。彼らは行動心理学を使って、うまくできない投資家にその理由をわからせてくれるそうよ。投資カウンセラーは、あなたの投資行動を修正する手助けをしてくれるんですって。デイブ、もうアポは取ってあるの。彼女に会って。

行動ファイナンス

　デイブは懐疑的だった。株式を理解するには経済や会計、数学の知識が必要だと考えていた。それらの分野で心理という言葉が使われたのを聞いたことがなかった。しかし、彼は自分が助けを必要としていることはわかっていた。そして、どんなものか聞くくらいのことなら問題はないと思った。
投資カウンセラー：あなたの経歴を読んで、奥さんと何度も話をしました。あなたは、私たちがカウンセリングを行う投資家の典型です。私は行動ファイナンスと呼ばれる新しい分野について研究してきました。私の専門分野のアイデアの多くは、これまでは株式市場やポートフォリオ運用にほとんど応用されてこなかった心理的な概念に基づいています。

　まず、こうした考え方の背景をお話しましょう。最近まで金融理論は、投資家は期待効用、つまり満足度を最大化し、常に合理的に行動するという前提で考えられていました。これは、確実性を不確実な状況に当てはめて、消費者は合理的に判断するという理論を展開するようなものでした。

　1970年代に、エイモス・トベルスキーとダニエル・カーネマンという2人の心理学者が、多くの人々はこの理論のようには行動しないことを指摘しました。彼らは、人々が不確実性に直面したときに、実際にどのように行動し、意思決定を行うのかについて、プロスペクト理論と呼ばれる新しいモデルを開発しました[3]。このモデルによって、彼らは行動ファイナンスのパイオニアとして評価されるようになり、彼らの研究によって金融論の分野は大いに前進したのです。

流行、社会構造の変化、株式バブル

投資カウンセラー：最初に、インターネット関連株を買うというあなたの決断について話をしましょう。1999年10月を思い出してみてください。なぜそれらの株を買うことを決めたか覚えていますか？
デイブ：ええ。私が持っていた株はまったく値動きがなかったのです。職場の同僚がインターネット関連株に投資していて、かなり儲けていました。

---

[3] Daniel Kahneman and Amos Tversky, "Prospect Theory: An Analysis of Decision Under Risk," *Econometrica* 47, no.2 (March 1979).

これらの銘柄はすごく魅力的で、誰もがインターネットはビジネスを永遠に変化させるコミュニケーション革命をもたらすと主張していました。

投資カウンセラー：誰もが株式市場について興奮しているときは、極力慎重にするべきです。株価は経済的な価値だけでなく、市場のセンチメントを支配する心理的な要因によっても変動するのです。行動ファイナンスの第一人者でもあるイェール大学経済学部のロバート・シラー教授は、流行や社会構造の変化は資産価格の決定において重要な役割を果たすと強調しています[4]。シラー教授は、株価には配当や業績といった経済要因の変動では説明できないボラティリティが存在することを示しました[5]。彼は、過剰なボラティリティの多くは、投資家の意思決定に大きな影響を持つブームや流行によって説明できる、という仮説を立てました。

デイブ：私はインターネット関連株について疑問を持っていました。でも、他の誰もが、それらが勝者となることは確実だと考えていたようでした。

投資カウンセラー：あなたが正しく考えていたとしても、他人があなたの意思決定に影響を与えてしまうということです。心理学者は、群衆から孤立することがどんなに難しいかを、ずっと前から知っていました。これは、ソロモン・アッシュという社会心理学者によって確認されました。彼は、被験者に4本の線を見せて、同じ長さの線を2本選ぶように指示するという有名な実験を行いました。正解は明らかでしたが、アッシュが用意したサクラの被験者たちが事実と異なる見方や間違った答えを主張すると、本当の被験者はしばしば間違った答えを出してしまったのです[6]。

その後のいくつかの実験によって、被験者が自らの正しい判断に反して行動してしまうのは、社会的圧力というか、大多数の人々が間違うはずはないと思い込んでしまうからだ、ということがわかったのです[7]。

デイブ：そのとおりです。本当に多くの人々がインターネット銘柄を支持していたので、そこに何かがあるに違いないと感じたのです。これらの銘柄

---

[4] Robert Shiller, "Stock Prices and Social Dynamics," *Brookings Papers on Economic Activity*, Washington, DC: Brookings Institution, 1984.
[5] Robert Shiller, "Do Stock Prices Move Too Much to Be Justified by Subsequent Movements in Dividends?", *American Economic Review* 71, no.3 (1981), 421-436. さらなる議論は第22章を参照。
[6] Solomon Asch, *Social Psychology*, Englewood Cliffs, NJ: Prentice Hall, 1952.
[7] Morton Deutsch and Harold B. Gerard, "A Study of Normative and Informational Social Influences upon Individual Judgment," *Journal of Abnormal and Social Psychology* 51 (1955), 629–636.

を買わなかったら、チャンスを逃してしまうと思いました。
投資カウンセラー：わかります。インターネットやITバブルは、社会的圧力が株価に影響を与えた典型的な例です。職場での会話、新聞の見出し、アナリストの予測といったすべてが、投資するよう熱狂を煽りました。心理学では、このように大多数に従う傾向、つまり自分の考えを優勢な意見に合わせる傾向をハーディング・インスティンクト（群集本能）と呼びます。

インターネットバブルには多くの前例があります。1852年に、チャールズ・マッケイは『群衆の異常な幻惑と狂気』[8]という著書で、投機家が価格上昇によって熱狂に駆り立てられた多くのバブル、例えば1720年の英国の南海バブルやフランスのミシシッピー・バブル、それより1世紀前のオランダのチューリップ・バブルなどについて記述しています。この本から、私のお気に入りの一節を読んでみます。覚えがあるかどうか考えてください。

> 突然、コミュニティー全体が1つの問題に専念し、それを追いかけて熱狂し、何百もの人々が同時に1つの思い込みに感心し、それを追いかけることがある。……冷静だった国民が絶望的なギャンブラーと化し、生活のほとんどを1枚の紙切れに託してしまった。……よく言われているように、彼らは群れで考え……群れで狂う、そして、ゆっくりと1人ずつ正気に戻っていくのである。

デイブ：（頭を振りながら）これは今までに何度も起こっています。去年もバブルだと指摘していた人はいましたが、私は「今回は違う」と確信してしまったのです。
投資カウンセラー：他の人たちも同じです。群衆に追随するという投資家の傾向は、金融史においては普遍的な現象です。「群衆」が正しいこともよくあります[9]が、誤った方向に導かれることも少なくありません。

デイブ、初めて訪れる町で2軒のレストランのうちどちらかを選んだ経験があるでしょう。どちらにするかを決める1つの合理的な方法は、少なくと

---

[8] Charles Mackay, *Memoirs of Extraordinary Popular Delusions and the Madness of Crowd*, London: Bentley, 1841.
[9] James Surowiecki, *The Wisdom of Crowds*〔邦題『「みんなの意見」は案外正しい』〕, New York: Anchor Books, 2005.

もお客の何人かは両方のレストランで食事をしたことがあって、良いほうで食べている可能性が高いのだから、どちらのレストランが混んでいるかをチェックすることです。しかし、混んでいるほうのレストランを選ぶ人は、次の食事の時も、その次も同じレストランを選ぶ可能性が高くなります。結局、もう1軒のレストランのほうがおいしい可能性もあるのに、誰もが混んでいるほうのレストランで食事をすることになります。

エコノミストは、こうした意思決定プロセスを「情報のカスケード」と呼んで、金融市場で頻繁に起こると言っています[10]。例えば、ある企業が別の企業を買収しようとするときに別の買収者が参入することがあります。新規公開株が人気を集めると、他の投資家も参加しようとします。投資家は「誰かが何かを知って」いて、自分も乗り遅れてはならないと感じるのです。それが正しいこともありますが、間違っていることが多いのです。

過剰な売買、自信過剰、代表性バイアス

投資カウンセラー：デイブ、話を変えましょう。売買記録をチェックしてみると、あなたは非常に頻繁に売買していますね。

デイブ：そうせざるをえなかったのです。情報がひっきりなしに市場に衝撃を与えていました。新しい情報に対して常にポジションを調整しないといけないと感じたのです。

投資カウンセラー：1つ言っておきます。売買は余分な心配とリターンの低下以外、何ももたらしません。数人のエコノミストが「売買はあなたの富にとって有害である」と題する記事を発表しました。あなたの健康にとっても、と加えてもいいと思います。多くのトレーダーの記録を検証すると、最も頻繁に売買するトレーダーのリターンは、あまり売買しないトレーダーよりも7.1％下回っていたのです[11]。

デイブ：そのとおりです。頻繁な売買がリターンを悪化させたのだと思います。私は他の人の一歩先を行っていると思っていましたが、そうではな

---

10) Robert Shiller, "Conversation, Information, and Herd Behavior," *American Economic Review* 85, no.2 (1995), 181–185. S. D. Bikhchandani, David Hirshleifer, and Ivo Welch, "A Theory of Fashion, Social Custom and Cultural Change," *Journal of Political Economy* 81, (1992), 637–654. Abhijit V. Banerjee, "A Simple Model of Herd Behavior," *Quarterly Journal of Economics* 107, no.3 (1992), 797–817.
11) Brad Barber and Terrance Odean, "Trading Is Hazardous to Your Wealth: The Common Stock Investment Performance of Individual Investors," *Journal of Finance* 55 (2000), 773–806.

かったようです。

投資カウンセラー：トレードで成功するのは非常に難しいことです。全エネルギーを株式売買に捧げているプロのトレーダーでさえ、非常に高いリターンを獲得することは稀です。問題は、人は自分の能力に自信過剰になるということです。つまり、学生であれ、トレーダーであれ、運転手であれ、平均的な個人は自分が平均より優れていると信じているのです。もちろん、そんなことは統計的にはありえません[12]。

デイブ：この自信過剰は何から来るのですか？

投資カウンセラー：自信過剰はいくつかの要因で起こります。1つは私たちが帰属バイアスと呼ぶもので、これは、出来事が自分に有利に展開すると自分の手柄だと思い込む傾向がある、というものです[13]。2000年3月に、インターネット関連銘柄を買ったことがどんなに賢かったか、奥さんに自慢したのを覚えていますか？

デイブ：はい。でも、間違っていました。

投資カウンセラー：最初の頃の成功があなたの自信過剰に拍車をかけたのでしょう[14]。あなたも同僚の方もたまたま上がっただけかもしれないのに、優れた投資技術によるものだと思ったのです。

　自信過剰のもう1つの原因は、同じように見える出来事の間に多くの類似点を見いだしてしまう傾向にあります[15]。これは代表性バイアスと呼ばれます。このバイアスは人間の学習プロセスの特徴によるものです。私たちは馴染みのありそうなものを見ると、学習を助けるために過去の記憶との類似点を形成します。しかし、私たちが見いだす類似点は間違っていることも多く、結論を誤った方向に導く可能性もあるのです。

デイブ：僕が読んでいるニューズレターは、過去にこういう出来事が起こっ

---

12) B. Fischhoff, P. Slovic, and S. Lichtenstein, "Knowing with Uncertainty: The Appropriateness of Extreme Confidence," *Journal of Experimental Psychology: Human Perception and Performance* 3 (1977), 552–564.

13) A. H. Hastorf, D. J. Schneider, and J. Polefka, *Person Perception*, Reading, MA: Addison-Wesley, 1970. これは基本的帰属エラーとも呼ばれる。

14) 成功と自信過剰を関連づけるモデルとして、Simon Gervais and Terrance Odean, "Learning to Be Overconfident", *Review of Financial Studies* 14, no.1 (2001), 1-27 がある。

15) 代表性バイアスと自信過剰を関連づけるモデルとして、N. Barberis, A. Shleifer, and R.Vishny, "A Model of Investor Sentiment", NBER Working Paper No.5926, NBER, Cambridge, MA, 1997, あるいはKent Daniel, David Hirshleifer, and Avandihar Subrahmanyam, "Investor Psychology and Security Market Under- and Overreactions", *Journal of Finance* 53, no.6 (1998), 1839-1886 がある。

たときには市場はいつもある方向に動いたので、今回もそうなるだろうと示唆していました。でも、そんな助言に従っても、まったくうまくいきませんでした。

投資カウンセラー：従来の経済学者の多くは、データのなかに実際には存在していないパターンを探してはいけないと警告してきました。パターンを求めて過去のデータを探求することをデータマイニングと呼びますが、今ではコンピューターの値段が安くなったこともあり、昔よりも気軽にデータマイニングができるようになりました[16]。株価の動きを説明する変数を山のように投入すれば、過去100年間で満月の第三木曜日には必ず株価が上昇したというような、驚くべきパターンを必ず見つけられるのです。

状況が極めて似ているような場合でさえ、代表性バイアスは株式市場で見事に間違った行動を引き起こす原因にもなります。第一次世界大戦が勃発した1914年7月に、大惨事になるといって、当局はニューヨーク証券取引所を5カ月間閉鎖しましたが、この判断は間違っていました。米国は欧州に武器を売り、ビジネスは活況を呈し、1915年は米国株式市場史において最高の年の1つになりました。

ドイツが1939年9月にポーランドに侵攻したとき、投資家は第一次世界大戦が勃発したときの市場の反応を思い出しました。彼らは狂ったように株式を買いあさり、市場は翌日の取引で7％以上も高騰しました。しかし、これもまた間違っていました。フランクリン・ルーズベルトは、第二次世界大戦では第一次世界大戦のときのように企業に儲けさせまいと決意していました。株価は数日間上昇した後に急激な下落に転じ、1939年9月の水準まで戻るのに6年もかかったのです。明らかに、人々が思ったほど2つの出来事は似ていなかったし、代表性バイアスはこうした間違いの原因なのです。

心理学では、人間は世の中のランダムな出来事をそのまま受け入れるようにデザインされていないと考えます[17]。市場のほとんどの動きはランダムで、その動きを判定できる原因や理由が存在しない、と認識するのは非常

---

[16] データマイニングについては次を参照。Andrew Lo and Craig MacKinlay, "Data-Snooping Biases in Tests of Financial Asset Pricing Models", *Review of Financial Studies* 3, no.3 (Fall 1999) 431-467.
[17] Nassim Taleb, *Fooled by Randomness: The Hidden Role of Chance in Life and the Markets*, 2005.

に不愉快なのです。人は何かが起こる原因を知りたいという心理的欲求を持っています。ここに評論家や専門家の出番があります。彼らは、間違っていることのほうが多い説明で、私たちの知識欲を満たして、自分たちも満足しているのです。

デイブ：僕もこれにとらわれた経験があります。2000年7月にIT関連銘柄を買う直前のことでした。ブローカーは、それらの企業と1850年代のゴールドラッシュのときに労働者に道具を提供した業者とを比較しました。そのときは洞察力のある比較のように思いましたが、実際の状況はまったく異なっていました。専門家であるはずのブローカーが、私と同じく代表性バイアスと自信過剰に支配されていた、というのは興味深いことです。

投資カウンセラー：専門家のほうが素人よりも自信過剰になりやすい、という証拠が実際にあります。いわゆる専門家は、特定の方法で分析するよう訓練されていて、その分析を支持する――矛盾のない――証拠を探し、それに基づいてアドバイスをする[18]のです。

2000年にハイテク業界の先行きが悪化することを示すニュースが流れたのに、アナリストらはITセクターの業績見通しを変更しませんでした。企業が何年にもわたって好業績を示してきたので、アナリストは悪いニュースをどう解釈してよいかわからず、ただ無視したのです。

悪いニュースを締め出す傾向は、インターネット業界のアナリストの間ではもっと顕著でした。恐ろしいニュースが洪水のように押し寄せていたのに、インターネット関連企業が将来を担うと多くの人が信じていたため、株価が80～90％下落した後になって、ようやく株価見通しを下方修正したのです。

自分の世界観に合わないニュースを無視する傾向は、認知的不協和と呼ばれています。認知的不協和は、自分の見方に矛盾する事実や、自分の能力や行動が思ったほど優れていないことを示す事実に直面したときに感じる不快な気持ちです。私たちはこの不快な気持ちを最小化しようとする傾向を持っていて、それが自信過剰を自覚するのを難しくさせるのです。

---

18) David Dreman, *Contrarian Investment Strategies*, New York: Free Press, 1998.

プロスペクト理論、損失回避、損失取引に固執する意思決定

デイブ：なるほど。個別銘柄について教えてくれませんか。なぜ、僕のポートフォリオは下落する銘柄ばかりとなってしまったのでしょうか？

投資カウンセラー：先ほど、カーネマンとトベルスキーのプロスペクト理論によって、行動ファイナンスの幕が開いたと言いましたね。この理論で重要な点は、投資家が自分のパフォーマンスを判断する参照点(レファレンスポイント)を形成するということです。カーネマンとトベルスキーは、その参照点から一定の金額を失った場合、参照点から同じ金額の利益を獲得した場合よりも強いショックを受けることを示したのです。この行動は損失回避と呼ばれるもので、株式を保有するか売却するかの判断は、保有銘柄が上がっているか下がっているか、換言すれば利益が出ているか損失が出ているかに、極めて大きく影響されるのです。

デイブ：1つずつ理解させてください。あなたが言った「参照点」というのは何のことですか？

投資カウンセラー：株を買った後、そのパフォーマンスをどう測定しますか？

デイブ：買ったときの株価から、どのくらい上がったか下がったかを計算します。

投資カウンセラー：そうです。参照点は投資家が株式に支払った購入価格であることが多いのです。投資家は、それ以外のどんな情報も排除して、この参照点に固執するようになります。投資家の行動について重要な研究を行ったシカゴ大学のリチャード・セイラーは、これを心の会計(メンタルアカウンティング)あるいはナローフレーミングと呼びました[19]。

株を買うとき、購入価格を参照点として心の会計簿を開きます。複数の銘柄を同時に購入するときには、個々の銘柄の購入価格について別々に考える場合と、購入価格を合計した金額を考える場合があります[20]。保有銘柄が利益を出しているか、損失を出しているかは、その銘柄を持ち続ける

---

19) Richard Thaler, "Mental Accounting and Consumer Choice," *Marketing Science* 4, no.3 (Summer 1985), 199–214. Nicholas Barberis, Ming Huang, and Richard H. Thaler, "Individual Preferences, Monetary Gambles, and Stock Market Participation: A Case for Narrow Framing," *American Economic Review* 96, no.4 (September 2006), 1069–1090.
20) Richard H. Thaler, "Mental Accounting Matters," *Journal of Behavioral Decision Making* 12 (1999), 183–206.

か売却するかという決定に影響を与えます。複数の銘柄に損失が出た場合、複数の小さな損失について考えるよりも1つにまとめて考えるほうが楽なので、1つの大きな損失としてとらえるようになります。損失の実現を回避することが、多くの投資家の主な目的となるのです。

デイブ：そのとおりですね。自分のハイテク株の損失を確定するという考えには、ぞっとしました。

投資カウンセラー：それはまったく自然な反応です。あなたのプライドが損切りを避けた主な理由の1つです。すべての投資には感情移入や損得勘定がかかわるので、客観的に評価するのが難しくなります。あなたは、インターネット株を売却して小さな利益が出たときには気分が良かったかもしれませんが、その後に買った通信関連株は一度も利益が出ませんでした。見通しがさらに悪化すると、株式を持ち続けるだけでなく、株価が回復すると期待しながら買い増しました。

　プロスペクト理論は、多くの投資家が、あなたが行ったように損失を取り戻そうとしてポジションを増やし、結果的にリスクを増やす行動をとる傾向にあることを示しています[21]。興味深いことに、研究者たちは、個人が損失を出したミューチュアルファンドを売却し、利益を出したミューチュアルファンドを追いかけることを発見しました。しかし、行動ファイナンスはその理由についてきちんと説明しています。ミューチュアルファンドの場合、投資家は銘柄選択が悪いファンドマネジャーを常に責めることができますが、自分で銘柄選択をして買う場合は、そうはいかないのです[22]。

デイブ：僕はミューチュアルファンドを買っていなかったので、損については自分を責めるしかありませんでした。株価が下がったときに買い増しすれば、株価が上がったときに損失を取り戻せる可能性が高くなると思いました。

投資カウンセラー：他の多くの投資家もそう考えます。1982年にリロイ・グロスは、証券会社向けに書いたマニュアルのなかで、この現象を「やられた分だけ取り返せ」症候群と呼びました[23]。この病気は他のどんな間違いよ

---

21) Hersh Shefrin and Meir Statman, "The Disposition to Sell Winners Too Early and Ride Losers Too Long: Theory and Evidence," *Journal of Finance* 40, no.3 (1985), 777–792.
22) Tom Chang, David Solomon, and Mark Westerfield, "Looking for Someone to Blame: Delegation, Cognitive Dissonance, and the Disposition Effect," May 2013.

りもひどくポートフォリオを崩壊させると、彼は主張しました。

　悪い投資をしたことを認めるのは難しく、その過ちを他人に対して認めるのはもっと難しいことです。しかし、投資家として成功するには、過ちを認めるほかありません。ポートフォリオについての決定は、将来を考慮したうえでなされなければなりません。過去に起きたことは変えることができません。それは、経済学者の言う「サンクコスト（回収しようのない費用）」です。見通しが悪いときは、損失の有無にかかわらず株式を売却すべきです。

デイブ：株を買い増したとき、株価は安いと思いました。多くの株は高値から50％以上も下落していました。

投資カウンセラー：何に対して安いと考えたのでしょう。過去の価格に比べて安いのか、それとも将来の見通しに比べて安いのか。1株80ドルだった株価が40ドルになったから安いと思ったのでしょう。40ドルがまだ高すぎるかもしれないとは決して考えなかったはずです。これは、カーネマンとトベルスキーのもう1つの発見であるアンカリングという現象です。アンカリングとは、複雑な問題に直面している人が「錨(アンカー)」、すなわち、判断を形成するときに基準となる数字を求める傾向のことです[24]。正しい株価を見つけ出す作業は非常に複雑なので、頭に残っている最近の株価を拠り所として使い、現在の株価が安いと判断するのは自然なことです。

デイブ：でも、あなたの助言を聞いて、含み損のある株式を見通しが思わしくないときに売却したら、売買から大きな損失が出てしまいます。

投資カウンセラー：そのとおり。だからほとんどの投資家は、自分に不利益になるのに、そのまったく反対のことをしようとするのです。研究結果によれば、投資家は50％を超える確率で含み損のある株式を売却するよりも含み益のある株式を売却する傾向があります[25]。これは、含み益のある株式は含み損のある株式よりも売られる可能性が50％も高いことを意味します。トレーディングの観点からも税金の観点からも悪い戦略であるにも

---

23) Leroy Gross, *The Art of Selling Intangibles*, New York: New York Institute of Finance, 1982.
24) Amos Tversky and Daniel Kahneman, "Judgment Under Uncertainty: Heuristics and Biases," *Science* 185 (1974), 1124–1131.
25) Terrance Odean, "Are Investors Reluctant to Realize Their Losses?" *Journal of Finance* 53, no.5 (October 1998), 1786.

かかわらず、投資家はこのようなことを実行するのです。
　私がカウンセリングした短期トレーダーの話をしましょう。彼の売買回数の80％は儲かっていましたが、残りの損失があまりにも大きかったので、全体として赤字でした。
　カウンセリングの後、彼はトレーディングで成功するようになりました。現在の彼は、利益が出ているのは3分の1しかないけれども、全体では黒字になっていると言っています。期待どおりに株価が動かなかったとき、彼は敗者となった銘柄をすぐに手放し、勝者だけを持ち続けているのです。ウォール街にも、トレーディングの成功の秘訣を言い表した古い格言に「損切りは早く、利は伸ばせ」というのがあります。

行動の落とし穴を回避するルール
デイブ：すぐにもう一度売買を始める気持ちにはなりません。正しい長期的な投資を学びたいのです。どうしたら行動の落とし穴を乗り越えて、長期投資家として成功できるのでしょうか？
投資カウンセラー：トレーディングに向いているのは、顧客のなかでもほんの一握りの人だけです。だから、あなたが売買をやめているのは賢明だと思います。
　長期投資家として成功するには、ルールと動機（インセンティブ）を固めて、投資をそのとおりに進めなければなりません。これは、事前の取り決めというべきものです[26]。資産配分のルールを決めて、それを遵守するのです。あなたが十分な知識を持っていれば1人でもできますが、投資アドバイザーと一緒にやってもいいでしょう。いったん決めたルールについて、後でとやかく考えてはいけません。リターンを生み出す基本的な要因は、日々の値動きのように激しく変化するものではない、ということを覚えておいてください。規律ある投資戦略がほとんど常に勝利の戦略なのです。
　あなたが望むなら、売買をいっぺんにやめる必要はありません。短期売買のために株式を購入するなら、損失を最低限に抑えるために絶対的な売却価格を決めておくべきです。株価がいつか戻るという希望にしがみつい

---
26) Hersh Shefrin and Richard Thaler, "An Economic Theory of Self-Control," *Journal of Political Economy* 89, no.21 (1981) , 392–406.

て、損失を増やしたくはないでしょう。また、売買について友人には話さないことです。友人の期待に沿うように行動すると、損失を確定したり、自分の間違いを認めたりすることが難しくなってしまいます。

デイブ：ときどき売買するのが楽しいと感じることもあるのですが。

投資カウンセラー：本当に売買を楽しいと感じるのであれば、ポートフォリオから完全に独立した少額の売買用口座を開設してください。すべての売買手数料と税金はその口座から支払わなければなりません。その口座に入れたお金は完全に失くしたものと考えるのです。そうなるかもしれませんから。そして、その口座にいくらお金を入れるかについては、厳格な上限を決めて、それを決して超えないようにしてください。

それでもうまくいかず、市場の値動きに神経質になり、売買しなければならないという脅迫観念に襲われた場合は、電話してください。私が助けましょう。

短絡的な損失回避、ポートフォリオのモニター、株式のリスクプレミアム

デイブ：市場で痛い目に遭いましたから、株式をやめて債券だけに投資しようと考えましたが、長期的にはそれもよくない考えだとわかっています。私はどのくらいの頻度で自分の株式ポートフォリオをモニターすべきなのでしょうか？

投資カウンセラー：重要な質問です。株式を買った直後に、ポートフォリオの価値が買値を下回ってしまうこともあるでしょう。すでに話したように、人は常に損失を回避しようとしますから、そうした株価下落は非常に気がかりになるはずです。しかし、株式市場の長期トレンドは上昇基調ですから、株式をそれほど頻繁にモニターしなければ、むしろあなたのポートフォリオが損失を出す可能性は減少します。

2人の経済学者、シェロモ・ベナルチとリチャード・セイラーが、株価を「モニターする間隔」が投資家の株式と債券の選択に影響を与えるかどうかを検証しました[27]。彼らは「学習実験」を実施して、被験者に2つの異なる資産のリターンを見せました。1つのグループは株式と長期債の1年間の

---

27) Shlomo Benartzi and Richard Thaler, "Myopic Loss Aversion and the Equity Premium Puzzle," *Quarterly Journal of Economics* 110, no.1 (1995), 73–91.

リターンを見せられ、もう1つのグループは株式と長期債の長期間 (5年、10年、20年) のリターンを見せられました。それから、被験者は株式と債券の資産配分を選択するように指示されました。

1年間のリターンを見たグループは、長期間のリターンを見たグループよりもずっと小さな割合を株式に投資しました。これは、たとえ長期では株式のほうが明らかに良い選択肢としても、短期の変動を見たことで株式を選ぶことを思いとどまったからです。

市場の短期的な変動に基づいて投資行動を決めようとする傾向は、短絡的な損失回避と呼ばれています。長期間では株式が損失を示す可能性は小さいので、損失回避の傾向を持つ投資家でも、実績を頻繁にモニターしないなら、株式を保有する可能性が高くなります。

デイブ：なるほど。短期的な株価の値動きを見ると、とてもリスクが高く、なぜそんなものを保有したがるのかと疑問に思います。でも、長期では株式のリターンは非常に魅力的で、なぜ誰も株式を保有しないのだろうと思います。

投資カウンセラー：ベナルチとセイラーは、短絡的な損失回避は株式リスクプレミアムのパズルを解決する鍵だと主張しました[28]。何年にもわたり経済学者は、株式が債券よりもはるかに高いリターンを達成してきた理由を見いだそうとしてきました。ある研究によれば、20年以上の期間では、分散された株式ポートフォリオが国債より高いインフレ調整済みリターンを提供しただけでなく、実際により安全だったことを示しました。しかし、投資家は短い投資期間に集中するので、株式のリスクが高く見え、株式の保有には大きなプレミアムが必要になるのです。投資家がポートフォリオをそれほど頻繁に評価しなければ、株式リスクプレミアムは大幅に減少するでしょう。

ベナルチとセイラーは、高い株式リスクプレミアムが短絡的な損失回避や年間リターンのモニタリングによって説明できることを示しました。しかし、彼らは、リターンの評価期間が10年に延びれば、投資家を株式に引き寄せるためのプレミアムはわずか2％で済むことも示しました。評価期間が20年に延びると株式リスクプレミアムは1.4％になり、評価期間が30年

---

28) 株式リスクプレミアムのパズルについての詳細は、第10章を参照。

であれば株式リスクプレミアムは1％近くまで低下します。プレミアムがこのくらい低いレベルまで下がれば、株価は劇的に上昇するはずです。
デイブ：頻繁に自分の株価をチェックすべきでないということですね。
投資カウンセラー：いつでも見たいときに見て構わないのですが、長期的な戦略を変えてはいけません。ルールと動機を設定したことを忘れないでください。バブル絶頂期のIT銘柄のように、あるセクターの株価がファンダメンタルズと比較して過大評価されていることが明らかにならない限り、ポートフォリオを変更してはいけません。

逆張りと投資家のセンチメント：リターンを向上させる戦略
デイブ：他の投資家の行動上の弱点を利用して、より優れたリターンを獲得する方法があるのではないですか？
投資カウンセラー：群衆から離れて行動すれば、相当の利益を得られるかもしれません。そのような異なる戦略をとる投資家は逆張り投資家と呼ばれます。つまり、広く普及した意見に同調しない人です。逆張り戦略は、ハンフリー・B・ニールが1951年に配布した小冊子『逆張りの報酬』（It Pays to Be Contrary）で初めて提案し、のちに『逆張りの技法（The Art of Contrary Thinking）』という題名の本として出版されました。そのなかでニールは、「誰もがそうなるだろうと思うとき、誰もが間違っている可能性が高い」と主張したのです[29]。

逆張りのアプローチのなかには、投資家の「センチメント」のような心理的要因に基づく指標に注目するものがあります。その根底にある考え方は、ほとんどの投資家は株価が高いときに過度に楽観的になり、株価が低いときに過度に悲観的になるというものです。

これは新しい概念ではありません。偉大な投資家ベンジャミン・グレアムが80年以上も前に「投機家の心理は成功に対して大きな妨げとなる。原因と結果の関係によって、株価が高いときに最も楽観的で、株価が底のときに最も意気消沈するからだ」と述べています[30]。

---

29) Humphrey B. Neill, *The Art of Contrary Thinking*, Caldwell, ID: Caxton Printers, 1954, 1.
30) Benjamin Graham and David Dodd, *Security Analysis*〔邦題『証券分析』〕, New York: McGrow-Hill 1934, 12.

デイブ：でも、市場が悲観的すぎるか、楽観的すぎるか、どうすればわかるのですか。それは主観的なものではないのですか？

投資カウンセラー：完全にそうとも言えません。ニューヨーク州ニューロッシェルにあるインベスターズ・インテリジェンス社は、長期にわたって投資家のセンチメントを示す指標を発表しています。過去50年間、同社は市場関連のニューズレターの見通しを評価し、各レターが株式の将来の方向について強気か弱気、あるいは中立かを決定しているのです。強気心理が非常に高いときには十分な警戒が必要ですが、弱気心理が急上昇したときは買い時であることが多いのです。

同様に、オプション価格から算出される将来の市場ボラティリティの指標であるVIXは、投資家心理が急落するのとほぼ同時に急上昇します[31]。プットオプションのプレミアムから測定できる市場の不安は、投資家の心理をほぼ完全に反映しています。

デイブ：個別銘柄を選択するのに逆張り戦略は利用できますか？

投資カウンセラー：はい。逆張り投資家は、楽観と悲観の揺れが市場全体と同様に個別銘柄にも影響を及ぼすと確信しています。したがって、不人気銘柄を買うことによって勝者になりうるというのです。

ヴェルナー・デボンとリチャード・セイラーは、過去の値上がり株のポートフォリオと値下がり株のポートフォリオを調べて、投資家が過去のリターンを分析することによって、将来のリターンについて過剰に楽観的になったり悲観的になったりするかどうかを検証しました[32]。値上がり株と値下がり株のポートフォリオのリターンを5年ごとに分析した結果、過去5年の値上がり株で構成されたポートフォリオは、その後市場を10％下回り、一方、値下がり株のポートフォリオは、その後市場を30％上回りました。

この戦略がうまくいく理由の1つは、すでに話した代表性バイアスに関連しています。人々は将来を見通す際に最近の株価のトレンドを過剰に重視しがちです。短期のモメンタムは株式リターンにプラスになるという証拠もありますが、長期的には軟調な銘柄のリターンは回復し、好調な銘柄の

---

31) VIXの議論は、第22章を参照。
32) Werner F. M. DeBondt and Richard H. Thaler, "Does the Stock Market Overreact?", *Journal of Finance* 49, no.3 (1985) 793-805.

リターンは低下してしまうのです。不人気銘柄への投資を基本としたもう1つの戦略は、ダウの〔負け〕犬戦略、あるいはダウ10戦略[33]と呼ばれます。

デイブ：今日のお話には、僕にとって吸収すべきものがたくさんありました。僕はほとんどすべての罠にはまっていたように思えます。慰めになるのは、僕だけではなく、あなたのカウンセリングが他の投資家を助けてきたということです。

投資カウンセラー：彼らは、カウンセリングによって助けられただけではなく、成功したのです。投資で成功するためには、仕事で成功する、あるいは良好な人間関係を築くことよりも、自分自身についてもっと深く知ることが必要です。ウォール街の古い格言が真実を述べています。「自己を発見するためには、株式市場は非常に高くつく場所である」。

---

33) この戦略の詳細は、第12章を参照。

第26章 上場投資信託、株価指数先物、オプション

> 子供の頃、メリルリンチで週給25ドルの使い走りをしていたとき、古株の輩が「最高の投資対象は株式の先物だが、君はやるな、それはギャンブルだ」というのを聞いた。
>
> レオ・メラメド、1988年[1]

> ウォーレン・バフェットは、株式先物とオプションは非合法化されるべきだと考えているが、私も彼に同意する。
>
> ピーター・リンチ、1989年[2]

2021年に米国で最も売買高が大きかった株式は何かと聞かれたら、どう答えるだろうか。アップル、グーグル、テスラ？ 驚くことに、正解は1993年以前には存在しなかった銘柄であり、しかも単一の企業を示すものではない。最大の売買高を記録した銘柄は「スパイダー」で、これはS&P500に連動する上場投資信託（ティッカーシンボル：SPY）、S&P500デポジタリー・レシート（S&P500預託証券、SPDR）に与えられたニックネームである。2021年に、186億口超が売買され、売買高は7兆ドルに上った。

---

[1] レオ・メラメドは、世界で最も成功した株価指数先物市場の本拠地であるインターナショナル・マネー・マーケット〔IMM〕の創設者。Martin Mayer, *Markets*〔邦題『大暴落』〕New York: Norton, 1988, 111.
[2] Peter Lynch, *One Up on Wall Street*〔邦題『ピーター・リンチの株で勝つ』〕, New York: Penguin, 1989, 280.

上場投資信託（ETF）

　上場投資信託（ETF）は、20年前に株価指数先物が登場して以来、最も成功した革新的な金融商品である。ETFは投資会社が発行する証券で、基礎となるポートフォリオの価値を反映している。証券取引所でリアルタイムでの売買が可能で、価格は需要と供給で決まる。1990年代に発行されたETFは有名な株価指数に連動するものが多いが、最近では新たにカスタマイズされた指数やアクティブ運用のポートフォリオに連動するものもある。

　図26-1は、1995年から2020年までのミューチュアルファンドとETFの運用資産残高の推移を示している[3]。2012年末、ETFの運用資産残高はミューチュアルファンドの運用資産残高のわずか10％にすぎなかったが、2020年には20％を超え、ETFの成長はミューチュアルファンドを大きく凌いでいる。

　スパイダーは1993年に導入された最初の最も成功したETFである。スパ

図26-1　ミューチュアルファンドとETFの総資産額

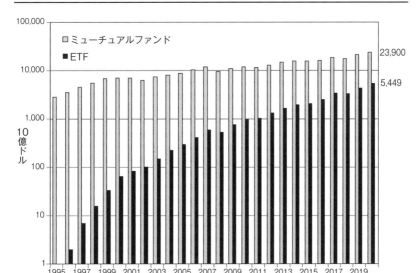

---

3) *2013 Investment Company Fact Book*, Investment Company Institute, 9.

イダー以外で成功しているETFとしては、ナスダック100に連動しティッカーシンボル「QQQ」にちなんで「キューブ」と呼ばれる銘柄や、ダウ平均に連動しティッカーシンボル「DIA」にちなんで「ダイアモンド」と呼ばれる銘柄がある。

　これらのETFはそれぞれがベンチマークとする指数との連動性が極めて高い。それは、機関投資家やマーケットメーカー、大口投資家、つまり指定参加者が指数構成銘柄の株式を買ってETFと交換したり、ETFを指数構成銘柄と交換したりすることができるからである。このような交換の最低単位はクリエーション・ユニットと呼ばれ、通常は5万株である。例えば、ステート・ストリート・バンク＆トラストにスパイダー5万口を渡した指定参加者は、比例配分した数のS&P500の各銘柄を受け取る。これら指定参加者がETFの価格を指数に極めて近いものに維持している。スパイダーやキューブのような活発に取引されるETFでは、スプレッドはわずか1セントである。

　ミューチュアルファンドよりもETFが優れている点がいくつかある。第1に、ミューチュアルファンドと異なり、ETFは日中いつでも売買が可能である。第2に、投資家はETFを空売りし、より低い価格で買い戻すことで利益を得ることができる。投資家が市場の下落を懸念しているのであれば、ETFはポートフォリオ全体をヘッジする非常に便利な手段となる。そして最後に、ミューチュアルファンドと異なり、ETFは他の投資家へ売ったりポートフォリオを指数に交換したりしてもキャピタルゲインがほとんど生じないので、非常に税効果が高い。これは、ETFと、それを構成する株式との交換が現物交換と考えられ、課税対象にならないからである※。本章の終わりに、他のインデックス投資と比較した場合のETFのメリットとデメリットを示しておく。

※〔訳注〕米国では、ミューチュアルファンドのファンド内の構成資産売却によるキャピタルゲインに課税されるが、日本では、投資信託のファンド内のキャピタルゲインには課税されないため、投資信託とETFの違いはない。

株価指数先物

　実はETFは、1980年代初期の重要なイノベーションである株価指数先物の副産物である。新しいETFの人気が高まっているとはいえ、ETFの売買高は依然として株価指数先物と比べると小さい。大半の株価指数先物はシカゴで誕生し、現在は電子取引所で取引されている。株式市場全体のセンチメントは、最初に株価指数先物に影響を与え、それからニューヨークで取引される株式に波及する。

初期の先物市場による支配

　指数先物が1980年代から1990年代の株価にとって、どれほど重要かを理解するには、1992年4月13日の出来事を見るだけで十分である。この日の取引開始は普段どおりだった。しかし、午前11時45分にシカゴ川が氾濫して金融街の地下まで浸水し、これが広範囲に停電を引き起こしたために、シカゴの二大先物取引所であるシカゴ商品取引所とシカゴ・マーカンタイル取引所は閉鎖された。図26-2はダウ平均とS&P500先物の日中の値動きを示している。シカゴの先物売買が中断されるとすぐに、株式市場のボラティリティは大幅に低下した。

　シカゴからの指図がなくなって、ニューヨーク証券取引所がまるで「脳死」してしまったかのように見えた。ニューヨークの売買高は、シカゴの先物市場が閉鎖された日に25％以上も減少し、ディーラーのなかには、先物市場の閉鎖が続けばニューヨークの流動性が減少し、売買の一部は取引成立が困難になると主張する者もいた[4]。オッペンハイマーのストラテジストであるマイケル・メッツは、4月13日、「まったくすばらしい。とても穏やかだ。プログラムトレーダーが牛耳る前のウォール街の古き良き時代を思い出させてくれる」[5]と語った。

　投資家がよく耳にするプログラムトレーダーとはいったい何者で、そし

---

4) Robert Steiner, "Industrials Gain 14.53 in Trading Muted by Futures Halt in Chicago", *Wall Street Journal*, April 14, 1992, C2.
5) "Flood in Chicago Waters Down Trading on Wall Street", *Wall Street Journal*, April 14, 1992, C1. 今日では電子取引の拡大のおかげで、20年前にシカゴの先物取引所で起こったような問題は再発しない。

図 26-2 指数先物の取引中断（1992年4月13日）

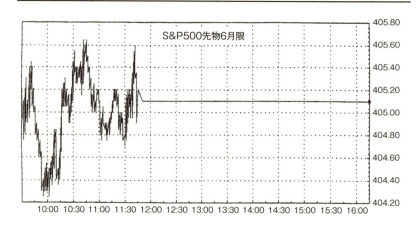

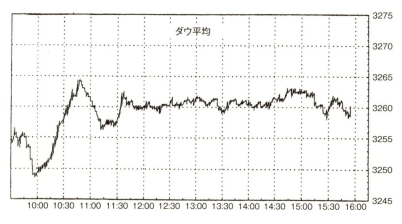

て何をするのだろうか。ニューヨーク証券取引所のフロアは、注文を出して取引する人々が絶え間なく走り回る騒音に満ちていた。しかし、指数先物が導入された数年後の1980年代半ばには、こうした騒音は数百もの売りや買いのチケットを印刷する自動機械のダダダダという音によって、途切れがちになった。これらの注文のほとんどが株価指数先物で裁定取引を行うトレーダーからのものだった。すなわちプログラムトレーダーで、彼らはシカゴの株価指数先物の価格とニューヨークで売買される指数構成銘柄の価格の違いに目をつけて売買を行っていた。

機械の音は、シカゴの先物市場が急激に変動して、やがてニューヨークの株価がそれに従って変化することを示す前兆だった。それは不気味な警告であり、聖書の時代に作物を台無しにし、飢饉の前兆ともなるイナゴの大群の羽音といってもよいものであった。実際、1980年代と1990年の初めに起きた株価暴落のいくつかは、先物市場の注文をコンピューターが打ち出した直後に起こった悲劇だった。

当時、株式市場の変調のほとんどは、ウォール街ではなくシカゴ・マーカンタイル取引所のあるワッカー街から発生した。ニューヨーク証券取引所の個別銘柄担当トレーダーの目も、市場が向かう先を見つけ出すために先物市場に釘付けになっていた。彼らは、急速に動いているときに指数先物の流れには逆らえないことを経験から学んだ。ダウ平均が23％も暴落した運命の日、1987年10月19日に何人ものトレーダーが葬られたように、流れに逆らおうものなら取引の雪崩に巻き込まれてしまうかもしれない。

高頻度トレーダー

今日、こうしたトレーダーの多くは、超高速コンピューターを使って何千もの注文を執行する高頻度トレーダー（HFT）へと変貌を遂げ、市場に飛び込んでくる新しい情報から利益を得ようとしている。これらのトレーダーは、2005年にベストセラーとなったマイケル・ルイスの『フラッシュ・ボーイズ』では、悪者扱いされた。彼は、HFTが他のHFTに対して数マイクロ秒の優位性を得るためだけに、高速コンピューターに何百万ドルも費やす無駄な「軍拡競争」を描いた。ルイスは、HFTの取引スピードに太刀打ちできない一般トレーダーが、HFTによって損害を被っていると暗示した。

ルイスの著書には多くの真実が描かれているが、HFTが市場に与える悪影響の程度についてはさまざまな議論がある。HFTに批判的な人たちは、HFTは他のトレーダーが「指値注文」（指定の価格で売買する注文。市場に流動性を提供する鍵となる）をする気をなくさせていると主張する。これは、流動性を提供するトレーダーが、自分たちが気配値を引き上げる前に、情報をもとに行動できるHFTに狙い撃ちされることを恐れるためだ。第22章で説明した2010年のフラッシュ・クラッシュは、価格が一定額下落すると自動的に売り注文を出すようにプログラムされていたため、コンピュー

ターが数百万件の売り注文を執行したことで悪化したと主張する人もいる。

しかし、HFT自身が流動性を提供し、買い値と売り値（ビッド／アスク）のスプレッドは以前よりはるかに小さくなったと主張する者もいる。1990年代まで個別銘柄の価格決定権を握っていたスペシャリストたちは、現在よりもはるかに大きなスプレッドを設定し、小規模トレーダーの犠牲のうえに大きな利益（1取引当たり）を上げていた。

ある研究では、資本市場の設計を改めれば、すべてのトレーダーが年間50億ドルの取引コストを削減できるが、その一部は現在HFTに奪われていると推定している[6]。変更には、超高速コンピューターの利点を排除する「スピードバンプ」や、多くの証券取引所で取引開始時に使用されている手順のように、数秒ごとに特定の銘柄に対するすべてのビッドとオファーを集約して均衡価格を決定する「バッチオークション」が含まれるかもしれない[7]。

肝心なことは、HFTはビッドとアスクのスプレッドをごくわずかに広げる可能性があり、それは何百万回もの取引を行う投資家にとっては懸念材料かもしれないが、個人の長期投資家にとってはほとんど関係ないということである。

先物市場の基本

多くの投資家は指数先物とETFを、株式が売買される市場とはあまり関係のない特殊な証券だとみなしている。多くの投資家は、これらの新しい投資手段に関する知識を持たずして、株式の売買をうまくこなしている。しかし、株価指数先物とETFを理解することなく、短期的な市場の動きを理解することはできない。

先物取引（フューチャーズ）には数百年の歴史がある。フューチャーズという言葉は、ある将来の日に特定の価格で商品を買う、もしくは届ける約束から来ている。先物取引は、農民がずっと先に収穫する作物の価格に対する保証を望んだことから、最初は農作物において発達した。市場は、不確実性を回避した

---

[6] Matteo Aquilina, Eric Budish, and Peter O'Neill, "Quantifying the High-Frequency Trading 'Arms Race'" Becker-Friedman Institute Working Papers, July 13, 2021.
[7] Eric Budish, Peter Cramton, and John Shim, "The High-Frequency Trading Arms Race: Frequent Batch Auctions as a Market Design Response," *Quarterly Journal of Economics* 130, no.4 (2015), 1547–1621.

い買い手と売り手が、将来の価格について合意できたところで発展した。このような合意を守るための取引契約はフューチャーズ・コントラクトと呼ばれ、自由に譲渡可能であり、それらが活発に売買されるところで先物市場は発達した。

　株価指数先物は1982年2月に、カンザスシティ商品取引所が約1700銘柄のバリューライン指数を対象として開始した。その2カ月後にシカゴのシカゴ・マーカンタイル取引所がS&P500を対象として、世界で最も成功することになる株価指数先物を導入した。1984年には、この指数先物の約定金額はニューヨーク証券取引所の全銘柄の売買高を超えた。今日、S&P500先物の売買高は1日に約3000億ドルを上回っている。

　すべての株価指数先物が同じような仕組みである。売り手の場合、S&P500先物は、清算日と呼ばれる将来の特定の日にS&P500の価値の一定の倍率を受け渡す約束である。買い手の場合は、S&P500の価値の一定の倍率を受け取る約束である。もともと各契約は指数の250倍の価値があったが、1998年に指数の50倍という先物契約のミニ版（Eミニと呼ばれる）が提供されるようになり、売買高は現在、より大きいサイズの契約の売買高をはるかに上回っている。

　清算日は年4回、3月、6月、9月、12月の第3金曜日にある。各清算日に契約の清算が行われる。先物を買う場合、清算日のS&P500から約定日の同指数を引いた値の50倍を、（プラスの場合）受け取る権利、あるいは（マイナスの場合）支払う義務が発生する。

　例えば、9月限のS&P500先物を4400ポイントで1枚購入し、9月の第3金曜日にS&P500が4410ポイントであれば、10ポイントのプラスになり、500ドル（＝50×10ポイント）の利益となる。当然ながら、指数が清算日に4390に下落していれば、500ドルを失うことになる。S&P500が1ポイント上昇あるいは下落するたびに、1枚当たり50ドル儲けるか損することになる。

　株価指数先物の人気の直接的な理由は、その独特な清算プロセスにある。標準的な先物契約では、買い手は契約した商品を特定の量だけ清算日に受け取る権利を得ることになり、売り手は商品を受け渡す義務を負う。この点に関しては、トレーダーが契約を清算するのを忘れ、清算日に大量の小麦やトウモロコシ、冷凍豚脇腹肉が裏庭の芝生に山積みされたといった、

まことしやかな作り話がいくつもある。

　上記のような商品受け渡しのルールがS&P500先物にも適用されたならば、受け渡しには、指数を構成する500社すべての株式が特定の株数だけ必要となる。これは、並外れて面倒でコストがかかる。この問題を回避するために、株価指数先物の設計者は、売買時の約定価格と清算日の指数の価値の差額を計算し、清算は現金で行うことに決めた。株式の受け渡しは発生しない。トレーダーが清算日前に契約を手仕舞わなければ、清算日の指数の価値によって債権または債務が発生するだけである。

　現金清算による先物契約の創設は容易なことではなかった。ほとんどの州、なかでも大きな先物取引所が存在したイリノイ州では、現金による先物契約の清算は賭博とみなされ、一部の特例を除いて賭博は違法とされていた。しかし、1974年に議会によって、すべての先物取引を規制する連邦機関として商品先物取引委員会が設立された。現在では、先物取引はこの新しい連邦機関に監督され、連邦法では賭博が禁止されていないことから、違法とする州法は無効となった。

指数の裁定取引

　先物市場における商品（すなわち金融資産）の価格は、基本となる商品の価格から独立したものではない。先物契約の価値が、現物あるいはスポット市場と呼ばれる公開市場での即時受け渡しができる商品の価格を大幅に上回るなら、トレーダーは商品を購入して保管し、清算日にそれを受け渡すことで、より高い価格の先物契約から利益を上げることができる。反対に、先物契約の価格が現在のスポット価格を大幅に下回るなら、商品の保有者は今日それを売却して、先物契約を購入し、のちにより安い価格で商品の受け渡しを受けて利益を上げることができる。いずれにしろ、倉庫に存在していたはずの商品から利益を獲得することになるのである。

　このように、先物契約に対して商品を買ったり売ったりするプロセスは、一種の裁定取引である。別のタイプの裁定取引には裁定取引者と呼ばれるトレーダーが関与しており、彼らは同一あるいはほとんど同一の財や資産の価格の一時的な乖離を利用して利益を得る。裁定取引は株価指数先物市

場でもETF市場でも非常に活発である。先物価格が原資産であるS&P500を十分に上回ったときに、構成銘柄の現物株を購入する一方で先物を売れば、儲けることができる。先物価格が指数を大きく下回る水準まで下落すれば、アービトラージャーは現物株を売却して先物を購入する。清算日における先物価格は、契約の条件によって指数と一致するはずなので、先物価格と指数の差――プラスならばプレミアム、マイナスならばディスカウントと呼ばれる――が利益の機会を提供する。

指数の裁定取引は精緻を究めたアートとなっている。株価指数先物やETFの価格は通常、構成銘柄の株価に基づく指数を中心として非常に狭いレンジに保たれる。株価指数先物やETFの売りや買いによって、価格がこのレンジの外に押し出されると、すぐにアービトラージャーが出動し、指数構成銘柄に対する買い注文や売り注文が洪水のごとく市場に出される。このように同時に発注される注文はプログラムトレーディングと呼ばれ、買いプログラムと売りプログラムで構成される。株式評論家が「売りプログラムが市場を直撃した」と話すとき、株価指数アービトラージャーが現物株を売り、先物、あるいは構成銘柄より割安になっているETFを購入していることを意味している。

先物からニューヨークの始値を予測する

指数先物は、東部時間午後5時から6時までの1時間の休止時間を除いて、昼夜を問わず取引される。金曜日の午後6時から日曜日の午後6時まで取引所は休みで、そこから新しい週の取引が始まる。取引が活発になるのは、欧州の取引所が開いている早朝と、雇用統計や消費者物価指数など多くの政府経済指標が発表される午前8時30分頃である。

市場ウォッチャーは、ニューヨークでの相場の始値を予測するのに、S&P500、ナスダック、ダウ平均を対象とした先物価格を使う。これらの指数先物の適正価格は、先物と現物の裁定状況に基づいて計算することができる。

先物契約の適正価格は、市場が開いているときは現在の指数に基づいて、市場が閉じているときは前日の終値水準に基づいて決定される。絶え間な

くニュースが流れてくるので、夜間の先物価格は通常、前日終値で計算した適正価格より上がったり下がったりする。例えば、欧州市場が上昇したり、米国企業が発表した四半期業績が良かったりすると、米国株式の先物価格は前日終値ベースで計算された適正価格を上回る価格で取引されるだろう。先物価格がどれだけ適正価格より上あるいは下で取引されているかが、ニューヨークで取引所が開いたときの始値を予想するための良い指標となる。多くの金融関連のニュース番組では、先物価格に基づいた主要指数の始値の見通しを提供している。

先物契約の適正価格の決定は2つの変数に依存する。株式の配当利回りと金利である。投資家がリスクのない債券に一定の資金を投資する場合、その資金は現行の金利水準で利息を生む。その代わりに、投資家が株式ポートフォリオを買って、同時に1年後の株価を保証する1年物の先物契約を売る場合、投資家は株式の配当利回りを得て、先物価格と現物価格の差額に相当する利益が保証される。

これらは両方とも保証されたリスクのない投資なので、同じリターンになるはずである。先物価格が指数の現在値(またはスポット値)を上回るか下回るかは、短期金利と指数の配当利回りの差によって決まる。金融危機以前は、金利が配当利回りをほとんど常に上回っていたため、株式の先物価格は指数のスポット(または現在)水準を上回っていた。金融危機以降、短期金利がゼロ近辺で推移しているため、株価指数の先物価格は現在のスポット価格を下回っている。

ダブルウィッチングとトリプルウィッチング

指数先物は契約の満期日に株価と奇妙なゲームを演じる。先物に対して現物株を同時に売買することで指数裁定が働くことを思い出してほしい。先物契約の満期日に、アービトラージャーは先物とまったく同じタイミングで現物株のポジションを手仕舞う。

前述のとおり、指数先物は、四半期ごとの最後の月、3月、6月、9月、12月の第3金曜日に満期を迎える。本章後半で説明する株価指数オプションと個別銘柄のオプションは、毎月第3金曜日に清算される。つまり、年

に4回、上記3タイプの契約が同時に満期を迎えることになる。こうした満期の到来は、市場で過激な価格変動を引き起こすことがあり、トリプルウィッチングという名前がつけられている。先物の清算がない月の第3金曜日はダブルウィッチングと呼ばれており、トリプルウィッチングよりは変動が小さくなる。

　ダブルウィッチングやトリプルウィッチングの日に市場が乱高下する理由は謎ではない。これらの日には、ニューヨーク証券取引所のトレーダーやナスダックのマーケットメーカーが、価格がどうであれ、引けにかけて大量の株式を売買するよう指示される。機関投資家が裁定取引のポジションを手仕舞おうとするからだ。このとき、買い注文が相当多ければ株価は高騰し、売り注文が支配的であれば株価は下落する。しかし、これらの変動はアービトラージャーにとっては問題ではない。先物ポジションの利益が現物ポジションの損失を相殺し、逆もまた真となるからだ。

　1988年に、ニューヨーク証券取引所はシカゴ・マーカンタイル取引所に対して、先物の売買を木曜日の取引終了時に終えて、金曜日の終値でなく金曜日の始値で清算する仕組みに変更するよう強く要望した。この変更はトレーダーに買いと売りのバランスをとるための時間的余裕を与えたため、トリプルウィッチングの日における株価の変動はかなり穏やかなものとなった。

証拠金とレバレッジ

　先物取引の人気が高い理由の1つは、取引に必要な現金が約定価格に対して極めて小さい金額で済むということである。現物株と異なり先物契約の売買では、売り手と買い手の間で現金のやり取りはない。清算のときに売り手と買い手の契約履行を確実にするため、ブローカーが両者から担保としてわずかな金額の証拠金を要求するだけである。S&P500先物の場合、現時点で最初の証拠金は取引額の5％程度である。この証拠金は、短期国債を購入して預けることができ、この場合の金利は投資家に帰属するので、先物取引を行うにあたっては現金のやり取りも金利収入の損失もない。

　レバレッジ、つまり先物契約で差し出す証拠金の金額に対する、実際の

取引額の割合は極めて大きい。S&P500先物では、証拠金に相当する現金（あるいは短期国債）1ドルに対して、約20ドル分の売買注文を出すことができる。そして、その日のうちにポジションを手仕舞うデイトレードの場合、証拠金はもっと少なくなる。先物取引における証拠金は低く、1974年以降、個別株やETFの購入には50％の証拠金が必要とされてきたのとは対照的である。

少ない現金で多くの株を取引できるという仕組みは、最低証拠金制度が確立される前の1920年代に行われていた激しい投機を思い出させる。1920年代には、個別銘柄は通常10％の証拠金で購入することができた。市場が上昇し続ける限り、ほとんど損することはなかったので、借入金で投機をするのは普通のことだった。しかし、相場が急落すれば、証拠金による買い手は、保有する株式の価値が失われるだけでなく、証券会社に対しても負債を抱えるようになる。こうした低率の証拠金での先物契約の購入は、今日でも同じような影響が出る可能性がある。

ETFの税制メリット

ETFや指数先物を利用することで、投資家のポートフォリオ運用における柔軟性は大きく増す。投資家が個別銘柄で利益を積み上げたが、市場の先行きについて神経質になっているとしよう。個別銘柄を売却するのは、大きな納税義務を負うことになるかもしれない。ETF（あるいは先物）を利用すれば、良い解決策を手に入れられる。ヘッジしたいポートフォリオの価値をカバーするだけのETFを売り、個別銘柄を保有し続ければいい。仮に市場が下落すれば、ETFの売りポジションから利益を上げて、株式ポートフォリオの損失を相殺できる。予想に反して市場が上昇した場合でも、ETFの損失は、保有する個別銘柄の利益によって相殺される。これは株式市場のリスクヘッジと呼ばれる。投資家は個別銘柄を売却するわけではないので、納税義務は生じない。

ETFのもう1つの利点は、株式を保有していなくても、市場の下落から利益を上げられることである。ETFの売りは、株式の空売り、つまり株式が下落することを見越して保有していない株式を売却し、より安い価格で

買い戻す取引の代替となる。個別銘柄は価格が10％以上下落した場合は空売りできないという規制があるが、ETFはこの規制の適用を除外されているため、市場の下落に賭ける際にETFを利用することは、株式のポートフォリオを空売りするより、ずっと便利である[8]。

ETF、先物、インデックスファンドの比較

指数先物やETFが開発されたことで、投資家は多くの株価指数のいずれかに連動する3つの選択肢——ETF、指数先物、インデックスファンド——を有している。**表26-1**に各タイプの主な特徴を載せておく。

取引の柔軟性という点では、ETFと指数先物はミューチュアルファンドよりはるかに優れている。ETFと指数先物は取引時間中であれば実質的にいつでも売買できる。これに対し、ミューチュアルファンドは市場の終値でしか売買できないし、投資家は市場が閉まる数時間前までに注文を出しておかなければならない。ETFと指数先物は、ポートフォリオのヘッジや相場下落を見越した投機のために空売りすることができるが、ミューチュアルファンドはできない。さらに、ETFは株式のように（FRBの規制では取引価格の50％の）証拠金による信用取引が可能である。一方、指数先物

表26-1 ETF、指数先物、インデックスファンドの特徴

	ETF	指数先物	インデックスファンド
随時売買	可	可	不可
空売り	可	可	不可
レバレッジ	可	90％以上	なし
経費率	非常に低い	なし	かなり低い
取引コスト	株式手数料	先物手数料	なし
配当再投資	可	不可	可
税金効果※	非常に良い	乏しい	かなり良い

---

8) SECは2007年にアップティック・ルール（直近の変動がアップティックでない限り空売り禁止）を廃止したが、2010年2月、SECは価格が10％以上下落した場合に適用するルールを復活させた。
※〔訳注〕422ページの訳注を参照。

では投資家が差し入れる証拠金の約20倍もの取引ができるので、レバレッジを効かせることができる。

　このETFや先物の柔軟性は、投資家が破滅する原因にもなりうる。投資家は楽観的なニュースや悲観的なニュースに過剰に反応しがちなので、安値近辺で売ってしまったり、高値近辺で買ってしまったりすることがよくある。さらに（ヘッジのためでない）空売りやレバレッジを利用できるので、自分の気まぐれな直感によって投機したくなる誘惑に駆られやすい。これは非常に危険なゲームである。ほとんどの投資家にとって、売買の頻度を制限することとレバレッジを抑えることが有益である。

　コスト面については、3つの投資対象はすべて非常に効率的である。インデックスファンドは年間コストが0.1％未満であり、ほとんどのETFのコストはさらに低い。ETFも先物もブローカーを通じて購入するので、取引手数料の支払いと「売買スプレッド」（売買が活発なETFについては非常に低い）を必要とする。一方、ほとんどのインデックファンドはノーロードであり、売買する際に手数料がかからない。また、指数先物は年間手数料が不要だが、少なくとも年1回は新しい契約に乗り換えなければならないので、その際には追加手数料が必要となる。

　ETFが非常に優れているのは税金面である。その構造によって、ETFはキャピタルゲインをほとんど生まない。インデックスファンドは税金面では効率的であるが、キャピタルゲインを実現することがある。これは、投資家が解約するか、株式が指数から除外される際に、ポートフォリオから個別銘柄を売却しなければならないときである。ほとんどのインデックスファンドにとってキャピタルゲインは小さな金額だが、ETFよりは大きい[9]。先物は、どんな利益も損失も、ポジションを売却するか否かにかかわらず、年末には実現しなければならないので税金面では効率がよくない。

　当然ながら、ETFとインデックスファンドとの間の税金の違いは、投資家が個人退職年金（IRA）などの非課税勘定で保有する限り問題はない。しかし、課税勘定で保有する場合には、ETFの税引後リターンは、最も節税効果の高いインデックスファンドよりもわずかに高くなる傾向にある。

---

9) 1997年から2012年まで、スパイダー（S&P500ETF）からキャピタルゲインの配分は1度もないが、バンガード500インデックスファンドは数回あった（2000年以降はない）。

レバレッジ型ETF

2006年6月、プロシェアーズは、リターンが人気の高いナスダック100の2倍になるように設計されたインデックスETFを発表した。そのすぐ後には、リターンがナスダックとS&P500の2倍、3倍になるETFが登場した。2009年には、ディレクションというETF運用会社が、市場が下落したときに上昇するように設計された「ベア型」と呼ばれるETFを組成し、これに続いてリターンが指数の日次変動率の2倍、3倍になるベア型も登場した。これらの商品は、その目的を達成するために先物・オプション市場のレバレッジを利用し、投資家の間で大人気となった。

レバレッジ型ETFはあまり正しく理解されていない。これらは常にリバランスが必要な構造になっているため、値動きに下方バイアスがかかる。つまり、日中、トレーダーは指数の2倍、3倍に近いリターンを実現するが、長期的にはリターンにラグが生じ、投資家は指数の2倍、3倍の利益を得ることはできない。この下方への乖離は、指数が下降すると上昇するように設計されたベア型ETFにとって特に深刻である。

表26-2は、2015年12月31日から2021年12月31日までと、コロナ禍の期間中のS&P500ETFとナスダック100ETF、およびそれらのレバレッジ型ETFの年率リターンを示している。この6年間、S&P500は17.3％、ナスダック100は24.5％の年率リターンを示したが、2倍型と3倍型のETFは指数の2倍と3倍にわずかに及ばなかった。3倍ベア型ETFは年率約50％下落したので、2015年12月31日に3倍ベア型のSPXSに10万ドル投資した場合、6年後にはその価値は2000ドルになっていた。

表26-2 2016～2022年とコロナ時の下落相場のレバレッジ型ETFのリターン

	S&P500				ナスダック		
	1x	2x	3x	−3x	1x	2x	3x
ティッカー	SPY	SSO	UPRO	SPXS	QQQ	QLD	TQQQ
経費率	0.095%	0.75%	0.75%	1.01%	0.20%	0.75%	0.75%
年率リターン							
2015.12.31 -2021.12.31	17.3%	29.8%	39.6%	−49.9%	24.5%	44.5%	61.1%
2020.2.12-3.23	−33.5%	−58.6%	−76.2%	134.9%	−26.4%	−49.4%	−67.9%

図 26-3 コロナ時の S&P500 レバレッジ型 ETF の価格推移

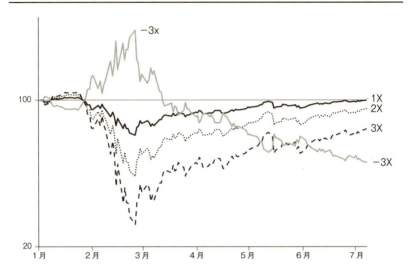

　3倍ベア型ETFは、市場が3分の1以上下落した2020年2月12日から3月23日までで、ほぼ135％上昇し、コロナ禍の弱気相場においては輝きを放った。しかし、**図26-3**を見ると、市場が弱気相場から完全に回復したときには、レバレッジ型のETFはどれも回復せず、2倍ブル型ETFは10％下落、3倍ブルは28％下落、3倍ベアは50％下落していた。

株価指数オプション

　ETFや株価指数先物は専門家や機関投資家にとって非常に重要だが、オプション市場は多くの投資家に幻想をもたらしてきた。これは驚くべきことではない。オプションのすばらしさは、まさにその名前のとおりである。ある価格で特定の期限までに株式や指数を買ったり売ったりする選択権はあるが、義務はない。オプションの買い手は、先物とは異なり、損失は投資した金額までに限られる。

　オプションにはプットとコールという2つのタイプがある。コールは、一定の期間内に、あらかじめ決められた価格で株式を買う権利である。プッ

トは売る権利である。個別銘柄のプットとコールは数十年にわたり存在していたが、1974年にシカゴ・オプション取引所（CBOE）が開設されるまでは、組織化された取引システムを通じて売買されるものではなかった。

有限責任というオプションの特徴は極めて魅力的である。もしも市場がオプション購入者の期待とは逆に動けば、売る、あるいは買う権利を放棄することで、購入代金を失うだけで済む。これは、市場が購入者の期待とは逆に動けば損失が即座に積み上がり、「マージンコール」〔追加証拠金の連絡〕を受け、追加資金を投入しなければならなくなる先物契約と大きく異なる。乱高下する市場において、先物は非常にリスクが高くなる可能性があり、大きな損失なしに契約から抜け出すことができない場合がある。

指数オプションは、投資家が一定の期間内に決められた価格で株価指数を購入することを可能とする。S&P500が現在4600で取引されていて、相場は上昇すると確信しているとしよう。このとき、4700の6カ月コール・オプションを、80ポイントすなわち8000ドルで購入するとしよう。オプションの購入価格をプレミアム〔オプション料〕と呼び、オプションの満期時に価値を持つ価格（このケースでは4700）をストライクプライス〔権利行使価格〕と呼ぶ。S&P500が4700を上回れば、購入者は6カ月間いつでも権利を行使して、1ポイントごとに100ドルを受け取ることができる。相場が4780まで上昇すれば、プレミアムをカバーして、損益はゼロになり、それ以上に上昇すれば利益を得ることができる。市場が4880まで上昇すれば、100ポイントすなわち1万ドルの利益が得られ、リターンは100％を超える。常にオプションを行使して利益を得る必要はない。オプション市場は非常に活発で、満期日前に他の投資家にいつでも売却することができる。

プットもコールと同じように機能するが、プットの場合は市場が下落すれば購入者が儲かる。例えば、ストライクプライス4500のS&P500の6カ月プット・オプションを、80ポイントすなわち8000ドルのプレミアムを支払って購入したとしよう。この場合、S&P500が4500を下回って下落すると1ポイントごとに100ドルずつ、プレミアムを取り戻すことができる。指数がオプションの満期日までに4420まで下落すれば、損益はゼロとなる。4420からさらに下落すれば、利益が出る。

指数オプションに支払う価格は市場で決定され、金利や配当利回りを含

む多くの要素に依存する。最も重要な要因は、市場そのものの期待ボラティリティである。このボラティリティは、第22章で論じたVIXで測ることができる。明らかに、市場の変動が大きいほど、プットやコールを買うためのコストは高くなる。

オプションの価格決定理論は、1970年代にフィッシャー・ブラックとマイロン・ショールズという2人の経済学者がオプション価格を決定する数式を開発して大きく進歩した。このブラック-ショールズ方程式は瞬く間に広まった。それまで直感だけに頼っていたトレーダーに、オプション価値のベンチマークを提供したのである。ブラック-ショールズ方程式は世界中でトレーダーの携帯端末やパソコンに組み込まれた。条件によって多少の修正が必要だが、ブラック-ショールズ方程式による試算値が市場で売買されるオプション価格に非常に近いことが実証されている。マイロン・ショールズはこの発見により1997年にノーベル経済学賞を受賞した[10]。

指数オプションの買い

オプションは、実際には先物やETFよりも柔軟性がある。どのような先物やETFもオプションを使って複製することができるが、その逆はできない。オプションは先物よりもずっと多くの戦略を提供する。そのような戦略は、非常に投機的なものから、極めて保守的なものまである。

投資家が市場の下落から身を守りたいと考えているとしよう。この場合、市場が下落するにつれ価値が上昇するプットを購入すればいい。もちろん、保険料のようにプレミアムを支払わなければならない。市場が下落しなければプレミアムを失うことになるが、市場が下落すれば、プットの価値の上昇が投資家の株式ポートフォリオの下落の衝撃を、完全に相殺しないまでも和らげてくれる。

プットのもう1つの利点は、自分が守りたいと望む金額分を購入できることである。市場の完全な崩壊に対してのみ自分を守りたいのであれば、ア

---

10) 最初の論文は1973年に発表された。Fisher Black and Myron Scholes, "The Pricing of Options and Corporate Liabilities", *Journal of Political Economy* 81, no.3, 637-654. 1997年にノーベル賞が贈られたとき、フィッシャー・ブラックは亡くなっていた。マイロン・ショールズはウィリアム・シャープ、ロバート・マートンとともにノーベル賞を受賞したが、あとの2人は方程式の発見に貢献した。

ウト・オブ・ザ・マネーのプット、すなわちストライクプライスが現在の指数の価格を大幅に下回るプットを購入することができる。このオプションは市場が下落した場合にだけ効果を生む。さらに、ストライクプライスが現在の市場水準を上回るプットを買うこともできる。この場合、市場が下落しなくても、オプションはある程度の価値を持ち続ける。もちろん、こうしたイン・ザ・マネーのプットは、プレミアムがずっと高い。

プットやコールによって大きな利益が生まれた事例は数多い。しかし、価値がすばらしく上昇したオプションが存在すると同時に、無価値で満期を迎えるオプションも山ほどある。一部の市場の専門家は、オプション市場に参加する個人投資家の85％は損をしていると推測している。オプションの購入者は市場の方向を正しく認識しなければならないうえに、売買のタイミングが完璧に近く、ストライクプライスの選択も適切でなければならない。

指数オプションの売り

もちろん、誰かがオプションを購入するためには、誰かがオプションを売却（引き受け）しなければならない。コール・オプションの売り手は、コールの買い手が利益を獲得するほど十分に市場は上昇しないと期待する。ほとんどのオプションが無価値で満期日を迎えるので、コールの売り手は通常利益を獲得する。しかし、コールの売り手の期待に反して市場が大きく動くと、損失は巨額になる。

このために、ほとんどのコール・オプションの売り手は、原資産たる株式をすでに保有している投資家である。バイ＆ライトと呼ばれるこの戦略は、双方で勝つとみられているため、多くの投資家に人気がある。株価が下落すれば、売り手はコールの買い手からプレミアムを回収しているので、オプションを売らなかった場合よりも良い状態になる。株価が動かなくても、コールのプレミアムが入ってくるので、まだ良い。株式が上昇すれば、コールの売り手は、オプションでの損失以上に保有株式の価格上昇から利益を得るので、やはり利益を上げることができる。しかし、株価が大幅に上がると、市場を下回る価格で株式を渡すことを約束しているので、損を

することになる。このケースでは、コールを売らなかったほうが良かったということになる。

　プット・オプションの買い手は、保有株の下落に対して保険をかけている。これらのオプションの売り手は誰だろう。彼らは主に、株価が下落した場合にだけ株式を買いたいと考えている人々である。プットの売り手としてプレミアムを回収し、株価がストライクプライスを十分に下回って下落した場合のみ、株式を買うのである。

結論：指数商品の重要性

　1980年代の株価指数先物とオプションの発展は、株式投資家やファンドマネジャーにとって重要な発展だった。ダウ平均の構成銘柄のように時価総額の大きな企業は、流動性が高いために常に資金を引き付けてきた。だが、投資家は株価指数先物により、主要な指数で表されるような市場全体を購入できるようになった。

　20年後、ETFによって投資家は低コストで市場全体に分散投資するもう1つの手段を得た。ETFは個別銘柄に似たところがあるが、指数先物のように高い流動性と税務上の有利性を持っている。今日、市場でポジションを取りたいと思う投資家は、株価指数先物かETFを使えば簡単にできる。指数オプションを利用すれば、投資家はポートフォリオの価値に保険をかけて、取引コストと税金を節約することができる。

　ウォーレン・バフェットやピーター・リンチのような著名な投資家が当初に言ったほど、これら株価指数関連商品がボラティリティを高めたり、投資家を傷つけたりしているという確たる証拠はない。実際に、これらの指数関連商品は世界の株式市場の流動性を高め、さらに分散できるようにして、これらがない場合よりも株価を上昇させている。

第27章 ファンドのパフォーマンス、インデックス投資、投資家のリターン

アナリスト、ましてや訓練を受けていない投資家が、平均よりも良い結果をもたらす普通株を選ぶ能力があるとは、私には信じられない。だから私は、標準的なポートフォリオというものは、だいたいダウ平均を複製すべきだと思う。

ベンジャミン・グレアム[1]

機関投資家は、実際、彼ら自身が市場そのものだというのに、どのようにして市場をアウトパフォームすると期待できるのだろうか。

チャールズ・D・エリス、1975年[2]

ウォール街に昔からある小話だ。大きな株式ファンドの2人のファンドマネジャーが国立公園にキャンプに出かけた。テントを張った後で、1人のファンドマネジャーがキャンプ場の周りに熊がいると公園保護官から警告を受けた。もう1人のファンドマネジャーは微笑み、「心配ない、私は走るのが速いから」と言った。最初のファンドマネジャーが頭を振って、「君は熊より速く走ることはできないよ。やつらは獲物を捕まえるためなら時速40キロ以上で走ることができるんだ」と言うと、もう1人が言い返した。「もちろん、熊より速く走れないことはわかっている。大事なのは、僕が君より速く走れるということなんだ！」。

---

1) Benjamin Graham and Seymour Chatman, ed., *Benjamin Graham: The Memories of the Dean of Wall Street*, NewYork：McGraw-Hill, 1996, 273.
2) Charles D. Ellis, "The Loser's Game", *Financial Analysis Journal* 31, no.4 (July/August 1975).

資産運用という競走の激しい世界では、投資のパフォーマンスは絶対リターンでなく、ベンチマークに対する相対リターンで測定される。株式であれば、S&P500、ラッセル3000、そしてそれらのグロース型やバリュー型の指数などである。

　しかし、投資には他の人間行動とは決定的な違いがある。たいていの分野では、他の人が何時間も練習し技術を磨いた仕事で、素人が平均以上にうまくやれるチャンスはまったくない。テニスの試合でロジャー・フェデラーに勝つことなどないのだ。けれども株式市場では、まったく練習しなくても、誰でも平均的な投資家と同じようにうまくやることができる。

　この驚くべき現象は、非常に単純な事実に基づいている。つまり、個々の投資家の保有株式の合計は市場に等しいので、市場のパフォーマンスは本質的に個々のすべての投資家の平均パフォーマンスになる。したがって、ある投資家が市場を1ドル上回っていれば、別の投資家が市場を1ドル下回っているはずである。市場のパフォーマンスと連動させることができれば、あなたの投資は、彼らが市場について勉強していようがいまいが、平均的投資家より悪い結果にはならないことが保証されている。

　市場のパフォーマンスにどのように連動させるのか。米国の証券取引所に上場されている何千もの銘柄すべてを誰が保有できるだろう。1975年まで、この目標は大多数の投資家にとっては達成が非常に困難だった。

　だが、それ以降、インデックス型のミューチュアルファンドやETFが普及し、小口投資家でも広範な銘柄をカバーする株価指数と同等のパフォーマンスを達成することが可能になった。これらのインデックスファンドは投資に革命を起こし、小口投資家に、はるかに大きなポートフォリオを持つアクティブ投資家が実現したリターンを上回るとはいわないまでも、それに匹敵するリターンをもたらすようになった。

株式ミューチュアルファンドのパフォーマンス

　市場平均のパフォーマンスの達成に腐心するのは良い戦略ではないと主張する人が多い。彼らは、あまり情報を持たず、市場のリターンを継続的に下回るようなトレーダーが存在しているのであれば、情報武装した投資

家やプロが市場のリターンを上回ることは可能だと主張する。

残念ながら、そういったアクティブ運用ファンドの大部分の歴史的な実績は、前述の主張を支持するものではない。S&Pダウ・ジョーンズ・インデックス社は、アクティブ運用のミューチュアルファンドとETFのパフォーマンスを年2回レビューしている。2021年半ば時点のパフォーマンスを**表27-1**に示したが、アクティブ運用ファンドに投資している人々にとっては心もとないものである[3]。米国内ファンド全体では、2021年6月30日までの3年間で4分の3以上がそれぞれの比較対象をアンダーパフォームしており、10年間と20年間では90％以上がアンダーパフォームしている[4]。

表27-1　ベンチマークを下回った米国株式ファンドの割合（リスク調整後）

ファンドのカテゴリー	比較対象	3年間%	5年間%	10年間%	20年間%
すべての国内ファンド	S&P コンポジット1500	75.79	78.26	92.42	93.80
すべての大型株ファンド	S&P500	68.38	74.92	89.49	94.05
すべての中型株ファンド	S&P 中型株400	46.73	56.75	72.30	88.70
すべての小型株ファンド	S&P 小型株600	53.01	62.77	83.16	92.25
すべてのマルチキャップファンド	S&P コンポジット1500	73.72	74.69	93.21	93.91
大型株グロース	S&P500 グロース	66.95	62.30	98.48	99.71
大型株コア	S&P500	74.80	85.20	96.14	95.67
大型株バリュー	S&P500 バリュー	68.90	70.96	82.78	75.12
中型株グロース	S&P 中型株400 グロース	22.66	34.72	61.14	90.81
中型株コア	S&P 中型株400	61.29	70.97	86.92	90.91
中型株バリュー	S&P中型株400バリュー	59.26	72.41	78.38	79.38
小型株グロース	S&P 小型株600 グロース	18.68	30.57	79.61	98.76
小型株コア	S&P 小型株600	65.44	76.89	93.33	89.52
小型株バリュー	S&P小型株600 バリュー	76.29	80.70	90.48	82.26
マルチキャップ・グロース	S&P コンポジット1500 グロース	75.72	80.77	98.52	96.49
マルチキャップ・コア	S&P コンポジット1500	85.17	89.43	97.02	91.95
マルチキャップ・バリュー	S&P コンポジット1500 バリュー	88.33	83.33	88.33	83.91
不動産ファンド	S&P 米国REIT	38.27	44.19	59.09	81.67

出典：S&P Dow Jones Indices LLC ©2021

---

3) SPIVA mid-year 2021.
4) ほとんどのアクティブ運用のファンドはインデックスファンドよりも大きなリスクを取るため、これらのリターンは「リスク調整後」である。

図27-1は、米国株式全体を対象としたCRSP時価総額加重平均リターンとして定義される市場をアウトパフォームした株式ファンドの割合を年ごとに示している。結果は総じて悲惨である。過去半世紀のうち、半数以上のファンドが市場をアウトパフォームしたのはわずか11年で、それらの年はたいてい小型株が大型株をアウトパフォームした年であった。さらに、この傾向は悪化し、2008年から2021年までは半数以上のファンドが市場をアウトパフォームした年は一度もない。

図27-2は、1972年から2021年までの50年間存続した132のファンドのリターンの分布を示している。S&P500を年率2パーセントポイント超アウトパフォームしたファンドは1本（AMFラージキャップ・エクイティ）のみであり、83本（ほぼ3分の2）は市場インデックスをアンダーパフォームした。

図27-2には、運用担当者がポートフォリオの銘柄をランダムに選んだと仮定したファンドのリターンの理論的分布もプロットしてある。純粋にランダムな選択となっていれば、21のファンドが年間3％超市場をアウトパフォームすると予測されたが、図のとおり、アウトパフォームしたファンドは1本だけであった。

図27-1 市場を上回った株式ファンドの割合（1972〜2021年）

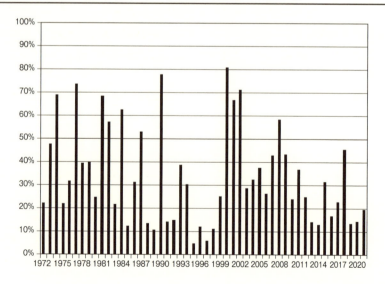

図 27-2 市場に対するミューチュアルファンドのリターンと理論的リターンの分布 (1972 〜 2021 年)

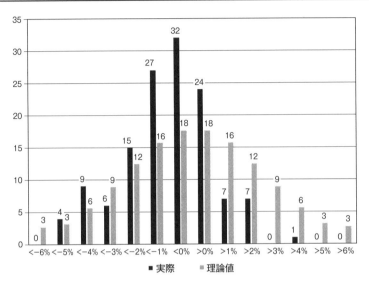

実際には、ファンドの歴史的な運用成績は、これらの数値が示すよりもかなり悪い。これらの調査には50年間存続しているファンドのみが含まれており、パフォーマンスが悪く中途で廃止となったファンドは除外されている。生存バイアスと呼ばれるこのバイアスは、すべてのアクティブ運用のミューチュアルファンドの実際の運用成績が、**図27-2**に示されたものよりも低くなることを意味する。さらに、ここで計算したリターンは、初期の時代には一般的であった販売手数料と償還手数料を除外しているため、投資家への正味のリターンはさらに減少しているはずである。

最も運用成績が良かったファンド

多くの投資家は、将来アウトパフォームするファンドは、過去に長期にわたってアウトパフォームしたファンドであると信じている。**表27-2**は、1972年以降、最もパフォーマンスの良かった存続ファンドの最初の40年間と最近10年間のパフォーマンスを示したものである。

アウトパフォームが継続することはあまり期待できない。平均すると、

最初の40年間でS&P500を年率3パーセントポイント近く上回ったトップ15本のファンドのパフォーマンスは、その後の10年間はほぼ同じ幅でアンダーパフォームしているのである。1972年から2012年まででS&P500を年間3.5ポイント以上アウトパフォームした4本のファンドは、その後の10年間はすべてS&P500をアンダーパフォームし、なかには大幅にアンダーパフォームするものもあった。5位にランクされたフィデリティのマゼラン・ファンドは、最初の40年間とその後の10年間でアウトパフォームした最高位のファンドであった。有名なファンドマネジャーのピーター・リンチが1977年から1990年まで運用したフィデリティのマゼラン・ファンドは、S&P500の2倍以上となる年率29％超という驚異的なリターンを実現した。このリターンを達成するためにマゼラン・ファンドは多少大きなリスクを取ったが、14年間にわたって運だけでこれだけの差をつけて市場をアウト

表27-2 1972～2012年の最も運用成績が良かったファンドとその後10年の運用成績

ティッカー	ファンド名	トータルリターン 1972-2012	トータルリターン 2012-2022	S&P比 1972-2012	S&P比 2012-2022
IICAX	Asset Management Fund Large Cap Equity Fund	16.19%	13.76%	6.26%	−2.87%
SEQUX	Sequoia Fund	14.11%	10.51%	4.18%	−6.11%
MUTHX	Franklin Mutual Shares Fund Class Z	13.43%	9.24%	3.50%	−7.38%
ACRNX	Columbia Acorn Fund Institutional Class	13.42%	12.35%	3.49%	−4.27%
FMAGX	Fidelity® Magellan® Fund	13.03%	17.67%	3.10%	1.05%
TWCGX	American Century Growth Fund Investor Class	12.95%	18.22%	3.01%	1.60%
OTCFX	T. Rowe Price Small-Cap Stock Fund	12.89%	14.68%	2.96%	−1.95%
TEPLX	Templeton Growth Fund, Inc. Class A	12.60%	7.36%	2.66%	−9.26%
FCNTX	Fidelity® Contrafund® Fund	12.41%	17.95%	2.47%	1.33%
ACSTX	Invesco Comstock Fund Class A	12.12%	12.79%	2.19%	−3.83%
TWCIX	American Century Select Fund Investor Class	11.97%	18.21%	2.04%	1.59%
FDESX	Fidelity Advisor® Diversified Stock Fund Class O	11.89%	16.70%	1.95%	0.08%
NYVTX	Davis New York Venture Fund Class A	11.84%	12.27%	1.90%	−4.35%
SGENX	First Eagle Global Fund Class A	11.68%	8.31%	1.75%	−8.31%
SPECX	Alger Spectra Fund Class A	11.44%	18.37%	1.51%	1.75%
	平均	12.80%	13.89%	2.87%	−2.73%
	Berkshire Hathaway	17.88%	14.66%	7.95%	−1.96%
	S&P500	9.93%	16.62%	—	—

パフォームし続ける確率は、たった50万分の1である。リンチの退任後も、マゼラン・ファンドは、はるかに小さな差ではあるがアウトパフォームを続けた。

表27-2には、ウォーレン・バフェットの有名なバークシャー・ハザウェイも含まれている。バークシャー・ハザウェイは、1972年から2012年まで他のすべてのミューチュアルファンドをアウトパフォームし、S&P500を概ね8パーセントポイント上回る年間17.88％のリターンを記録した。このようなアウトパフォームが偶然によって起こる確率は100分の1程度である。そうではあったが、バフェットのバークシャーはその後10年間、S&P500をアンダーパフォームした。

ファンドのアンダーパフォーマンスの歴史

ミューチュアルファンドのリターンが市場を下回ることは、1970年代に始まったわけではない。1970年に、ベッカー・セキュリティーズ社は、企業年金基金のマネジャーの運用記録を発表して、ウォール街を驚かせた。ベッカー社によると、これらのマネジャーの平均リターンはS&P500を1％下回り、彼らのうち4分の1しか市場を上回ることができなかった[5]。この調査結果は、株式ミューチュアルファンドのリターンの悪さを指摘したウィリアム・シャープやマイケル・ジェンセンなどの学術論文や、1962年に株式ミューチュアルファンドのアンダーパフォームを確認したアーウィン・フレンドの有名な研究に続くものである[6]。

表27-2で報告されている結果は、トップパフォーマンスのミューチュアルファンドが長期的にアウトパフォームし続けることを裏付けてはいないが、ある年にアウトパフォームしたファンドは次の年もアウトパフォームする可能性が高いといういくつかの証拠がある[7]。このような短期的な持続性は、おそらくファンドマネジャーが特定の投資スタイルに従っていて、そのスタイルが数年間は有効であることが多いためであろう。

---

5) Burton C. Malkiel, *A Random Walk Down Wall Street: The Time-Tested Strategy for Successful Investing*, 5th ed.〔邦題『ウォール街のランダム・ウォーカー』〕, New York : Norton, 1990, 362.
6) Irwin Friend, F. E. Brown, Edward S. Herman, and Douglas Vickers, *A Study of Mutual Funds*, prepared for the SEC by the Securities Research Unit at the Wharton School, 1962.
7) Darryll Hendricks, Jayendu Patel, and Richard Zeckhauser, "Hot Hands in Mutual Funds: Short-Run Persistence of Relative Performance, 1974–1988," *Journal of Finance* 48, no.1 (March 1993), 93–130.

エドワード・エルトン、マーチン・グルーバーおよびクリストファー・ブレイクは、アウトパフォーマンスは3年以上持続すると主張している[8]が、バートン・マルキール、ジョン・ボーグル、その他は異論を唱えている[9]。長期で見れば、トップパフォーマーも低迷することは多い。おそらく、フィデリティのピーター・リンチ退任直後のマゼラン・ファンドの平凡なパフォーマンスに投資家は驚かなかっただろう。たとえ成功したファンドの主任マネジャーが引き続き指揮を執ったとしても、結果は劇的に変わることがある。レッグ・メイソンのバリュー・トラストでは、ビル・ミラーが1991年から2005年まで15年連続でS&P500を上回るという記録的な好成績を残したが、2006年から2008年にかけては突然大きく落ち込んだ。

優れたファンドマネジャーを見つける

ウォーレン・バフェットとピーター・リンチのパフォーマンスが、彼らの銘柄選択能力によるものであることに疑いの余地はない。しかし、もっとありふれたファンドの場合、優れたリターンがファンドマネジャーの能力によるのか幸運によるのかを、ある程度の信頼性をもって決めるのは極めて困難である。**表27-3**は、平均を上回る銘柄選択能力を持つファンドマネジャーが、市場を上回るリターンを達成する確率を計算したものである[10]。

結果は驚くべきものである。たとえファンドマネジャーが市場平均よりも年率で1%リターンが高い銘柄を選択したとしても、10年後のリターンが市場平均を上回る可能性は62.7%ほどで、30年後では市場のボラティリティを考えると71.2%にすぎない。また、市場を年率2%上回る銘柄を選択しても、10年後に市場を上回る可能性は74.0%である。これは市場の平均リターンを下回る可能性が4分の1あることを意味している。優れたファンドマネジャーが確実に市場を打ち勝つと確信するために必要な期間は、

---

8) Edwin J. Elton, Martin J. Gruber, and Christopher R. Blake, "The Persistence of Risk-Adjusted Mutual Fund Performance," *Journal of Business* 69, no.2 (April 1996), 133–157.
9) Burton G. Malkiel, *A Random Walk Down Wall Street*, 8th ed., New York: Norton, 2003, 372–274. John C. Bogle, *The Little Book of Common Sense Investing*, Hoboken, NJ: Wiley, 2007, Chapter 9.
10) この表では、ファンドマネジャーは顧客を市場と同じリスクにさらすと仮定しているので、ファンドマネジャーの市場リターンとの相関係数は0.88であるが、これは1971年以降の株式ミューチュアルファンドの典型的な値である。

表27-3　市場をアウトパフォームする確率

期待超過収益	保有期間(年)						
	1	2	3	5	10	20	30
1%	54.1%	55.7%	57.0%	59.0%	62.7%	67.6%	71.2%
2%	58.1%	61.3%	63.8%	67.5%	74.0%	81.9%	86.7%
3%	61.9%	66.6%	70.1%	75.2%	83.2%	91.3%	95.2%
4%	65.7%	71.6%	75.8%	81.7%	89.9%	96.4%	98.6%
5%	69.2%	76.1%	80.8%	86.9%	94.4%	98.8%	99.7%

その実力を判断するための試用期間よりも長いのである。

　下手なファンドマネジャーを見抜くことは同じように困難な課題である。実際に、ファンドマネジャーのパフォーマンスが15年間も市場の平均リターンを年率4％下回っていれば、（間違う可能性が20分の1以下の確率で）そのマネジャーは単に運が悪いのではなく、運用が下手だと統計的にいうことができる。その間に、あなたの資産はインデックスに投資していた場合の半分程度に減少しているだろう。

　極端なケースでさえ判断するのは困難なのである。確かに、1970年以降、どの存続ファンドも成し遂げていない市場を年率5％上回ると期待できるほど、有望なファンドマネジャーが現れれば、すぐに注目を浴びると考えるだろう。しかし、必ずしもそうではないのである。1年後に、そのようなファンドマネジャーが市場を上回る可能性は10分の7である。2年後でも、その可能性は76.8％に上昇するだけである。

　長期的には市場を年率5％上回るパフォーマンスを達成することになるが、まだ若くて注目されていない頃のピーター・リンチに、2年後に少なくとも市場と同じパフォーマンスを達成しなければ解雇されるという厳しい条件を与えたとしよう。**表27-3**によれば、彼が2年にわたり市場に勝つ可能性は76.1％しかない。つまり、パフォーマンスが市場平均を下回って、銘柄選択能力がないと判断され、彼が解雇される可能性が約4分の1あるということになる。

ファンドのパフォーマンスが市場を下回る理由

　一般にファンドのパフォーマンスが市場平均を下回ってしまうのは、ファンドマネジャーが一貫して良くない銘柄を選ぶからではない。彼らのパフォーマンスがベンチマークを下回るのは、主に年間平均で2％程度かかる手数料と売買コストのためである。第1に、ファンドマネジャーは高リターンを求めて株式を売買するが、これには証券会社への手数料と、売買スプレッド（買値と売値の差額）を伴う。次に、投資家は運用報酬（さらには販売手数料）をファンドを販売する組織と個人に支払う。最後に、ファンドマネジャーは銘柄を選択する際に、自分と同等、あるいはより優れたスキルを持つ他のファンドマネジャーとしばしば競争することになる。すべての市場参加者が市場に勝つことは数学的に不可能である。ある投資家のリターンが市場平均を1ドル上回れば、他の投資家のリターンが市場平均を1ドル下回る。

生兵法は大けがのもと

　株式評価に関する基本的な知識を多少持っている投資家のほうが、まったく知識を持たずポートフォリオを指数に連動させているだけの投資家よりもパフォーマンスが悪いという事実は興味深い。例えば、株式評価について学び始めたばかりの新米投資家を考えてみよう。これは、「どうすれば市場に勝てるか」といった類いの本が対象とする投資家である。この新米投資家は、ある企業がとても良い業績を発表したものの、そのニュースによって妥当と思える水準までは、まだ株価が上昇していないことに気づく。そこで彼はその銘柄を購入する。

　一方、情報に通じた投資家は、増益が特殊要因によるもので一過性であることを認識している。情報通の投資家は、株価の上昇は妥当ではないとわかって、喜んでその株式を新米投資家に売却する。情報通の投資家は、自らの特別な知識によって割安株を見いだしたと信じる新米投資家から利益を上げるのである。株について学び始めた新米投資家よりも、会社の業績さえ知らず、情報もなく指数投資をしている人のほうが、むしろうまく

いくことが多い。
　「生兵法は大けがのもと」という格言は金融市場にも当てはまる。株式（およびほとんどの金融資産）の価格でアノマリーや矛盾に見えるものの多くは、一般の人には簡単には入手できない特別な情報を持った投資家の売買によるものである。株式が割安あるいは割高に見えるとき、感情的な、もしくは無知な投資家が株式に見当違いの株価をつけた、という単純な説明は間違っていることが多い。ほとんどの場合（常にではない）、株価の妥当性を説明できる理由が存在する。このため、新米投資家が自分自身の調査に基づいて個別銘柄を購入すると、非常に悪い結果になるのである。

情報によって利益を上げること

　新米投資家がより多くの知識を得ると、本当に株価が過小評価あるいは過大評価されている銘柄を見つけられるようになる。これらの株式の売買によって、情報の乏しかったときの損失や取引コストを埋め合わせるようになるだろう。ある時点までいくと、売買コストを越えて、市場リターンに比肩する、あるいは超えるリターンを達成できるほど十分に知識を持った投資家になるかもしれない。しかし、ここで重要なのは「かもしれない」という言葉である。一貫して市場に打ち勝つ投資家は実際に少ないからである。もちろん、銘柄分析にたいした時間をかけないような投資家が一貫して市場に打ち勝つ可能性などほとんどない。
　勝者を選択し、敗者を回避するという明快で単純なゲームが、多くの投資家を積極的な売買に駆り立てる。第25章で、人は生まれながらにして自分の能力と実績が平均以上だと考える傾向があることを述べた。投資のゲームは世界中で最も秀でた頭脳を引き付けるが、多くの投資家は自分のほうが同じゲームをしている隣人よりも賢いと錯覚する。だが、隣の投資家と同じぐらい賢いというのも十分ではない。市場の勝者を見いだすゲームでは、投資家の平均的な実績は、売買コストにより指数を下回り、市場をアンダーパフォームするのである。
　1975年に、グリーンウッド・アソシエイツ社のマネージングパートナーであるチャールズ・D・エリスは、『敗者のゲーム』という影響力のある論

考を書いた。そのなかで彼は、売買コストを考慮すると、平均的なファンドマネジャーは、彼ら自身が主要な市場プレーヤーであるので、達成不可能なほど大幅に市場を上回らねばならないと指摘した。エリスは次のように結論付けている。「よく言われるような市場に打ち勝つという目標に反して、ファンドマネジャーは市場に打ち勝つことはできない。市場が彼らを打ち負かすのである」[11]。

コストはどれほどリターンに影響を与えるのか

　年間2～3％の売買コストや運用報酬は、年率20～30％のリターンを狙っている投資家にとっては小さなものに思えるかもしれない。しかし、そのような取引コストは長期的な富の蓄積にとっては非常に有害である。第二次世界大戦後の株式市場の名目リターンは年率11％で、1000ドル投資すると30年後には2万3000ドルになる。しかし、ここで年間手数料が1％課されると、最終的な累積額は3分の1ほど減少する。年間手数料が3％であれば、累積額は1万ドルを若干上回る程度で、市場平均リターンの半分以下になる。売買コストの重要性を理解するもう1つの方法がある。それは、仮に25歳から投資を始めた投資家がいるとすれば、年間コストが1％上昇するごとに退職時期を2年遅らせる必要があるということだ。

パッシブ投資の人気

　ますます多くの投資家が、アクティブ運用ファンドのパフォーマンスがベンチマークに比べて見劣りするという事実により、主要な株価指数と同じリターンを獲得するだけで十分だと認識するようになった。そのため、1990年代に入ると、指数のパフォーマンスに合致させることを唯一の目的とするパッシブ投資が大いに増えた。

　最も古く、最も人気のあるインデックスファンドは、バンガード500インデックスファンドである[12]。このファンドは、先見の明のあるジョン・ボーグルによって創設されたが、1976年に設定されたときの純資産総額は

---

11) Charles D. Ellis, "The Loser's Game"〔邦題『敗者のゲーム』〕19.

1140万ドルで、インデックス投資という基本理念が生き残ると考えた人はほとんどいなかった。しかし、着実にインデックス投資は勢いを増し、ファンドの純資産総額は1995年末には170億ドルに達した。

1990年代の上昇相場の後半にインデックス投資の人気は急上昇した。S&P500が史上最高値に達した2000年3月には、ファンドの純資産総額が1000億ドルを超え、世界最大の株式ファンドとなった。2021年末までには、ファンドの純資産総額は8000億ドルに達し、すべての米国株式を組み入れるトータル・ストック・マーケット・ファンドは1兆3000億ドルを超える資金を引き付けた。

インデックスファンドの魅力の1つは、コストが非常に低いということである。バンガード500インデックスファンドの年間総コストは純資産価値のわずか0.04％にすぎない。2012年から2021年までS&P500トータルリターン・インデックス（配当再投資込み）に対して、このコスト分だけ遅れをとっている。

S&P500インデックスの下落

インデックス投資、なかでもS&P500に連動するファンドの人気は、将来、インデックス投資家にとって問題となるかもしれない。その理由は簡単である。ある銘柄がS&P500の構成銘柄として追加されて、インデックスファンドによる買いへの期待でその銘柄の価格が上昇することになれば、ファンドは将来のリターンを圧迫する割高な株式を保有することになる。

割高な株価の例は、ヤフーが1999年12月にS&P500に追加されたときに見られた。11月30日の取引終了後に、スタンダード・アンド・プアーズ社は12月8日にヤフーを指数に追加すると発表した。この発表から正式に構成銘柄となったわずか5日間で、株価は64％も高騰した。

2020年12月21日にテスラがS&P500に採用されたときも、同様の急騰が起きた。このEVメーカーが権威ある指数に加えられるという発表の直後、その価格は7％急上昇し、12月21日の指数入りまでに56％以上値上が

---

12) バンガード500インデックスファンドが登場する5年前に、ウェルズ・ファーゴが「サムソナイト」という単純平均型のインデックスファンドをつくったが、その資産額は比較的小さいままだった。

りを続けた。この日、2億株を超えて取引され、時価総額は1500億ドルを超えた。

このようなことは、新たな銘柄が指数に追加されるたびに繰り返されたが、値上がり幅はヤフーやテスラよりはるかに小さかった。スタンダード・アンド・プアーズ社は2000年9月に、S&P500への銘柄追加がどれほど株価に影響を与えるかに関する研究結果を発表した。これによれば、S&P500への追加発表日から実際に追加される日までの期間に、株価は平均8.49％上昇した[13]。指数に追加された10日後、これらの銘柄は平均で3.23％下落し、追加直前の上昇分を約3分の1失った。それでも、発表から1年後には追加後の下落分は相殺され、新規追加銘柄は平均8.98％上昇している。この上昇率はすべて、市場全体の動きで調整されたものである。その後の研究によれば、追加直前の上昇は近年では縮小しているが、S&P500に追加を認められた銘柄の株価は追加発表によって4％以上上昇していることがわかった[14]。

S&P500に追加されたときのこうした株価の急上昇は、取引されているすべての銘柄を含み、このようなオーバープライシングの影響を受けない株式市場総合インデックスを保有する利点の1つである。しかし、こうした逆風にもかかわらず、S&P500は2021年まで、より包括的なインデックスファンドのほとんどすべてをアウトパフォームしてきた。

ファンダメンタル加重と時価総額加重の指数化

スタンダード・アンド・プアーズやラッセル・インベストメントなどが創設した指数のように、十分な投資資金が流入する指数はすべて時価総額で加重平均されている。つまり、指数の各銘柄が、株価に発行済み株式数をかけた時価総額でウエイト付けされているということである[15]。

時価総額加重平均指数は非常に便利な特性を持っている。第1に、本章

---

[13] Roger J. Bos, *Event Study: Quantifying the Effect of Being Added to an S&P Index*, New York: McGraw-Hill, Standard & Poor's, September 2000.
[14] David Blitzer and Srikant Dash, "Index Effect Revisited", *Standard & Poor's*, September 20 2004, Hanis Preston and Aye Soa, "What Happened to the Index Effect? A Look at Three Decades of S&P500 Adds and Drops," *S&P Global Research*, September 2021.

のはじめのほうで述べたように、これらの指数はすべての投資家のドル加重パフォーマンスの平均を表す。そのため、誰かが指数を上回る実績を上げれば、他の誰かが下回ることになる。さらに、これらのポートフォリオは、ある仮定のもとで投資家に「ベスト」のリスクとリターンのトレードオフを提供する。これは、あるリスク水準に対して、時価総額加重平均ポートフォリオが最高のリターンを提供し、あるリターンに対して、これらのポートフォリオが最低のリスクを提供するということである。この特性は平均・分散効率性と呼ばれている。

しかし、この望ましい特性がうまく働くためには、前提条件が非常に厳しくなる。時価総額加重平均ポートフォリオは、各銘柄の価格が企業の真の価値をそのまま反映しているという意味で、市場が効率的であるときにのみ最適となる。これは株価がいつも適正ということではなく、投資家が真の価値をうまく評価できるような情報が、他に簡単に入手できないということを意味する。効率的な市場では、ある株式が20ドルから25ドルに上昇した場合、企業価値の変化の最善の評価は25％である。ファンダメンタルな価値に関係のない要因で、株価を変えられるものは1つもないのである。

しかし、第13章で見たように、企業の本来価値の変化以外の要因で、株価の変動を引き起こすものがたくさんある。流動性や受託者責任、税務上の理由でなされた取引は株価に影響を与える。また、根拠のない、あるいは誇張した情報をもとに行動する投機家もそうである。株価変動の原因が企業価値の本質的な変化とは関係のない要因であるとき、市場価格は「ノイズを含み」、もはや常にバイアスのない真の価値の評価にはならない。市場のこの見方を「ノイズ市場仮説」と呼ぶ。

ノイズ市場仮説が市場の変動をよりうまく説明できるなら、時価総額加重平均指数はもはや投資家にとって最良のポートフォリオにはならない。より良い指数はファンダメンタル加重平均指数である。これは、時価総額の代わりに、配当や利益、キャッシュフロー、簿価純資産のような企業のファンダメンタルな金融データのいくつかで、各銘柄を加重平均するものであ

---

15) これらのインデックスのほとんどは、発行済み株式総数から、インサイダーや政府が保有する大量のポジションからなるインサイダー保有分を除外して株式数を調整している。特に新興国では政府の保有比率が高い場合がある。この調整後の株式数は浮動株調整後株式数と呼ばれ、浮動株とはすぐに購入可能な株式数を指す。

る[16]。

　時価総額加重平均指数では、株価がどのような価格になろうとも売却されることはない。市場が効率的であるのならば、株価は企業の基本的価値を表しており、売買は正当化されないからである。

　しかしながら、ファンダメンタル加重平均指数では、株価が上がっても利益といったファンダメンタル指標が上がらなければ、価値がファンダメンタルズによって正当化されるレベルに戻るまで、その銘柄は売却される。反対に、ファンダメンタルズとは関係のない理由で株価が下落した場合は、株価を元の水準に戻すために、株価が下がったところで、その銘柄は購入される。このような売却や購入は、ファンダメンタル加重平均のポートフォリオのリバランスという[17]。

　ファンダメンタル加重平均ポートフォリオの有利な点は、配当や利益など企業価値を表す指標の上昇を伴わない株価の急騰、すなわち「バブル」の影響を避けられることにある。これは、ITとインターネット関連株の利益が最終的には株価に見合うようになるという希望から、とんでもない評価額に高騰した1999年から2000年初めの時期では、確かに正しい手法であった。どのようなファンダメンタル加重平均ポートフォリオでも株価が上昇するにつれ、これらの銘柄を売却しただろう。一方で、時価総額加重平均指数では、効率的市場仮説によって価格上昇はすべて妥当なものと仮定されるので、これらの銘柄を保有し続ける。

　ファンダメンタルな指数では、どの銘柄が過大あるいは過小に評価されているか識別しないことに注目しよう。これは「パッシブ」な指数で、個別銘柄の購入や売却は事前に決定された公式に従って実行される。しかし、価格がノイズ市場仮説で決定されるならば、ファンダメンタルな評価よりも下がっている銘柄を買って、ファンダメンタルな評価よりも上がっている銘柄を売却するポートフォリオは、長期においては、平均的に時価総額加重平均指数を上回るリターンを獲得するだろう[18]。

---

16) 私がウィズダムツリー・インベストメンツのシニア投資戦略アドバイザーを務めていることを記しておくべきだろう。同社はファンダメンタル加重平均のETFを発行している。
17) ファンダメンタル加重平均指数は次のような方法で算出する。企業価値の尺度として利益を選ぶとしよう。指数を構成するために選ばれた銘柄のドル建て利益の合計をE、ある企業jの利益をEjとする。指数のなかで企業jに与えられるウエイトはEj/Eで、時価総額加重平均指数の時価総額に占めるシェアではなく、利益合計に占めるシェアを表す。

ファンダメンタル加重平均指数の歴史

　ファンダメンタル加重平均指数を考え出した最初の動機は国際市場にあった。1980年代、日本の株式市場はバブルの最中で、国際分散したポートフォリオを持つ投資家の多くが、日本株のウエイトを減らすための一貫した方法を求めていた。当時、モルガン・スタンレー・キャピタル・インターナショナル（MSCI）は、時価総額ではなくGDPで各国をウエイト付けする国際指数を作成し、幸運にも日本株への配分を減らしていた[19]。

　1987年に、ゴールドマン・サックスの計量資産管理グループのロバート・ジョーンズは、各企業の指数における比率が利益に基づく米国株価指数を開発し運用した。ジョーンズはその戦略を「経済的投資（エコノミックインベスティング）」と呼んだが、それは各銘柄の比率が時価総額よりむしろ経済的重要性に関連するからであった[20]。のちに、グローバル・ウェルス・アロケーションの創設者でCEOであるデビッド・モリスは、複数のファンダメンタル要因をまとめて「富（ウェルス）」という1つの変数にした戦略を編み出した。

　2003年にポール・ウッドとリチャード・エバンスは、上位100企業の利益加重平均指数を使ったファンダメンタルに基づくアプローチについて調査を公表した[21]。2005年の初めには、リサーチ・アフィリエイツのロバート・D・アーノットがジェイソン・フス、フィリップ・ムーアとともに、「ファンダメンタル指数」と題する論文を『フィナンシャル・アナリスト・ジャーナル』に発表した。この論文は時価総額加重平均指数の欠点を明らかにし、ファンダメンタル指標をもとにした戦略を評価している[22]。2005年12月に、最初のファンダメンタル加重平均のETFが、パワーシェアーズから販売された（FTSE RAFI US 1000）。これは、売上高やキャッシュフロー、簿価純資産、配当などをもとに、リサーチ・アフィリエイツによっ

---

18) Robert D. Arnott, Jason C. Hsu, and Philip Moore, "Fundamental Index-ation," *Financial Analysts Journal* 61, no.2 (March/April 2005).
19) Henry Fernandez, "Straight Talk," *Journal of Indexes* (July/August 2007).
20) Robert Jones, "Earnings Basis for Weighting Stock Portfolios," *Pensions and Investments*, August 6, 1990.
21) Paul C. Wood and Richard E. Evans, "Fundamental Profit-Based Equity Indexation," *Journal of Indexes*, second (2003).
22) Robert D. Arnott, Jason C. Hsu, and Philip Moore, "Fundamental Indexation." *Financial Analysts Journal* 61, no.2 (2005).

表27-4 ファンダメンタル加重平均ファンドとそのベンチマークのパフォーマンス

平均年リターン（2007.2.23-2022.3.4）		
ティッカー	ファンド名	リターン
PRF	Invesco FTSE RAFI US 1000 ETF	9.15%
EPS	WisdomTree U.S. LargeCap Fund	9.19%
DTD	WisdomTree U.S. Total Dividend Fund	8.22%
SPY	SPDR S&P 500 ETF Trust	9.66%
IVE	iShares S&P 500 Value ETF	7.00%
IWD	iShares Russell 1000 Value ETF	6.89%

てつくられた指数に連動する。6カ月後、ウィズダム・ツリー・インベストメンツは配当に基づく20のETFを開始した。

表27-4は、2007年の運用開始以降のパワーシェアーズ（現インベスコ）のファンドと、ウイズダムツリーの2つのファンダメンタル加重型のファンド——利益加重に基づくEPSと配当加重に基づくDTD——のパフォーマンスを示している。確かに、これらのファンドのリターンはS&P500には及ばなかったが、S&P500バリューファンドやラッセル1000バリューファンドは上回った。

もちろん、過去の実績は将来の保証にはならないという警告はしておかなければならない。しかし、投資家がポートフォリオをバリュー投資に傾けたいのであれば、ファンダメンタル加重平均指数のほうが、多くのバリューファンドよりも一般的に分散効果が高い。

結論

アクティブ運用ファンドの過去のパフォーマンスは、喜ばしいものではない。ほとんどのファンドが課する手数料は、投資家に優れたリターンをもたらすこともなく、富を蓄積するうえで大きな障害になる。さらに、ファンドの成功には幸運が何らかの役割を果たすので、優秀なファンドマネジャーを判別するのは非常に困難である。

コストを考慮に入れれば、大部分のアクティブ運用ファンドのリターンはベンチマークを大幅に下回るので、ほとんどの投資家は時価総額加重平

均かファンダメンタル加重平均のインデックスファンドを利用したほうが良いかもしれない。

第28章 長期成長のためのポートフォリオ構築

> 長期という言葉は、現在の事柄には紛らわしい道案内である。長期的には、われわれは皆死んでしまう。嵐の時節に、嵐は過ぎ去り海は穏やかになる、と言うことしかできないのならば、経済学者は、あまりにもお気楽で価値のない仕事をしていることになる。
> ——ジョン・メイナード・ケインズ、1924年[1]

> 私の好きな保有期間は永遠である。
> ——ウォーレン・バフェット、1994年[2]

「長期的には、われわれは皆死んでしまう」というケインズの言葉に、誰も異論を唱えることはできない。しかし、長期的な見通しは現在の行動の指針として役立たなくてはならない。試練のときに集中力と見通しを維持できれば、成功する可能性はずっと高くなる。嵐が去れば海は穏やかになることを知っているのは、ケインズのいうほど無益ではなく、非常に意味があるものである。

投資の実践的な側面

長期投資家として成功することは理論的には容易であるが、現実には困難である。知性や判断力、資金力の多寡に関係なく、何の予測能力も必要

---

1) John Maynard Keynes, *A Tract on Monetary Reform*, London:Macmillan, 1924 80.
2) Linda Grant, "Striking Out at Wall Street", *U.S. News & World Report* (June 20, 1994) 58.

とせず、分散された株式ポートフォリオを保有し続けるだけというのは、すべての投資家にとって可能なことであり、理論的には容易に思える。しかし、われわれはさまざまな感情に影響されるので、実行するのは容易ではない。短期間のうちに市場で巨万の富を築いた人々の話は、意図していたのとはまったく異なるゲームにわれわれを誘い込む。

　選択的記憶もまたわれわれを間違った方向へ押し進める。市場の動きに一喜一憂する人はしばしば、「あの株（市場）が上昇することはわかっていた！　買っていれば大儲けできたはずだ！」と叫ぶ。しかし、後知恵はわれわれの心に悪戯をする。「買わない」と決断したときに抱いていた懐疑心が忘れ去られる。後知恵は過去の経験を歪曲し、判断力に影響を及ぼし、直観に従うよう促し、同じゲームをしている他の投資家を出し抜かせようとする。

　多くの投資家が市場に打ち勝とうとして、悲惨な結果に陥る。リスクをとりすぎ、取引コストが高くなり、そのときどきの感情に流されて——相場が下落しているときは悲観主義に、相場が高いときは楽観主義に屈してしまう。結局、誤った行動によって、ただ市場にいるだけで達成できるリターンより、はるかに低いリターンしか得られず、失望するのである。

投資を成功させる指針

　株式で良好なリターンを達成するには、長期的な目標と確固たる投資戦略が必要である。以下に示す原則は本書で述べたリサーチから導かれたもので、これらに基づけば、初心者でも経験豊富な投資家でも、各自の投資目標をこれまで以上にうまく達成できるだろう。

1. 歴史的に見ると、過去2世紀のインフレ調整後の株式リターンは6～7％で、PERは平均約15倍であった。しかし、将来の実質リターンはもっと低く、インフレ調整後で年率5％程度になる可能性が高い。

　　取引コストが低下し、極めて低いコストでポートフォリオを分散できることは、株式のバリュエーションが高くなることを意味する。株式のPERが19世紀から20世紀半ばにかけて優勢だった15倍ではなく、

20倍前後で変動することは妥当である。PER20倍はインフレ調整後の株式リターン5％と整合する。

2. **株式は実物資産であり、インフレに対する優れた長期ヘッジとなる。**
　　株式は、工場、設備、著作権、商標、その他の知的財産といった実物資本に対する債権である。米国が経験したほぼすべてのインフレは第二次世界大戦後に起こったが、株式の実質リターンにマイナスの影響はなかった。しかし、短期的には、中央銀行がインフレ抑制のために金融を引き締めるため、株式リターンは平均を下回る傾向がある。

3. **期間が長くなるにつれて、株式の平均リターンの変動幅は小さくなり、債券リターンの変動幅は大きくなる。このことは、投資期間が長い投資家は、投資期間が短い投資家に比べて株式の保有比率を高めるべきであることを意味する。**
　　株式リターンには平均回帰性がある。これは、言い換えれば、一方向のショックが多くの場合、反対方向のショックによって相殺され、長期的なリターンが安定するということである。債券は長期的にはインフレの不確実性に大きく左右される。つまり、長期的な視野を持つ投資家は、ポートフォリオの株式比率を高め、債券比率を下げるべきである。

4. **株式ポートフォリオの大部分を、国際分散した低コストの株式インデックスファンドに投資すべきである。**
　　第27章では、広範囲な銘柄を組み入れた指数のリターンが、過去半世紀の間ほとんどのアクティブ運用のファンドを上回っていることを示した。インデックスファンドへの投資で、市場と同じリターンを毎年積み重ねていけば、長期的にはかなり高いリターンを達成できるだろう。

5. **株式ポートフォリオの少なくとも3分の1を国際株、すなわち米国以外の国を本拠地とする株式に投資すべきである。高成長の国の銘柄は過

大評価され、投資リターンも良くないことが多い。

　今日、米国の株式は世界の株式資本のほぼ半分を占める。過去10年間、米国株は世界の他の市場をアウトパフォームしてきたが、2022年現在、米国は世界の主要市場のなかで最も株価のバリュエーションの高い市場である。長期的には、株価のバリュエーションレシオが低いほど、優れたリターンが期待できる。

6. **過去のリターンに基づくと、バリュー株（利益や配当といったファンダメンタルズに比べて株価が低い銘柄）はグロース株よりも高リターン低リスクである。バリュー株のインデックスファンド、あるいは最近登場したファンダメンタル加重平均のインデックスファンドを購入して、パッシブ運用のポートフォリオを構築することで価値を追求すること。**

　2006年から2021年にかけて、バリュー株はグロース株に対して過去約100年間で最悪のパフォーマンスを記録した。1970年代半ばのニフティ・フィフティ・マニア、2000年のドットコム・バブル、そして2020年から2021年にかけての大型グロース株の大暴騰など、歴史的にグロース株は25年ほどの周期で割高になってきた。今回の大型ハイテク株を中心としたアウトパフォーマンスは、2000年に比べて大型ハイテク株のバリュエーションがそれほど高くなく、また収益成長の裏付けもあることから、はるかに強い根拠がある。

　しかしながら、株式市場の長い歴史を見れば、長期にわたって人気がない株式、セクターや国は、将来のリターンが良くなることが多い。バリュー投資は、個別銘柄はファンダメンタルズから株価を逸らすノイズトレーダーの影響を受けやすく、ファンダメンタルズに比べて株価が低い銘柄は、将来、投資家により良いリターンをもたらす可能性が高いという原則に基づいている。投資家は、低コストでパッシブ運用されるバリュー株のポートフォリオや、時価総額ではなくファンダメンタルズで加重されたインデックスファンドを購入することで、このミスプライシングを利用することができる。

7. **最後に、自分のそのときどきの感情に負けそうなら、ポートフォリオ**

を予定どおり運用するための確固たるルールを確立すること。市場についてひどく不安に感じるときは、落ち着いて、第1章と第2章をもう一度読み返してほしい。あるいは、私が本書を書く動機となった資産の実質リターンの220年間のグラフ(図1-1)だけでもよいので確認してほしい。

　しばしば投資家の感情の揺らぎが、ファンダメンタルズの価値以上に株価を押し上げたり、それ以下に押し下げたりする。強気相場のときに買い、弱気相場のときに売ろうとする誘惑に抗うのは難しい。市場のセンチメントから孤立しているのは非常に難しいことなので、多くの投資家が頻繁に売買を行い、リターンを悪化させている。本書は、株式の長期リターンを牽引する基本的な力を理解することで、長期的な視点に立ち続けるための教訓を提供する。

計画の実行と投資アドバイザーの役割

　私が本書を書いたのは、株式や債券からどのくらいのリターンが期待できるのかを解説し、そのリターンに影響を与える主な要因を分析するためである。多くの投資家は本書を、銘柄選択とポートフォリオ構築の「DIY(ドゥ・イット・ユアセルフ)ガイド」と考えるかもしれない。だが、正しい戦略を知ることは、正しい投資戦略を実行することと同じではない。ピーター・バーンスタインが、本書の序で的確に述べているように、成功への道のりには、投資家が自分で決めた目標を達成するのを阻む多くの落とし穴が存在する。

　最初の落とし穴は、「市場に勝とう」として頻繁に売買することである。多くの投資家は、12カ月のうちに株価が2倍か3倍になる銘柄が常に存在することを知っているので、堅調な過去の株式リターンだけでは満足しない。そのような宝石を探し出すのは非常に楽しいことであり、多くの投資家が次世代の大企業をその揺籃期に買うことを夢見る。しかし、このような投資家は取引コストとタイミングのまずさで利益を失い、リターンの悪化を招くことが、多数の研究によって証明されている。

　個別銘柄の選択によって痛い目に遭ったことがある投資家は、より高い

リターンを求めてミューチュアルファンドに向かう傾向がある。しかし、ミューチュアルファンドの選択でも同様の落とし穴がある。過去に優れた実績を持つ「ついているマネジャー」は、市場に打ち勝つための新しい戦略として「ホットな銘柄」に入れ替える。結果として、投資家の多くが個別銘柄を持っていたときと同じゲームに参加することになり、またもや市場平均リターンを下回るのである。

最高のファンドを選択することをあきらめた投資家は、より困難な道を進む誘惑に駆られる。彼らは景気循環のタイミングを計ることによって市場に勝とうとする。驚くべきことに、最も情報通の投資家がこの罠に陥ることがよくある。豊富な金融ニュースや情報、コメントに振り回されると、市場の意見から遠く離れていることが困難になる。結果として、衝動的に相場が下落しているときは恐怖に、相場が高騰しているときは強欲に屈することになる。

多くの人はこのような衝動に抵抗しようとする。知性は「道を外れるな！」と言うかもしれないが、尊敬を集めている「プロ」を含めて、非常に多くの人が下落に負けないようにと助言するのを聞くと、抵抗は容易ではないことがわかる。ジョン・メイナード・ケインズが『雇用・利子および貨幣の一般理論』で的確に述べているように、「慣行に従わないで成功するよりも、慣行に従って失敗したほうがよいのである」[3]。「専門家」の助言に従って失敗するほうが、投資のコンセンサスに逆らって群衆から離れて失敗するより、はるかに受け入れやすい。

本書の読者にとって、これは何を意味するだろうか。正しい投資戦略は知的な挑戦であると同時に心理的な挑戦でもある。人生における他の挑戦と同じく、よく分散されたポートフォリオを構築し維持するには、専門家の助けを求めるほうが良いときもある。助けを求める場合には、必ず本書で述べてきた分散と長期投資の基本原則に同意する専門の投資アドバイザーを選ぶこと。投資の落とし穴を回避し、株式からすばらしい報酬を獲得することは、誰にでも可能なのである。

---

3) John Maynard Keynes, *The General Theory of Employment, Interest, and Money*〔邦題『雇用・利子および貨幣の一般理論』〕, New York：Harcourt Brace & World, 1965 First Harbinger Edition, 158.（同書の初版は1936年にマクミラン社から出版された）

結論

　株式市場は刺激的な場である。日々の動向は金融メディアを支配し、数兆ドルという投資資金が流入する。株式市場は資本主義の究極のシンボルという概念をはるかに超えた存在である。今や株式市場は、実質的に世界中のすべての国に存在し、世界の資本配分の背後にある牽引力であり、経済成長を根底から推進するエンジンである。株式は長期的に富を蓄積するのに最適な手法であるという本書の主張は、1994年に初版を出版したときと同じく、今日でも真実である。

監訳者あとがき

　本書は"Stocks for the Long Run : The Definitive Guide to Financial Market Returns & Long-Term Investment Strategies, Sixth Edition"の翻訳である。1994年の初版以来、1998年、2002年、2008年、2014年と版を重ねて、この第6版は米国で2022年に上梓されている。私たちが本書の翻訳に携わったのは、2002年の第3版、2008年の第4版に続く3回目ということになる。
　原著のタイトルは、すでにお気づきの方もおられようが、著者の自信をうかがわせるものとなっている。runは運営だから「長期運用のための株式」という意味であり、前置詞はforではあるが、最終的なというニュアンスもある。long runはlong-runningで、つまりは、当初から著者自らロングセラーであることを宣言(控えめにいえば祈念)したのである(なお、邦題については、投資は基本的に長期であるからロングランという単語はあえて訳さず、端的に『株式投資』とした。おそらくシーゲル本人の同意が得られるものと思う)。
　本書のすばらしさは言をまたないが、まず指摘したいことは、現場の視座で株式と株式市場をみていることである。学者でありながら、現場で浮かびそうな着想、思いつきそうな戦略を検討している。ときには現場のアナリストやマネジャーでさえ行わない細かな相関のチェックなどを論理的に考察している。
　投資家は、さまざまなアイデアを思い描きながら市場に参加しているもので、本書を読みながらも「ではこれはどうなのか？」「似た指標でも同様の動きが確認されるのだろうか？」と（今であれば、AIに訊きたくなるような）アイデアが浮かんだりすることだろうが、それについての調査・検討がちゃんと報告されている。取引にふさわしいデータ（1種類とは限らない）を探し出してプロセスを再構成し、過去を検証（バックテスト）しているのである。
　また、読者が「そのアイデアを活かすとして、将来も適合するだろうか？」「どういうデータを使うのか？」「それをフォーミュラとすることが現実的な

のか？」と訝しんでいると、例えば、過去のある時点でデータマイニングを打ち切って、その時点から現時点までプログラムを走らせるとどうなるかという検証（フォワードテスト）について記述がある。

シーゲル自らの宣言通り、本書はロングセラーとなって改定を重ね、幸いなことにロングセラーであることの長所が追加された。

改定の度に、過去のデータが更新されるばかりでなく、新しい疑問やヒントに関しても、バックテスト、フォワードテストが重ねられる仕儀となった。また、そこでの結論は、すばらしいことに前の版と変わってはいない。まさしくロングラン、かつ、版を新たにしているからこそ、知りたいことは悉（ことごと）く書かれているという、投資家にとっては、このうえなく喜ばしい書籍となっている。

本書はファイナンスの学説史ともなっている。効率的市場仮説について等々、シーゲルらしいバランスの取れた整理がなされている。たいてい、教科書（テキスト）は主流派の主張や通説を無味乾燥に紹介することになるし、具体的で適切な戦略が書かれていないことも多いのだが、本書はそういうテキストに留まらない。

この本がベストセラーまたロングセラーとなったことで、細かな事象についてもシーゲルのアイデアが影響を与え、学問的にも現場でも主流派になっていったといえるところもある。学者は、何かを発見してペーパーを書いたら興味が失せるのか、通常、そのテーマについての継続調査研究をしなくなる。しかし、シーゲルはきちんとフォローしている。

学者うちでは「教科書屋」は、通常、誉め言葉ではないが、シーゲルのこの本は、一般向けのテキストであり、かつ、研究者向けのテキストともなっている。大仰にいえばバイブルである。

もちろん、似たことを考え、同じことをやっても、答えは同じになるとは限らない。それを理解したうえで、一般的には、投資の勉強は本書1冊で終わりだと思う。知りたいこと、知るべきことは、本書に尽くされている。本書は、投資家として最初に読むべき本であり、また、やっと本書にたどり着いた人も、投資家人生の最後までロングランに読み続けるべき本だと思う。

ということを書くと、監訳者（林）はアピールが上手だなという声が聞こ

えてきそうだ。しかし、私は思っていないことは言わない。株式投資に関する本を1冊挙げよといわれたら、『株式投資』と答えるだろう。もちろん、このような物言いには注意が必要である。「私は相場操縦などしない。買ったほうがよいと考えるから買うと言っているだけだ」と話すジェシー・リバモアの逸話を思い出す。それと同じことだといえなくもない。読者の判断に委ねたい。

最後に、シーゲルの逸話を紹介したい。もう何年も前のことであるが、一橋大学の私のアセットマネジメント論の受講生にウォートン・スクールの留学生がいて、シーゲルの授業は驚くほど人気があるという話を聞いた。シーゲルは、全世界のビジネススクールの教授のランキング1位で、受講は成績基準で許可されるとても狭き門だったという。シーゲルは毎回の授業後に、行列をなす質問者に順次、応答するのだという。ただし、シーゲルがくだらない質問だと思ったときは、そこで質問タイムは終わり、当該学生は後ろに並んだ学生からブーイングを浴びせられることになるから、並ぶ順番を迷う学生もいるとのことだった。

さて、第5版からの内容の更新についてはこの第6版の「はじめに」にあるが、それに加えて第4版から第5版への異同については以下を参照いただきたい。第5版のはじめにからの抜粋である。

*　　　　　*　　　　　*

『株式投資』第4版の執筆は2007年である。多くの同年代の同僚たちが研究のペースを落とすなか、この数年、「なぜ、またこの本の改訂版を作るのか」としばしば聞かれた。私は真摯に「この6年の間に、いくつかの重要な出来事が起こったと信じるからだ」と答えてきた。

実際に起こっていた！ 2008年から2009年には、1930年代の世界恐慌以来の深刻な景気後退と市場の崩壊に見舞われた。混乱は非常に広範囲に及び、いまだ完全には回復していない金融危機の原因と影響について、より良い見解が得られるまで、この版の執筆を先延ばしにしてきた。

その結果、この版〔第5版〕は、これまでのどの版よりも徹底的に書き直すこととなった。旧版の結論を変更する必要があったためではない。2013年に米国株式市場が史上最高値を更新したことは「短期的な変動性を乗り

切ることを学んだ人にとって、株式は最高の長期投資先である」という本書の中心的な考え方を補強しているにすぎない。実際、普通株式の分散ポートフォリオの長期的な実質リターンは、1992年までのリターンを検証し初版で報告した6.7％とほぼ同じ水準を維持している。

〔略〕金融危機の深刻な影響から、この数年間に起こったことを第5版で正面から取り上げる必要があると考えた。その結果、金融危機の原因と影響について説明〔略〕を追加した。

〔第5版におけるその他の新資料に関して〕この第5版では、金融危機とその余波を前面に据えているが、それ以外にも重要な変更を加えている。図表を2012年まで更新しただけでなく、株式評価に関する章を拡充し、CAPEレシオや株式の将来リターンの決定要因としての利益率の重要性など、新しい予測モデルについて分析を行っている。

第19章「市場のボラティリティ」では、2010年5月の「フラッシュ・クラッシュ」を分析し、金融危機に伴うボラティリティが1930年代の銀行危機と比較してどうであったかを記録した。第20章では、200日移動平均線のようなシンプルなテクニカル分析に従えば、最近の弱気相場でも最悪の事態を避けることができただろうことを再び示した。

この版では「1月効果」「小型株効果」「9月効果」などのよく知られたアノマリーが本書の初版で説明されて以来20年以上にわたって生き残っているかどうかも取り上げている。また、「流動性投資」についての記述を初めて加え、研究者によって個別銘柄のリターンの重要な決定要因であることが示された「サイズ」と「バリュー」の効果をどのように補完できるかを説明した。

＊　　　　＊　　　　＊

第6版の邦訳も多くの方々のご協力で上梓することができた。原著の表現が曖昧だったり、本文と図表の表現に違いがあったりした箇所については、原著を尊重しつつ、可能な範囲で訂正した。

私の怠慢と力不足のせいで、訳者の皆さん、また、出版社にもご迷惑をかけた。第6版について協力いただいた方々のみでも記しておきたい。松野利彦氏、矢島諒也氏、西田哲也氏、矢島紋子氏、篠本沙希氏、歌代哲也氏、上隆司氏、飯野厚子氏、三木廣行氏、陸川富盛氏、畠山久志氏、林悟史氏

には原稿を丁寧に読んで、貴重なコメントをいただいた。改めて謝意を表したい。

2024年12月10日
訳者・監訳者を代表して
林 康史

【第4版】監訳者あとがき

　かつて、『ウォール街のランダム・ウォーカー』が（株式）投資に携わる者の必読書と聞き、釈然としなかったことがある。相場とは何か、相場をどのようなものと認識するかという相場哲学(フィロソフィー)が私とはまったく異なっていたからばかりではない。株式相場はランダムウォークだと言いつつ自らの「相場観」を自賛するもので、話のすり替えやごまかしが散見されるなど、論理展開が歪んでいて、まったく学術性を感じさせないものだったからである。これが現在の主流のテキストなのだと思うと疎外感すら感じ、その一方で、これが一般のテキストだというなら私が相場で儲けられる可能性が高いとほくそ笑んだものである。

　シーゲルの『株式投資』は私自身の考え方が間違ってはいないと改めて確信させてくれるもので、これこそ株式投資のテキストだと思った。

　本書を読んだ一般投資家の感想は、「株式投資やマクロ経済を正面から取り上げた解説書であるが、金融市場で実際に起こった出来事を臨場感のある描写で解説し、読み応えのある物語となっている」「（大部な本で、株式投資のビギナーとしては手に取るのを躊躇するかもしれないが）株式市場に初めて関わりあう人たちにも素直に納得できる論理構成である」というものであったが、確かに、膨大なデータに詳細な分析を行ったうえで論述しており、また、大学で専門的に経済を勉強したことのない人でも、物語を読むように読める記述となっている。

　本書では、従来の伝統的経済学から株式市場を論じ、アノマリー、テクニカル分析、心理的なバイアス（行動ファイナンス）など、現場の人であれば日常的に接する事実、あるいは事実と思しき事項にも偏ることなくスポットが当てられている。ピーター・バーンスタインは、その推薦の言葉（第3版）のなかで「シーゲル教授は、普通なら退屈な学術論文として片付けられてしまうような内容を、非常に魅力的な物語に仕立て上げ」と書いているが、本書は、現実を正確にたどるという意識で書かれており、その意味で極めて現場感覚に溢れている。

　本書におけるシーゲルの主張の要点は、投資は経済環境とともにあると

いうことを背景に（すなわち、株式のリターンは資本主義経済システムによって）一貫しており、長期の株式投資のリターンはインフレをしのぎ、債券投資よりもパフォーマンスが良いということである。

　シーゲルの著述に対する批判的な見解は以下のようなものであろう。
　まず、膨大なデータを駆使してはいるが、シーゲル自身も認めているように、過去のデータは将来を保証するものではないという点で、過去のデータに語らせるのはいかがなものかという批判である。この点は、実際の予測、また、システム取引の際など、いつも議論される事項であるが、他に方法が見当たらないから、それ以上の議論は難しい。
　より問題とされるのは、一般の通念とは違って、長期的には株式は債券よりずっとリターンが高いがゆえに、実際には株式は債券よりもリスクが小さい、という主張であろう。確かに、長期になればなるほどその傾向が強くなるということはわかる。しかし、直感的には、また、株式の年率リターンの標準偏差から考えても、シーゲルの主張は一般とは違ったものに思われる。
　この点についてジョン・パウロスは『天才数学者、株にハマる』で以下のように述べている。
　「40年に1度、あなたは株式投資の1／4を失うし、もっと高い頻度で財務省証券のリターンを大きく下回ることになる。そういう数字を見る限り、長期で見て株式が債券よりもリスクの小さいものだとは思えない。しかし、シーゲルの主張を統計的に裏付けるのは、時間と共にリターンは平準化され、乖離は小さくなるという事実である」
　それでも疑問は解消されるわけではないだろう。「暴落や失敗、ワールドコムやエンロンのような破綻する会社などがあるというのに、本当に株式はよりリスクの低い投資対象なのだろうか」と、パウロスは言う。
　ボラティリティの高さにもかかわらず株式が債券よりも長期的にはリスクが低かったのは、価格が相対的に安かったからであり、それゆえに株式の平均リターンが相対的に高かったからだと考えられる。それは、投資家が株式はリスクが高いとみていたからだ。
　ということは、「投資家たちがシーゲルやその他の人たちの言うことを信

じ、もう株はリスクが高いとは思わなくなったとしたらどうなるだろう。そのとき、リスク回避的な投資家たちは株式を買うためにもはやそれほど誘因を必要としなくなり、株価は上昇するだろう。株式のリスクプレミアム、すなわち投資家を引き付けるために必要な、株式の債券に対する超過リターンは小さくなるだろう。価格が高くなるのだからリターンは低くなるだろう。したがって、リターンが低いのだから、株式のほうがリスクの高い資産になる」ということだ。

株式のリスクは、低いと思われれば高くなり、高いと思われれば低くなるのだから、話は単純ではないが、これも現場では許容せざるをえないことである。相場がオーバーシュートするのも、サプライズで理屈とは反対に動くのも、テクニカル分析が自己実現的だから存在価値があるという意見も、アノマリーが周知の事実になれば消滅するのも、同様の問題だ。

私の経験から言えば、ある情報や認識が無意味なものとなるほど市場参加者全員に周知徹底されることはない。例えば、シーゲルと、その友人のロバート・シラーの今後10年の株式リターンについての予測は、同じデータをもとにしているにも関わらず、まったく異なっている。全体としての市場規模のレベルでは、認識が一致することなどない。また、もしそういう事態になれば、その情報は意味あるものとなる。いわば、アノマリーは観察されなくなれば再び蘇る可能性があるということだろう。

長期的には株式は債券よりずっとリターンが高く、実際には株式は債券よりもリスクが小さい、というのが正しいとしても、別の疑問もある。人は、シーゲルが考えているほどの長期の投資を想定していないのではないか（もちろん、それでシーゲルが間違っているということにはならないのだが）という、いわゆる王朝モデル（王朝のように財産を相続させるということ）に関する疑問である。私の周囲には、利他主義的遺産動機や戦略的遺産動機を持つ家計など、なくはないものの、ほとんど見当たらない。普通に、ライフサイクルのままに行動しているとしか思えないのである。

実際には、「高齢者の資産の取り崩しはほとんど観察されず、また個人の資産形成に占める相続の比重はきわめて高い」（麻生良文・神谷佳孝「王朝モデルは成り立つか――マイクロ・データによる分析」『家計における金融資産選択に関する調査 第4回（平成6年度）』郵政研究所より）ということの

ようだ。

シーゲル自身も、個々の資産の保有期間は、多くの投資家が認識するよりずっと長いと述べている。

この点は、行動経済学の観点からも興味深い問題であるが、ここでの教訓は、結局のところ保有期間が自らの認識よりも長いのであれば、むしろ王朝モデルを前提として行動したほうがよいということだろう。

当初は監訳者あとがきとして、各章についての要約とコメントを掲載する予定であったが、紙幅の関係もあり、割愛する。最終的には、読者がご自身で内容を吟味し、判断していただくとして、監訳者としての感想を一言申し述べたい。

バーンスタインは、「本書を読み理解した投資理論を、実際に市場で実践することが容易ではないという点には注意が必要だ」と書いている。シーゲル自身も心理的な落とし穴があるという点でそれを認めている。しかし、学術書ばかりでなく、実用書も含めても、本書ほど、一般の個人投資家に具体的な指針を示している書籍は少ないのではなかろうか。投資に関するさまざまなヒントが横溢していると思うのは私ばかりではあるまい。本書にヒントを見いだせない人は、自らが投資には向いていないのではないか疑ってみるべきかもしれない。

最後に私たち自身の投資のタイムスパンについて触れておきたい。今回、監訳を行った藤野隆太氏と私は、オリバー・ベレス／グレッグ・カプラ『デイトレード』の出版の際にもタッグを組んだのである（さらに、私には『基礎から学ぶデイトレード』という書籍もある）が、私たち自身はデイトレードのみを行うものではない。私たちのスタンスは、投資期間として長期も短期もありうるというものだ（だから、よくないという意見もあるが）。その問題にはここでは立ち入らないとして、本心をいえば、『デイトレード』が好評であったがゆえに、私たちが長期投資に反対しているかのように思われることへの多少の違和感があった。本書を上梓することができ、バランスがとれたのではないかと考えている。

さて、本書の第4版も多くの方々にご協力を賜った。特に、歌代哲也氏、九内麻希氏、山田稔氏には、原稿を丹念に読んでコメントをいただいた。また、立正大学経済学部の私のゼミでは、毎年本書をテキストとして使用することにしているが、第4版では草稿の段階で、ゼミ生（3期、4期）からもいくつかの指摘をもらった。記して感謝したい。

上海市閔行区の華東師範大学の研究室にて
2009年6月
林 康史

［索引］

［あ行］

アーチストン・スミス・トラスト　358　372
アーノット、ロバート　20　110　457
アービトラージャー　428-431
アイトマン、ウィルフォード・J　11　12
アクティブ運用　97　421　443　445　452　458
アクルーアル→会計発生高
アジア通貨危機　340　348　349　356　375　376
アスネス、クリフ　20　214　219　222　227
アッシュ、ソロモン　405
アップル　v　75-77　81　82　103　106-108　162　189　193-195　420
アノマリー　190　199　204　205　207　214　256　257　259　267　268　451　471　473　475
アマゾン・ドット・コム　v　74　76　77　81　83　103　106-108　178　193　195　284　401
アミフド、ヤコフ　224　227
アメリカン証券取引所　24　87　89　212　224
アメリカン・テレフォン・アンド・テレグラフ→AT&T
アンカリング　413
アンダーウエイト　205　235　239
暗号通貨（暗号資産）　iv　20　280-282　284-287
イールドカーブ　306
イボットソン、ロジャー　12　24　25　39　224　227
インターコンチネンタル取引所（ICE）　89
インターナショナル・マネー・マーケット（IMM）　420
インテル　81-83　88
インデックス投資　203　422　453
インデックスファンド　5　170　197　198　208　235　433　434　442　443　452-454　459　462　463
インフレヘッジ　141-144　396
インベスターズ・インテリジェンス　418
異時点間資本資産評価モデル→ICAPM

一般会計原則→GAAP
移動平均戦略　249　250　252　253
ウィスパー予想　123
ウィズダムツリー・インベストメンツ　vii　viii　74　201　456
ウィリアムズ、ジョン・バー　117
ウィリアムズ、フランク・J　400
ウィルシャー5000　90
ウェルズ・ファーゴ　75　377　453
ウォルマート　76　82　86　106　107
ウッド、ジェームズ・パリステッド　318
ウッド、ポール　457
ヴィクセル、クヌート　127　136
ヴィシュニー、ロバート　203
エガート、ロバート・J　296
エクソンモービル　75　76　101　106-108　169　170　174　401
エストラダ、ハビエル　60
エバンス、リチャード　457
エリス、チャールズ・D　441　451　452
エルステン、ケイト　188
エルトン、エドワード　448
エンロン　306　474
益回り　154　157-159　164　182　210　228
オートマチック・データ・プロセッシング→ADP
オーバーウエイト　206　234-236　238　239
オショネシー、ジェームズ　183
オッペンハイマー　14　423
オニール、ジェームズ　66
オヒギンズ、マイケル　186
オルトAローン　367
欧州債務危機　348　349　369　376
大型株　41　45　80　91　97　183　190　191　210　212-215　257　258　262　443　444

［か行］

カーネマン、ダニエル　207　404　411　413
カウフマン、ヘンリー　15
カンザスシティ商品取引所　427
会計発生高　204　210　222
格付け　7　27　232　361-366　368　380

確定利付き（資産）　5　32　34　46　61　165　328　329
株価加重平均指数　83
株価指数オプション　339　430　436
株価指数先物　334-336　338　420　421　423　424　426-429　436　440
株価収益率→PER
株価純資産倍率→PBR
株式益回り→益回り
株式回転率　224
株主価値　111　183　230　239
株主還元利回り　151　152
貨幣性資産　280-282
空売り　203-205　223　271　351　356　422　432-434
為替安定化基金　369　370
為替リスク　69　72　73
管理通貨制　29-31　43　61　85　151　271　274
キャッシュフロー　26　27　110-112　114　118　124-126　136　143　147　179　192　197　201　207　221　245　279　322　328　329　352　455　457
キャピタルゲイン税　145　146　259
キャンベル、ジョン　15　134　155　207
キンドルバーガー、チャールズ　360
気候変動　195　208　233　237　238
帰属バイアス　408
期待インフレ率　125　143　147
期待成長率　85　114　117
供給管理協会（ISM）　325
供給サイド効果　144
金本位制　29　31　270-276　286　287　306　364
金融危機　iv　4　9　18-20　23　26　35　42　55　67　126　134　135　139　140　151-153　156　182　190　191　271-273　277　278　299　303　305　314　323　345　347　355-357　359　360　367　368　370　373　374　377-381　384　386　387　390-394　430　470　471
金融業規制機構→FINRA
金融政策　15　20　29　62　126　135　136　141　270　272-276　278　319　320　328　329　359　367　370　389

金融不安定性仮説　360
逆張り　417　418
クヴシュノフ、ディミトリ　39
クオリティ・マイナス・ジャンク　222　227
クラーク、ケイシー　viii　236
クラリダ、リチャード　134
クレジット・デフォルト・スワップ（CDS）　366　368　373
クロウサー、サミュエル　2
グーグル（現アルファベット）　v　74　75　77　81　83　103　193　420
グッド・ベータ　207
グラスマン、ジェームズ　17　185
グラムリッチ、エドワード　366
グランサム、ジェレミー　20
グランビル、ジョー　21
グリーン企業　238
グリーンスパン、アラン　15　21　155　158　270　299　359　366　367　380
グルーバー、マーティン　448
グレアム、ベンジャミン　2　10　11　149　168　179-181　183　187　190　196　197　218　241　254　417　441
グレートモデレーション　359　360　380
グロース（株、投資）　180　181　189-193　195　197　206　207　215-217　442　443　463
グローバル・ウェルス・アロケーション　457
グローベックス　301
グロス、ビル　18
グロス、リロイ　412
グロスマン、サンフォード　200
群集本能　406
ケイム、ドナルド　257
ケインズ、ジョン・メイナード　v　8　41　42　138　202　344　351　353　460　465
ケース、カール　365
ケース-シラー（住宅価格）指数　41　361　363　365　390　393
ケネディ、ジョン・F　308　309　311　312　332
景気循環日付判定委員会　291　292
経済指標　9　127　152　291　296-298　301　318-322　324　329　330　429
経済成長　18　43　103　127　131　173　297　299　319-322　325　326　329　367　387　466

479

研究開発費　162　188
権利行使価格→ストライクプライス
ゲイツ、ビル　381
ゲーテ、ヨハン・ヴォルフガング　80
ゲッツマン、ビル　24　25
限界費用　195
減価償却　111　118　119　146　147
減損　119　121　161
コアインフレ　326　327
コウルズ、アルフレッド　11　86
コーガン、レオニード　206
コール（オプション）　247　347　375　436-440
コクラン、ジョン・H　51　210
コリンズ、ジム　221
コルビー、ロバート　248
コロナ禍　iv　4　20　23　28　35　42　55　125-127　140　146　191　225　278　279　284　291-293　303　306　307　323　340　345　347-350　382　384　386　387　389-395　397　435　436
コンセンサス予想　123
コンファレンス・ボード　324　325
公開市場操作　277
公正開示法（FD法）　124
行動ファイナンス　217　400　401　404　405　411　412　473
高配当利回り戦略　185
購買担当者景気指数→PMI
購買力　5　6　9　27　30　44　46　52　53　61　62　73　136　141　145　328　391　392　396
高頻度トレーダー→HFT
効率的市場仮説（EMH）　iv　197-200　202　208　210　217　223　245　256　257　366　456　469
効率的フロンティア　55　56
小型株　45　91　190　191　209　212-216　225　257-259　443　444　471
国際会計基準審議会→IASB
国内総生産→GDP
国民所得生産勘定→NIPA
心の会計　411
個人消費支出デフレーター→PCEデフレーター
個人退職年金　434
雇用コスト指数（ECI）　324　327

雇用統計　301　318　321-324　326　327　429
ゴードン、ウィリアム　248
ゴードン、ロジャー　114
ゴードン配当成長モデル（ゴードン・モデル）　114　115　143
ゴールドマン・サックス　66　82　363　457

[さ行]

サーキットブレーカー　339　340　342　343
サイナイ、トッド　365
サステイナリティクス　232
サブプライム（モーゲージ、ローン）　18　357　358　360　361　363　364　366-368　372　378　380　393
サマーズ、ローレンス　50
サミュエルソン、ポール　44　48　49　51　53　57　60　163　244　288　289　293
サンクコスト　413
最後の貸し手　272　369
再調達価格　161
裁定取引　424　428　429　431
参照点　411
在庫評価損　119
財政刺激（策）　385　389　390　392
財務会計基準→SFAS
財務会計基準審議会→FASB
シカゴ・オプション取引所（CBOE）　348　437
シカゴ購買部協会景気指数（シカゴPMI）　324　325
シカゴ商品取引所　336　342　423
シカゴ・マーカンタイル取引所　65　337　339　342　423　425　427　431
シティ（グループ、バンク）　75　354　355　357　368-370　377
シャープ、ウィリアム　198　438　447
シューマン、デビッド　14
シュヴェルト、ウイリアム　24
シュタイナー、エヴァ　39
シュライファー、アンドレ　203
シュラリック、モリッツ　39
ショートレッグ　204
ショールズ、マイロン　438
シラー、ロバート　15　19　23　35　39　154　155　157　158　164　351　352　365　405　475

シルク、レオナルド 298
シンクフィールド、レックス 12
資産配分 43 45 55 57 58 60 61 395 414 416
支持線 247 248 335
失業保険申請件数 324 384
失業率 297 318 321 323 373 374 386 390
資本コスト 111 113 146 238
資本資産評価モデル→CAPM
社会的責任投資フォーラム（SIF）財団 232
出生率 127-129 176
証券価格調査センター→CRSP
証券取引委員会→SEC
証拠金 204 212 431-434 437
消費者信頼感指数 324 325
消費者物価指数（CPI） 26 29 34 53 138 140 324 326 362 387 389 429
商品先物取引委員会→CFTC
新株発行 184 220 221
新型コロナウイルス 21 22 303 381 383
新経済政策 275 276
ジェンセン、マイケル 198 447
ジャガディッシュ、ナラシムハン 218
ジャンボモーゲージ 367
ジョーンズ、チャールズ 164
ジョーンズ、ロバート 457
時価総額加重平均（指数、ポートフォリオ） 11 23-25 45 83 86 88 92 97 154 170 198 200 201 203 208 235 239 257 444 454-457
時価評価ルール 120 154
時間選好 127 131
時間的な分散 49
自社株買い viii 111-115 117 118 151 152 183-185 189 221 227
自然利子率 136
実質金利 iv 27 125-127 131 132 135-137 143 148 157 158 163 164 192 193 279 328 364 392 396
自動配当再投資プラン 112
順張り→トレンドフォロー
準備金 135 140 143 271 277 281 287 368 369 370 373 378 379 384 386 390

上場投資信託→ETF
情報のカスケード 407
人口増加率 127-129
スターン、ジークフリート 8
スタウントン、マイク 36 38
スタブクォート 343
スタンダード・アンド・プアーズ 70 80 86 97 98 101 119 232 361 453 454
スタンダード・スタティスティクス 86
スタンダード石油 82 101 102 106 107 169-171 173 174
スタンボー、ロバート viii 52 191 204 205 222 225-227
ステークホルダー 231 232
ストーントン、マイク 173 175
ストックオプション 112 119
ストックトン、デイブ 299
ストッフマン、ノア 206
ストライクプライス 437 439 440
スマートベータ 201
スミザーズ、アンドリュー 19 30 161
スミス、エドガー・ローレンス 6-12 14 165
スミス、フランク・P 11
スラッター、ジョン 186
スリーファクターモデル 210 220 221
スローン、リチャード 222
セイラー、リチャード 217 218 411 415 416 418
セクター 42 71 74-76 98-101 108 141 152 162 169 170 193 194 234 237 327 357 358 366 376-378 384 390 410 417 463
センチメント 10 204 205 299 405 417 418 423 464
生産者物価指数（PPI） 324 326 327
生産性 43 127 129-131 136 144 173 233 321 327 396
生存バイアス 24 36 38 445
世界恐慌 12 51 54 134 176 214 258 272 287 345 347 353 356 359 373 374 470
設備投資 85 111-113 118 183 204 220 222 225 226
戦争 7 28 36 47 139 272 303 305 313-317 319 348 381 382

ゼネラル・エレクトリック　75　76　82　83
　93　95　102　106-108
ゼネラルモーターズ　2　82　101　102　106-108
税金　12　111　118　144　146-148　258　284
　413　415　433　434　440
全米経済研究所→NBER
全米証券業協会(NASD)　87
全米不動産投資信託協会→NAREIT
相関係数　53　54　69　173　448
損切り注文　338　339
損失回避　411　415　416

[た行]

タイミング戦略　250　252-254
退職後(のポートフォリオ)　57　60　62　131
　166　395
短期金融市場参加者向け資金調達制度　369
ダウ・ジョーンズ　81　86　90
ダウ、チャールズ　81　242　243
ダウの〔負け〕犬戦略　185　186　419
ダウ理論　243
ダウ10戦略　185　186　419
ダウンズ、ジョン　186
ダブルウィッチング　430　431
ダリオ、レイ　125
大恐慌　17　19　23　28　29　43　121　122
　139　156　250　347　354　356　359　362
　370　371　373-375　378　386
大統領　40　138　146　273-276　288　296
　298　302　305-312　314　315　318　337
　381　382　384
代表性バイアス　407-410　418
大暴落　4　11-13　26　144　149　252　303
　304　332　333　335　359
兌換停止　271　273　276
チェンバレン、ローレンス　10
チャンバーズ、デビッド　39　40
知的財産　141　143　147　161　163　188
　190　391　462
超過CAPE利回り→ECY
貯蓄貸付組合　356
ツバイク、マーティン　247　270　328
強気相場　v　3　4　6　7　9　11　13-16　18-
　21　32　34　64　156　177　279　288
　309　357　381-383　386　464

テイラー、アラン　39
テイラー、ルシアン　191
ティトマン、シェリダン　220
テールリスク　53
テクニカルアナリスト　241-244　247　248
テクニカル分析　241-243　247　248　254
　255　471　473　475
テスラ　v　74　76　77　83　90　110　193
　195　420　453　454
テッパー、デビッド　381
テンプルトン、ジョン　63
抵抗線　247　248
低ボラティリティ投資　223
店頭取引　87　98
ディーン・ウィッター　352
ディスカウントレート→割引率
ディムソン、エルロイ　viii　36　38　173　175
　237
デジタル通貨　31　53　280　281　283　286
デフレ　6　54　55　136　138　139　287　334
　362　374
デボン、ヴェルナー　217　218　418
デュレーション　192
デロング、ブラッドフォード　201
トウェイン、マーク　168　256
トービン、ジェームズ　19　161　198
トービンのQ　160
トップドッグ　105-108
トップパフォーマー　103　105　448
トベルスキー、エイモス　207　404　411　413
トランプ(政権)　20　309-312　381　382　384
トリプルウィッチング　430　431
トルーマン　138　309　311　312
トレイナー、ジャック　198
トレンド　43　84　85　117　120　139　163
　200　212　219　227　243　244　247
　248　252-254　278　321　345　351　401
　415　418
トレンドフォロー　227　247
東京証券取引所　88　314
取引コスト　40　156　164　165　212　219
　224　268　285　426　433　440　451　452
　461　464
ドットコム(バブル、指数)　iv　17　159　177
　189　190　193　194　203　367　401　463

ドッド、デビッド 2 10 11 149 179-181 183 187 197 241
ドルヴィン、スティーブン 58
ドルコスト平均法 11
ドレマン、デビッド 400
同時多発テロ 55 298 302 305 307 359 367

[な行]

ナスダック 16 17 24 80 81 84 87-89 91 97 98 189 212 224 329 401 422 429 431 435
ナローフレーミング 411
内国歳入庁 119 147 285
内部留保 111 114-117 124 183
ニール、ハンフリー・B 417
ニクソン、リチャード 275 276 309 311 312 315
ニコルソン、S・F 181
ニフティ・フィフティ 189 190 214 463
ニュース（イベント） ii 16 227 245 304-307 317-319 323 326 341 343 351 354 382 402 410 430 434 450 465
ニュー・センチュリー・ファイナンシャル 357
ニュートン、アイザック 301
ニューヨーク証券取引所（NYSE） 11 15 23 24 86-89 97 212 213 224 264 270 271 303 308 313 314 334-336 339 340 342 343 409 423-425 427 431
日経平均 64-66 335
認知的不協和 410
認知バイアス 207
ネガティブ・ベータ資産 134
ネットフリックス 81 193 195
ノイズ市場仮説 200 455 456
ノイズトレーダー 200 201 205 216 463
ノウルズ、ハーベイ 186
ノーザン・ロック 378 379
ノール、カタリーナ 39
ノーロード 434
ノビーマークス、ロバート 221
ノリス、フロイド 14
のれん 119 120

[は行]

ハーヴェイ、キャンベル 209
ハーディング・インスティンクト→群集本能
ハーディング、ウォーレン 308 309 311 312
ハセット、ケビン 17
ハミルトン、ウィリアム 243
ハンフリー-ホーキンス法 275 276
配当性向 115-117 157
配当政策 112 114 115 124
配当利回り 14 24 25 32 77 85 115 116 145 149-152 154 156 158 170 171 183-186 210 288 338 364 430 437
バークシャー・ハザウェイ v 75 76 117 118 121 220 447
バークレイズ 377
バーナンキ、ベン 323 329 354 355 370 371 373
バーンスタイン、ピーター i iii 464 473 476
バーンズ、アーサー 290 291
バイ&ホールド 169 243 250 257 258 289 295 296
バイ&ライト 439
バス、サンジョイ 181
バジョット、ウォルター 369
バッド・ベータ 207
バフェット、ウォーレン v 97 105 117 118 121 159 160 175 179 180 218 220 270 288 420 440 447 448 460
バブソン、ロジャー 10
バブル iv 16-20 23 32 34 42 64-67 70 88 98 156 159 178 189-191 193 194 359 364 365 367 383 394 401 404 406 417 456 457 463
バリュー（株、投資） iv v 175 179-181 183 186 187 189-193 195-197 201 206 211 215-218 220 221 223 225-227 442 443 458 463 471
バリュー・トラスト 448
バリューライン指数 427
バンガード500インデックスファンド 434 452 453
バンク・オブ・アメリカ 75 76 152 179 234 355 357 369 372 377
バンクホリデー 275 302 303 304 307

バンズ、ロルフ　212
パウエル、ジェイ　323　329　390　391
パストール、ルーボス　52　191　225
パッシブ(投資、運用)　452　456　463
パパニコラウ、ディミトリス　206
パワーシェアーズ　457　458
ヒメルバーグ、チャールズ　364
ヒル、ニック　188
ビットコイン　iv　280-282　284-287
ビッド・アスク・スプレッド　224
ビレル、ロウェル　83
ファーマ、ユージン　50　187　188　190　197　199　204　209　210　212　217　218　220-222
ファイブファクターモデル　210　222
ファクター(投資)　iv　viii　209-212　214　217　218　220-228
ファニーメイ　361　372　377　379
ファンダメンタル加重平均(指数、ポートフォリオ)　201　455-459　463
ファンダメンタル(ズ)　iv　v　18　43　137　152　168　179　180　200-203　205　206　216　217　223　242　247　353　361　363　364　367　392　417　454-457　463　464
フィッシャー、アーヴィング　6　8-10　12-15　44　61　127　143　359
フィッシャー、ローレンス　89
フィッシャー方程式　143　147
フィデリティ　446　448
フィリップモリス　75　103-108　174-176　189　237　401
フェアトレード　232　233
フェデラルファンド　276-278　378
フェローリ、マイケル　390
フス、ジェイソン　457
フラッシュ・クラッシュ　340　341　343　344　425　471
フラッツィーニ、アンドレア　222
フリードマン、ミルトン　138　140　201　230　231　239　240　281　354　370　371　386　388
フルファンディングモーゲージ　364　367
フレディマック　361　372　377　379
フレンチ、ケネス　50　187　188　190　199　204　209　210　212　217　220-222

フレンド、アーウィン　198　447
不動産投資信託→REIT
ブラック、フィッシャー　202　203　223　438
ブラックスワン・イベント　53
ブラック-ショールズ(モデル、方程式)　202　348　438
ブラックストーン　358　372
ブラックマンデー　255　334-337　339　345
ブルーチップ経済指標　296-298
ブレイク、クリストファー　448
ブレトンウッズ協定　274
プロジェット、サミュエル　27
ブロックチェーン　177　280
物価連動国債→TIPS
分散(投資、効果、ポートフォリオ)　v　5　6　9　11　12　25　39　43　46　49　53-55　62　63　67　70-72　77　93　133　163　164　171　198　208　209　227　228　363　400　416　440　457　458　461　462　465　471
プット(オプション)　134　247　253　254　339　347-349　375　418　436-440
プリング、マーティン・J　243
プリンス、チャック　354
プルデンシャル・ベーチェ証券　298
プレースホルダー　343
プレスコット、エドワード　165
プログラムトレーダー(トレーディング)　423　424　429
プロスペクト理論　207　404　411　412
プロフォーマ　119
ヘッジ資産　iv　132　134　209　238　284
ヘッジ特性　30　132-134　136
ヘッジファンド　125　203　204
ヘンリー、パトリック　23
平均回帰　49-52　57　60　66　67　132　165　206　462
平均回避　52
ベアー・スターンズ　152　356-358　368　372　379
ベーカー、ディーン　365
ベーカー、マルコム　204
ベータ　134　135　198　199　201　207　209　210　214　223　225
ベーム=バヴェルク、オイゲン・フォン　127
ベッカー・セキュリティーズ　447

ベッセンビンダー、ヘンドリック 92
ベナルチ、シェロモ 415 416
ベニオフ、マーク 230 231
ベンゲン、ウィリアム 58
ベンチマーク 13 24 58 70 80 85 86 97 98 224 278 318 319 326 341 365 375 422 438 442 443 450 452 458
ペティ、デーモン 186
ペデルセン、ラッセ 222
ホールディング戦略 250 252-254
ホール、ロバート・E 292
報告利益 113 118 120 153 290 377
法人税 20 146 147 163
保守性バイアス 218
保有期間 7 45-47 49 50 55-57 141 142 145 146 249 250 449 460 476
ボーグル、ジョン 448 452
ボール、ローレンス 371
ボスランド、チェルシー 165
ボラティリティ iv 35 39 41 52 72 73 121 122 124 132 134 198 206 207 209 210 212 216 218 219 223 225 252 303 313 330 340 343-348 350 351 359 375 376 405 418 423 438 440 448 471 474
ボラティリティインデックス 134 347 348
ボルカー、ポール 276 387
簿価 160-162 181 187-190 221 234 242 455 457
簿価時価比率 187 188 190 199 210 225
ポートフォリオ・インシュアランス 335 336 338 339
ポートフォリオ理論 55 56
ポールソン、ヘンリー 372
ポテルバ、ジェイムス 50

[ま行]

マーケットメーカー 87 340 422 431
マーシュ、ポール 36 38 173 175 237
マイクロソフト v 75-77 81 82 88 90 103 106-108 162 193
マクニーズ、スティーブン 296
マゼラン・ファンド 446-448
マッカーリ、エドワード・F 25
マッケイ、チャールズ 406
マッコーリー、フレデリック 244
マネーサプライ 139-141 275-277 286 287 333 334 373 385-388 390
マネー・マーケット・ファンド→MMF
マルキール、バートン v 241 448
マルチンゲール 219 245
ミーンアバージョン→平均回避
ミーンリバージョン→平均回帰
ミスター・マーケット 180 196
ミスプライシング 205 379 463
ミッチェル、ウェスリー・C 290
ミューチュアルファンド 18 46 199 224 342 359 412 421 422 433 442 443 445 447 448 465
ミラー、G・ウィリアム 276
ミラー、ビル 448
ミンスキー、ハイマン 360
ムーア、フィリップ 457
ムーア、ランデル 296
ムーディーズ 232 361 362
無形資産 111 120 188
無リスク資産 125 136 209 211 212 344
メイヤー、クリス 365
メイヤーズ、トーマス 248
メーラ、ラジュニシュ 165
メッツ、マイケル 14 423
メタ v 74-76 81 193
メラメド、レオ 65 337 420
メリルリンチ 14 152 179 420
メンタルアカウンティング→心の会計
メンチェ、ホセ 70
メンデルソン、ハイム 224
名目金利 48 125 136 143 158 192 364 367
モメンタム(投資、トレーダー) v 199 204 207 210-212 217-220 225-228 242 247 360 382 418
モリス、デビッド 457
モルガン・スタンレー 14 98 101
モルガン・スタンレー・キャピタル・インターナショナル→MSCI
モロゾフ、アンドレイ 70
モロドフスキー、ニコラス 150

[や行]

ヤフー　177　401　453　454
ヤルデニ、エド　298
ユアン、ユー　204　205　222
ユウ、ジアンフェン　204　205
ユナイテッド航空　305　306　348
ヨルダ、オスカー　39
曜日効果　266
予測不可能性　48　245
弱気相場　2　4-6　17　18　20　21　26　31　32　42　58　156　203　219　253　284　294　309　344　357　375-377　379　381　383　391　436　464　471

[ら行]

ライト、ステファン　19　30　161
ラスコフ、ジョン・J　2-4
ラッセル・インベストメント　89　454
ラマスワミー、クリシュナ　183
ラリット、ハルシャド　236
ランダムウォーク（仮説、理論）　48-50　52　56　57　155　206　217　219　244　245　473
リーマン（ブラザーズ、ショック）　225　292　348　349　354-359　368-373　375-379　385　387
リサーチ・アフィリエイツ　20　457
リザーブ・プライマリー・ファンド　355　369
リスク回避　57　131　136　164　367　475
リスク資産　9　125　132　133　136　284　360　367　369　396
リスク選好　57　136　198　237
リスクプレミアム　iii　35　37　125　126　134　159　165　166　355　359　360　372　415-417　475
リッター、ジェイ　173　221
リッツェンバーガー、ロバート　183
リュウ、ヤン　209
リンチ、ピーター　288　420　440　446-449
リントナー、ジョン　198
利益の質　210　214　222　223　226-228
流動性　87　98　139　141　156　198　202　203　210　224　225　227　228　271　272　276　276　277　286　306　333　339　340　343　353　354　368-370　373　380　384-386　389　392　423　425　426　440　455

ルイス、マイケル　180　425
ルーズベルト、フランクリン　273　275　302　307-309　311　312　314　409
レア、チャールズ　243
レッグ・メイソン　448
レバレッジ　41　148　343　358　360　367　374　376　379-381　391　431　433-436
レファレンスポイント→参照点
連邦公開市場委員会→FOMC
連邦準備法　272　273　276　371
連邦預金保険公社→FDIC
ローウェンスタイン、ロジャー　2　14
ロックフェラー・アセット・マネジメント　viii　236
ロバーツ、ハリー　197　244　245
ロリエ、ジェームズ　89
ロング・ショート　190　204　205
ロング・ターム・キャピタル・マネジメント→LTCM
ロングレッグ　204　205
ロンドン銀行間取引金利→LIBOR
ロンドン証券取引所　270
労働参加率　323
労働生産性　127
労働統計局（BLS）　322-324　327　390
労働力人口比率　127

[わ行]

ワーグラー、ジェフリー　204
ワシントン・ミューチュアル　377
ワハル、スニル　221
割引率　110　111　114　115　124-126　143　147　165　192　206　207　322　329

[アルファベット]

ADP　324
AIG　355　368　372　373　377　378
AT&T　64　75　97　106　107　195
BNPパリバ　357　377-379
BRIC（s）　66　67
BTM→簿価時価比率
CAC株価指数　319
CAPEレシオ　19　20　121　154-157　161　471
CAPM　198-200　204-209　212　214　223　240

CBOEボラティリティインデックス　348
CDS→クレジット・デフォルト・スワップ
CFTC　342　428
CPI→消費者物価指数
CRSP　24　89　90　92　105　174　177　187
　　194　212　213　444
DAX株価指数　303　319
EAFE　68　69　71-74　376
ECI→雇用コスト指数
ECY　157　158　164
EMH→効率的市場仮説
ERISA法　214
ERP→リスクプレミアム
ESG　iv　viii　191　208　232-240
ETF　267　343　421-423　426　429　432-
　　436　438　440　442　443　456-458
Eミニ　342　427
FAANG　81
FANG　194
FASB　118-122　124　153　157
FDIC　369　370　375
FD法→公正開示法
Fedモデル　158
FF金利　137　277-280　357　378　379　384
FINRA　342　343
FOMC　277　299　327　329　389
FTSE　68　232　319　457　458
GAAP　87　113　119-124　153-157　377
GDP　19　26　30　63　122　130　131　152
　　159　160　172　173　288　291　324　327
　　334　359　373-376　387　396　457
HFT　342　344　425　426
IASB　71
IBM　75　106-108　169-171　173　174
ICAPM　206
ISM→供給管理協会
ITバブル　16　18-20　23　32　34　42　65
　　70　88　98　156　178　191　359　401
　　406
JPモルガン　75　76　92　152　306　355-358
　　376　377　389
LIBOR　278　355　378　379
LTCM　225　348　349
MMF　369　370　384　385
MSCI　67-69　72　73　232　262　457

M2　140　141　281　282　373　385-388
NAREIT　40　41
NASDAQ→ナスダック
NBER　290-294　297-299　379
NIPA　121　122
NYSE→ニューヨーク証券取引所
OPEC　54　133　141　144
OTC→店頭取引
PBR　187　188　190　209　211　215
PCEデフレーター　324　327　389
PER　ii　14　18　19　64　65　77　114　121
　　153-157　163-165　170　171　180-185
　　187　189-194　233　234　288　378　383
　　392　461　462
PMI　324　325
PPI→生産者物価指数
Qレシオ　19　20　161
REIT　40-43　99　358　376　394　443
SEC　124　184　340　342-344　433
SFAS　120　121
S&P500先物　301　302　318　335　336　338
　　339　342　423　424　427　428　431　432
TIPS　34　35　53　56　57　60　136　159
　　391　392　396
VIX　348　349　375　418　438

[数字]
1月効果　214　257-260　262　471
2008年緊急経済安定化法　370
9月効果　262-264　268　471
9.11(9月11日)　55　292　294　301　302　307
　　317　348　349　356　359　367　375

487

著者・訳者紹介

[著者]
ジェレミー・シーゲル (Jeremy J. Siegel)
ペンシルベニア大学（ウォートン・スクール）名誉教授。1967年にコロンビア大学で経済学と数学の学士号を取得し、1971年にマサチューセッツ工科大学で経済学の博士号を取得。ポール・サミュエルソンやロバート・ソローらに師事する。1972年にシカゴ大学ビジネススクールの教員となり、同僚のミルトン・フリードマンからマクロ経済と金融理論に関する洞察を得る。その後1976年からペンシルベニア大学で教え、2021年に現役を退任。1994年にはビジネスウィークが実施したビジネススクール教授の世界ランキングで教育の最高評価を受けた。研究に関する受賞歴も多数。経済と金融市場について幅広く執筆および講義を行い、ウォール・ストリート・ジャーナル、バロンズ、フィナンシャル・タイムズ、CNBC、ブルームバーグ、CNNなどのメディアにもたびたび登場。全米証券業協会のアカデミック・ディレクター、ウィズダムツリー・インベストメンツのシニア投資戦略アドバイザーを務める。1994年に初版が発行され今回の第6版に至るロングセラーとなった本書『株式投資』（原題STOCKS for the LONG RUN）は、ワシントン・ポストとビジネスウィークによって、史上最高の投資書10冊の1つに選ばれている。

ジェレミー・シュワルツ (Jeremy Schwartz)
ウィズダムツリー・インベストメンツのグローバル・チーフ・インベストメント・オフィサー。株式、債券、モデルポートフォリオ、オルタナティブの投資戦略を統括。2005年からウィズダムツリーに勤務し、2001年からシーゲルとともに働いている。

[監訳者]
林 康史（はやし やすし）
立正大学経済学部教授。大阪大学法学部卒。東京大学修士（法学）。クボタ、住友生命保険、大和投資信託、あおぞら銀行を経て、2005年4月から現職。監訳書・訳書に『デイトレード』『マネーの公理』『マンガーの投資術』（以上、日経BP）、『大投資家ジム・ロジャーズが語る商品の時代』『欲望と幻想のドル』（以上、日本経済新聞出版）、『改訂版 金持ち父さんの投資ガイド 入門編』『上級編』（翻訳協力、

筑摩書房）、『欲望と幻想の市場〜伝説の投機王リバモア』（東洋経済新報社）、『戦略的リスク管理入門』（勁草書房）など多数。著書・編著書に『円・ドル相場の変動を読む』『ゼミナール相場としての外国為替』（以上、東洋経済新報社）、『改訂版 基礎から学ぶデイトレード』『基礎から学ぶ外国為替相場』（以上、日経BP）、『貨幣と通貨の法文化』（国際書院）など。

藤野 隆太（ふじの りゅうた）
フーリハン・ローキー株式会社マネジング・ディレクター。慶應義塾大学経済学部卒。米ジョンズホプキンス大学高等国際問題研究大学院修士（MIPP）。大手金融機関などを経て現職。訳書に『デイトレード』（日経BP社）など。

[訳者]

石川 由美子（いしかわ ゆみこ）
株式会社トーキョー・インベスター・ネットワーク代表取締役。上智大学卒、法政大学修士（経済学）。カザノブ証券会社、スタンダード・アンド・プアーズMMSを経て、現職。個人投資家向け投資信託ポータルサイト「投信まるごとQ&A」（https://www.toushin.com/）を運営。訳書に『マンガーの投資術』『マネーの公理』『マネーと常識』（以上、日経BP）、『娘に贈る12の言葉：人生と投資で成功するために』『人生と投資で成功するために娘に贈る13の言葉』『人生と投資で成功するために子どもに贈る言葉』（以上、日本経済新聞出版）など。

鍋井 理沙（なべい りさ）
東海大学情報通信学部准教授。英ノッティンガム大学人文地理学部卒（BA Hons）。早稲田大学修士（教育学）。日経QUICKニュース社シンガポール支局、外資系銀行、外資系総合商社を経て現職。共訳書に『ヒューマン・シグマ——複雑な存在従業員と顧客をマネジメントする』（東洋経済新報社）。

宮川 修子（みやかわ しゅうこ）
東京大学教養学部卒、ミシガン大学修士（応用経済学）。プライスウォーターハウス、中前国際経済研究所、日本ブランド戦略研究所、経済産業研究所などを経て、現在フリー。訳書に『カクテルパーティーの経済学 マクロで読み解く成功する投資のヒント』（共訳、ダイヤモンド社）、『13歳からの投資のすすめ』『幸福の研究』（共訳、東洋経済新報社）など。

株式投資 第6版

2025年3月10日　　第1版第1刷発行
2025年4月18日　　第1版第3刷発行

著　者　ジェレミー・シーゲル　ジェレミー・シュワルツ
監　訳　林　康史　藤野隆太
翻　訳　石川由美子　鍋井理沙　宮川修子
発行者　中川ヒロミ
発　行　株式会社日経BP
発　売　株式会社日経BPマーケティング
　　　　〒105-8308　東京都港区虎ノ門4-3-12
　　　　https://bookplus.nikkei.com/
装　丁　松田行正＋内田優花
制　作　クニメディア株式会社
印刷・製本　中央精版印刷株式会社

本書の無断複写・複製（コピー等）は著作権法上の例外を除き、禁じられています。購入者以外の第三者による電子データ化及び電子書籍化は、私的使用を含め一切認められておりません。本書籍に関するお問い合わせ、ご連絡は下記にて承ります。
https://nkbp.jp/booksQA

ISBN978-4-296-00146-0　　Printed in Japan